TÖCHTER OHNE MÜTTER

HOPE EDELMAN

TÖCHTER OHNE MÜTTER

Vom Verlust der Geborgenheit

WILHELM HEYNE VERLAG
MÜNCHEN

Titel der amerikanischen Originalausgabe:
Motherless Daughters. The Legacy of Loss

Ins Deutsche übertragen von Susanne Höbel und Sabine Sarre

Die Originalausgabe erschien bei Addison-Wesley, USA

Copyright © 1994 by Hope Edelman
Copyright © 1995 der deutschen Ausgabe
by Wilhelm Heyne Verlag GmbH & Co. KG, München
Umschlaggestaltung: Wolfgang Lauter, München
Umschlagillustration: Image Bank, München
Satz: Kort Satz GmbH, München
Druck und Bindung: Ueberreuter, Korneuburg
Printed in Austria

ISBN 3-453-08879-4

Für meine Mutter

Marcia Evelyn Rosenberg Edelman
1938–1981

Es sind die Bilder unserer Erinnerung, die uns mit unseren verlorenen Schätzen verbinden, aber es ist der Verlust, der den Bildern die Gestalt gibt, die Blumen sammelt, die Girlande knüpft.

– Colette, *Mein Elternhaus*

Inhaltsverzeichnis

Einleitung 13

Teil I: Verlust

Kapitel 1	Die Zeit der Trauer: Trauer braucht Zeit	28
Kapitel 2	Zeiten der Veränderung: Entwicklungsstadien im Leben einer Tochter	56
Kapitel 3	Ursache und Wirkung: Leicht ist es nie	100
Kapitel 4	Später Verlust: Lernen loszulassen	135

Teil II: Veränderung

Kapitel 5	Papis kleines Mädchen: Die Vater-Tochter-Dyade	153
Kapitel 6	Schwester und Bruder, Schwester und Schwester: Geschwisterbeziehungen	188
Kapitel 7	Auf der Suche nach Liebe: Liebesbeziehungen.......................	215
Kapitel 8	Der Rat der Frauen: Das soziale Geschlecht ist wichtig.............	239

Teil III: Wachstum

Kapitel 9	Wer sie war, wer ich bin: Die Entwicklung einer unabhängigen Identität ...	266

Kapitel 10	Tödliche Lektionen:	
	Leben, Tod, Krankheit, Gesundheit	287
Kapitel 11	Die Tochter wird selbst Mutter:	
	Weiterführung der mütterlichen Linie	311
Kapitel 12	Der weibliche Phönix: Kreativität und Erfolg	341

Epilog 363

Anhang 369
Fußnoten 378
Bibliographie 395
Danksagung 399

Liebe Hope,

Es ist Muttertag, und ich bin allein. Meine Mutter starb vor fast zehn Jahren – ich war damals dreizehn.
In mir ist eine Leere, die niemals gefüllt werden wird. Keiner wird einen je so lieben, wie die Mutter einen geliebt hat. Es gibt keine Liebe, die so rein, so bedingungslos und stark ist wie die Liebe einer Mutter. Und ich werde nie wieder so geliebt werden.
Nach meinem Empfinden ist meiner Entwicklung zur Frau nicht wiedergutzumachender Schaden zugefügt und ihr Verlauf geändert worden. Seit damals habe ich immer männliche Freunde gehabt, und ich glaube, ich bin eine sehr männliche Frau – nicht in meinem Äußeren –, denn ich habe nie gelernt, mich wie eine Frau zu verhalten, zwanglos zu plaudern und stundenlang am Telefon zu hängen. Und jetzt blicke ich auf dieses Verhalten verächtlich herab, genau wie die Männer.
Und dann sind da all die egoistischen Gründe, warum ich meine Mutter vermisse: Es ist keiner da, der mir bei meinen Hochzeitsvorbereitungen helfen kann (ich weiß gar nicht, wie ich es anfangen soll, ich werde mir ein Buch darüber besorgen müssen), keiner, der sich nach der Geburt meines ersten Kindes um mich kümmern wird. Ich könnte noch vieles aufzählen.
Ich möchte mehr als alles in der Welt Kinder haben, aber ich weiß nicht, ob es fair wäre, wenn ich eine Tochter bekäme. Es gibt so vieles im Leben einer Frau, einer Mutter und einer Tochter, das ich nicht weiß und auch nicht lernen kann. Außerdem denke ich, ich könnte mit neununddreißig Jahren sterben und meine Kinder in dem Schmerz und der Verwirrung zurücklassen, die ich selbst erlebt habe.

St. Paul, Minnesota

Liebe Ms. Edelman,

Kommt man je darüber hinweg? Setzt man sein Leben normal fort? Ja, man setzt es fort, aber der Verlust ist immer Teil davon. Und er ist in allem, was man tut, spürbar. Wird es jemals leichter, über sie zu sprechen? Nein, nie. Doch was mir erst jetzt auffällt, ist die Tatsache, daß die anderen auch nicht über meine Mutter gesprochen haben, und ich ja sowieso nicht. Haben sie geglaubt, wir hätten sie vergessen? Ich konnte über andere Menschen sprechen, denen ich nahestand und die Jahre später starben, aber unbewußt habe ich jede Erinnerung an den Tod meiner Mutter unterdrückt und den Schmerz in mir vergraben. Wenn man das Alter der Mutter zum Zeitpunkt ihres Todes erreicht, wird man sich seiner eigenen Sterblichkeit überdeutlich bewußt. In glücklichen wie in schwierigen Zeiten bin ich mir immer der Tatsache bewußt, daß ich mein Leben nicht mit ihr teilen kann; daß ich sie nie als Erwachsene gekannt habe, nur als Kind; daß ich nie eine gleichberechtigte intellektuelle Beziehung zu ihr haben konnte.

Mein Bruder hat letztes Jahr geheiratet, und zum ersten Mal hatte ich das Gefühl, wieder eine Familie zu haben. In meinem Büro steht ein Bild von uns vieren. Es schwingt Bitterkeit darin mit, aber ich weiß, daß es ein Glück für mich ist, sie zu haben.

Woodside, New York

Liebe Hope,

Vor zwanzig Jahren, als ich vierzehn war, starb meine Mutter, und jetzt noch, nach dieser langen Zeit, treten mir die Tränen in die Augen, wenn ich an sie denke und an den Verlust. So viel von dem, was Sie geschrieben haben, gilt auch für mich, und das macht mich froh. Ich habe Schuldgefühle wegen der unverheilten Wunde, die ich mit mir trage, aber die Leere ist wirklich vorhanden. Das Gefühl, daß ich allein bin, daß der Tod unvermeidlich ist, daß ich mich als Mutter nicht sicher fühle, daß ich sie immer noch an so vielen Orten, in so vielen Gesichtern suche: all das sagt mir, daß der Verlust real ist.

Ich habe über den Verlust meiner Mutter nachgedacht und versucht, mich von meiner Trauer ein wenig zu distanzieren, indem ich die Wirkung des Verlusts auf mein Leben so objektiv wie möglich einschätze. Das hilft, wenn ich bewußt darüber nachdenke. Aber wie für die meisten von uns sind meine Gefühle und Handlungen die meiste Zeit unbewußt, und da kommt die trauernde Vierzehnjährige klar zum Vorschein.

In meiner eigenen Mutterrolle wird mir der Verlust der Mutter am deutlichsten. Den Wunsch, das Kind sein zu wollen, selbst in einer Eltern-Kind-Beziehung, kann ich nur mit Mühe überwinden. Wie ist man eigentlich Mutter? Wie kann ich unerschöpfliche Liebe geben, wenn ich mich an der Stelle, wo die Mutterliebe genährt wird, so leer fühle? Wie kann ich meinen Töchtern beibringen, sich in ihrer Weiblichkeit, ihrer Sexualität und ihrem Frausein wohl zu fühlen, wenn meine Mutter starb, bevor ich diese Dinge von ihr lernen konnte? Wie kann ich meine drei Töchter überzeugen, daß ich immer für sie dasein werde, daß ich nicht sterben werde, bevor sie soweit sind, oder überhaupt nicht, was wohl ihr Wunsch ist? Schließlich weiß ich, daß es für mich nicht so war.

Lakewood, Ohio

Liebe Ms. Edelman,

der Krebs hat mir meine Mutter genommen, als ich fünfundzwanzig Jahre alt war. Die Krankheit wurde im April festgestellt, und im Juli starb sie. Nichts hatte mich auf den Schmerz oder die Schwere des Verlusts vorbereitet. Alles, was Sie über ein Leben in Trauer gesagt haben, stimmt. Und alles, was Sie über geistige Stärke gesagt haben, weil keine Mutter da ist, die einem hilft, stimmt auch.

Ich bin jetzt 38 Jahre alt, und obwohl der Schmerz nicht mehr in jeder Minute meines Lebens gegenwärtig ist, vermisse ich meine Mutter und brauche sie tief in meinem Inneren. Und manchmal steigt auch das Gefühl des Verlusts in mir auf, verbunden mit einem so intensiven Schmerz, daß ich meine, ihn nicht ertragen zu können.

Ich bin fest überzeugt davon, daß der Tod meiner Mutter mich zu der Frau gemacht hat, die ich heute bin. Ich bin eine Überlebende – geistig stark, entschlossen, willensstark, auf mich selbst gestellt und unabhängig. Ich lasse es nicht zu, daß jemand mich verletzt, besonders mein Mann nicht. Die einzigen Menschen, die die gefühlvollere, sanftere Seite meines Wesens kennen, sind meine Kinder. Und auch das kann ich auf meine Mutter zurückführen.

Bulverde, Texas

Liebe Ms. Edelman,

Meine Mutter starb im Alter von 49 Jahren, als ich 15 Jahre alt war, und ein namenloses, nicht greifbares und einfach schreckliches Gefühl der Hoffnungslosigkeit hat mich seitdem begleitet. Selbst jetzt, nachdem ich 25 Jahre »mit meinem Verlust gelebt« habe, umgibt mich eine chronische Melancholie, die ich nicht erklären kann, und ein anderer schon gar nicht.

Sie haben klar beschrieben, was mit mir geschehen ist, als meine Mutter starb. Mein Vater hatte unmittelbar nach ihrem Tod einen Nervenzusammenbruch, war ein Jahr lang in einer Heilanstalt und ist nie wieder richtig gesund geworden. Mein Bruder hat eine Weile getrauert und schien dann sein Leben wieder normal weiterzuführen. Es war für mich sehr quälend, daß ich nie darüber hinwegkam, nie zur Tagesordnung übergehen konnte. Ich glaubte, daß mit mir irgend etwas nicht stimmte und eine böse Fügung des Schicksals mir diesen Verlust geschickt hatte, damit ich leiden mußte. Fotos, die nach dem Tod meiner Mutter gemacht wurden, zeigen ein 16, 17, 18 Jahre altes Mädchen ohne jedes Lächeln.

Der Verlust meiner Mutter hat mein Leben ganz entscheidend geprägt. Jawohl, er hat mich zu einer »harten« Frau gemacht, die scheinbar mit allem fertig wird, was auf sie zukommt. Meine Fähigkeit zu vertrauen, ist fast völlig zerstört. Der Verlust kehrt zurück und verfolgt mich, wenn ich andere Verluste durch Tod, Scheidung und Zurückweisung erleben muß.

Ich bin Ihnen sehr dankbar, daß Sie über den Verlust der Mutter schreiben.

San Antonio, Texas

Einleitung

Dies soll ein Buch über das Leben sein. Trotzdem beginnt es mit dem Tod meiner Mutter am 12. Juli 1981. Das war ein Jahr und vier Monate nach ihrem Arztbesuch, von dem sie mit der Nachricht nach Hause kam, daß in ihrer Brust ein bösartiger Tumor festgestellt worden war; ein Jahr und vier Monate, bestimmt von Chemotherapie, Computertomographien und dem verzweifelten Versuch, an den kleinen Ritualen festzuhalten, die einen normalen Tag gestalten. Wie immer tranken wir gemeinsam unseren Orangensaft und nahmen unsere Vitamintabletten zu uns, nur daß sie dann noch die weißen, ovalen Tabletten einnahm, die die Verbreitung der Krebszellen verhindern sollten. Nach der Schule fuhr ich sie dann zum Onkologen, und auf dem Weg nach Hause versprach sie mir, daß sie nicht sterben würde. Weil ich ihr unbedingt glauben wollte, tat ich es auch, selbst dann noch, als sie ihre Haare verlor, dann ihre Würde und schließlich ihre Hoffnung. Das Ende kam schnell und traf uns alle unvorbereitet. Am 1. Juli hatte sie sich noch im Garten gesonnt; am 12. Juli, noch bevor die Sonne aufging, war sie tot.

Meine Mutter war zweiundvierzig Jahre alt, als sie starb, und hatte eben erst den Punkt überschritten, der die Mitte ihres Lebens hätte markieren sollen. Ich war gerade siebzehn geworden. Meine Schwester war vierzehn, mein Bruder neun Jahre alt, und unser Vater hatte keine Ahnung, wie er mit uns und mit seiner Trauer zurechtkommen sollte. Bevor uns der Krebs zu einer vierköpfigen Rumpffamilie reduzierte, hatte ich uns für eine absolut typische New Yorker Familie gehalten: ein Vater, der täglich zu seiner Arbeit in die Stadt fuhr, eine Mutter, die bei den Kindern zu Hause blieb, ein Haus in einem gepflegten Bezirk, ein Hund, eine Katze, zwei Autos und drei Fernseher. Über ein Haus wie unseres schwebten Tragödien gewöhnlich hinweg und brachen nicht durch die Haustür ein.

Wie die meisten Familien, in denen die Mutter stirbt, kam auch meine, so gut sie konnte, mit dem Verlust zurecht. Im wesentlichen hieß das, daß wir jedes Gespräch über den Verlust vermieden und so taten, als ob wir da weitermachen konnten, wo wir aufgehört hatten. Wir waren sowieso keine besonders gefühlsbetonte Familie und wußten nicht, wie wir unsere Trauer ausdrücken sollten. Wir hatten keine Freunde oder Verwandten, die eine ähnliche Erfahrung gemacht hatten, keine Vorlage für unser Verhalten. Im ersten Jahr setzten wir unser regelmäßiges Leben – Schule, Ferien und alle zwei Monate ein Besuch beim Friseur – fort, als wäre ein zentrales Familienmitglied wie die Mutter so verzichtbar, daß ihre Abwesenheit nur eine geringfügige Umverteilung der Haushaltspflichten zur Folge hatte. Wut, Schuldgefühle, Trauer und Traurigkeit – diese Gefühle wurden unterdrückt und brachen nur dann wie scharfe Geschosse durch, wenn wir sie nicht länger unter Kontrolle halten konnten.

Als ich im Herbst 1982 von zu Hause auszog, um zu studieren, ging ich in den mittleren Westen mit dem Wunsch, Journalistin zu werden. Ich wollte das Leben kennenlernen, wie meine Mutter es nie kennengelernt hatte. Sie hatte 1960 das College mit einem Abschluß in Musik und einem Verlobungsring verlassen, und schon kurz darauf war ein Haus im Ranch-Stil mit offenem Treppenhaus, in einem hübschen Vorort gelegen, ihr Reich. Mein Reich, so hatte ich beschlossen, sollte die ganze Welt sein. In den Jahren nach ihrem Tod fuhr ich mit meinem Auto kreuz und quer durchs Land, las Kafka und Simone de Beauvoir, freundete mich mit Männern der unterschiedlichsten ethnischen Herkunft an und bereiste Europa als Rucksacktouristin allein. Doch wohin ich auch kam, ich trug in mir eine Traurigkeit, die ich nicht ablegen konnte, so sehr ich es auch versuchte. Jemand stirbt, man weint, und dann geht das Leben weiter: das war nicht weiter geheimnisvoll. Was ich aber überhaupt nicht begriff, war die Art und Weise, wie sich dieser Verlust in meinem Leben immer wieder bemerkbar machte. Dreizehn Jahre sind vergangen, seit meine Mutter in den frühen Morgenstunden eines Tages im Juli dem Krebs zum Opfer fiel, und erst jetzt fange ich an zu sehen, wie ihr Tod immer noch meine Entscheidungen beeinflußt, ganz gleich, wer sonst noch daran beteiligt ist oder wo ich auch bin.

Als meine Mutter starb, kannte ich kein anderes junges Mädchen, das seine Mutter verloren hatte. Ich fühlte mich entsetzlich und unwiderruflich allein gelassen. Auf dem College, wo meine neuen Freunde nur soviel von mir erfuhren, wie ich bereit war mitzuteilen, wußten nur einige wenige, daß meine Mutter gestorben war. Abgesehen davon, daß ich nicht über ihren Tod sprechen konnte, ohne in Tränen auszubrechen, fürchtete ich mich vor dem Mitleid der anderen. Durch den Verlust war ich als andersartig gezeichnet, als Außenseiterin, eine Waise, der das Mitleid der anderen gebührte, wo ich mich doch verzweifelt nach der Anonymität der Menge sehnte. In meinem Schlafraum und meiner Studentinnengruppe hatte ich das Gefühl, mir hafte ein glutrotes Stigma an, ein Zeichen, das nur ich sehen konnte, als persönliche Erinnerung an die Quelle meiner Scham. Die anderen neuen Studenten hatten Mütter, die Briefe schrieben, Pakete schickten und jeden Sonntagnachmittag anriefen. Wenn meine Kommilitoninnen sich mit dem Telefon in eine ungestörte Ecke zurückzogen, saß ich im Schneidersitz auf meinem Bett und tat so, als sei ich in ein Buch über die Menschheitsgeschichte vertieft. In Gesprächen drückte ich mich so ausweichend aus wie ein Politiker, der in die Enge gedrängt wird, erzählte von »meiner Familie«, um nicht »meine Eltern« sagen zu müssen, und bastelte mit großer Sorgfalt Sätze, in denen meine Mutter nie in der Vergangenheitsform erwähnt wurde.

Doch wenn ich allein war, durchforstete ich die Uni-Bibliothek und die Buchläden in der Umgebung nach Büchern, die über den Verlust der Mutter etwas zu sagen hatten. In jedem Buch über die Beziehung zwischen Mutter und Tochter schlug ich schnell das Kapitel auf, in dem es um den Tod der Mutter ging, um dann festzustellen, daß die Autoren annahmen, die Leserin wäre bereits zwischen vierzig und fünfzig, wenn ihre Mutter starb. Ich hingegen war achtzehn. Mit diesen Büchern konnte ich nicht viel anfangen. Dasselbe traf auch auf wissenschaftliche Texte über Kinder zu, die ihre Eltern verloren hatten, wobei die Gruppen nicht nach dem Geschlecht unterschieden wurden. Ich fand nichts über Mädchen, die ohne Mutter heranwuchsen, und auch nichts über die Probleme, die – wie ich langsam merkte – dadurch auf sie zukamen.

Im Jahr 1986, als ich in meinem letzten Studienjahr war, schnitt mir eine Freundin aus der *Chicago Tribune* die Spalte »Life in the 30's« von Anna Quindlen aus. Das war kurz vor dem fünften Todestag meiner Mutter, und ich las den Artikel auf der S-Bahnfahrt zu meinem Aushilfsjob viermal.

»Meine Mutter starb, als ich neunzehn war«, schrieb Anna Quindlen. »Lange Zeit reichte es, wenn man das über mich wußte. Es war eine knappe Beschreibung meiner emotionalen Verfassung: ›Wir treffen uns in zehn Minuten in der Halle – ich habe langes braunes Haar, bin ziemlich klein, trage einen roten Mantel und habe mit neunzehn meine Mutter verloren.‹«[1] Das war das erste Mal, daß ich von einer Frau hörte, die die Gefühle offen eingestand, die ich auch hatte – haargenau dieselben Gefühle.

Vor diesem Ereignis hatte ich an eine frühere Schulfreundin geschrieben: »In letzter Zeit habe ich das fast unwiderstehliche Verlangen, auf Leute, die ich kaum kenne, zuzugehen und zu sagen: ›Meine Mutter starb, als ich siebzehn war.‹ Natürlich mache ich das nicht, aber der Drang ist da. Ich möchte es sagen, als wäre damit alles, was es über mich zu wissen gibt, erklärt, und manchmal denke ich, dies ist tatsächlich der Fall.«

In einem Punkt hatte ich recht: Der Tod meiner Mutter war das entscheidendste, eindrücklichste und einflußreichste Ereignis in meinem Leben. Darum herum organisierte ich mein Leben, es war der Brennpunkt meiner Identität und der Standard, an dem ich alle anderen Schwierigkeiten des Lebens maß. Eine schlechte Note für ein Referat konnte mich nicht aus dem Gleis werfen, wenn ich daran dachte, was ich mit siebzehn schon erlebt hatte. Doch der Verlust einer Beziehung, einer Arbeitsstelle oder eines Gegenstandes konnte meine Welt gefährlich ins Wanken bringen.

Als ich nach und nach lernte, über den Tod meiner Mutter zu sprechen, begegnete ich anderen Frauen, die ihre Mutter als Kinder oder als Jugendliche verloren hatten. In unseren offenen und ausführlichen Gesprächen erkannten wir Gemeinsamkeiten, die uns von anderen Freundinnen unterschieden: ein deutliches Gefühl des Mangels einer Familie; ein kleines Bewußtsein der eigenen Sterblichkeit; das allgemeine Gefühl, in der emotionalen Entwicklung »steckengeblieben« zu sein, als wären wir dem Alter, in dem wir unsere Mutter verloren haben, nie entwachsen; der Wunsch, in einer Beziehung vom Partner bemuttert zu werden, der unsere Bedürfnisse unmöglich erfüllen konnte; und das Bewußtsein, daß der frühe Verlust uns geprägt, gestählt und auch frei gemacht hat, Veränderungen vorzunehmen und Entscheidungen zu treffen, die wir sonst nicht getroffen hätten. Diese Frauen verstanden, warum mein Zug plötzlich, als ich siebzehn war, entgleist war und mich in einer fremden Umgebung ausgeladen hatte, ohne Landkarte und ohne Rückfahrkarte nach Hause, denn sie hatten genau dasselbe erlebt.

Wenn wir über die Einzelheiten hinausblicken – Krebs, Selbstmord, Flucht der Mutter vor der Familie –, ähneln sich unsere Erfahrungen auf bedrückende Weise. Manchmal benutzen wir sogar dieselben Worte, um sie zu beschreiben: Meine Mutter war die Kraft, die die Familie zusammengehalten hat. Früher hatte ich ein Zuhause, aber nachdem meine Mutter gestorben war, war es nur noch ein Haus. Keiner hat mir erlaubt zu weinen, als ich ein Kind war.

Die Ähnlichkeiten festzustellen ist leicht und lediglich eine Aufgabe des Intellekts. Der schwierigere Teil für diejenigen von uns, die seit Jahrzehnten geschwiegen haben, besteht darin, über den Verlust zu reden. Doch das ist immer der Anfang der Geschichte.

Auf dem College trat ich einer Studentinnengruppe bei. Eines Abends in der Hell Week versammelten sich alle vierundsechzig Mitglieder im Gemeinschaftsraum. Wir saßen auf dem staubblauen Teppichboden im Kreis, während die Trainerin die Regeln erklärte: Jede mußte eine Geschichte erzählen, die mit den Worten begann: »Wovon meine Mutter nichts weiß ...« Eine Studentin erzählte von einer Autofahrt unter Alkoholeinfluß in Milwaukee, eine andere schilderte die Annäherungsversuche eines Nachbarn im Swimmingpool eines Privathauses in einem gutbürgerlichen Stadtviertel. Jede in dem Kreis erzählte eine Geschichte, die hin und wieder von Gelächter oder Einwürfen wie: »Ist das wahr?« oder »Niemals!« unterbrochen wurden. Und plötzlich waren dreiundsechzig neugierige Gesichter auf mich gerichtet.

Ich hatte ruhig im Kreis gesessen, meine Fingernägel betrachtet und mir überlegt, was mir für Möglichkeiten offenstanden – Sollte ich mitmachen? Die Wahrheit sagen? Mich zurückziehen? –, als mich die Kommilitonin zu meiner Linken stubste: »Du bist dran.«

Ich blickte auf und sagte: »Ich glaube, ich möchte nicht.«

»Auf keinen Fall!« »Komm, mach schon!« »Erzähl was, irgendwas.«

»Nein, wirklich. Ich möchte aussetzen.«
Gelächter. »Nun mach schon!« »Was, willst du uns eine gute Geschichte vorenthalten?« »Nein, jeder kommt dran, ohne Ausnahme.« Ich fühlte mich in arger Bedrängnis und stammelte etwas, bis die Worte sich von allein bildeten. »Ich habe keine Mutter«, sagte ich, »aber ich habe einen Vater. Ich kann euch etwas erzählen, wovon er nichts weiß.« Es wurde still, es war eine verlegene Stille, und ich stammelte eine Geschichte von einem Mann, den ich in jenem Winter in New Orleans kennengelernt hatte. Ich kann mich an keine Einzelheiten erinnern und bin mir sicher, daß ich der Geschichte keine große Beachtung geschenkt habe. Ich hatte nur den Wunsch, die Aufmerksamkeit von mir abzulenken, die ich schon das ganze Jahr lang vermieden hatte.

Ich hielt noch ein paar Geschichten lang aus, bis die Trainerin meine bebenden Lippen bemerkte und mit mir in ihr Zimmer ging. »Es tut mir so leid«, sagte sie und reichte mir eine Schachtel mit Papiertaschentüchern. Wir saßen auf ihrem Bett, und ich weinte. »Es tut mir leid. Ich wußte das nicht.«

Zehn Jahre später erinnerte sich eine damalige Kommilitonin noch immer an die genauen Worte, die ich damals über meine Mutter gesagt hatte. »Ich werde das nie vergessen«, sagt sie. »Ich wußte nicht, was du meintest. Ich dachte, du hättest dich mit deiner Mutter zerstritten oder deine Eltern wären geschieden. Ich dachte, sie wäre vielleicht weggezogen.«

Ich kann den Frauen von damals wohl kaum vorwerfen, daß sie das glaubten, wovon alle überzeugt sind: Mütter sind unsterblich. Mütter sterben nicht als junge Frauen. Mütter verlassen nicht die Kinder, die sie lieben. »Mein Vater hat noch nicht einmal ansatzweise den Tod meiner Mutter betrauert«, sagt die vierunddreißigjährige Leigh, die drei war, als ihre Mutter starb. »Er war völlig überwältigt. Es paßte nicht in sein Bild vom Leben. Mütter können nicht einfach sterben und fünf Kinder zurücklassen. Er sagte sich, daß es nicht passieren durfte und demnach auch nicht passieren konnte. Und dann ist es doch passiert.« Auch Kristen wähnte sich sicher in dieser falschen Vorstellung – bis zu ihrem sechzehnten Lebensjahr, bis zu dem Zeitpunkt, da bei ihrer Mutter Eileiterkrebs festgestellt wurde, der dann ein Jahr später zum Tod führte. Kristen, die jetzt vierundzwanzig ist, kann es immer noch nicht fassen, wenn sie von dem Verlust spricht: »Wenn du mich vor zehn Jahren gefragt hättest, ob ich glaubte, meine Mutter könne sterben, hätte ich gesagt: Meine Mutter? Niemals. Auf keinen Fall. Ich habe das niemals in Erwägung gezogen. In unserer kleinen, abgeschiedenen Stadt kannte ich niemanden, dessen Mutter gestorben war. Ich war überzeugt, daß mir so etwas nicht passieren konnte, weil unsere Familie so glücklich war. Der Tod meiner Mutter hat meine Welt völlig aus der Bahn geworfen.«

Der Tod des Vaters, der ja auch traumatisch ist, ruft gewöhnlich nicht diese Empörung und Überraschung hervor. Er rüttelt nicht so heftig an unseren Vorstellungen von der Welt. In gewisser Weise erwarten wir, daß unsere Väter vor den Müttern sterben. Obwohl Frauen dem allgemeinen Verständnis nach das schwächere Geschlecht sind, sind sie körperlich weniger anfällig. In den vergangenen neunzig Jahren mußte man damit rechnen, daß in allen ethnischen Gruppen in Amerika die Männer früher als die Frauen starben.[2] Heute hat der 20jährige weiße Mann eine Lebenserwartung von 74 Jahren, während die gleichaltrige weiße Frau damit rechnen kann, 80 zu werden.[3] Bei Afro-Amerikanern ist die Diskrepanz noch dramatischer: Der durchschnittliche 20jährige Mann hat eine Lebenserwartung von 67 Jahren, die der Frau liegt bei 75.[4] Doppelt so viele amerikanische Männer wie Frauen jedweder Abstammung sterben, bevor sie 55 sind.[5]

Die Anzahl junger Frauen, die sterben, ist geringer als vor beispielsweise 60 Jahren, also bevor Antibiotika, Ultraschall und Impfstoffe entwickelt wurden. Überhaupt sterben weniger junge Menschen. Angesichts der stetig abnehmenden Sterberate in Amerika[6] kann die durchschnittliche Kleinfamilie damit rechnen, daß sie zwanzig Jahre zusammenlebt, bevor eines ihrer Mitglieder stirbt.[7] Da die meisten von uns heutzutage lange genug leben, um die »Midlife-Krise«, dieses besondere Phänomen des zwanzigsten Jahrhunderts, zu erleben, assoziieren wir den Tod gewöhnlich mit dem Alter.

Heißt das also, daß Mütter nicht jung sterben? Natürlich nicht. Allein im Jahre 1989 starben 124 000 amerikanische Frauen zwischen 25 und 59, fast 40 Prozent davon an Krebs.[8] Mindestens 125 000 Kinder, Jugendliche und junge Erwachsene verlieren jährlich ihre Mutter durch den Tod[9] – das ist mehr als eine Million in zehn Jahren, und diese Zahl umfaßt immer noch nicht die Familien, in denen die Mütter aufgrund von Scheidung, Gefängnisstrafen, Alkoholismus sowie dauerhafter geistiger oder körperlicher Krankheit fehlen oder die von den Müttern verlassen worden sind. Amerika ist eine Nation voller mutterloser Kinder, aber es fällt schwer anzuerkennen, daß Mütter sterben können.[10]

Dabei ist es keineswegs hilfreich, darauf hinzuweisen, daß wir in einer Kultur leben, die den Tod und das Sterben leugnet und den unappetitlichen Vorgang des Sterbens in Krankenhäuser und Pflegeheime verlegt, so daß 80 Prozent aller Amerikaner heute nicht zu Hause sterben. Der Tod wird in den Nachrichten zwischen globalen Konflikten und Gemeinderatssitzungen abgehandelt, für das Frühstücksfernsehen in einen Cartoon verwandelt und in Filmen und Fernsehserien als Unterhaltungsstoff aufbereitet. Es nimmt also nicht wunder, daß für viele von uns der Tod unpersönlich und fern ist. Selbst in den zahlreichen Fernsehserien, die um eine mutterlose Familie aufgebaut sind, sind die Mütter immer an einer nicht weiter definierten Krankheit zu einem unbestimmten Zeitpunkt in der Vergangenheit gestorben. Wenn die Handlung des Films einsetzt, existieren sie nur noch in der Erinnerung, werden selten erwähnt und nie betrauert.

Diese kulturelle Weigerung, den Verlust der Mutter anzuerkennen, hat ihren Ursprung in unserer Psyche, wo Mütter, ungeachtet unseres Alters, Trost und Sicherheit bedeuten und die Mutter-Kind-Bindung so primär ist, daß es den emotionalen Tod des Kindes bedeutet, wenn diese Bindung durchtrennt ist. Da jeder von uns die Angst des Kindes in sich trägt, allein und ohne Fürsorge zurückzubleiben, ist das mutterlose Kind das Symbol für ein dunkles, hartes Schicksal. Sein Los ist gleichzeitig schwer vorzustellen und unmöglich zu ignorieren. Doch wenn wir den Verlust anerkennen, den das Kind erlitten hat, geben wir die Möglichkeit eines ähnlichen Schicksals auch für uns zu. Eine meiner Schulfreundinnen erzählte mir kürzlich, daß sie sich an ihren Beileidsbesuch nach der Beerdigung meiner Mutter erinnerte, bei dem sie schweigend mit einigen anderen Schulkameraden in unserem Garten saß. »Wir saßen alle da und starrten dumpf vor uns hin«, sagte sie. »Wir hatten deine Mutter gekannt, und ich bin mir sicher, daß der Gedanke, den ich hatte, auch den anderen im Kopf herumging: Wenn es deiner Mutter zustoßen kann, dann kann es meiner genauso passieren.«

Selbst als Erwachsene wollen die meisten Frauen, deren Mütter noch leben, über den Tod der Mutter nicht nachdenken, und schon gar nicht wollen sie davon hören. Das Schweigen, das Sex, Homosexualität und die Menopause umhüllte, ist vielleicht durchbrochen worden, doch der Verlust der Mutter wird immer noch als ein Tabu behandelt. Der Verlust eines Elternteils in der Kindheit ist wohl das schwerste Erlebnis, das ein Mensch in seinem Leben hinnehmen muß; doch ohne die Bereitwilligkeit der Mitmenschen, mit ihr über ihre Gefühle zu sprechen, hat die mutterlose Tochter keine Möglichkeit, eine Bestätigung für das Ausmaß ihres Verlusts zu finden. Wenn ihr Verlust nicht anerkannt wird, fühlt sie sich wie eine Ausgestoßene, die allein und von den anderen abgesondert ist. Das ist meiner Meinung nach der Grund, warum so viele mutterlose Töchter den Schritt gewagt und ihren Beitrag zu diesem Buch geleistet haben.

Als ich im Sommer 1991 anfing, nach Frauen zu suchen, mit denen ich für dieses Buch Interviews machen könnte, habe ich in einem Buchladen und einem Café in einem nördlichen Stadtteil von Chicago einen entsprechenden Zettel ausgehängt, auf dem ich die interessierten Frauen bat, sich mit mir per Telefon in Verbindung zu setzen. Auf die Menge der Anrufe, die ich erhielt, war ich nicht vorbereitet gewesen. Dutzende von Frauen meldeten sich auf meine Anzeigen, weit mehr, als ich in jenem Sommer interviewen konnte. Im Laufe der nächsten zwei Jahre hörte ich von weiteren Hunderten von Frauen, die über Mundpropaganda von mir erfahren hatten, sich auf meine acht Anzeigen in lokalen, regionalen und überregionalen Zeitungen meldeten; andere reagierten mit Briefen auf zwei Artikel, die ich über den Verlust der Mutter geschrieben hatte. Sie alle wollten zu diesem Buch beitragen. Schließlich interviewte ich 92 mutterlose Frauen persönlich und korrespondierte mit weiteren 154. (Der Fragebogen ist im Anhang abgedruckt.) Zwar meldeten sich diese Frauen alle freiwillig für ein Interview und stellen folglich keine repräsentative Auswahl dar, aber sie vertreten verschiedene ethnische Gruppen, sind unterschiedlicher sozioökonomischer Herkunft und kommen aus 34 Staaten sowie dem Distrikt Columbia. Zum Zeitpunkt des Interviews war die jüngste Frau 17 und die älteste 82; die Altersstufen, in denen die Befragten ihre Mutter verloren, umspannen eine Skala vom Säuglingsalter bis Anfang 30. Alle Namen und

Städte sind geändert worden, und nur in seltenen Fällen, und dann mit dem Einverständnis der betreffenden Frau, wird der Beruf erwähnt.

Der Verlust der Mutter, so wie er in diesem Buch thematisiert wird, deckt verschiedene Arten der Abwesenheit ab: früher Tod, körperliche Trennung, Geisteskrankheit, Vernachlässigung und Verlassenwerden. Die meisten Frauen waren Kinder oder Jugendliche, als sie ihre Mütter verloren haben; und ich benutze der Einfachheit halber die Begriffe *Tod* und *Sterben* statt *Tod, Trennung* und *andere Formen des Verlusts*. Nur da, wo ich die individuelle Geschichte einer Frau wiedergebe, benenne ich die Art des Verlusts präzise.

Da alle Interviews in gewisser Weise anekdotisch sind und rückblickend erzählt werden, habe ich sie mit psychologischen Erkenntnissen über Verlust und Trauer ergänzt. Das war gar nicht so leicht. Elf Jahre, nachdem ich die Buchläden nach Informationen zu diesem Thema durchstöbert hatte, werden in den Texten über den Verlust der Eltern sowohl die Eltern als auch die Kinder immer noch als homogene Gruppe gesehen, während die spezifischen Fragen, die aufgeworfen werden, wenn das Elternteil desselben Geschlechts stirbt, ignoriert werden. Um diese Lücke zu füllen, habe ich auch mit zweiundvierzig Therapeuten, Forschern und Experten über Fragen wie Mutter-Tochter-Beziehungen, Verlust, Trauer, Gesundheitspsychologie, Epidemiologie und Soziologie des Sterbens gesprochen. Sie alle haben mir ihre Erkenntnisse und Überlegungen zu Fragen mitgeteilt, die dringend der weiteren Erforschung bedürfen.

Im Gegensatz zu Erwachsenen, deren Persönlichkeit beim Verlust der Eltern voll entwickelt ist, geht bei einem Mädchen, das in der Kindheit oder als Heranwachsende seine Mutter verliert, dieser Verlust in die Persönlichkeitsentwicklung ein und wird zu einem festen Bestandteil seiner Identität. Indem die mutterlose Tochter schon früh erfährt, daß enge Beziehungen vergänglich sind, Sicherheit ohne Bestand ist und der Begriff der Familie neu definiert werden muß, gewinnt sie die Einsichten einer Erwachsenen, hat aber nur die Möglichkeiten einer Jugendlichen, um sie zu verarbeiten.

Frühzeitiger Verlust beschleunigt den Reifeprozeß und zwingt die Tochter, im kognitiven Bereich wie auch in ihrem Verhalten schneller als ihre Altersgenossen erwachsen zu werden. Möglicherweise muß sie die Beerdigung planen, ihre jüngeren Geschwister oder den

Haushalt versorgen oder sich um kranke Großeltern kümmern – und zwar, bevor sie die Schule abgeschlossen hat. Wenn der Tod der Mutter auch den Verlust des beständigen und Halt gebenden Familienzusammenhangs bedeutet, der ihr bislang eine sichere Basis gegeben hatte, muß sie ihr Selbstvertrauen und ihre Selbstachtung auf andere Art und Weise entwickeln. Ohne Mutter oder eine Mutterfigur als Anleitung muß sich das junge Mädchen ihre weibliche Ich-Identität allein zusammensetzen.

Während die meisten Mädchen als Jugendliche eine Trennung von ihren Müttern vollziehen und sich ihnen dann später als eigenständige Erwachsene wieder nähern, muß das mutterlose Mädchen den Entwicklungsprozeß ganz allein durchlaufen. Eine Frau, die statt der Beziehung zur Mutter eine Leere und die Erinnerung an einen schweren Verlust in sich trägt, erlebt das Erwachsenenalter anders als ihre Altersgenossen. »Du mußt lernen, dir selbst eine Mutter zu sein«, sagt Karen, eine Neunundzwanzigjährige, deren alkoholkranke Mutter vor neun Jahren starb. »Du mußt diejenige sein, die sagt: ›Keine Angst, du schaffst das schon. Du gibst dir ja große Mühe.‹ Natürlich kannst du auch deine Freundinnen zu Rate ziehen, die dich ermutigen. Und vielleicht hast du auch enge Verwandte, die dich bestärken. Aber du willst es von derjenigen hören, die deine aufgeschürften Knie verarztet und dich getröstet hat, wenn du eine schlechte Arbeit geschrieben hast, die dir bei deinem ersten Fest geholfen hat, die in jeder Lebenssituation bei dir war und dich wirklich kennt, oder von der du glaubst, daß sie dich richtig kennt. Nur die zählt. Nach der sucht man die ganze Zeit.«

»Es ist leicht, den Anfang der Dinge zu erkennen, und schwerer, das Ende zu sehen«,[11] schrieb Joan Didion, als ich drei Jahre alt war. Aber erst später, nachdem ich siebzehn war, begann ich, die Bedeutung ihrer Worte zu verstehen. Mit einer Klarheit, die meine Augen zum Brennen bringt, kann ich jetzt meine Mutter in den Jahren vor ihrer Krankheit sehen, wie sie am Küchentisch saß und kleine Muster auf den Rand eines Notizblocks kritzelte, während sie am Telefon lachte; wie sie mir Gute-Nacht-Geschichten von vier Mädchen erzählte, die Sally, Debbie, Judy und Betsy hießen; wie sie mir geduldig die Tonleitern auf dem Klavier beibrachte; wie sie bei Sportfesten am

Spielfeldrand stand und uns anfeuerte, was mich als Vierzehnjährige peinlich berührte.

Es dauerte vier Jahre, bevor ich mich an die Einzelheiten der letzten Tage im Leben meiner Mutter erinnern konnte, und weitere drei, bevor ich sie wieder vergessen konnte. Im Endstadium der Krankheit, als ihre Leber in Mitleidenschaft gezogen war und ihr Körper zu schrumpfen und gleichzeitig anzuschwellen begann, verwandelte sie sich in eine Fremde, die die Augen meiner Mutter gestohlen hatte. Mit siebzehn blickte ich auf die Zweiundvierzigjährige im Krankenhausbett hinab und sah nur den Abstand zwischen ihr und mir. Ich hoffte, daß ich alles, was ich in meinem Leben tun wollte, bis zu diesem Alter getan haben würde, falls ich auch nicht länger leben würde. Jetzt, da ich mich den Dreißig nähere und meine Freunde vierzig und mehr sind, merke ich, wie jung das ist. Wie jung meine Mutter war, und wie groß ihre Angst gewesen sein muß.

Meine Erinnerungen sind wie Momentaufnahmen, ein Kaleidoskop aus bunten Teilchen, die zusammengenommen irgendwie die Frau ergeben, die ich einst Mom genannt habe. Ich kann ihre Stimme nicht mehr hören, und die paar Briefe in ihrer Handschrift muten jetzt fremd und fern an. Jeden Tag verliere ich sie ein bißchen mehr. Wie kann es dann sein, frage ich mich, daß sie mich immer noch nicht losläßt?

Ich habe dieses Buch geschrieben, um eine Antwort auf diese Frage zu finden und zu verstehen, warum ich nach dreizehn Jahren immer noch danach suchte. Vor zehn Jahren war ich überzeugt, daß ich meine Mutter genügend betrauert hatte. In Wahrheit hatte ich gerade erst damit begonnen.

Wir akzeptieren einen Verlust in kleinen Schritten, indem wir erst eine Tür schließen und dann die nächste. Heilung ist ein langsamer und allmählicher Prozeß. In dem Sommer, als ich mit den Interviews für dieses Buch begann, erhielt ich einen Anruf von einer Frau, die sagte, als sie meinen Namen und meine Stimme hörte: »Das klingt jetzt vielleicht merkwürdig, aber ich glaube, ich kenne Sie. Wohnten Sie in Ihrem ersten Jahr am College in Rogers House?«

Als ich das bestätigte, sagte sie: »Hope, ich bin Cindy. Cindy Foerster. Ich wohnte im zweiten Stock, in dem Zimmer direkt unter deinem.« Cindy und ich hatten im selben Studentenheim gewohnt und waren Freundinnen gewesen, aber wir hatten uns aus den Augen verloren, als sie in ihrem dritten Studienjahr ins Ausland ging. Unseren Abschluß machten wir, ohne uns noch einmal begegnet zu sein. »Ich wußte gar nicht, daß deine Mutter gestorben war«, meinte sie. »Und ich wußte nicht, daß deine gestorben war.« »Offenbar hatten wir beide mehr gemeinsam, als wir ahnten«, sagte sie. »Nur, daß damals keine von uns darüber gesprochen hat.«

In derselben Woche lernte ich Karen kennen, die neun Jahre nach dem Tod ihrer Mutter immer noch nicht wußte, wie sie mit diesem einschneidenden Verlust leben sollte. Wir waren mitten im Gespräch, als sie plötzlich sagte: »Wie kann ich verhindern, daß der Tod meiner Mutter mich mein Leben lang nicht losläßt? Wie kann ich etwas, das so verheerend, alles durchdringend und alles bestimmend war, als ein isoliertes Ereignis betrachten? Wie verhindere ich, daß es mich zeit meines Lebens behindert?« Die Antwort – wenn es eine präzise Antwort auf eine solche Frage überhaupt gibt – besagt, daß man langsam lernen muß, mit dem Verlust zu leben und nicht darunter zu leiden; lernen, daß er einen begleitet und nicht über einen bestimmt. Ich sage nicht, daß das leicht ist. Ich weiß, daß das sehr schwer sein kann. Aber ich weiß auch, daß es möglich ist, und ich weiß, wie tröstlich es ist, von anderen Frauen zu hören, die vor ähnlichen Schwierigkeiten gestanden und sie überwunden haben. Der Verlust der Mutter ist das einschneidendste Erlebnis im Leben einer Frau, das wie ein Ruf in einem leeren Haus ein fortwährendes Echo hat. Ich hoffe, Frauen können mit Hilfe dieses Buches besser verstehen, wie dieses frühe Erlebnis auf Dauer ihre Beziehungen in der Familie, zu Freunden, Geliebten und Kollegen und vor allem zu sich selbst prägt.

New York
Oktober 1993

I
Verlust

Der Verlust der Tochter für die Mutter,
der Mutter für die Tochter,
ist die eigentliche weibliche Tragödie.

Adrienne Rich, *Von Frauen geboren*

Kapitel eins

Die Zeit der Trauer

IN DEN JAHREN NACH MEINEM STUDIUM lebte ich in Knoxville, Tennessee. Ich arbeitete für eine Zeitschrift, die ihr Büro in einem zwölfstöckigen Backsteingebäude hatte. Früher war es ein Hotel gewesen, in dem Gerüchten zufolge sowohl Hank Williams als auch Alice Coopers Boa constrictor ihre letzte Nacht verbracht hatten. Das Gebäude stand an einer Hauptverkehrsstraße, die ins Stadtzentrum führte, und daneben befand sich ein hypermodernes, größtenteils leerstehendes Hochhaus mit großen Glasflächen, das die Butcher-Brüder erbaut hatten, die seit kurzem hinter Gittern sitzen. Ich beschreibe das so genau, weil die Lage der Gebäude wichtig ist. Vor dem Butcher-Haus waren eine Fußgängerampel und ein Überweg, den ich jeden Tag benutzte, wenn ich die Gay Street überquerte.

Einige merkwürdige Geschichten rankten sich um das Gebäude, die möglicherweise etwas mit dem zu tun hatten, was mir in dem Herbst nach meinem vierundzwanzigsten Geburtstag dort zustieß. Das Jahr war für mich bis dahin nicht gerade großartig verlaufen. Im Mai hatte ich abrupt meine Verlobung mit einem Mann aufgelöst, den ich innig liebte, und unmittelbar darauf geriet meine Welt gänzlich aus den Fugen. Ich wollte sie wieder zusammenleimen, indem ich mich mit einem anderen Mann einließ, der so klug war, mich am Ende des Sommers zu verlassen. Zwei Wochen später geriet ich in eine Auseinandersetzung in einer Kneipe und kam mit einer aufgeplatzten Lippe und einer golfballgroßen Beule am Kopf in die Notaufnahme des Krankenhauses. Man könnte sagen, die Dinge wurden ein wenig unübersichtlich. Ich wohnte in einem kleinen weißen Haus auf einem Hektar Land, das ich mir kaum leisten konnte, und ich gestehe, daß ich am liebsten auf und davon gegangen wäre.

Ich zog eine zusätzliche akademische Ausbildung, das Friedenskorps und eine vegetarische Kommune in Oregon in Erwägung, ohne der einen oder anderen Möglichkeit den Vorzug geben zu können. Da ich befürchtete, meinen Freunden mit meinen Sorgen zur Last zu fallen, verbrachte ich den größten Teil meiner Freizeit allein auf meinem Stück Land, wo ich mich häufig an eine nicht eben sehr interessierte Katze um Rat wandte. An den Abenden überkam mich die Einsamkeit, und ich ging auf die Wiese gegenüber, wo ich Blumen pflückte und mit den Ziegen und Schafen meiner Nachbarn spielte. Ich weiß, daß dies richtig idyllisch klingt, aber in Wahrheit war ich völlig verunsichert. Es gab keinen, der sich um mich kümmerte, außer mir selbst, und ich fühlte mich meinen beruflichen Aufgaben nicht gewachsen.

Als der Oktober ins Land zog, kam ich fast jeden Morgen zu spät zur Arbeit, machte eine Mittagspause von zwei Stunden und überquerte mehrmals am Tag die Gay Street. An jenem Nachmittag kam ich gerade von der Post zurück. Als ich die Mitte des Fußgängerüberwegs erreichte, blickte ich nach oben und sah, während eine Wolke vorüberzog, wie die Mittagssonne grell von den Glasflächen des Butcher-Hauses reflektiert wurde. Besser gesagt, ich spürte es, und zwar so, als hätte mir jemand mit einem Arbeitsstiefel Größe 46 in die Magengrube getreten. Ich krümmte mich und bekam keine Luft mehr. Es wurde grün für die Autofahrer, und alle hupten. Ein paar Autos manövrierten sich an mir vorbei, und ein Lastwagenfahrer lehnte sich aus dem geöffneten Fenster und rief: »Heda, alles in Ordnung?«

Ich konnte nicht sprechen. Ich konnte mich nicht bewegen. Während ich gekrümmt und mit fest an meinen Körper gepreßten verschränkten Armen dastand, dachte ich immerfort: »Ich will zu meiner Mutter. Ich will zu meiner Mutter. Jetzt gleich.«

Woher kam das plötzlich? In den sieben Jahren seit ihrem Tod hatte ich es mir nicht ein einziges Mal gestattet, sie zu vermissen. Statt dessen hatte ich mir eingeredet, daß ich glücklicherweise den einen

Menschen, den ich nicht hatte, auch nicht brauchte, und daß meine Freiheit und Unabhängigkeit, die mir sehr viel bedeuteten, bedauerlicherweise aus dem frühen Verlust resultierten. Mit dieser etwas überheblichen Sicherheit, die sonst nur sehr naiven oder jungen Menschen eigen ist, war ich im Alter von vierundzwanzig Jahren zu dem Schluß gekommen, daß ich die fünf Stadien der Trauer schon längst hinter mich gebracht hatte. Davon war in dem Faltblatt die Rede gewesen, das mir die Sozialarbeiterin im Krankenhaus in die Hand gedrückt hatte, während meine Mutter hinter einer der Türen auf dem langen Flur lag.

Leugnen, Zorn, Verhandeln, Ratlosigkeit, Akzeptieren. Das klang damals einleuchtend genug: fünf Schritte, die einen zur Normalität zurückführen würden. In der Nacht, bevor meine Mutter starb, war ich zusammengebrochen und hatte Gott oder den Geist, der die Welt regierte, inständig gebeten, sich auf einen klaren Handel einzulassen. Obwohl ich niemals ernsthaft darüber nachgedacht hatte, daß ich sterben könnte, bat ich in jener Nacht, daß er mich zu sich nehmen und im Gegenzug meine Mutter leben lassen solle. Ich wußte, daß die Familie sie mehr brauchte. Als der Morgen kam, wurde mir klar, daß derartige Wunder selten sind; doch später fand ich ein wenig Trost, da dieser Versuch zu bedeuten schien, daß ich bereits bis zum Verhandlungsstadium vorgedrungen war und damit die Hälfte der Trauerphasen überwunden hatte.

Sieben Jahre später war ich endlich soweit, daß ich nicht jedesmal, wenn ich von meiner Mutter sprach, in Tränen ausbrach, sondern mit einem kühlen Lächeln und einem freundlichen Kopfnicken reagieren konnte, wenn jemand »Das tut mir aber leid« sagte, nachdem er erfahren hatte, daß meine Mutter tot war. Die Zeit hatte, wie versprochen, die wunderbare Heilung gebracht. Und ich hatte bewiesen, daß ich keine Mutter brauchte, um zu überleben. Also war ich überzeugt, alles richtig gemacht zu haben, siegreich gewesen zu sein – bis zu diesem Augenblick auf dem Fußgängerüberweg; da mußte ich mich der Frage stellen, was ich so schrecklich falsch gemacht hatte.

Das folgende habe ich seitdem über Trauer gelernt: Sie verläuft nicht linear; sie ist unberechenbar; sie ist kein kontinuierlicher und in sich abgeschlossener Prozeß. Man hat uns einen Bärendienst erwiesen, indem man versucht hat, uns weiszumachen, daß Trauer einen klaren Anfang, eine Mitte und ein Ende hat. Das ist der Stoff, aus dem Märchen sind, nicht das wirkliche Leben.

Trauer kommt und geht in Zyklen, wie die Jahreszeiten, wie der Mond. Niemand ist besser ausgerüstet, das zu verstehen, als die Frau, deren körperliche Existenz für ein halbes Leben von einem monatlichen Rhythmus geprägt wird. Seit Jahrhunderten haben Dichter und Schriftsteller, die das rhythmische Kommen und Gehen der Trauer erkannten, jahreszeitliche Metaphern benutzt, um diesen Prozeß zu beschreiben, der uns von tiefstem Kummer zu den Höhen der Erneuerung und wieder zum Anfang führt.

Trauer verläuft wie jede andere zyklische Bewegung auch: Wenn der eine Zyklus endet, beginnt ein neuer, jeder neue Zyklus unterscheidet sich von dem vorherigen, nimmt aber im Grunde denselben Verlauf. Eine Tochter, die ihre Mutter verliert, durchläuft tatsächlich die Phasen des Leugnens, der Wut, der Verwirrung und Neuorientierung, doch diese Reaktionen wiederholen sich und kehren in dem Moment wieder, wenn das Mädchen in den verschiedenen Entwicklungsstadien merkt, daß es die Mutter braucht. Stellen wir uns vor, die Mutter eines dreizehnjährigen Mädchens stirbt an einem Herzinfarkt. Benommen von dem Schock des Ereignisses, trauert sie um ihre Mutter, so gut sie kann. Doch fünf Jahre später, bei ihrer Schulabschlußfeier, vermißt sie auf einmal ihre Mutter und trauert aufs neue um sie. Jahre später ist sie wieder die Trauernde, wenn sie ihre Hochzeit plant oder ihr erstes Kind erwartet, oder wenn sie ernstlich erkrankt, oder wenn sie das Alter erreicht, in dem ihre Mutter gestorben ist. An jedem dieser Punkte sieht sich die Tochter neuen Herausforderungen gegenüber, und sie hat Angst davor, sie ohne Unterstützung der Mutter in Angriff zu nehmen. Immer wenn sie sich zur Mutter umwenden will, ist die nicht da. Das Gefühl, verlassen zu sein und einen Verlust erlitten zu haben, stellt sich wieder ein, und der Trauerprozeß beginnt von neuem.

Wir gehören einer ungeduldigen Kultur an und sind es gewöhnt, unsere Bedürfnisse schnell befriedigen zu können. Doch trauern bedeutet, daß man sich den Kräften der Zeit anvertraut. Da wir erwarten, daß die Trauer in einem schnellen, vorhersehbaren Ablauf überwunden wird, sehen wir Krankheitssymptome und Anzeichen von ernsten Störungen dort, wo ein normaler Prozeß im Gang ist. Von der Frau, die jedes Jahr zu Weihnachten weint, wenn sie an ihre Mutter denkt, sagt man, daß sie die Vergangenheit nicht loslassen will, auch wenn ihr sonstiges Leben seinen normalen Lauf nimmt. Und wer weiß schon, wie viele Freunde und Kollegen erwartet hatten, daß unsere Trauer in dem fest begrenzten Zeitraum von sechs Monaten erledigt sein würde? Wie viele von uns haben das selbst geglaubt? Die Einstellung, die in den Worten wohlwollender Menschen zum Ausdruck kam, als der Sommer, in dem meine Mutter starb, langsam in den Herbst überging und als schließlich die ersten Schneeflocken fielen, war auch die meine: *Es ist schon sechs Monate her. Pack dein Leben wieder an. Laß die Trauer hinter dir.* Ich habe es versucht. Ich habe es wirklich versucht. Doch es ist unmöglich, fünfzehn oder zwanzig Jahre gemeinsamen Lebens mit der Mutter in nur wenigen Monaten abzuschütteln. Es dauert neun Monate, einen Menschen auf die Welt zu bringen. Warum denken wir, wir könnten einen Menschen in kürzerer Zeit wieder loslassen?

Von der Trauer bleibt keiner verschont

Psychologen diskutieren seit Jahrzehnten darüber, ob Kinder und Jugendliche überhaupt die Fähigkeit haben, den Tod eines geliebten Menschen zu betrauern. Im Gegensatz zu Erwachsenen, die ihre Gefühle auf verschiedene Menschen verteilen – Ehepartner, Geliebte, Kinder, enge Freunde und sich selbst – richten Kinder gewöhnlich ihre sämtlichen Gefühle auf die Eltern oder einen Elternteil.[12] Wenn eine Tochter sagt: »Der frühe Tod meiner Mutter hat mir den Boden unter den Füßen weggerissen«, dann übertreibt sie nicht.

Den Tod eines Elternteils annehmen zu können, setzt Fähigkeiten voraus, die Kinder nicht haben: ein Verständnis dafür, was Tod bedeutet; die sprachlichen Möglichkeiten und die Aufforderung, über Gefühle zu sprechen; die Erkenntnis, daß der intensive Schmerz vorübergeht, sowie die Fähigkeit, die gefühlsmäßige Abhängigkeit von dem verstorbenen Elternteil zunächst auf sich selbst zu richten, bevor man sie erneut auf einen anderen Menschen lenkt. Diese Fähigkeiten entwickeln und vermehren sich, wenn das Kind heranwächst. Es ist ähnlich wie ein Zug, der während der Fahrt neue Fahrgäste aufnimmt: Zu Beginn der Reise – beim Tod des Elternteils – hatte der Zug vielleicht nur wenige Fahrgäste.

Das heißt aber nicht, daß Kinder überhaupt nicht trauern können, sie trauern nur anders als Erwachsene. Der Prozeß erstreckt sich über einen längeren Zeitraum, in dem sich auch die kognitiven und emotionalen Fähigkeiten entwickeln. Ein fünfjähriges Kind stellt sich den Tod vielleicht als eine Art Dauerschlaf vor und versteht erst im Alter von elf Jahren, daß die Mutter nie mehr zurückkommt. Es muß sich dann mit der Wut und der Trauer auseinandersetzen, die diese neue Erkenntnis hervorgerufen hat, obwohl der eigentliche Verlust bereits sechs Jahre zurückliegt. Die zwanzigjährige Jennifer war vier, als ihre Mutter Selbstmord beging. Sie wußte über die Umstände des Todes ihrer Mutter zwar Bescheid, konnte sie aber erst verstehen, als sie die kognitiven und emotionalen Fähigkeiten besaß, die Wahrheit zu erkennen. »Meine Mutter starb in der Garage an einer Kohlenmonoxidvergiftung«, erklärte sie. »Ich habe lange geglaubt, daß der Verschluß vom Tank abgefallen war und ihren Tod verursacht hat. Das ist natürlich völlig lächerlich, aber diese Geschichte hatte ich in meinem Kopf. Erst Jahre später, als ich schon auf der Oberschule war, begriff ich, daß sie es absichtlich getan hatte. Ich hatte jemandem die Geschichte erzählt und dachte plötzlich: Das ist ja Unsinn. Warum sollte plötzlich der Verschluß abfallen?« Zehn Jahre nach dem Tod der Mutter setzte für Jennifer ein neuer Zyklus der Trauer ein, und sie hat sich immer noch nicht mit den neuen Erkenntnissen abgefunden.

Erwachsene beginnen gewöhnlich mit der Trauerarbeit direkt nach dem Verlust, aber Kinder trauern phasenweise, und zwischen den Zornesausbrüchen und der Traurigkeit liegen lange Zeiten, in denen sie von dem Verlust gar nicht betroffen zu sein scheinen. Erwachsene verwechseln diese Phasen häufig mit blockierter Trauer und glauben, daß das Kind den Verlust entweder nicht versteht oder ihn leugnet, obwohl das Kind sehr gut weiß, daß die Mutter verschwunden ist. Kinder ertragen dauerhaften emotionalen Schmerz nicht, besonders dann nicht, wenn ihnen kein Erwachsener zur Seite steht, dem sie vertrauen können. Statt offen zu trauern, versuchen sie, ihren Schmerz im Spiel zu bewältigen. Das Kind, das von der Beerdigung seiner Mutter nach Hause kommt und unverzüglich an seine Spielkiste geht, scheint nur oberflächlich die Ereignisse des Tages nicht wahrzunehmen, aber sein Spiel kann eine deutliche Sprache sprechen: Wenn es vier Bauklötze nebeneinander aufreiht, aber einen fünften in einiger Entfernung von den anderen aufstellt, stellt es seine Erfahrung des Verlusts dar. Therapeuten am Barr-Harris Center, die am Institute for Psychoanalysis in Chicago die Auswirkungen von Trennung und Verlust auf Kinder untersuchen, haben beobachtet, daß das Trauerverhalten eines Kindes in direkter Weise von dem Verhalten des hinterbliebenen Elternteils abhängig ist. »Der Verlust ist für das Kind schwerer zu ertragen, wenn der hinterbliebene Elternteil sich nur schwer erholt, in Depressionen fällt, so tut, als wäre nichts geschehen, oder derart mitgenommen von dem Verlust ist, daß die Dinge ihm entgleiten«, erklärt Nan Birnbaum, eine Mitarbeiterin am Barr-Harris Center, die Beratungen für Kinder und ihre Familien durchführt, die einen Todesfall zu erleiden hatten. »Wir haben festgestellt, daß Kinder sich mit dem Verlust sechs bis neun Monate nach dem Ereignis auseinanderzusetzen beginnen, wenn der hinterbliebene Elternteil sich an die veränderte Situation gewöhnt hat. Kinder brauchen Sicherheit und seelische Geborgenheit, um diesen intensiven Schmerz zuzulassen. Der hinterbliebene Elternteil muß das gemeinsame Leben erst einmal fest in die Hand nehmen und in ruhige Bahnen lenken, bevor die Kinder ihre Trauer zulassen können. Manchmal braucht der hinterbliebene Elternteil ein Jahr, um mit dem Verlust fertig zu werden, und das bedeutet für die Kinder, daß sie ein bis anderthalb Jahre nach dem Verlust zu trauern beginnen und heftige Reaktionen zeigen.«

Experten haben festgestellt,[13] daß für Kinder, die einen Elternteil verloren haben, zwei Bedingungen erfüllt sein müssen, um ihre Stabilität zu gewährleisten: Sie brauchen einen zuverlässigen verbleibenden Elternteil oder eine Ersatzperson, die auf ihre emotionalen Bedürfnisse eingeht, sowie die Gelegenheit, ihren Gefühlen freien Lauf zu lassen. Bloß materielle Versorgung reicht nicht aus. Das Kind, das seine Trauer ausdrücken kann und sich in seiner Umgebung sicher fühlt, kann den Verlust eher in seine Erfahrungen integrieren und ernstere Störungen vermeiden. Doch das Kind, das sich ständig neuen Schwierigkeiten gegenübersieht – ein Vater, dessen Trauer nicht enden will; eine Stiefmutter, die das Kind ablehnt; ein instabiles Familienleben –, fängt sich nicht und wird fortwährend Probleme haben.

Jugendliche – die ja in einen Freundeskreis eingebunden sind und auch abstrakter Gedanken fähig sind, so daß sie den Sprung von »Meine Mutter ist tot« zu »Mein Leben wird nie wieder so sein wie früher« bewerkstelligen können – übernehmen eher den Trauerprozeß der Erwachsenen, obwohl ihnen durch ihren Entwicklungsstand Grenzen auferlegt sind. Einige Therapeuten[14] verstehen die Pubertät insgesamt als eine Trauerphase – Trauer um die verlorene Kindheit und um das aufgegebene Bild von den allmächtigen und sie umhegenden Eltern – und sind der Auffassung, daß wir erst diesen Trauerprozeß abschließen müssen, um in der Lage zu sein, Trauer für einen geliebten Menschen zu empfinden. Die Pubertät mit all ihren Unsicherheiten und Unwägbarkeiten hilft uns möglicherweise zu lernen, daß wir loslassen müssen.

Frauen, die ihre Mutter verloren haben, als sie selbst in der Pubertät waren, sprechen davon, daß sie nicht weinen konnten, auch Monate und Jahre danach noch nicht. Sie sehen das häufig als dunklen Fleck in ihrer Vergangenheit, etwas, das sie sich vorwerfen, wenn sie als Erwachsene zurückblicken und über den Tod ihrer Mütter sprechen: Was war mit mir los? Warum konnte ich nicht weinen? Was hat mich daran gehindert?

Sandy ist jetzt vierunddreißig. Ihre Mutter starb vor zwanzig Jahren an Krebs, aber sie erinnert sich noch immer an die Verwirrung, die sie damals empfand: »Bei der Beerdigung habe ich nicht geweint«, erzählt sie. »Keiner sollte wissen, daß ich als Vierzehnjährige Gefühle hatte. Ich erinnere mich, daß ich in der Beerdigungshalle ganz hinten mit meinen Freunden rumlungerte – weil ich nicht wußte, wie ich mich verhalten sollte. Ich wollte mich nicht so verhalten, als ginge mich das Ganze etwas an. Ich wußte gar nicht, wie ich mich verhalten sollte. Aber wir hatten ein großes Grundstück mit Wald, und da bin ich immer hingegangen, habe mich auf einen Baumstamm gesetzt und war allein. Da habe ich viel geweint, aber nicht bei der Beerdigung.«

Jugendliche weinen als Reaktion auf einen Verlust weniger spontan als Erwachsene. Besonders Teenager fühlen sich durch eine möglicherweise unkontrollierbare emotionale Reaktion bedroht. Während ein kleines Kind spontan zu weinen anfängt, ohne daran zu denken, wozu dieser Ausbruch führen kann, empfindet ein Teenager Trauer als eine Bedrohung, weil er fürchtet, die Beherrschung zu verlieren.[15] Beim ersten Treffen der Trauergruppe, die Rita Love an der Northwestern University in Evanstone, Illinois, leitet, geben die Teilnehmer ihre Erwartungen und Befürchtungen an, die sie an die Gruppe stellen. »Häufig ist die erste Befürchtung, daß sie die emotionale Beherrschung verlieren«, sagt sie. »Sie haben Angst, daß sie hierherkommen und weinen, und dann ist die Zeit um, und sie müssen wieder auf ihr Zimmer oder zur nächsten Vorlesung gehen. Sie befürchten, daß sie zu aufgewühlt sein werden, um wieder normal handeln zu können. Doch das geschieht in den seltensten Fällen. Am Ende der sechs Sitzungen gebe ich ihnen ihre Liste zurück, damit sie sagen können, welche ihrer Befürchtungen sich bewahrheitet haben, und diese ist selten dabei.«

Tritt der Verlust zu einem Zeitpunkt ein, wenn das junge Mädchen um seine Unabhängigkeit von der Familie ringt, ist für es Weinen möglicherweise gleichbedeutend mit einer Regression in ein kindliches Stadium der Abhängigkeit. Da Weinen als kindisch gilt, vermeidet das Mädchen, Tränen in der Öffentlichkeit zu vergießen.[16] Das Gefühl der Verlassenheit nach dem Tod der Mutter wird durch die Entfremdung, die normalerweise in der Pubertät eintritt, noch verstärkt, so daß das Mädchen sich doppelt allein gelassen fühlt mit seiner Trauer, die es nicht zeigen will.

Ich wünschte, ich könnte von meiner Familie sagen, daß sie uns ein Gefühl der Sicherheit gab und wir unsere Trauer ausdrücken konnten; daß wir über den Tod und das Leben meiner Mutter gesprochen haben; daß jedes von uns Kindern jemanden fand, der ihm die nötige emotionale Hilfe geben konnte. Doch nichts davon war der Fall. Mein Vater konnte seine eigene Trauer zusätzlich zu der plötzlichen Verantwortung für drei Kinder nicht meistern, und er war nicht der Typ, der um Hilfe bat. Ich glaube, er hat damals mit niemandem über den Tod meiner Mutter gesprochen, sicherlich nicht mit uns. Wenn beim Essen nur ihr Name erwähnt wurde, stiegen ihm die Tränen in die Augen, und er zog sich in sein Zimmer zurück, während wir drei schweigend vor unseren Tellern am Tisch sitzen blieben. Unseren Vater so nah am Abgrund des Zusammenbruchs taumeln zu sehen war einfach schrecklich, und wir wollten seinen Sturz um jeden Preis verhindern. Also lernten wir, das zu vermeiden, was ihn ins Wanken brachte, so daß wir innerhalb von zwei Monaten nach dem Tod meiner Mutter aufgehört hatten, über sie zu sprechen.

Schweigen und Verdrängung verwandelten mich gefühlsmäßig in eine Puppe, alles war eingefroren und unecht, und mein Verhalten nach außen hin einfach perfekt. In der Nacht, in der meine Mutter starb, begab ich mich in eine Überlebenszone der künstlichen Gefühle: keine Tränen, keine Trauer, kaum eine Reaktion außer einem kleinen beherrschten Lächeln und dem inständigen Wunsch, den Status quo zu erhalten. Wenn ich das äußere Chaos schon nicht beherrschen konnte, so würde ich dem doch wenigstens meine innere Zurückgezogenheit entgegensetzen. Wie konnte ich auch dem starken Gefühl nachgeben, das ich tief in mir spürte? Mein Vater sagte zu Verwandten bei der Beerdigung und bei uns zu Hause danach, daß ich der »Fels« in der Familie sei. »Ohne Hope wären wir nur ein Häufchen Elend«, sagte er, und alle nickten zustimmend.

Ihr Lob war für mich natürlich ein weiterer Anreiz, eine perfekt kontrollierte Fassade aufrechtzuerhalten. Meine Mutter hatte uns Kindern immer einen sicheren Ort geboten, wo wir uns ausweinen konnten, während mein Vater eher ein Befürworter von Selbstbeherrschung war. Ich hätte jemanden gebraucht, der mir gesagt hätte, daß meine Wut und Verzweiflung legitim waren, statt dessen erhielt ich nur Anerkennung für die künstlich zur Schau gestellte Fassade eines reifen und verantwortungsvollen Verhaltens. Vielleicht klingt es etwas kindlich für eine Siebzehnjährige, daß ich jemanden brauchte, der mir das Weinen gestattete. Vielleicht würde ich selbst auch so denken, wenn ich es nicht selbst erlebt hätte.

Familien wie meine sind keine Seltenheit. Vielfach fühlen sich Familienmitglieder auch durch den harmlosesten Ausdruck von Trauer an den Verlust erinnert und schrecken vor dem kollektiven Schmerz zurück. Töchter, die mit ihren Vätern zurückbleiben, haben da einen besonders schweren Stand, denn unsere Kultur ermuntert immer noch Frauen, ihre Gefühle auszudrücken, und Männer, sie zu verdrängen. Väter empfinden Trauer ebenso intensiv wie andere Familienmitglieder – wenn nicht intensiver –, doch da ihre Sozialisation sie darauf vorbereitet hat, ihre Gefühle zurückzuhalten, eine führende Rolle zu übernehmen und Probleme anzugehen, können sie weder ihre Gefühle ausdrücken, noch den Ausdruck von Gefühlen bei anderen tolerieren.[17] Leslie ist achtundzwanzig Jahre alt und war siebzehn, als ihre Mutter starb. Sie berichtet: »Mein Vater vermittelte mir auf ziemlich deutliche Weise: ›Fang bloß nicht an zu weinen, sonst brechen wir alle zusammen.‹ Er glaubte das wirklich. Trauer zu zeigen oder zu weinen war bei uns einfach zu riskant. Wir durften es nicht. Ich wünschte, ich hätte meinem Vater entgegnen können: ›Das stimmt nicht, Dad‹, und hätte geweint und geweint und geweint. Und dann hätte ich aufschauen und sagen müssen: ›Siehst du? Es ist nichts passiert. Kein Blitzschlag hat uns getroffen.‹ Dann hätte er auch geweint, na und? Warum sollte das so bedrohlich sein? In meiner Therapie habe ich viel geweint und bin auf meinen Therapeuten wütend geworden. Und nichts Schlimmes ist passiert. Ich denke, bei mir zu Hause herrschte diese Vorstellung, daß meine Gefühle eine negative Kraft bargen. Damals habe ich geglaubt, daß ich diese Macht besitze, was natürlich einfach nicht gestimmt hat.«

Trauer verschwindet nicht einfach, wenn wir sie wegzuschließen versuchen, aber vielen von uns wird geraten: Beachte den Schmerz nicht, dann vergeht er von selbst wieder. Jeder, der es auf diese Weise versucht hat, weiß, wie oberflächlich diese Maßnahme ist. »Im Grunde genommen ist es nicht die Tatsache, daß deine Mutter gestorben ist, die dich verrückt macht«, sagt Rachel, die jetzt neunundzwanzig ist und vierzehn war, als ihre Mutter starb, »sondern der Umstand, daß du nicht darüber sprechen kannst und noch nicht einmal daran denken darfst.« Die Last des Schweigens, dessen Echo ohne Antwort bleibt, ist schwerer zu ertragen als die Worte selbst. Wenn wir den Mund versiegeln, sucht sich die Trauer einen anderen Weg und findet durch Augen oder Ohren, ja sogar durch unsere Poren einen Ausgang.

Die Macht der Gefühle

Eine Tatsache, der wir nicht entkommen können – auch wenn wir es gern würden –, ist die Erkenntnis, daß Trauer weh tut. »Es sind die kleinen Dinge, wenn ich zum Beispiel meine Hand betrachte und dann plötzlich ihre sehe, die diesen Schmerz mit einer solchen Heftigkeit auslösen, daß ich einfach nur wegrennen möchte«, sagt die sechsundzwanzigjährige Donna, deren Mutter vor drei Jahren Selbstmord beging. »Aber du weißt nicht, wohin du rennen sollst. Dann rufst du deinen Vater an und versuchst es ihm zu erklären, und

er sagt: ›Wir besorgen dir ein Flugticket, und du kommst zu uns.‹ Aber was soll das schon helfen? Du mußt die Sache trotzdem in deinem Kopf durchstehen.«
Trauer birgt ein Risiko: Wir müssen die Beherrschung über unsere Gefühle aufgeben und ihnen freien Lauf lassen. Wenn wir die Kontrolle aufrechterhalten, schaffen wir die Illusion einer Normalität, doch zu welchem Preis? Und für wie lange? Rita ist dreiundvierzig und war sechzehn, als ihre Mutter an Krebs starb. Sie sagt, indem sie die Trauer nicht zugelassen hat, hat sie eine oberflächliche Stärke aufgebaut, doch die Gefühle darunter existieren nach wie vor.

Ich habe Angst, daß ich zusammenbreche, wenn ich den enormen Schmerz zulasse, der in mir verborgen ist. Ich könnte nicht mehr funktionieren. Rein verstandesmäßig weiß ich, daß das nicht so ist, aber ich werde es trotzdem nicht versuchen. Ich habe schon alle möglichen Therapien gemacht, massenhaft Therapien, und jedesmal gehe ich mit der Absicht hin, den Tod meiner Mutter richtig zu betrauern. Ich weiß, daß der ganze Schmerz noch in mir ist, den ich erreichen und bewältigen muß, aber ich kann es nicht. Ich kann mich einem Fremden gegenüber nicht so verletzbar machen.
Es hört sich schlimm an, aber meine Stärke besteht darin, daß ich keine richtigen und tiefen Gefühle habe. Ich meine, es klingt merkwürdig. Doch andererseits habe ich so überleben können. Ich bin sehr erfolgreich in meinem Beruf. Ich habe als Sekretärin angefangen, wie meine Mutter, und habe dann studiert. Ich arbeite sehr effektiv und komme in meinem Beruf mit Hunderten von Menschen unterschiedlichster Art zusammen. Ich glaube, ich kann das so gut, weil ich dazu sehr stark sein muß. Ich muß mich beherrschen, denn auf der anderen Seite ist da das Mädchen, das seine Mutter verloren hat, und der Schmerz könnte zu meinem Zusammenbruch führen.

Rita sagt, sie möchte sich ihrer Trauer stellen, aber das ist nur der halbe Weg des Trauernden. Denn sie muß ihren Schmerz auch annehmen. War ich denn sieben Jahre vorher, vor diesem Wendepunkt in Tennessee, bereit gewesen zuzugeben, daß der Tod meiner Mutter eine tiefgreifende Wirkung auf mich gehabt hatte? Oder daß ich zurückgehen und diese Wirkung neu bewerten müsse? Auf keinen Fall. Mich damit zu befassen, dazu hätten mich keine hundert Pferde gebracht. Ich mußte warten, bis sich sozusagen eine psychische Explosion ereignete, bis der Schmerz, meine Mutter nicht zu betrauern, größer war, als der Schmerz der Trauer je sein konnte.

Evelyn Williams, die als Therapeutin dreizehn Jahre lang die Trauergruppen für Studenten an der Duke University leitete, ist der Meinung, daß wir innerlich wissen, wann der Moment zu trauern gekommen ist. Sie hat Studenten kennengelernt, die als Kinder oder Jugendliche Mutter oder Vater verloren hatten und jetzt im College ihre Gruppe aufsuchten, wo sie ihren Verlust zum ersten Mal offen ansprachen. Nachdem sie äußerlich von ihren Familien getrennt waren, hatten sie die psychische und emotionale Stabilität erlangt, die sie brauchten, um ohne die Angst, verlassen zu werden oder zusammenzubrechen, ihre Trauer zuzulassen. Unsere Psyche scheint uns so lange zu schützen, bis wir stark genug sind, den Schmerz auszuhalten. Dann meldet sich eine innere Alarmglocke und fordert uns auf, an die Arbeit zu gehen.

Das Erlebnis dieses heftigen Schmerzes hilft uns letzten Endes zu akzeptieren, daß unsere Mütter gestorben sind. Kurzfristig scheint es leichter zu sein, sich zurückzuziehen und zu isolieren, aber auf lange Sicht verspricht das keine Bewältigung.»Die Fähigkeit, den Verlust der Mutter kognitiv zu verstehen und zu begreifen, entwickelt sich, wenn wir immer wieder auf unserem Weg durchs Leben mit der Wirklichkeit – sie ist nicht da, sie ist nicht da, sie ist nicht da – konfrontiert werden, wenn wir sie sehen wollen und umarmen, und sie ist nicht bei uns«, erklärt Therese Rando, Trauerexpertin in Warwick, Rhode Island, die mit siebzehn ihren Vater und mit achtzehn ihre Mutter verloren hat.»In solchen Momenten spürt man den Schmerz, und derjenige, der sich diesem Schmerz entzieht, wird ihn auch nicht spüren. Der Schmerz ist es im wesentlichen, der uns etwas lehrt.«

Manche Töchter, wie etwa Rita, vermeiden diesen Schmerz ganz bewußt. Andere wiederum klammern sich an ihn, um ihn – und ihre Mütter – lebendig zu halten.»Der Schmerz kann für lange Zeit eine

Verbindung zu dem Verstorbenen sein. Manche erhalten die Verbindung, indem sie den Schmerz wegschieben, und manche erhalten sie, indem sie den Schmerz festhalten. Ich habe an meinen Eltern festgehalten, indem ich die Trauer nicht aufgegeben habe. Es war sehr schwer für mich, diese Trauer aufzugeben, aber ich mußte es tun und eine andere Verbindung zu meinen Eltern herstellen.«

Wenn wir unsere Trauer zulassen, bereiten wir den Weg für eine wahrhaftige Flut von Gefühlen: Angst, Aufbegehren, Verlassenheit, Schuld. Und Wut. Wut ist die häufigste Reaktion auf den Tod eines Elternteils in der Kindheit.[18] Die mutterlose Tochter sieht sich dadurch in eine Zwangslage gebracht, denn sie hat von klein auf gelernt, daß »ein braves Mädchen« keine negativen Gefühle zeigen soll, zumindest nicht in der Öffentlichkeit. In unserer Kultur werden zornige Frauen als gewalttätig und übergeschnappt dargestellt, kaum vergleichbar mit dem tragischen Helden, den der erzürnte Mann abgibt. Rambo hat sich seinen Weg durch den Dschungel freigeschossen und dafür tosenden Applaus erhalten, aber die Geschichte von Thelma und Louise, die sich auf ihrer Irrfahrt mit Waffen zur Wehr setzen, hat die Öffentlichkeit schockiert. Als Frauen haben wir nur wenige Vorbilder, die uns zeigen, wie man Wut zum Ausdruck bringen kann, so daß wir häufig so tun, als hätten wir dieses Gefühl nicht.

Leider reagieren wir so, denn Wut kann, zumindest für eine Weile, unser bester Verbündeter sein. Als erste Reaktion kann Zorn uns davor bewahren, übermäßig traurig zu werden, bevor wir uns an den Gedanken des Verlusts gewöhnt haben. Doch wenn wir die Wut in den Vordergrund stellen, versäumen wir es, die darunterliegenden Gefühle – Aufbegehren, Verlassenheit, Verwirrung, Schuld, Liebe – zuzulassen, die ja die echte Trauer ausmachen.

Sieben lange Jahre hindurch habe ich meine Wut mit mir herumgetragen wie ein schweres Kreuz und habe erlaubt, daß es mich zu einer edelmütigen Leidenden stempelte, doch in Wirklichkeit wußte ich nur nicht, wie ich sein Gewicht abwerfen konnte. Mitten in einer Psychologie-Vorlesung war das unmöglich. Ich konnte es nicht einfach fallenlassen und lässig aus dem Raum schreiten, erleichtert und befreit. Meine ehemaligen Studienkollegen können sich sicherlich noch an die Wutausbrüche erinnern, die mich manchmal überkamen. Während meines Studiums stürzte ich mich in eine Unmenge von Aktivitäten – jede Menge Vorlesungen, die College-Zeitung, meine Studentinnengruppe, soziales Engagement, ein Teilzeitjob –, damit ich bloß keine Zeit allein verbringen mußte. Doch in den kurzen Verschnaufpausen zwischen diesen Verpflichtungen kam ich manchmal in mein Zimmer, knallte die Tür zu und warf meine Sachen an die Wand. Danach fühlte ich mich körperlich befreit, doch die Manie, von der ich besessen war, belastete nicht nur mich. Für mich war es die einzige Möglichkeit, die Wut, die immer wieder in mir aufwallte, herauszulassen.

Es war eine unbestimmte Wut, sie richtete sich gegen nichts Spezielles, und ich verstand sie nicht. Wut, so dachte ich immer, muß sich gegen eine Sache oder einen Menschen richten. Zwar galt ein Teil meines Zorns meinem Vater, aber für den Rest hatte ich kein Ziel. In ihrer Ziellosigkeit brach meine Wut völlig überraschend hervor: wenn ich mit den Elektrizitätswerken telefonierte; wenn ich mit meinem Freund im Restaurant war; während ich an einem Geschichtsreferat schrieb, auf das ich mich nicht konzentrieren konnte. Ich blitzte die Mütter und Töchter zornig an, die in den Umkleideräumen der Warenhäuser zusammen Kleider anprobierten. Jeden Ständer mit Grußkarten zum Muttertag wollte ich zerstören. Mit Rationalität hatte das nichts zu tun. Jahrelang haßte ich den Oktober, weil die Blätter sich jedes Jahr wieder bunt färbten und zu Boden fielen, obwohl meine Mutter, die das herbstliche Farbenspiel geliebt hatte, es nicht mehr sehen konnte.

»Kennst du dieses Gefühl«, sagt die einunddreißig Jahre alte Diane, deren Mutter vor acht Jahren an Krebs starb, »wenn du im Auto sitzt und das Gefühl hast, deine ganze Welt ist zusammengebrochen? Und die anderen Leute im Auto neben dir lachen und erzählen sich etwas. Ihr Leben ist normal, und du denkst: ›Verdammt noch mal, woher nehmen sie das Recht zu lachen?‹ Ihnen ist ja nichts passiert. Du kannst nicht verstehen, warum alles seinen normalen Gang gehen kann, wo doch dein eigenes Leben nie wieder normal sein wird. Nie wieder.«

Diese Wut ist eine Reaktion, die häufig von dem Gefühl geschürt wird, daß die Tochter, die ihre Mutter viel zu früh verloren hat, einen Mangel leidet und die Welt ihr etwas schuldet. Doch dahinter verbirgt sich häufig ein Zorn auf die Mutter selbst. Obwohl sie uns geliebt hat, obwohl wir unseren Zorn nicht auf die Toten richten sollten, sind wir doch wütend auf sie, weil sie uns allein gelassen hat. Eine Mutter, die ihr Kind verlassen oder Selbstmord begangen hat, gibt dem Zorn ihres Kindes tatsächlich Auftrieb. Aber auch gegen die Mutter, die infolge einer Krankheit stirbt, kann sich der Zorn richten. »Anfang der sechziger Jahre, als meine Freundinnen heirateten und Kinder bekamen, mußte ich Bettschüsseln ausleeren«, erinnert sich Rochelle, die jetzt zweiundfünfzig ist und ihre Mutter mit vierundzwanzig Jahren verlor. »Ich war wütend auf meine Mutter, weil sie kein Leben hatte, und ich war wütend auf sie, weil auch ich kein Leben hatte.« Die zweiundfünfzigjährige Cynthia verlor ihre Mutter, als sie neun war. Sie berichtet: »Mein ganzes Erwachsenenleben lang war ich wütend auf meine Mutter und die Art und Weise, wie sie uns verlassen hat. Meine Haltung war völlig irrational. Sie hat ja nicht mit Absicht eine Lungenentzündung bekommen und ist freiwillig gestorben. Dennoch hing über meinen Gedanken immer eine graue Wolke, eine kalte Wut, weil sie mir das angetan und mein Leben zerstört hat.« Ich weiß genau wie Cynthia, daß meine Mutter uns nicht allein lassen wollte. Sie hatte den starken Wunsch – den ich gar nicht nachempfinden kann –, uns aufwachsen zu sehen. Tatsache ist aber, daß sie gegangen ist und uns mit den Bruchstücken unseres Lebens allein gelassen hat.

Auch heute werde ich manchmal noch wütend, so wütend, daß ich schreien und mit den Füßen aufstampfen möchte. Statt meine Wohnungseinrichtung zu zerstören, mache ich jetzt Aerobics. Meine morgendlichen Anfälle habe ich überwunden, und mein tätlicher Übergriff auf leere Stühle in einer gestaltpsychologischen Sitzung galt meiner Mutter. Aber ein Rest von Wut bleibt hartnäckig bestehen. Will ich meine Mutter immer noch nicht loslassen? Oder ist der Zorn zu einem Teil meiner selbst geworden?

Wie andere Gefühle auch kommt Wut nicht in Reinform daher. Meine Wut wird von einer beträchtlichen Portion Schuldgefühle begleitet. Von klein auf hat man mir beigebracht, nichts Schlechtes über die Toten zu sagen. Der Prozeß, in dem meine Mutter nach ihrem Tod zu einer Heiligen erhoben wurde, übertrifft jeden kirchlichen Akt. Wann immer sie erwähnt wurde, sprach man nur in rühmendem und idealisierendem Ton von ihr. Virginia Woolf, die dreizehn war, als ihre Mutter starb, schrieb: »Jugend und Tod haben ihr einen Heiligenschein verliehen, durch den ihr wahres Gesicht kaum zu erkennen ist.«[19]

Weil wir sie geliebt haben, weil sie für uns über jeden Fehler erhaben sein sollten, als sie noch lebten, ehren wir unsere Mütter und verleihen ihnen posthume Vollkommenheit. Wir trösten uns, indem wir unsere Mütter so erschaffen, wie wir sie gerne gehabt hätten. Die Kindheit der neunundzwanzigjährigen Karen, deren Mutter vor neun Jahren starb, wurde durch den Alkoholismus der Mutter so zerstört, daß sie mit vierzehn von zu Hause weglief. Dennoch hat sie ihre Mutter beinahe zu einer mythischen Gestalt erhoben. »Ich weiß, daß sie trotz ihres Alkoholismus in meiner Erinnerung klüger und perfekter ist, als sie es im Leben war«, gibt Karen zu. »So wie ich es jetzt sehe, hat sie mich immer tadellos versorgt, vom Augenblick meiner Geburt an bis zu dem Zeitpunkt, als ich von zu Hause weggegangen bin. Ich weiß, daß ich mit meinem Bild von ihr eine Art Denkmal schaffe. In meiner Erinnerung sehe ich sie so, wie sie gern gesehen worden wäre. Sie wollte vollkommen sein. Indem ich ihr das gebe, gebe ich ihr auch den Respekt, den sie immer gesucht hat.«

Wie Zorn ist auch die Idealisierung eine normale und nützliche erste Reaktion auf den Verlust. Indem man die guten Züge der Mutter in den Vordergrund stellt, streicht man heraus, wie wichtig ihre Gegenwart war. Außerdem erleichtert die Betonung der glücklichen Aspekte der Mutter-Kind-Beziehung den Übergang zur Trauer. Doch jede zwischenmenschliche Beziehung ist ambivalent, jede Mutter vereint Gutes und Schlechtes. Um der Mutter in unserer Trauer gerecht zu werden, müssen wir auch die kritikwürdigen Seiten ihres Wesens erkennen. Tun wir das nicht, ist unsere Erinnerung an unsere Mutter höchst unvollständig, und wir betrauern jemanden, den es so gar nicht gegeben hat.

»Mommy war eine Heilige«, meinte meine Schwester ohne einschränkende Bemerkung vor ein paar Jahren, und alle Umsitzenden nickten zustimmend. Und ich dachte: Eine Heilige? Sie war fürsorglich und verständnisvoll, sie stellte das Wohl anderer mit großer Selbstverständlichkeit über das eigene – das ist unumstritten. Aber sie war auch nervös und unzufrieden, und sie hat so manche Entscheidung getroffen, für die ich ihr nicht dankbar war. Ich erinnere mich nicht unbedingt gerne an diese Aspekte, will mir nicht die Dinge vor Augen führen, die selbst aus meiner heutigen Sicht als Erwachsene ziemlich fehlerhaft erscheinen. Ich möchte zurückblicken und meine Mutter ausschließlich als die Frau sehen, die mit Freundinnen aus der Nachbarschaft am Küchentisch saß, rauchte und den neuesten Tratsch aus der Schule ihrer Kinder austauschte; die, als ich sechs Jahre alt war, vor der Schule mit großer Sorgfalt meine verknoteten langen Haare durchkämmte; die sich auf meinem Bett zusammenrollte und mir geduldig zuhörte, als ich ihr mit dreizehn eine etwas schräge Version der Haftara für meine Bar Mizwa vorsang; die mit einer Schachtel Tampons vor der verschlossenen Badezimmertür stand und meiner besten Freundin in der neunten Klasse Anweisungen zurief.

Doch sie war nicht nur so. Sie war auch eine Mutter, die ihre Kinder immer dazu anhielt, den Vater zu schonen, damit er sich nicht aufregte; die eines Abends, als er das Garagentor zuknallte und davonfuhr, weinend in der Küche saß und schluchzte: »Was soll ich nur tun? Ohne ihn bin ich nichts«; die so frustriert von ihren erfolglosen Abmagerungskuren war, daß sie 1978 über meinen rasanten und absichtlichen Gewichtsverlust kein Wort verlor, bis ich bei einer Größe von 1,70 m nur noch 46 kg wog; die mich nach meiner zweiten verpatzten Führerscheinprüfung auf dem Heimweg unablässig beschimpfte und schrie: »Wenn du glaubst, ich habe die Zeit, dich noch länger herumzukutschieren, dann hast du dich aber getäuscht«; und die ihre sechzehnjährige Tochter zu ihrer Vertrauten machte und ihr alle Gründe aufzählte, warum sie meinen Vater verlassen sollte, sowie alle Gründe, die dagegen sprachen, so daß sie mich letztendlich gegen ihn aufbrachte.

Ich habe gelesen, daß ein Gefühl ansatzweise immer auch sein Gegenteil enthält, aber wo fängt das eine an, und wo hört das andere auf? Wenn ich sehr lange über meine Mutter nachdenke, vermengen sich Wut und Schuldgefühle untrennbar. Nur mit Anstrengung gelingt es mir, sie zu trennen und das Gute vom Schlechten zu unterscheiden, so daß meine Mutter wieder zu einer komplexen Gestalt mit positiven und negativen Zügen wird. Ich konnte erst richtig um meine Mutter trauern, als ich bereit war zuzulassen, daß sie in meiner Erinnerung nicht weniger – aber auch nicht mehr – war, als sie im Leben gewesen war. Wenn ich die »schlechte Mutter« nicht betrauern kann, bleibe ich für immer an das gebunden, das wahrzunehmen ich mich weigere.

Es ist gar nicht so leicht zu verstehen, wie wir negative Gefühle für jemanden empfinden können, den wir sehr lieben. Aber negative Gefühle können Menschen ebenso aneinander binden wie positive, was zum Beispiel erklärt, warum auch Töchter, die von ihren Müttern mißhandelt wurden, den Verlust betrauern müssen.[20] Auf den ersten Blick erscheint das wie eine Kombination des Unmöglichen mit dem Absurden: Warum sollte man um eine Mutter trauern, die einem das Leben schwergemacht hat? Warum soll man um sie trauern, wenn man doch wollte, daß sie einen verläßt, oder wenn ihr Tod einen befreit und einem mehr gibt, als er nimmt?

Die Antwort ist, daß alle Bindungen, positive wie negative, gewürdigt werden müssen, bevor man den Tod der Mutter akzeptieren und sein eigenes Leben fortführen kann.

Wenn die Mutter die Tochter mißhandelt hat, ist der Prozeß des Loslassens für die Tochter viel schwerer, schmerzlicher und verwirrender. Häufig hebt sie das Positive hervor, idealisiert die Mutter, die sie verloren hat, und spielt die Mißhandlung herunter. Oder aber sie sieht ausschließlich das Negative und ist unfähig zu erkennen, daß die Mutter, die ihr so viel Schmerz zugefügt hat, sie vielleicht auch geliebt hat. Diese Verwirrung wird deutlich in der Aussage der zweiundzwanzigjährigen Laura über ihre Beziehung zu der Mutter, die vor zwei Jahren ermordet wurde:

> Als ich noch ganz klein war, hat meine Mutter mich sehr umhegt und war sehr liebevoll, weil ich ihr nichts entgegengesetzt habe. Als Kind hat man ja keine eigene Persönlichkeit, und genau das wollte sie. Ich war ihr Leben. Sie hat zum Beispiel gesagt: »Ich lebe nur deinetwegen«, oder »Ich liebe euch Kinder mehr als euren Vater.« Ich habe solche Sachen häufiger gehört als meine Schwester, weil ich meiner Mutter so ähnlich sah. Als ich älter wurde, hatte ich meine eigenen Ansichten, aber sie hat mich weiterhin nach dem Motto behandelt: »Du bist ja so süß.«
> Meine Eltern haben sich scheiden lassen, als ich neun Jahre alt war. Damals wurde ich zu ihrer Vertrauten. Sie hat mir alles erzählt. Und gleichzeitig ist sie ausgerastet, wenn ich auf eine Art und Weise reagierte, die ihr nicht paßte. Dann hat sie mir vorgeworfen, daß ich es auf sie abgesehen hätte, und hielt mir

tausend Dinge vor, die ich angeblich getan hatte, als ich vier war. Ich verfiel in eine tiefe Depression. Außerdem wurde ich vernachlässigt, besonders nach der Scheidung. Sie war einfach kaum da... Ich weiß, daß sie mich auch geliebt hat, aber sie war so kaputt. Sie war einfach völlig kaputt. Und ich erkenne manches davon auch in mir wieder. Manchmal halte ich ganz erstaunt inne und denke: »Hoppla, wo kommt das denn her?« Es geht auch nicht einfach weg. Ich muß richtig an mir arbeiten, um mich zu verändern. Ich bin immer noch so wütend auf sie. Ich möchte das für mich abschließen. Ich möchte meine Wut auf das richtige Maß reduzieren und meine Trauer auch, aber alles ist so verzerrt. Einmal denke ich: Nein, ich kann sie nur hassen. Und dann wieder: Nein, ich kann sie nur lieben.

Wie Laura mußte auch Juliet die ambivalenten Gefühle, die sie ihrer Familie gegenüber hatte, zunächst verarbeiten, bevor sie den Verlust der Mutter akzeptieren konnte, die starb, als Juliet siebzehn war. Sie war das jüngste von acht Kindern und wuchs in einer Familie auf, in der beide Eltern tranken. Sie mußte ihre Mutter beschützen, und nach der Beerdigung suchte Juliet sieben Jahre lang Zuflucht im Alkohol, um die Gefühle abzutöten. Mit dreiundzwanzig spürte sie, daß sie »in einer Sackgasse« steckte, sagt sie. Ihre ältere Schwester war Mitglied bei den Anonymen Alkoholikern, und Juliet beschloß, auch beizutreten. Je nüchterner sie wurde, desto deutlicher kehrten die unterdrückten Gefühle der letzten sieben Jahre zurück. Juliet konnte jetzt ihre Mutter für das betrauern, was sie für die Familie war und was sie nicht war, doch zunächst mußte sie die in der Familie herrschende Gewohnheit durchbrechen, ihre Gefühle zu ignorieren oder zu leugnen und ihre tote Mutter zu idealisieren.

Jetzt bin ich wütend auf meine Mutter, und das ist ein seltsames Gefühl. Als ich in der Therapie zum ersten Mal darüber sprach, habe ich nur geflüstert. Meine Therapeutin fragte: »Warum flüstern Sie?« Ich antwortete: »Weil ich eigentlich nicht darüber sprechen darf.« Ich bin mit so vielen Geheimnissen aufgewachsen und mußte immer eine Fassade aufrechterhalten und eine Rolle spielen. Jetzt mußte ich auf einmal erkennen, daß meine Mutter ein Teil des Übels meiner Familie war. Die ganze Familie war alkoholkrank. Und ich bin so wütend auf sie. Verdammt noch mal, ich habe einfach gewisse Dinge gebraucht. Ich habe eine Mutter gebraucht, jemand, der da war. Doch sobald ich wütend werde, möchte ich sie auch verteidigen. Ich verfange mich immer in dem Konflikt und denke: »Ach, sie war so gut und hat sich solche Mühe gegeben.« So denke ich jetzt über meine Mutter. Es ist ein Konflikt. Das behagt mir nicht.

Eine Mutter, die ihre Tochter körperlich, sexuell oder emotional mißhandelt, fügt dem gesunden Selbstgefühl des Kindes großen Schaden zu. Sie verhindert, daß das Kind Vertrauen lernt, sich sicher fühlt und die Welt als sinnvolles Gebilde begreift.[21] Die Trauer um die Mutter, die der Mißhandlung schuldig ist, ist der Versuch, soviel wie möglich von dem zurückzuholen, was einem geraubt wurde. Weder wird dadurch die Mißhandlung verharmlost, noch bedeutet es, daß die Tochter sich die Mutter zurückwünscht.[22] In dem Fall hat Trauer weniger mit Traurigsein zu tun als mit Loslassen und einem Gefühl der Befreiung.

»Einerseits bin ich nicht traurig, daß meine Mutter tot ist, denn ich weiß, daß sie so viel glücklicher ist«, sagt Donna, deren Mutter vor drei Jahren Selbstmord beging. »Sie hatte ständig Schmerzen – Rückenschmerzen, Bauchschmerzen –, und dann der Alkoholismus. Nach außen hin war sie immer glücklich, aber unter der Oberfläche verbarg sich ein kleines Mädchen auf allen vieren, das weinte und sich wünschte, daß sich jemand um es kümmerte. Sie brauchte das Gefühl, geliebt zu werden. Deswegen war unsere Bindung so eng. Ich habe sie immer umarmt und ihr gesagt, daß ich sie liebe, und ich habe ihr etwas zu essen gekocht und sie vom Bett zum Badezimmer geschleift, damit sie sich übergeben konnte.«

Donna fährt fort: »Ein, zwei Monate nach ihrem Tod fiel mir gar nichts Gutes über sie ein. Ich konnte mich an nichts Nettes erinnern, was sie getan hatte, oder an etwas, was beeindruckend war. Aber ich weiß, daß meine Mutter viel Gutes getan hat. Als sich der Nebel lichtete, konnte ich die Dinge, die vor meinen Augen herumflatterten, festhalten und sie betrachten und erkennen, warum sie bestimmte Gefühle in mir hervorriefen. Im Grunde genommen hat der Tod meiner Mutter mich befreit. Er hat mir die Freiheit gegeben, Dinge zu tun, die ich nie zuvor tun konnte.«

Wenn eine Mutter, die ihre Tochter mißhandelt hat, stirbt, geht damit auch die Möglichkeit einer Aussöhnung zwischen Mutter und Tochter verloren. Solange die Mutter lebt, besteht diese Möglichkeit, und sei sie noch so vage. Für die Tochter, die auf eine Entschuldigung, eine Umkehrung oder eine Entschädigung für die verlorenen Jahre gehofft hatte, ist die verlorene Möglichkeit ein weiterer Verlust, den sie anerkennen und betrauern muß. Ihre Mutter wird jetzt nie mehr sagen: »Es tut mir leid.« Sie wird nie aufhören zu trinken. Sie wird nie eine Therapie machen, die ihr helfen könnte. Sie wird nie die Mutter werden, die sie nie war. Aber sie wird auch nie mehr in der Lage sein, ihre Tochter zu mißhandeln.

Immer wieder aufs neue

Mehrmals im Jahr habe ich morgens das Bedürfnis, unter die Bettdecke zu kriechen und mich zu verstecken. Schuld sind bestimmte Kalendertage. Als erstes ist da der Muttertag. Dann der 10. Juli, der Hochzeitstag meiner Eltern, und kurz darauf kommt der 12. Juli, der Todestag meiner Mutter. Der 19. September ist ihr Geburtstag, und danach habe ich eine kleine Atempause, bis die Weihnachtszeit beginnt. Vier Monate später, während ich überlege, wie ich dem römischen Kalender ein Schnippchen schlagen und direkt vom April in den Juni springen kann, stellen die Geschäfte ihre Muttertagskarten aus, und der Kreislauf beginnt von neuem.

Früher habe ich so getan, als gingen mich diese Tage nichts an. Ich habe sogar versucht, sie zu ignorieren, doch meine Psyche hat sich ganz listig diese Gedenktage gemerkt. Der innere Kalender läßt sie nicht einfach unbemerkt durchgehen. Die zweiunddreißig Jahre alte Eileen, deren Mutter starb, als sie drei Jahre alt war, schrieb, daß eine große Traurigkeit in ihr aufkam, wenn sie den Sonnenuntergang betrachtete. Meistenteils vermied sie es deshalb, sich den Sonnenuntergang anzusehen. Als sie eines Tages auf dem

Weg nach Hause war, beschloss sie, anzuhalten, die untergehende Sonne zu beobachten und die aufkommenden Gefühle zuzulassen. Dabei fiel ihr ein, dass sie nach dem Tod ihrer Mutter häufig zur Abendessenszeit aus dem Haus gelaufen war, sich irgendwo hingesetzt hatte, wo sie die untergehende Sonne betrachten konnte, und darauf wartete, dass ihre Mutter sie nach Hause holte. Nachdem sie diesen Zusammenhang erkannt hatte, wollte sie das Ereignis in ihrem Kalender festhalten – und entdeckte, dass sie den Geburtstag ihrer Mutter dazu gewählt hatte, sich den Sonnenuntergang anzusehen.

Bestimmte Tage, Tages- oder Jahreszeiten oder ein bestimmter Wochentag können als zyklische Auslöser funktionieren und ein erneutes Trauerverhalten hervorrufen.[23] Therese Rando bezeichnet das als einen nachträglichen, vorübergehenden Ausbruch von Trauer, der eine intensive Sehnsucht nach dem geliebten, verstorbenen Menschen hervorruft und ein Teil des normalen Trauerprozesses ist.[24] Wenn wir den Zeitpunkt kennen – wie das bei bestimmten Gedenktagen der Fall ist –, können wir uns darauf vorbereiten. Da kollektive Rituale in unserer Zeit von einer individuellen Betrachtungsweise abgelöst worden sind, können wir auch unsere eigenen Traditionen schaffen. Die einunddreissig Jahre alte Addie, die neunzehn war, als ihre Mutter an Herzversagen starb, fürchtete sich davor, den Muttertag allein zu verbringen. »Eine Zeitlang arbeitete ich in einem Geschenkeladen und erklärte mich bereit, für eine Kollegin einzuspringen, die den Muttertag mit ihrer Mutter verbringen wollte«, erzählte sie. »Den ganzen Tag lang kamen Mütter und Töchter zusammen in den Laden. Ich fand es furchtbar – es machte mich so wütend und so traurig. Und ich fühlte mich betrogen. Als ich an jenem Abend nach Hause kam, weinte ich eine ganze Stunde lang. Im vergangenen Jahr hat mir mein Therapeut gezeigt, dass ich einen Weg finden muss, um meine Mutter zu ehren. Also beschloss ich, am Muttertag im Garten zu arbeiten. Ich habe mir ein Ritual geschaffen, Blumen gepflanzt und um Kraft, Leben und Licht gebetet. Es kommt mir entgegen, weil ich auf diese Weise meine Mutter und gleichzeitig die Natur ehre und weil ich den lebensspendenden Teil meiner selbst feiere – und der ist sicherlich ein Geschenk meiner Mutter.«

Auch Geburtstage rufen neue Trauer hervor, nicht nur, weil die

Karte oder der Telefonanruf ausbleibt, sondern auch, weil jeder Geburtstag uns näher an einen wichtigen Zeitpunkt heranführt: das Alter, in dem unsere Mutter gestorben ist. Weil wir uns so stark mit dem Körper unserer Mutter identifizieren und weil unser Schicksal einst so eng mit dem ihren verwoben war, fürchten viele von uns, daß das Alter, in dem der Tod sie ereilte, auch unsere Sterbestunde bringt. Dieses Lebensjahr ist eine Art Meilenstein; es hinter uns zu lassen, ein ungeheurer Erfolg.

»Ich beobachte das immer wieder«, sagt Naomi Lowinsky, Psychotherapeutin in Berkeley, Kalifornien, und Autorin von *The Motherline: Every Woman's Journey to Find Her Female Roots*.»Manche Frauen rasten völlig aus, wenn sie das Alter erreichen, in dem ihre Mütter gestorben sind. Sie haben plötzlich die merkwürdigsten Symptome, sie verfallen in Depressionen oder bekommen plötzlich Herzklopfen oder weisen andere Symptome auf, für die es keine medizinische Erklärung gibt. Da besteht eine sehr starke Verbindung.« Vanderlyn Pine, Professor der Soziologie an der State University of New York in New Paltz, ist für seine Arbeit zum Thema Tod und die amerikanische Gesellschaft renommiert. Er hat diese Trauerreaktion so häufig beobachtet, daß er sie »Parental Trigger« nannte. Dr. Pine, der seinen Vater mit neunzehn Jahren verlor, vertritt die Auffassung, daß ein Kind, wenn es das Alter erreicht, in dem der Elternteil desselben Geschlechts starb, ein neues Bewußtsein der eigenen Sterblichkeit erlangt und es zu einer Trauer für den Verstorbenen fähig wird, die es zuvor nicht erleben konnte.»Als ich mich dem Alter näherte, in dem mein Vater gestorben war, bemerkte ich, daß mir dieser Zeitpunkt sehr wichtig wurde«, erklärt er. »Sein Tod bestimmte meine Reaktionen zu dem Zeitpunkt, aber er versetzte mich nicht in das Alter eines 19jährigen. Statt dessen betrachtete ich den Tod eines 48jährigen durch die Augen eines 48jährigen. Es war eine erstaunliche Erkenntnis. Mein Vater hatte etwas in mir ausgelöst. Als ich an dem Morgen aufwachte, blickte ich in den Spiegel und dachte: Ich bin 48 Jahre alt. Aber ich sehe gar nicht so schlecht aus für 48. Ich betrachtete mich und sagte: Wie konntest du nur so jung sein? Wie konntest du, verdammt noch mal, sterben? Da war ich also, mit 48, und betrachtete den Tod meines Vaters auf eine Weise, die mir mit 19 verschlossen war. Ich war plötzlich ein 48 Jahre alter

Mann, der den Tod eines 48jährigen erlebte und dachte: Wie entsetzlich!«

Dann gibt es aber auch die subtilen Auslöser, die sich plötzlich ganz ohne Vorwarnung zu Wort melden, wenn man mit ganz anderen Dingen beschäftigt ist. Diese Trauerauslöser stehen oft in Beziehung zu den Marksteinen im Leben einer Frau – Abschluß des Studiums, Hochzeit, Geburt, eine neue Stelle. Dies sind Stadien in unserem Reifeprozeß, die eine neuartige Verantwortung von uns verlangen, uns ängstigen und verunsichern und in uns den Wunsch nach einer Beschützerin und einem sicheren Zufluchtsort wecken.

»Allgemein gesprochen haben diese Reaktionen etwas mit den Gefahren des Erwachsenwerdens zu tun«, sagt Benjamin Garber, Direktor des Barr-Harris Center. »Wenn man erwachsen wird, stoßen einem schlimme Dinge zu. Man stirbt.« Auf einer persönlicheren Ebene sagt er: »Der Übergang von einer Phase zur nächsten geht mit größeren Erwartungen einher. Man erwartet mehr von dir. Jedesmal, wenn du einen Schritt nach vorne machst, möchtest du wieder zurückgehen. Und du hältst nach deinen Eltern Ausschau. Wenn du zurückblickst und keiner ist da, dann ist das sehr beängstigend.« Evelyn Bassoff, Psychotherapeutin in Boulder, Colorado, und Autorin von *Mothering Ourselves*, fügt ergänzend hinzu: »In Zeiten der Veränderung sind unsere psychischen Systeme nicht in Harmonie miteinander, sondern es gibt viele interne Konflikte. Wir klammern uns an Menschen, die uns Schutz versprechen, oder zumindest an die Erinnerung an solche Menschen. Wir haben Sehnsucht nach Sicherheit.«

Wenn wir solche Marksteine erreichen, macht sich bei uns das Fehlen der Mutter schmerzlich bemerkbar. Wir haben uns, bewußt oder unbewußt, diese Situationen vorgestellt und erwartet, daß sie da sein würde. Wenn sie nicht da ist, prallen unsere Erwartungen mit der Wirklichkeit zusammen, so daß eine Disharmonie entsteht. Die Tochter trauert nicht nur um das, was verloren ist, sondern auch um das, was niemals sein wird – und wenn die Mutter der Tochter zu Lebzeiten keine Sicherheit oder Unterstützung geben konnte, dann trauert die Tochter auch um das, was sie gebraucht, aber nie bekommen hat.

Ich habe meine Mutter sehr vermißt, als ich mein College-Abschlußzeugnis entgegennahm und keiner von meiner Familie da war. Ich habe sie vermißt, als ich das erste Mal befördert wurde und es jemandem erzählen wollte, der stolz auf mich sein würde. Ich vermisse sie, wenn ich krank bin und mich einsam fühle und wenn ich wissen möchte, was man gegen Insektenstiche tun kann, oder wenn ich mich über den unhöflichen Mann bei der Post aufrege. Ob sie mir nun selbstgemachte Hühnerbrühe eingeflößt oder mir Wattebäusche und eine Tinktur geschickt hätte, wenn sie noch gelebt hätte, ist völlig unwesentlich. Ich vermisse sie immer wieder aufs neue, weil ich sie noch nicht einmal darum bitten kann.

Der Schwindel mit dem Ende der Trauer

Ich wünschte, ich könnte glauben, daß die Trauer eines Tages für immer abgeschlossen wäre. Die Vorstellung, daß wir zu einem Ende kommen können, wenn wir die Sache nur richtig angehen, stellt sich sehr verlockend dar. Doch wenn Trauer wirklich ein erreichbares und endgültiges Ziel hätte, hätten mehr von uns das Gefühl, wir würden uns ihm nähern. Doch von den 154 Frauen, die ich für dieses Buch befragt habe, gaben über 80 Prozent an, daß sie immer noch um ihre Mutter trauerten, obwohl ihr Verlust im Durchschnitt vierundzwanzig Jahre zurückliegt.

Der endgültige Abschluß der Trauer ist so schwer – wenn nicht gar unmöglich – zu erreichen, daß unsere Versuche immer fehlschlagen und uns das Gefühl vermitteln, der Sache nicht gewachsen zu sein.[25] Über manch einen Verlust kommt man wahrhaftig nie hinweg. Statt dessen umgeht man ihn und läßt ihn hinter sich. »Abschluß? Das Wort gefällt mir ganz und gar nicht«, sagt Therese Rando. »Ich benutze den Begriff ›sich damit abfinden‹, denn an verschiedenen Punkten deines Lebens kannst du dich damit abfinden, Platz dafür in deinem Leben machen und deinen Frieden damit schließen. Doch dann wird deine Trauer zu einem anderen Anlaß wieder geweckt. Trauer muß immer wieder neu verarbeitet werden. Auch wenn man einen Elternteil nach der Kindheit verliert, als Teenager oder noch später, muß man den Verlust immer wieder neu verarbeiten. Mit der Vorstellung, daß man ihn für immer bewältigt hat und er nie wieder schmerzhaft bewußt wird, kann ich mich überhaupt nicht anfreunden.« So sagt die dreiundfünfzigjährige Caroline, die mit elf Jahren ihre Mutter durch eine Herzkrankheit verlor: »Ich vermisse meine Mutter immer noch. Wenn ich mir selbst zuhören könnte, wäre ich überrascht, daß man jemanden nach zweiundvierzig Jahren noch vermissen kann. Man möchte fragen: ›Warum überwindest du den Verlust nicht?‹ Ich habe mir früher immer vorgestellt, daß Trauer wie eine Fahrt durch einen Tunnel ist: Wenn man am anderen Ende ankommt, sind der Schmerz und das Verlustgefühl auf einmal verschwunden. Als ich gemerkt habe, daß ich zwar den Verlust nicht verwinden, trotzdem aber weiterleben konnte, hat das den Druck von mir genommen. Ich konnte ihn dann eher annehmen und sagen: ›Na gut, das ist geschehen, und dann das und dann das.‹«

Sigmund Freud vertrat die Auffassung, daß der Trauerprozeß eine Ablösung von dem geliebten Objekt bedeute und schließlich dazu führe, daß man sich an einen anderen Menschen bindet.[26] Seine Theorie diente jahrzehntelang als Grundlage für die Trauerforschung, doch in letzter Zeit haben Forscher die Hypothese, daß es zu einem Bruch der Bindung kommen muß – besonders in bezug auf Frauen –, in Zweifel gezogen.[27] Als Phyllis Silverman, die derzeitige Direktorin des Child Bereavement Study Center im Massachusetts General Hospital, 1987 achtzehn junge Frauen befragte, die einen Elternteil in der Kindheit verloren hatten, stellte sie fest, daß diese Frauen sich nicht völlig von diesem Elternteil lösten, sondern eine Verbindung aufrechterhalten und die Verstorbenen in ihr derzeitiges Leben aufnehmen wollten.[28] Für Frauen, die gelernt haben, Bindungen zu erhalten, statt aus ihnen auszubrechen und emotionale Eigenständigkeit zu suchen, mag dies eine natürlichere und angemessenere Reaktion sein. Wenn sie ihre Bindungen an die Vergangenheit lösen, so Silverman, kann das ihre Trauer verstärken.

Wenn du deine Mutter verlierst, werden die Abschnitte zwischen den Trauerphasen mit der Zeit länger, aber die Sehnsucht hört nie auf. Sie ist immer da, am Rande deines Bewußtseins, und kann jederzeit und auf eine Art und Weise, die du am wenigsten erwartest, wieder emporkommen. Trotz der weitverbreiteten Meinung, dies sei krankhaft, ist es das durchaus nicht; es ist völlig normal. Und deswegen wirst du erleben, daß du plötzlich, während du mit 24, 35 oder 43 ein Geschenk auspackst, einen Korridor entlanggehst oder eine belebte Straße überquerst, von der Sehnsucht nach deiner Mutter überwältigt wirst, weil sie starb, als du siebzehn warst.

Kapitel zwei

Zeiten der Veränderung

MEIN VATER KAUFTE MEINER MUTTER 1973 eine Jacke aus Waschbärfell. Sie war dreiviertellang und hatte vorne einen breiten, braunen Reißverschluß. In meiner Kindheit trug meine Mutter die Jacke während des New Yorker Winters. Es war nicht so, daß sie eine Pelzjacke brauchte – eine aus Wolle hätte durchaus gereicht –, aber Mitte der siebziger Jahre war ein Pelz irgendwo zwischen einer Edelstahlküche und einem Cadillac angesiedelt. Ein paar Jahre, nachdem meine Mutter die Pelzjacke bekommen hatte, bauten meine Eltern im Garten einen Swimmingpool. In dieser Reihenfolge. Eine Waschbär-Pelzjacke reichte natürlich nicht an einen wadenlangen Nerz heran, aber es war immerhin ein Pelz, und meine Mutter trug ihn am Tage und abends, wenn sie mit meinem Vater zu gesellschaftlichen Anlässen ausging. Meine Mutter war groß und hatte breite Schultern, so daß die Jacke an ihr gut zur Geltung kam. Der Pelz hatte die Farbe von ergrauendem dunkelblondem Haar und entsprach fast genau dem Farbton ihres kurzen Haars, in das Strähnen gefärbt waren. Gegen diese blasse Farbkulisse wirkte ihr knallroter Lippenstift immer wie eine Überraschung. Wenn sie Auto fuhr, saß ich gern neben ihr und legte meine Hand auf den weichen Pelz. Wenn meine Eltern spätabends aus dem Kino, vom Kegelabend oder einem Essen bei den Nachbarn zurückkamen, fuhr mein Vater den Babysitter nach Hause, und meine Mutter kam zu uns ins Schlafzimmer, um gute Nacht zu sagen. Dann stand ich im Bett auf und schmiegte mein Gesicht an ihren Hals. Die Abendkälte hing noch im Kragen, und ein letzter Hauch von Chanel Nr. 5 umgab sie. Abends trug sie immer Chanel. Am Tag legte sie Charlie auf.

Ein paar meiner Klassenkameraden trugen Kaninchenfelljacken, aber alle anderen Pelze waren den Erwachsenen vorbehalten. Einige Frauen in unserer Gegend trugen knöchellange Fuchs- oder Nerzmäntel, die sie von ihren Ehemännern zum Hochzeitstag bekommen hatten. Das waren die Frauen, die eine viertürige Mercedes-Limousine fuhren. Meine Mutter hatte einen Oldsmobile-Kombiwagen, in dem sie sechs meiner Freunde auf einmal transportieren konnte, und ich hatte nichts daran auszusetzen, bis meine Klassenkameraden in der neunten Klasse anfingen, Designer-Klamotten zu tragen. Ich hatte keine, und langsam spielten diese Dinge eine Rolle. Eines Nachmittags ging meine Mutter mit mir in die Stadt und kaufte mir zwei Gloria-Vanderbilt-Kordhosen und eine Jordache-Jeans. Sie wisse, wie sehr ich dazugehören wollte, sagte sie.

Damals war ich vierzehn, und es war mir noch nicht peinlich, mit meiner Mutter in der Öffentlichkeit gesehen zu werden. Doch gegen Ende des Jahres hatte ich das Zusammensein mit ihr fast ganz gegen die Gesellschaft meiner Freunde ausgetauscht. Ich verbrachte meine Zeit in Autos auf Parkplätzen und in den Partykellern anderer Leute und erinnerte mich an die Existenz meiner Eltern nur, wenn ich abgeholt werden wollte. Es gab mir dennoch ein Gefühl der Sicherheit und auch der Erleichterung zu wissen, daß ich mich zwar von meiner Mutter losgesagt hatte, sie mich aber im Gegenzug nicht fallenließ. Im Winter, als ich in der zehnten Klasse war, wurde ich während des Spanischunterrichts krank. Ich rief sie an und bat sie, mich abzuholen. Ich lag auf der Couch im Krankenzimmer, als sie hereinkam. Sie trug die Waschbärjacke, ihre Wangen waren von der Kälte gerötet, und an ihrem Arm hing eine Designer-Handtasche. Für mich war sie der Inbegriff von Lebendigkeit und Tatkraft, als sie durch den Raum geeilt kam, ihre Handfläche an meine Stirn legte und schnell den Entlassungsschein unterschrieb, um mit mir nach Hause zu fahren. Als wir durch die breiten Korridore zum Parkplatz gingen, wollte ich die Türen zu den Klassenzimmern aufstoßen und rufen: Guckt alle her! Seht euch meine junge, hübsche Mutter an. Sie ist gekommen, um mich zu retten.

Das war, bevor sie krank wurde. Gegen Ende dieses Jahres, nachdem sie operiert worden war, nachdem ihr die Haare ausgefallen waren und sie aufgrund der weißen Pillen, die sie jeden Morgen schluckte, 15 Kilo zugenommen hatte, weinte sie, wenn sie in den

Spiegel blickte, und blieb häufiger allein zu Haus. Wenn ich sie am späten Nachmittag nach der Chemotherapie nach Hause fuhr, klammerte sie sich an meinen Arm, um von der Übelkeit nicht übermannt zu werden. Danach hatte sie nur noch einen Winter zu leben, und ich erinnere mich nicht, daß sie noch einmal ihre Waschbärjacke getragen hätte. Eigentlich kann ich mich an gar nichts erinnern, was sie in der Zeit getragen hat, außer Nachthemden und Badeanzügen, obwohl sie einen ganzen Kleiderschrank voll mit anderen Sachen hatte. In meiner Vorstellung statte ich sie mit schicken Kostümen aus, als würde ich Papierkleider an eine Anziehpuppe heften. Wenn die Erinnerung ungenaue Bilder hervorbringt, wird häufig die Phantasie aktiv. Es ist jetzt mehr als zehn Jahre her, und jedes Jahr wird meine Erinnerung vager.

Dennoch gibt es einige Dinge, die ich lieber vergessen würde. Ich vermute, ich war in der Pubertät nicht gerade unkompliziert. Da ich voll damit beschäftigt war, meine Unabhängigkeit zu demonstrieren, hatte ich, als ich fünfzehn war, kaum noch Zeit für Familienangelegenheiten. Ich hatte anderweitig zu tun. Während meine Mutter ihre Freunde zum Lunch und zur Maniküre einlud, experimentierten meine Freunde und ich mit Drogen. Während ihre Mah-Jongg-Gruppe Elfenbeinplättchen über den Kartentisch schob und sich Geschichten erzählte, rollte ich mich mit meinem Freund, dessen Hände unter meinem T-Shirt über meinen Körper wanderten, auf dem Boden im Zimmer nebenan. Wahrscheinlich war das typisch für Jugendliche in den achtziger Jahren. Doch eines Tages hörte das alles auf.

»Der Knoten ist Krebs«, sagte meine Mutter eines Tages Mitte März in dem Jahr, als ich sechzehn wurde. Sie kam gerade vom Arzt zurück, und ich war zur Treppe gelaufen, um sie zu begrüßen.

»Was bedeutet das?« fragte ich und wich einen Schritt zurück.

»Gott«, sagte sie und hielt sich am Treppengeländer fest. »Es bedeutet, daß mir die Brust entfernt wird.«

Sie hat noch mehr gesagt, glaube ich, aber mehr habe ich nicht gehört. »Nein!« schrie ich und drängte mich an ihr vorbei. Ich rannte die Treppe hinunter in mein Zimmer. Als sie gleich darauf an die verschlossene Tür klopfte, schrie ich: »Geh weg! Laß mich in Ruhe!« Schon damals wußte ich, daß dieses Ereignis das Ende meiner Kindheit bedeutete, daß dies ein viel deutlicherer Einschnitt war als die erste Periode oder der erste Kuß. Von dem Telefon in meinem Zimmer rief ich eine Freundin an und sagte: »Meine Mutter hat Krebs. Kann ich zu dir kommen?« Dann rannte ich die anderthalb Kilometer zu unserem Treffpunkt, wo sie schon mit zwei anderen Freundinnen wartete. Ich rannte auf sie zu, ohne das Tempo zu drosseln, sprang über ein paar Grabsteine auf dem Friedhof, den ich überqueren mußte, und sprengte voran, als ob die Kraft der Bewegung mich in eine andere Zeit, an einen anderen Ort katapultieren könnte.

Nach der Brustamputation, als meine Mutter am Küchentisch saß und Gummibälle zusammenpreßte, um die Muskeln zu stärken, die nach der Operation noch übrig waren, lernte ich, meine Wut in Schweigen zu ballen. Die Aufforderung: »Mach deine Mutter nicht unglücklich« wurde vielleicht nicht ausgesprochen, aber sie stand deutlich im Raum. Also spielte ich meine Musik leise, sprach bei Tisch nur, wenn mich jemand aufforderte, und schmuggelte meine Freunde nach Einbruch der Dunkelheit durch das Fenster meines Souterrain-Zimmers. Ich schwankte zwischen Aufbegehren und Angst und hatte das Gefühl, mit meiner Entwicklung in der Luft zu hängen. Einerseits wollte ich nicht von meiner Mutter getrennt sein (denn was würde mit ihr geschehen, wenn ich wegginge?), andererseits war ich wütend auf ihre Krebszellen, weil sie mich zurückhielten (denn was würde mit mir geschehen, wenn ich mich nicht trennte?). Jedesmal, wenn ich mich stark genug fühlte, um ein bißchen mehr Eigenständigkeit zu wagen, zog mich die Familiensituation wieder zurück. Gott, es war schrecklich. Am 4. Juli, zwei Wochen nach meinem siebzehnten Geburtstag, kam ich von einem Konzert nach Hause und ging noch kurz ins Schlafzimmer meiner Eltern, um meine Rückkehr zu melden. »Ich bin wieder da.«

Meine Mutter lag in einem Lehnstuhl und zappte durch die verschiedenen Fernsehprogramme, doch als sie mich sah, richtete sie sich auf und lächelte. »Wie war das Konzert?«

»Gut.«
»Wer hat noch mal gespielt?«
»James Taylor. Und noch jemand.«

»Das ist ja schön. Wie lange ging es denn?«
»Zwei Stunden.«
»Zwei Stunden? Das ist ja richtig lange. Gab es eine Pause?«
»Nein.«
»Was waren denn für Leute da?«
»Viele.«

Sie stellte noch mehr Fragen, und ich wurde zunehmend gereizter, bis ich nach fünf oder sechs weiteren Fragen explodierte – »Was soll das denn? Ist das hier ein Kreuzverhör?« – und die Treppen hinunter in mein Zimmer stürmte. Meine Mutter hatte klassische Musik studiert. Sie hatte sich noch nie für Popmusik interessiert. Warum gab sie plötzlich vor, so interessiert an dem Konzert zu sein? Wenige Minuten später stürmte mein Vater, ohne anzuklopfen, in mein Zimmer. »Warum um alles in der Welt mußtest du dich so aufführen? Jetzt weint deine Mutter«, sagte er. »Sie kann nicht mehr allein ausgehen. Sie will nur, daß du dein Leben ein bißchen mit ihr teilst. Bist du noch nicht einmal dazu bereit?«

Die Schamröte stieg mir ins Gesicht, doch ich zwang mich, ihm in die Augen zu sehen. Er war so wütend, daß er zitterte, aber er schrie nicht. Da begriff ich, daß sie im Sterben lag.

Nach der Beerdigung packte ich ihre Anziehsachen für eine Kleidersammlung zusammen. »Ich kann das nicht«, sagte mein Vater, als er eines Morgens Ende Juli vom Büro aus anrief. »Kannst du das machen, bitte?« Ich machte mich am gleichen Nachmittag an die Arbeit, als keiner zu Hause war. Sorgfältig und mechanisch faltete ich jeden Pullover auseinander und wieder zusammen und hoffte wohl, daß der Abschiedsbrief, den sie nie geschrieben hatte, dabei zu Boden flattern würde. Ich arbeitete zügig, damit sich bei den einzelnen Kleidungsstücken keine Erinnerungen aufdrängten. Aber das war schwer. Jedes Teil hatte seine eigene Geschichte: das weißgrüne Hauskleid, das sie trug, wenn sie Mahlzeiten vorbereitete; der rote Badeanzug für die Zeit nach der Brustoperation, den wir gemeinsam ausgesucht hatten; der violettfarbene Pullover, den ich auf dem Schulfoto in der zehnten Klasse anhatte. Ich ging alle ihre Schubladen durch, von rechts nach links, und füllte die großen Kartons, die im Schlafzimmer standen.

Als ich damit fertig war, zerrte ich die Kartons quer durch den

Flur zu dem Garderobenschrank, und dann kam irgend etwas dazwischen – das Telefon klingelte, oder ich holte mir etwas zu trinken –, auf jeden Fall habe ich diesen letzten Schrank nie ausgeräumt. Die Waschbärjacke blieb also hinter dem Schaffellmantel meines Vaters und den Skianzügen meiner Schwester im Garderobenschrank hängen, bis ich im Jahr darauf von zu Hause wegzog, um aufs College zu gehen.

Warum habe ich sie da mitgenommen? Ich kann doch nicht ernstlich geglaubt haben, ich könnte sie unbemerkt rausschmuggeln, aber genau das tat ich und stopfte sie in die Kiste mit meinen Sachen, die nach Chicago geschickt werden sollte. Keiner in meiner Familie hat je erwähnt, daß die Jacke fehlte. Vielleicht ist es ihnen nie aufgefallen. Vielleicht war es ihnen auch egal. Wer weiß? In Chicago hängte ich sie ganz hinten in meinen Schrank, zunächst in meinem Zimmer im Studentenheim und dann in der Wohnung, in der ich die nächsten drei Jahre wohnte. Ich hatte nicht unbedingt vor, sie zu tragen, aber ich nahm an, daß ich sie eines Tages doch anziehen würde.

Die Reaktion meiner Kommilitoninnen, als sie sahen, daß ich die Pelzjacke meiner Mutter hatte, war sehr merkwürdig. Am Tage, als sie starb, hatte ich mir ihren Ehering aus ihrer Schmuckschatulle geholt. Ich trug ihn jahrelang an der rechten Hand. »Wunderhübsch«, seufzten die anderen, wenn ich erklärte, was es war. Doch die Pelzjacke rief eine ganz andere Reaktion hervor, eher Überraschung oder Widerwillen. Eine Freundin versuchte mir das zu erklären. »Ein Ehering bedeutet deine Zukunft«, sagte sie, »aber ein toter Waschbär, das ist ja, als ob du dich in die Vergangenheit einwickelst.«

Ich versuchte erst gar nicht zu erklären, daß die abgewetzte alte Jacke mich mit einer Wärme umhüllte, die für mich zeitlos war – wer würde das schon verstehen? Und nie habe ich jemandem erzählt, daß ich manchmal in den ersten Jahren meinen Kopf in die Jacke vergrub und den Duft des Parfums suchte.

In den vier Collegejahren trug ich die Pelzjacke nur ein einziges Mal. Meine Freunde waren alle radikale Liberale, die kein Fleisch aßen, Unterschriftenaktionen durchführten und sich für Tierschutz einsetzten, und nach kurzer Zeit schloß ich mich ihnen an. Empörung und Widerstand waren Regungen, die ich nur zu gut kannte. Sie erlaubten mir, auf eine verquere Weise meiner Mutter, oder zumindest ihren letzten Tagen, nahe zu bleiben, und ich hielt an meinem rebellischen Verhalten nach ihrem Tod länger fest, als unbedingt nötig gewesen wäre. Ähnlich, wie andere Mitglieder meiner Studentinnengruppe Perlen für ihre Ketten sammelten, schloß ich mich in meiner Zeit am College den verschiedensten Bewegungen an, wobei ich meine politische Einstellung nach einem groben Schwarz-weiß-Raster definierte. Es war unerheblich, ob die Fakten meiner Argumentation auch Hand und Fuß hatten, Hauptsache, ich konnte mich auf die Seite des Opfers schlagen, wobei ich am liebsten selbst die Opferrolle übernahm.

In meinem zweiten Studienjahr hörte ich davon, daß im Stadtzentrum von Chicago Leute wie ich Pelzmäntel mit roter Farbe bewarfen. Vielleicht war das nur ein Gerücht. Wie auch immer, die Anziehung, die Pelz einst auf mich ausgeübt hatte, war zu dem Zeitpunkt schon längst verflogen. Als ich eines Tages die Sommersachen aus meinem Schrank räumte, machte ich entsetzt einen Satz zurück, als ich ganz hinten einen Haufen toter Tiere sah. Erst im zweiten Moment erkannte ich die Jacke.

Etwas beschämt gebe ich zu, daß ich die Jacke auch dann noch nicht aussortierte. Ich behielt sie noch ein Jahr lang. Dann, eines Tages, zerrte ich sie aus dem hintersten Winkel hervor und zog sie an. Es war ein extrem kalter Morgen am Lake Michigan, was das Tragen einer Pelzjacke gewissermaßen zu rechtfertigen schien. Doch als ich nur zwei Straßenlängen weit auf meinem Weg zum College gekommen war, merkte ich auf einmal, wie albern ich mir in dem Pelz vorkam. Als ich an einer Straßenkreuzung neben L. L. Bean-Parkas und knöchellangen Daunenmänteln stand, wußte ich, daß ich die Jacke nie wieder tragen würde. Es hatte nichts mit Nerzfarmen oder der Angst vor roter Farbe zu tun. Ein Pelzmantel hat ernste Bedeutungen – er hat mit Frauen und Ehefrauen und Müttern zu tun, mit Einladungen zum Abendessen im Winter und mit der Oper in New York. Bedeutungen, die eng mit meiner Mutter zusammenhingen, aber nicht mit mir. Die Zeit reichte, um vor Vorlesungsbeginn noch einmal umzukehren. Ich stopfte die Jacke in den Schrank. Zwei Wochen darauf packte ich sie ohne weitere Zeremonie in einen Beutel mit Kleidern, die zur Kleidersammlung gehen sollten.

Manchmal frage ich mich, wie der Verlust der Mutter sich auf mich ausgewirkt hätte, wenn sie noch ein paar Jahre länger gelebt hätte oder wenn sie mir schon früher genommen worden wäre. Wären uns die Jahre der Anfeindungen und Streitereien erspart geblieben? Hätten wir uns eines Tages wieder angenähert? Frauen, die ihre Mütter in der Kindheit verloren haben, betrachten mich oft mit Neid angesichts der Jahre, die sie nie gehabt haben. Frauen, die schon Mitte Zwanzig waren, meinen, sie hätten den Verlust mit siebzehn nie überwunden. Ist es besser, eine Mutter zu haben und sie zu verlieren, oder nie eine gehabt zu haben? Ich weiß keine Antwort auf diese Frage. Ich weiß, daß der Verlust der Mutter in jedem Alter und in jedem Stadium schwer ist. Unabhängig vom Alter sehnen wir uns das ganze Leben nach der Mutter und nach jener Sicherheit und Geborgenheit, die in Phasen der Krankheit, der Veränderung und der Belastung nur sie – so glauben wir – uns geben kann.

Über die Beziehung zwischen Müttern und Töchtern ist so viel geschrieben worden, und so wenig über den Verlust der Mutter, daß es nur natürlich scheint, einmal genauer zu betrachten, was zu Lebzeiten der Mutter möglich ist, und dann das Gegenteil davon anzunehmen, wenn sie nicht mehr da ist. Doch so einfach ist das nicht. Wenn man sagt, die Mutter helfe der Tochter, ihre Selbstachtung zu entwickeln, heißt das noch lange nicht, daß die Tochter, deren Mutter gestorben ist, keine Selbstachtung hat; sie muß sie nur auf andere Weise entwickeln. Deswegen ist das Alter der Tochter zum Zeitpunkt des Todes der Mutter so wichtig, da es einen Hinweis darauf gibt, in welchem Entwicklungsstadium sie sich gerade befindet und welche emotionalen und kognitiven Möglichkeiten sie hat, um mit dem Streß der unmittelbaren Krise umzugehen und in die nächste Entwicklungsphase zu gelangen.

Frühe Kindheit (Alter: sechs Jahre und jünger)

Tricia war drei, als ihre Mutter nach einem zwei Jahre währenden Kampf gegen den Krebs starb. Woran sie sich jetzt mit fünfundzwanzig Jahren am deutlichsten erinnert, ist die Verwirrung und das Gefühl der Verlassenheit:

Ich erinnere mich an einen Zeitpunkt ungefähr einen Monat, bevor meine Mutter starb. Es war Weihnachten. Sie konnte aufstehen und im Sessel meines Vaters im Wohnzimmer sitzen, von wo aus sie uns zuschaute, während wir unsere Geschenke auspackten. Ich erinnere mich, daß wir ruhig sein sollten. Es herrschte einfach nur Stille. Und dann war da das Gefühl, daß es etwas ganz Besonderes war, daß sie bei uns sein und uns zuschauen konnte. Ich weiß noch, daß sie ihre Perücke trug, aber ich verstand das nicht richtig. Es ist ganz lustig, denn es gibt Bilder, auf denen ich ihre Perücke trage. Jetzt gefällt mir das. Aber damals habe ich gedacht: »Das ist aber komisch. Sie trägt eine Perücke. Warum lacht denn keiner?«

Und dann erinnere ich mich an den Moment, als mein Vater zu uns hereinkam, um uns zu sagen, daß sie tot war. Meine Schwester, die damals fünf war, und ich, wir lagen im Bett. Ich weiß, daß ich damals nicht verstanden habe, was das bedeutete, aber daß mein Vater weinte. Meine Schwester fing auch sofort an zu weinen, aber ich war eher verwirrt. Viele meiner Gefühle aus dieser Zeit sind verschwommen und verwirrt. Ich erinnere mich auch an die Beerdigung einen Monat später. Meine Schwester und ich trugen rote Samtkleider. Ich erinnere mich an das Gefühl von Samt auf meiner Haut. Und ich kann mich an das Gefühl der Verlorenheit erinnern. Mein Vater hat mir später erzählt, für ihn sei es das Schwierigste gewesen, daß ich in den darauffolgenden Monaten nachts weinend aufwachte und nach ihr schrie. Schrie und schrie. Aber daran erinnere ich mich nicht.

Tricia hatte nur drei Jahre mit ihrer Mutter, aber die Zeit war lang genug, um eine tiefe Verbundenheit zwischen Mutter und Tochter entstehen zu lassen und Tricia das Gefühl zu vermitteln, daß ihr ein wesentlicher Teil ihres Lebens genommen war. Seitdem versucht sie, diese Zeit für sich wiederzufinden, indem sie Geschichten, Fotos und Objekte aufbewahrt, die ihr etwas über ihre Mutter mitteilen und sie an die kurze gemeinsame Zeit mit ihr erinnern.

Um den Tod der Mutter als Verlust zu empfinden, muß das Kind zunächst die Fähigkeit entwickelt haben, jemanden zu vermissen.

Dies geschieht gewöhnlich im Alter zwischen sechs Monaten und einem Jahr.[29] Ein Mädchen, das seine Mutter vor diesem Zeitpunkt verliert, hat kaum eine bewußte Verbindung zu ihr. Vorsprachliche und sinnliche Eindrücke können tief in ihre Psyche eingegraben sein, doch sie hat keine bewußten Erinnerungen daran, im Arm der Mutter zu liegen, die Stimme der Mutter zu hören oder von ihr versorgt zu werden. Lisa ist siebenundzwanzig Jahre alt und war vier Monate, als ihre Mutter starb. Sie sagt mit offensichtlichem Bedauern: »Ich empfinde nichts zwischen uns. Ich habe Bilder von ihr und meinem Vater, als sie geheiratet haben, und Bilder von ihr allein, und ich sehe sie mir an und frage mich: Wie war sie wohl? Es ist, als ob ich eine Fremde betrachte, die doch keine Fremde ist. Ich bin mir sicher, daß ich eine unbewußte Verbindung zu ihr habe, weil sie mich in ihrem Leib getragen hat, also muß etwas dasein, aber es gibt nichts, worauf ich zeigen könnte und sagen: Das ist meine Mutter, so kannte ich sie.«

Obwohl die Fähigkeit von Kindern, sich zu erinnern und Dinge zu verstehen, begrenzt ist, wie der britische Psychiater John Bowlby erklärt, ist sie doch vorhanden.[30] Er beobachtete, daß Kinder im Alter von einem Jahr an dem Ort nach ihrer Mutter suchen, wo sie sie zum letzten Mal gesehen haben, und daß sich diese Assoziation bis ins Erwachsenenalter erhalten kann.[31] Die Tochter, deren Mutter immer gerne in einem bestimmten Sessel saß, schaut vielleicht wiederholt mit Sehnsucht auf diesen Sessel und assoziiert diese Art von Sessel noch als Erwachsene mit Sehnsucht oder Kummer.

Eine Frau, die ein Kleinkind war, als sie ihre Mutter verlor, kann sich gewöhnlich an bestimmte visuelle oder haptische Eindrücke erinnern – wie Haare, Hände, Haut –, die sie mit der Mutter in Verbindung bringt. Die dreiunddreißigjährige Amanda war drei, als sie nach der Scheidung der Eltern von ihrer Mutter getrennt wurde. Sie sagt, sie wisse bis heute nicht, ob einige ihrer Erinnerungen an die Mutter wirklich oder eingebildet sind: »Als junge Erwachsene fragte ich meinen Vater häufig nach Orten und Menschen, an die ich mich erinnerte, und manchmal sagte er: ›Das könnte stimmen‹ oder dann wieder: ›Das kann eigentlich nicht sein‹. Ich weiß noch, daß sie einmal ihre Haare genommen und sie sich ins Gesicht gestrichen hat, und daran konnte er sich auch erinnern. Das hat mich fast umgeworfen, denn ich machte das ja auch. Wenn ich unter Streß stand, griff ich mir ins Haar und spielte damit herum.« Nachdem Amanda diese kleine Verbindung entdeckt hatte, fühlte sie sich ihrer Mutter näher, die sie wahrscheinlich nicht wiedersehen wird.

Das Trauma der Trennung läßt häufig eine bestimmte Szene oder ein Ereignis im Gedächtnis des Kleinkinds besonders deutlich hervortreten und fixiert es dort. Frauen, die drei oder vier Jahre alt waren, als ihre Mütter starben, haben ziemlich genaue Erinnerungen an bestimmte Ereignisse. Obwohl Kinder in diesem Alter nicht ganz verstehen, was Tod bedeutet (erst fünf bis sechs Jahre später haben sie die Fähigkeit dazu), spüren sie, wenn etwas entgleist ist, indem sie die Reaktionen der Menschen um sie herum interpretieren.[32] Wenn ein Kind in diesem Alter mit seiner Verwirrung allein gelassen wird, können bestimmte Erinnerungen es noch jahrelang verfolgen.

Claudia ist einundvierzig und war vier Jahre alt, als sie ihre Mutter verlor. Sie erinnert sich an die Nacht, in der ihre Mutter starb, an den Sarg, die Beerdigungszeremonie und die Beisetzung. »Ich erinnere mich, daß ich auf dem Friedhof neben dem Grab stand«, sagt sie. »Mir schien, daß der Sarg endlos tief in die Grube hinabgelassen wurde. Ich wollte wissen, wie tief man sie versenken würde. Sie gaben uns Blumen, die wir auf den Sarg werfen sollten, und als ich an den Rand trat, um meine hinunterzuwerfen, war das Loch so tief. Ich hatte den Wunsch hineinzuspringen. Ich habe es nicht getan, aber ich wollte hineinspringen und bei ihr sein. Das war mein Gefühl.« Der Augenblick prägte sich so tief in Claudias Erinnerung ein, daß sie sich zwanzig Jahre lang weigerte, auf den Friedhof zu gehen, bis ihr Vater starb. Als sie an sein Grab trat, stellten sich die Traurigkeit und Furcht wieder ein, die sie als Vierjährige empfunden hatte. »Meine Tante berührte mich an der Schulter und sagte: ›Nun geh schon, Kleines. Geh und wirf die Blumen auf seinen Sarg.‹ Ich wollte es nicht tun, weil ich mich daran erinnerte, daß ich an derselben Grube schon einmal gestanden hatte. Ich wollte nicht näher herantreten. Ich bin ganz schnell vorgetreten, habe meine Blumen hineingeworfen und bin wieder zurückgegangen.«

Kinder sind darauf angewiesen, daß jemand sie durch die ersten komplizierten Entwicklungsphasen ihres Lebens leitet, sie ermutigt und unterstützt. Normalerweise übernimmt die Mutter diese Aufgabe. Die erste und tiefste soziale Erfahrung des Kindes spielt sich zwischen ihm und der Mutter ab, und diese Beziehung beeinflußt seine psychische und körperliche Entwicklung.[33] Bowlby hat in dem Zusammenhang festgestellt, daß Kinder, deren Mütter auf ihre Signale eingehen und sich mit ihnen befassen, sich besser entwickeln als solche, deren Mütter ihnen weniger Aufmerksamkeit schenken.[34]

Wenn diese erste Beziehung unterbrochen oder abgeschnitten wird, kann der Vater, die Großmutter, ein älteres Geschwister, eine Haushälterin – praktisch jede warmherzige und fürsorgliche Bezugsperson, die bereit ist, Zeit und Geduld für die Entwicklung des Kindes aufzubringen – diese Rolle übernehmen. Für Kinder jeden Alters ist nicht unbedingt der Verlust der Mutter an sich für spätere Störungen maßgeblich, sondern die Gewährleistung einer beständigen und liebevollen Betreuung danach.[35] Ein Kind, das nach dem Verlust der Mutter eine Beziehung zu einem anderen Erwachsenen eingehen kann, hat die besten Chancen, seine Entwicklung ohne größere Störungen fortzusetzen. Obwohl die Tochter immer wieder hervorheben wird, daß die Ersatzmutter nicht mit der verstorbenen Mutter vergleichbar ist, kann diese Betreuerin ihr trotzdem Trost bieten, indem sie ihr die Möglichkeit gibt, eine neue Version der Mutterbeziehung entstehen zu lassen.[36]

Amanda ist überzeugt, daß sie – obwohl sie früh von ihrer Mutter verlassen wurde und eine eher distanzierte Beziehung zu ihrem Vater und ihrer Stiefmutter hatte – deshalb eine stabile Ehe eingehen, eine Familie gründen und ihr Glück finden konnte, weil sie vier Jahre lang von ihrer Großmutter betreut wurde. Nach der Scheidung der Eltern bis zu dem Zeitpunkt der Wiederheirat des Vaters lebte sie bei ihren Großeltern väterlicherseits und ihrem Onkel. »Der Familienzusammenhang war sehr eng«, erklärt sie. »Ich weiß nicht, warum meine Großeltern mich aufgenommen hatten, aber ich weiß, daß ich mir wünschte, sie würden zu meinem Vater sagen: ›Laß uns Mandy behalten, und du kannst so leben, wie es dir gefällt.‹ Ich stehe meinen Großeltern immer noch sehr nahe. Ich habe eine herzlichere Beziehung zu ihnen als zu meinem Vater und meiner Stiefmutter.« Während ihrer Kindheit und auch als junges Mädchen stützte Amanda sich auf ihre Großmutter und suchte bei ihr die Liebe und Fürsorge, die sie zu Hause vermißte. Ihre Großmutter half ihr in der Zeit ihrer ersten Periode und unterstützte sie finanziell, als Amanda letztes Jahr eine Fortbildung beginnen wollte. Amandas Bindung an einen Erwachsenen in ihrer frühen Kindheit, die bis in die Gegenwart andauert, gab ihr die stabile Grundlage, auf der sie mit achtzehn das Haus ihres Vaters verlassen konnte und das Selbstvertrauen fand, ihr eigenes Leben zu meistern.

Wenn Amanda, von der Mutter verlassen, keinen Mutterersatz gefunden hätte, wäre ihre frühe Entwicklung möglicherweise nicht so geradlinig verlaufen. Elizabeth Flemings Fallstudie von Lucy in Erna Furmans Buch *A Child's Parent Dies* beschreibt die weitreichenden Konsequenzen, die der frühe Verlust der Mutter haben kann, wenn in der Folgezeit keine beständige und engagierte Betreuung gewährleistet werden kann.[37]

Lucy war zehn Wochen alt, als ihre Mutter plötzlich starb. Verwandte mütterlicherseits kümmerten sich um das Kind, bis eine Kusine ihre Betreuung übernahm, während der Vater als Reisender seinem Broterwerb nachging. Als Lucy sechs Jahre alt war, heiratete ihr Vater eine Frau mit drei Kindern und holte Lucy in seine neue Familie, wo sie fortan lebte. In der Folgezeit verweigerte er jegliche Auskunft über Lucys leibliche Mutter, über die das Kind so gut wie gar nichts wußte. Lucy war bereits elf Jahre alt, übergewichtig und näßte immer noch ein, als sie zu Fleming in die Behandlung kam. Die Therapeutin war der Auffassung, daß die unbeständige Betreuung, die Instabilität in der Kindheit und die Tabuisierung der leiblichen Mutter dazu geführt hatten, daß Lucy zuviel aß, sich isolierte, ihre Gefühle wegsteckte, sich den Menschen um sich herum anpaßte und immer wieder neue Beziehungen suchte, in denen sie zu finden hoffte, was sie verloren hatte.

Sie hatte an Veränderungen in ihrem Leben nie aktiv mitgewirkt. Sie neigte dazu, Beziehungen treiben zu lassen, statt sie zu beenden. Lucy mußte sich gegen den Wunsch auflehnen, mich zu sehen, denn darin steckte der Wunsch, mehr von mir zu bekommen, als ich als Therapeutin geben konnte. Indem sie nur sporadisch erschien, wurde sie mit Trennungen fertig. Ich war diejenige, die warten mußte und nicht wußte, wann Lucy erscheinen würde, so wie sie früher nie wußte, wann ihr Vater zu einer Reise aufbrechen oder von einer Reise zurückkehren würde. Ihre Unfähigkeit, Leben und Tod, das Kommen und Gehen der Menschen um sie herum sowie ihre eigenen Körperfunktionen zu kontrollieren, waren die Gründe, warum sie in ihren Beziehungen Kontrolle ausüben wollte... Sie hielt mich von sich fern, als fürchte sie die Wiederholung schmerzlicher Enttäuschungen, wenn sie sich auf die Beziehung einließ. Sie erklärte mir, sie würde sich nicht mit Angehörigen des Lehrkörpers anfreunden, da sie zu oft wechselten.[38]

Mit ihrem Widerstand gegen Beziehungen versuchte Lucy sich gegen das erwartete Verlassenwerden zu schützen. Viele mutterlose Frauen, die sehr jung waren, als ihre Mütter starben oder sie verließen, spiegeln Lucys Erfahrung wider. Jemanden zu lieben, so sagen sie, beinhaltet auch das Risiko, ihn zu verlieren. Vertrauen und Sicherheit wurden bereits einmal zerstört. Warum sollten sie das Risiko eingehen, erneut einen Verlust zu erleiden?

»Wenn das Kind nach dem Verlust des Elternteils keine sichere und stabile Beziehung hat, verbirgt es seine Gefühle im Innern, da es zu riskant ist, sie nach außen zu kehren«, erklärt Therese Rando. »Später denkt das Kind dann: ›Ich werde keinem vertrauen. Ich weiß, daß das nicht sicher ist. Du magst ja nett sein, aber ich werde dir nicht vertrauen.‹ Die zukünftigen Beziehungen des Kindes sind in Gefahr, da es seine ersten Beziehungen nie verarbeitet hat. Es mußte sich immer nur schützen, und Teil des Schutzmechanismus ist es, sich auf niemanden einzulassen.«

Die neununddreißigjährige Janine sagt, daß sie sich fast siebenunddreißig Jahre lang mit einer solchen Selbstschutzhülle umgeben hat. Sie war ein Jahr und neun Monate alt, als ihre Mutter starb, und zwölf, als sie ihre Großmutter verlor, die die Mutterstelle vertreten hatte. Der doppelte Verlust und danach dann eine Pubertät mit einem distanzierten Vater und einer ebenso distanzierten Stiefmutter zwangen sie zu einem emotionalen Rückzug, aus dem sie erst allmählich wieder auftaucht:

Ich habe einen Hund. Ich liebe meinen Hund. Jemand hat kürzlich die Nacht bei mir verbracht. Es war das erste Mal, daß jemand in meinem Bett geschlafen hatte, seitdem ich den Hund habe. Er war entsetzlich wütend auf mich und zerbiß meine Brille. Es war das erste Mal, daß er so etwas getan hat. Ich war ungeheuer sauer. Es klingt merkwürdig, daß ich diese Dinge von einem Hund lerne, aber ich erkannte plötzlich, daß ich sauer auf meinen Hund sein und ihn trotzdem lieben konnte. Da dachte ich: »So ähnlich wäre es gewesen, wenn ich bei einer Mutter aufgewachsen wäre.« Du weißt, daß du irgendeinen Unsinn verzapfen kannst, etwas, was sie auf die Palme bringen würde, und sie würde dich trotzdem lieben und dich nicht wieder zurückbringen. So etwas hatte ich zuvor noch nie gefühlt. Dieses Gefühl zu erleben und das Risiko einzugehen, zu lieben und geliebt zu werden, ist die größte Herausforderung, die mir noch bevorsteht.

Späte Kindheit (Alter: sechs bis zwölf Jahre)

Einige Therapeuten vertreten die Auffassung, daß es Kinder, die in dieser Entwicklungsphase einen Elternteil des eigenen Geschlechts verlieren, besonders schwer haben.[39] Ihre kognitive und emotionale Entwicklung ermöglicht es ihnen, den Verlust zutiefst zu empfinden, doch ihre Fähigkeit, ihn zu verarbeiten, ist noch nicht entwickelt. Sie schwanken zwischen Veränderung und Anpassung und versuchen, ihre Trauergefühle mit Macht zu verbannen. Die Psychologin Judith Mishne schreibt dazu:

> (Sie) vermeiden es, den verstorbenen Elternteil zu erwähnen, vertiefen sich in Spiele und versuchen, »das Thema zu wechseln«. Indem sie sich Phantasien von der Rückkehr des verstorbenen Elternteils schaffen, entwickeln sie eine weitere Strategie, mit deren Hilfe sie der Endgültigkeit des Verlusts aus dem Weg gehen. Der Erwartung, daß der Elternteil zurückkehrt, steht die Erkenntnis entgegen, daß er durch den Tod unwiederbringlich genommen ist. Diese beiden Tendenzen von Erkennen und Leugnen existieren nebeneinander, ohne miteinander in Konflikt zu geraten.[40]

Freud nannte dieses Phänomen – bei dem Tatsachen und Phantasien, Erkennen und Leugnen, nebeneinander bestehen – die »Ich-Spaltung«.[41] Bis zu einem gewissen Grad tun wir das alle, wenn ein Elternteil stirbt. In der späten Kindheit wird diese innere Spannung noch intensiviert, wenn das Mädchen nur geringe oder gar falsche Informationen über das erhält, was es ja als dramatisches Ereignis begreift. Während ein kleineres Mädchen zu hören bekommt, daß die Mutter fortgegangen ist oder tief schläft, und diese Euphemismen wörtlich nimmt, fühlt sich ein älteres Kind – das die Bedeutung von Krankheit und Tod im Alter von sieben oder acht Jahren versteht und die euphemistische Sprachwendung erkennt – oft an den Rand gedrängt und als Statist in dem Familiendrama behandelt.

Mary Jo, die acht Jahre alt war, als ihre Mutter starb, wußte, daß ihre Mutter ernstlich krank war, erhielt aber keinerlei konkrete Informationen, anhand deren sie die Wirklichkeit ihres Wissens überprüfen konnte. Sie hörte ihre Mutter vor Schmerzen aufschreien – eine Erinnerung, so sagt sie, die sie unterdrückt hat, obwohl sie weiß, daß es in ihrer Gegenwart geschah. Doch die Zurückhaltung der Familie verwirrte sie so sehr, daß sie ihre Angst und den Verlust dreißig Jahre lang nicht ansprach.

> Keiner hat mit mir darüber gesprochen, als meine Mutter starb, und ich konnte über das, was passiert war, und über dessen Bedeutung nicht nachdenken. Wenn ich darüber sprechen wollte, hörte ich Bemerkungen wie: »Was denkst du denn nur?« oder »Darüber sprechen wir nicht.« Einerseits wollte keiner in meiner Familie darüber sprechen, weil es zu schmerzlich war, andererseits war meine Familie zu unerfahren und unfähig, Gefühle jeglicher Art anzusprechen. Jahrelang tat ich, was alle anderen auch taten. Ich sagte mir: »Denk nicht daran«, und glaubte, ich müßte einfach damit leben. Für meinen Vater war es einfach zu schmerzlich, aber eine Achtjährige versteht nicht, daß es schmerzlich ist, sondern nur, daß man darüber nicht spricht. Und diese Einstellung hielt mich jahrelang gefesselt.
> Ich akzeptierte das viele Jahre lang, bis ich Mitte Dreißig war und zum ersten Mal eine Therapie machte. Während einer der

ersten Sitzungen sprachen wir über meine Mutter, und die Therapeutin machte mit mir eine geleitete Phantasie. Sie sagte: »Stellen Sie sich vor, Ihre Mutter sitzt neben Ihnen und sagt: ›Hier bin ich, ich möchte zurückkommen und einen Platz in deinem Leben einnehmen.‹« Ich krümmte mich und sagte: »Nein, nein, nein. Ich halte diesen Schmerz nicht aus.« Das war eine wichtige Enthüllung für mich, denn ich hatte geglaubt, ich hätte mich daran gewöhnt, mit dem Schmerz zu leben.

Ein Jahr, nachdem Mary Jos Mutter gestorben war, starb auch ihr kleiner Bruder bei einem Unfall. Ihr Vater, der diese beiden Verluste erlitten und seinen eigenen Vater ein Jahr zuvor verloren hatte, wappnete sich gegen den Schmerz, indem er keines der Ereignisse ansprach. »Für mich war das sehr schwer«, erzählt Mary Jo, »denn als Kind glaubte ich, ich sei daran schuld gewesen. Ich glaubte, daß es nicht so gekommen wäre, wenn ich mich anders verhalten hätte.«

Mütter gehen davon, weil die Kinder unartig waren; Eltern sterben, weil die Kinder sie sich weggewünscht haben – das sind Beispiele für magisches Denken, die aus der egozentrischen Weltsicht des Kindes stammen und seinem Glauben, daß es die Ursache für bestimmte Wirkungen ist.

Magisches Denken ist bei Kindern bereits im Alter von drei Jahren beobachtet worden, und mutterlose Töchter berichten, daß es sich durch ihre gesamte Kindheit zog. Diese Töchter sehen den Tod der Mutter als die Folge einer Handlung, die sie begangen oder unterlassen haben. Die Tochter ist erschrocken über ihre Macht und empfindet Schuld und Reue. In der Folge legt sie möglicherweise ein derart schlechtes Betragen an den Tag, daß ihre Mutter kommen muß, um sie zu retten, oder ein derart gutes, daß keiner sie je wieder verlassen wird.

Eine Tochter, die beim Tod ihrer Mutter bereits am Ende der Kindheit steht, hat gewöhnlich ziemlich genaue Erinnerungen an die gemeinsame Zeit und bezieht sich möglicherweise zu einem späteren Zeitpunkt in ihrer Entwicklung zur Frau darauf. Mädchen, denen von einem frühen Alter an traditionelle weibliche Verhaltensmuster anempfohlen werden, schauen zunächst auf ihre Mütter als Modell.

Schließlich ist es die Mutter, die die ersten Lektionen über Beziehungen mit Männern, die Führung eines Haushalts und die Verbindung von Familie und Beruf erteilt. Die Tochter entwickelt ihre frühe Identität aus den Erfahrungen mit ihrer Mutter, den an ihr beobachteten Verhaltensweisen und der Beziehung zu ihr. »Ein fünfjähriges Mädchen versteht sich als Mädchen mit einer Mutter. Zu dieser Erfahrung kommt die nächste, die sie mit sieben Jahren macht, dann die mit neun«, erklärt Nan Birnbaum. »Die ursprüngliche Identifikation verschwindet nicht, sondern jedes Stadium bildet eine neue Schicht auf der vorhergehenden. Das Bild der Tochter von der Mutter wird allmählich reifer. Die Tochter sieht ihre Mutter in einem realistischeren Licht und erkennt ihre Mängel und Fehler. Sie sieht, daß es Bereiche gibt, in denen ihre Mutter nicht so kompetent ist. Die Mutter bedeutet ihr nach wie vor sehr viel, aber die Tochter sieht in ihr nicht mehr den Übermenschen. Gleichzeitig wird die Tochter sich ihrer eigenen Fähigkeiten zunehmend mehr bewußt. Sie erkennt zum Beispiel, daß sie manche Dinge besser als ihre Mutter kann, oder daß sie mit manchen Fragen zu ihrem Vater oder einem anderen Menschen gehen muß.«

Wenn die Tochter ihre Mutter verliert, kann dieser Prozeß der Identifikation zu einem zu frühen Zeitpunkt zum Stillstand kommen. »Ohne das lebende Beispiel werden keine neuen Schichten der Identifikation hinzugefügt«, erläutert Nan Birnbaum. »Kinder, die mit acht oder neun Jahren ihre Mutter verlieren, haben, basierend auf ihrer Erfahrung mit der Mutter, eine sehr feste Vorstellung davon, wie das Leben geordnet ist. Möglicherweise sind sie mit sich sehr streng und betrachten sich kritisch, oder aber ihr Bild von der Mutter ist überlebensgroß und idealisiert, und sie stellen überhöhte Anforderungen an sich selbst, wie sie zu sein haben, um der Mutter ähnlich zu sein. Darin besteht das größte Problem für Kinder, die ihre Mutter verlieren – der Identifikationsprozeß kann nicht reifen.«

Caroline sagt, daß sie heute noch, mit dreiundfünfzig Jahren, jeden Tag an die Mutter denkt, die starb, als sie selbst elf Jahre alt war. Doch die Mutter ihrer Erinnerung ist die Mutter ihrer Kindheit, die das Frühstück für die Familie zubereitete und den Kindern Lieder vorsang. Obwohl Caroline selbst Mutter ist, gesteht sie, daß sie sich gern umhegen läßt, wenn sie das Glück hat, auf eine Frau zu treffen, die dazu bereit ist. Als wir uns zu unserem Gespräch trafen, war sie gerade von einem Besuch bei ihrem Vater und dessen dritter Frau zurückgekehrt. Ihre Stiefmutter versorgt sie genauso, wie Caroline es sich nach zweiundvierzig Jahren immer noch wünscht.

Auf der Fähre nach Hause dachte ich plötzlich, wie sehr ich meine neue Mom liebe. Sie hat mir Brote für die Fahrt gemacht, weil ich mich ziemlich beeilen mußte, um rechtzeitig hier zu sein. Als ich meine Provianttüte auspackte, fand ich Stangensellerie mit Frischkäse, leckere Brote mit massenhaft Mayonnaise, die ich sehr gern esse, und Spinat statt Salat, was ich viel lieber mag. Sie hat sich das gemerkt. Und dann waren da zwei große Papierservietten und eine Plastiktüte mit einem feuchten Tuch, damit ich mir im Auto die Hände abwischen könnte, denn da hätte ich ja kein Wasser. Statt drei Keksen hat sie mir acht eingepackt. Es war großartig. Ich mache so etwas auch für andere, aber keiner macht es für mich. Aber meine neue Mom, die macht das für mich. Wenn man seine leibliche Mutter verliert, verliert man ja nicht das Bedürfnis, umsorgt zu werden. Ich bin jetzt dreiundfünfzig, und diese fünfundsiebzigjährige Frau, die ich erst seit zwei Jahren kenne, weiß genau, was ich brauche, und ich lasse mich von ihr bemuttern.

Kinder und Verlust:
Wie sie ihn verarbeiten und weiter wachsen

Wenn eine Mutter stirbt, muß die Tochter – ganz gleich, in welchem Alter sie ist – mit den resultierenden Umbrüchen und Veränderungen zurechtkommen. Doch die psychologischen Verteidigungsmechanismen, die ein Kind entwickelt, sind einfacher und angreifbarer als die eines erwachsenen Menschen. Während eine Erwachsene einer Verlustsituation mit voll erschlossener kognitiver und emotionaler Reife begegnet, zeigt ein Kind eine drastischere Reaktion, indem es in ein früheres Stadium zurückfällt, projiziert, sich identifiziert oder aggressiv gegen sich selbst wird.[42]

AFFEKTVERLAGERUNG. Der tiefe Schmerz, den der Verlust der Mutter hervorruft, ist oft so stark, daß das Kind ihn nicht allein ertragen kann und ihn verdrängt. Es weigert sich dann, über den Verlust zu sprechen, leugnet, daß die Mutter gestorben ist, oder erlebt seinen Schmerz auf indirekte und diffuse Art. Anna Freud, die im Zweiten Weltkrieg verlassene Kinder beobachtete, stellte fest, daß die Kinder ihre eigenen Gefühle von Kummer und Einsamkeit auf ihre verlorenen Mütter übertrugen.[43] »Ich muß meine Mami anrufen, sie ist bestimmt einsam«, war ein häufiger Wunsch bei denen, die sich nach der Rückkehr der Mutter sehnten.[44]

Eine andere Möglichkeit für Töchter, mit dem Verlust zurechtzukommen, ist die Trauer aus der Entfernung. Hillary ist zweiunddreißig und erzählt, daß sie als Sechsjährige nicht geweint hatte, als ihre Mutter starb. Doch als fünf Monate darauf ihr Hamster starb, brach sie zusammen. Sie hatte ihre Reaktion auf den Tod der Mutter unter einer Schutzschicht verborgen, bis diese durch ein anderes Ereignis Monate später plötzlich an die Oberfläche katapultiert wurde. Für viele Töchter ergibt sich jedoch erst Jahre später eine Möglichkeit, ihre Gefühle auszuleben.

ÜBERTRAGUNG. Ein Erwachsener, der seinen Partner verliert, kann eine Zeitlang ohne eine enge Beziehung überleben; ein Kind jedoch, das einen Elternteil verliert, kann emotional nicht weiterexistieren, ohne erheblichen Schaden zu nehmen. Es würde, wie Anna Freud sagte, im »Niemandsland der Gefühle umherirren«[45] und sich von seinen Mitmenschen zurückziehen. Die Fähigkeit, sich in der Zukunft an andere Menschen zu binden, wird dadurch beträchtlich in Mitleidenschaft gezogen. Die Tochter könnte also, statt sich von der Mutter zu lösen, ihre Abhängigkeit, ihre Bedürfnisse und ihre Erwartungen auf den nächsten verfügbaren Erwachsenen übertragen. Das kann der Vater, ein älteres Geschwister oder eine enge Verwandte sein, aber auch ein Lehrer, ein Nachbar oder der Therapeut. Während der Pubertät kann ein Freund oder eine ältere Freundin dieselbe Funktion übernehmen. Die Übertragung kann ein hilfreicher Mechanismus sein, wenn das Kind zu jung ist, um alle seine Gefühle von der verlorenen Bezugsperson zu lösen. Wenn die Tochter jedoch später nicht zu der Verlustsituation zurückkehrt und sich von dem Bild der Mutter löst, um ihren Verlust zu betrauern, wird sie sie auch weiterhin in den Menschen suchen, die sie sich als Ersatz-Bezugspersonen erwählt.

ENTWICKLUNGSHEMMUNG. Der Verlust der Mutter stellt für die weitere Entwicklung der Tochter eine große Herausforderung dar.[46] Wenn eine Tochter ihrer Mutter sehr nahe war und die Mutter dann stirbt, oder wenn die Tochter sich mit der neuen Situation rasch abfinden und für sich selbst Verantwortung übernehmen muß, geht ihre Entwicklung mit großen Schritten voran. Gleichzeitig könnte sich die Tochter aber auch weiterhin mit einem früheren Entwicklungsstadium identifizieren, um so die Beziehung zu ihrer Mutter aufrechtzuhalten und die Endgültigkeit des Todes zu leugnen. Das Ergebnis ist dann eine Erwachsene, die Merkmale aus einem früheren Entwicklungsstadium beibehält und das Gefühl hat, daß ein Teil von ihr in der Kindheit oder der Pubertät steckengeblieben ist. Der Prozeß des Erwachsenwerdens erscheint ihr nicht nur geheimnisvoll, sondern sogar unmöglich, da sie noch zutiefst mit ihrer Kindheit verwoben ist. »Der Verlust eines Elternteils an sich führt noch nicht zu einer Entwicklungshemmung; dies kann aber der Fall sein, wenn die Umstände keine Trauer in der Entwicklungsphase zulassen«, erklärt Nan Birnbaum. »In allen anderen Bereichen entwickelt sich das Mädchen weiter, doch in einigen Aspekten bleibt es unfertig. Dann entsteht der Eindruck, als würde das zehnjährige Mädchen mit der zwanzigjährigen Frau in einem Körper existieren. Solange sie nicht ausgiebig getrauert hat, bleibt das Gefühl bestehen, daß es etwas gibt, das sie nicht fassen kann, und sie verharrt in einem Zustand der Sehnsucht.«

Wenn die Entwicklung eines Mädchens in einigen Bereichen zum Stillstand kommt, hat es möglicherweise später Schwierigkeiten, die Aufgaben und die Verantwortung zu übernehmen, die seinem Alter gemäß sind. Ohne die Sozialisationshilfe der Mutter fällt es ihm schwer, den Stand intellektueller und emotionaler Reife zu erreichen. Die fünfundzwanzig Jahre alte Tricia, die ihre Mutter mit drei Jahren verlor, sagt, daß sie sich in jede Liebesbeziehung mit der Hoffnung hineinbegibt, daß sie endlich jemanden gefunden hat, der sie hegt und umsorgt, als wäre sie ein Kind. Während ihre Freunde um sie herum heiraten und Familien gründen, wartet sie, wie sie selbst zugibt, »auf jemanden, der mich in den Schlaf singt. Manchmal habe ich das Gefühl, ich bin falsch geschaltet.«

Pubertät

Die Pubertät, auch ohne den Verlust der Mutter eine Zeit des inneren Aufruhrs, ist vielleicht die einzige Phase im menschlichen Leben, in der obsessives, phobisches und paranoides Verhalten als normal betrachtet werden.[47] In dem verwirrenden Reifeprozeß werden plötzlich alle bisher geltenden Regeln über den Haufen geworfen. Das Mädchen empfindet seine Eltern als unterdrückerisch und peinlich; Freundinnen sind unzuverlässig und konkurrieren miteinander; die Jungen sind geheimnisumwoben und scheinen plötzlich der Beachtung wert. Die eigentlichen Veränderungen vollziehen sich allerdings innerlich. Die rasch umschlagenden Stimmungen des Mädchens, seine erblühende Sexualität und die neu erworbenen kognitiven Fähigkeiten lassen zusammen ein Gefühl der Disharmonie entstehen, das sehr befremdlich ist. »Es ist ja nur eine Phase«, sagen unsere Eltern und haben damit ja in gewisser Hinsicht auch recht. In der Pubertät geht es darum, das verlorene Gleichgewicht wiederzufinden und einer neuen, reifen Identität den Weg aus dem engen Familienzusammenhang zu bahnen.

So sollte der Verlauf idealtypisch aussehen. Wenn jedoch in dieser Zeit ein traumatisches Ereignis eintritt, kann der Prozeß völlig entgleisen. Der Verlust der Mutter kann jeden der folgenden Aspekte des Entwicklungsprozesses unterbrechen oder zum Stillstand bringen: Unabhängigkeit erwerben, mit Autoritätspersonen zurechtkommen, Ambivalenz und Uneindeutigkeit akzeptieren lernen, die Fähigkeit zu Nähe entwickeln, eine sexuelle Identität festigen, Gefühle beherrschen, ein persönliches Wertesystem entwickeln und das Gefühl von Angemessenheit und Kompetenz bewahren.

Mütter und Töchter: Wenn das Band zerreißt

Der Mensch ist ein soziales Wesen und braucht andere Menschen für ein erfülltes Leben. Wenn wir uns von einem Menschen oder einer Gruppe lösen, wollen wir uns an einen anderen Menschen oder eine andere Gruppe binden. In einer normal verlaufenden Pubertät löst das Mädchen die Bindung an ihre Mutter und widmet ihrer Freundesgruppe – und vielleicht auch einem Liebespartner – mehr Zeit und Energie. Dieser Bruch ist zwar wesentlich, aber nicht endgültig: In schwierigen Abschnitten kehrt die Tochter immer wieder zur Mutter zurück. Indem sie zwei Schritte vor und einen zurück macht, bereitet sich die Tochter auf den Übergang zu größerer Selbständigkeit vor, so daß sie sich letztlich von ihrer Familie lösen und eine eigene gründen kann.

Es ist durchaus normal, wenn ein Mädchen in dieser Zeit sowohl positive als auch negative Gefühle für ihre Mutter hat, die oft binnen weniger Minuten wechseln. Liebe und das Gefühl der Sicherheit binden sie an die Mutter, die sie umsorgt und unterstützt, während Aufbegehren und Ablehnung eine Distanz entstehen lassen, die nötig ist, damit die Tochter den Schritt in die Unabhängigkeit wagen kann. In dieser Zeit erkennt die Tochter, daß die Mutter alles andere als vollkommen ist und im Vergleich mit anderen Frauen nicht immer gut abschneidet. Die Erkenntnis, daß sie nicht das Ebenbild ihrer Mutter sein muß und auch die Stärke hat, sich von ihr abzusetzen, bringt die Entwicklung der Tochter zur Unabhängigkeit einen großen Schritt voran.

Diese Ablösung ist selten einfach und klar. Oft wird sie durch das Verhalten der Mutter erschwert. Einerseits sieht sie die Tochter als Teil ihrer selbst und identifiziert sich mit ihr mehr als mit ihren Söhnen, so daß sie sie an sich binden möchte. Andererseits erinnert sie sich an ihre eigene Pubertät und weiß, daß die Tochter ihre Unabhängigkeit erlangen muß, also fördert sie diese Entwicklung in dem Mädchen.* Diese Phase, die andauern kann, bis die Tochter die Zwanzig überschritten hat, ist nicht von besonderem Einvernehmen zwischen Mutter und Tochter geprägt.[48] Eine Studie, die auf 100 autobiographischen Schilderungen von Studentinnen des Wellesley College Anfang der achtziger Jahre basiert, hat ergeben, daß 75 Prozent der Töchter ihren Müttern gegenüber immer noch eine kritische oder ablehnende Haltung hatten.[49]

Wenn eine Mutter während der Pubertät der Tochter stirbt, wird das, was ansonsten eine zeitweilige Entfremdung mit der Hoffnung auf eine spätere Aussöhnung ist, zu einem unwiderruflichen und endgültigen Bruch. »Warte doch!« will die Tochter rufen. »So hab' ich's nicht gemeint. Komm zurück!«

---

* Dies trifft nicht unbedingt auf Mütter zu, die sich nie oder nur unvollständig von ihren Töchtern trennen und die erwarten, daß die Töchter eine ähnliche Bindung aufrechterhalten.

Eine Tochter, deren Beziehung zur Mutter konfliktreich war, plagt sich häufig mit enormen Schuldgefühlen, wenn die Mutter in dieser Phase der Rebellion stirbt. In ihrer Erinnerung schrumpft dann die fünfzehn Jahre lange Beziehung auf die sechs häßlichen Streitgespräche zusammen, die sie im letzten Jahr miteinander ausgetragen haben. Wenn ich mich an die vielen Situationen erinnere, in denen ich meiner Mutter verletzende Dinge an den Kopf geworfen habe, wobei ich das Wort Liebe als Messer benutzte – »Du liebst mich nicht.« »Nein, ich liebe dich nicht! Ich hasse dich!« und die schlimmste Verletzung, die sich dann auch noch erfüllte: »Warum gehst du nicht einfach weg und läßt mich allein!« –, bin ich voller Zorn auf die Heranwachsende, die ich damals war. Ich habe zwar nie geglaubt, daß meine Mutter starb, weil ich sie mir weggewünscht habe, doch für viele Mädchen bleibt dieses kindliche Denken rudimentär erhalten.

»Wenn jemand stirbt, zu dem unsere Beziehung ambivalent war oder mit dem wir eine heftige Auseinandersetzung hatten, verspüren wir Traurigkeit und ein großes Bedauern wegen der bösen Gedanken, die in unserem Kopf waren«, erklärt Arlene Englander, die sieben Jahre lang eine Selbsthilfegruppe für Trauernde bei Cancer Care in New York City leitete. »Wenn Menschen unter Streß stehen, fallen sie in eine frühere Entwicklungsphase zurück. Jugendliche und selbst Erwachsene können ihr kindliches magisches Denken auf einer bewußten Ebene reaktivieren und glauben dann ernsthaft, daß sie für den Tod anderer verantwortlich sind.«

Lea, heute vierunddreißig, erinnert sich an eine Unterhaltung, die sie mit dreizehn mit ihrer besten Freundin führte. »Wir sprachen über Dinge, die für Dreizehnjährige wichtig waren«, erzählt sie. »Wir stellten uns die Frage: ›Wenn du einen Elternteil verlieren müßtest, welchen würdest du lieber verlieren?‹ Meine Antwort war ›meine Mutter‹, denn ich fühlte mich meinem Vater näher und meinte, daß mein Leben sich weniger verändern würde. Zwei Monate darauf bekam meine Mutter einen Schlaganfall und starb. Ausgestattet mit der Vernunft einer Dreizehnjährigen und mit den Schuldgefühlen beladen, die mir in meiner katholischen Schule beigebracht wurden, konnte ich lange den Gedanken nicht loswerden, daß Gott mich gehört hatte.«

Die heranwachsende Tochter gibt sich vielleicht auch deshalb die

Schuld, weil sie nicht »brav« genug gewesen ist, und ist unendlich traurig, weil es keine Wiedergutmachung geben kann. Die siebenundzwanzigjährige Paula wünschte sich nach dem Tod ihrer Mutter, die vor zwölf Jahren starb, daß sie weniger mit ihr gestritten und ihr mehr Trost gegeben hätte, und führt ihre intensiven Schuldgefühle darauf zurück. »Ich glaube, ich hätte alle diese schrecklichen Dinge nicht zu ihr gesagt, wenn ich gewußt hätte, wie krank sie wirklich war«, sagt sie. »Sogar heute ertappe ich mich manchmal dabei, daß ich mir bewußt werde, was ich an einem bestimmten Tag damals Schlimmes gesagt habe. Doch heute sage ich mir: ›Du warst eben auch in der Pubertät‹ oder ›Vielleicht hattest du gerade deine Tage‹, so daß es nicht mehr so schlimm ist. Denn ich habe nicht die Möglichkeit, mich jetzt im Alter von siebenundzwanzig Jahren mit meiner Mutter, die dann fünfzig wäre, hinzusetzen und zu sagen: ›Erinnerst du dich noch, damals…?‹«

Sie fährt fort: »Du hoffst, deine Mutter hat verstanden, daß du einfach in einer schlechten Phase stecktest. Du hoffst, daß sie nicht mit dem schrecklichen Gefühl gestorben ist, daß du sie nicht geliebt hast. Das ist meine größte Angst. Wenn ich diese Gedanken habe, versuche ich mir zu sagen: ›Es ist alles gut so. Du hast dich damals so und so verhalten, da kann man nichts mehr dran ändern. Sie hat das bestimmt verstanden. Wir hatten nicht mehr Zeit zur Verfügung, andernfalls wären wir uns wieder nähergekommen.‹«

Wie Paula versuche auch ich, mir meine Schuldgefühle auszureden und mir vorzustellen, daß meine Mutter ihrer Mutter ähnliche Dinge gesagt hat. Und obwohl deren Beziehung durchaus nicht frei von Komplikationen war, kann sie mir doch als Modell dienen für das, was hätte sein können.

»Die Tochter muß verstehen, daß ihre Mutter wußte, daß die Spannungen zwischen ihnen normal waren«, meint Evelyn Bassoff. »Erinnern Sie sich an die Szene in *Terms of Endearment*, als die Mutter im Sterben liegt und der Sohn zornig und aufsässig ist? In der Sterbeszene sagt sie einfach: ›Ich weiß, daß du mich liebst.‹ Ich finde diese Szene sehr schön. Die Mutter wird da meiner Meinung nach als sehr selbstlos und großzügig dargestellt. Als sie das zu ihrem älteren Sohn sagt, obwohl er sich so abscheulich verhält, gibt sie ihm etwas ganz Wichtiges mit. Doch auch wenn es diese Aussöhnung nicht gibt und das Leben nicht so abläuft wie im Film, kannst du trotz-

dem einerseits akzeptieren, daß euer Verhältnis sehr spannungsgeladen war, als deine Mutter starb, und daß ihr euch nicht besonders gut verstanden habt; daß aber andererseits deine Mutter aufgrund ihrer Erfahrung wußte, daß eure Beziehung sich wieder einrenken würde. Der Gedanke, der heilend wirken kann, lautet: ›Meine Mutter war älter und klüger als ich und wußte, daß dies eine schwierige Zeit für mich war.‹«
Da der Prozeß des Erwachsenwerdens ganz individuell verläuft, lösen sich Heranwachsende zu unterschiedlichen Zeitpunkten von ihren Müttern. Manche lösen sich nie. Wenn die Mutter zu einem Zeitpunkt weggeht oder stirbt, in dem die Beziehung zwischen Mutter und Tochter eng und vertraut ist, hat das Mädchen wahrscheinlich keine Schuldgefühle, erfährt aber großen Schmerz. In dem Fall ist seine Reaktion auf den Verlust der des jüngeren Kindes ähnlich, das plötzlich haltlos ist und keinen festen Ankerpunkt findet. Es muß dann lernen, sich aus eigener Kraft über Wasser zu halten. Mariana war die ältere von zwei Töchtern und sechzehn, als ihre Mutter an Nierenversagen starb. Sie erzählte mir, welche Angst der bevorstehende Verlust der Mutter in ihr hervorgerufen hatte, da sie als Jugendliche so schüchtern und in sich gekehrt war. Ich muß ihr einen skeptischen Blick zugeworfen haben, denn Mariana war die überschwenglichste Frau, die ich in dieser Woche kennengelernt hatte, und sie nickte heftig mit dem Kopf, um das Gesagte zu unterstreichen.

Ich war extrem schüchtern, als meine Mutter starb. Ich habe mich immer eng an mein Zuhause gehalten. Meine Eltern nannten mich »Einsiedlerin«, weil ich nur selten aus meinem Zimmer kam. Ich habe höchstens mal den Kopf aus der Tür gesteckt. Meine Mutter und ich waren uns sehr nahe. Sie war meine beste Freundin, so daß ich mit ihrem Tod nicht nur meine Mutter verlor, sondern auch eine Freundin. Sie hat alles für mich getan und mich beschützt, so daß ich völlig unvorbereitet war und nicht wußte, was ich ohne sie tun sollte.
Nach der High School habe ich sofort eine Arbeit angenommen. Wenn Mommy noch gelebt hätte, wäre ich wahrscheinlich auf ein College in der Nähe gegangen, aber so war mir

nicht ganz wohl bei dem Gedanken, meinen Vater allein zu lassen. Er hatte Diabetes, litt an Depressionen und war häufig im Krankenhaus. Ich arbeitete ein Jahr lang und beschloß dann, für den Kongreßabgeordneten meines Bezirks als Wahlhelferin zu arbeiten. Dadurch verbrachte ich weniger Zeit zu Hause mit meiner Schwester; denn ich hatte das Gefühl, daß ich verrückt werden würde, wenn ich nicht mehr rauskäme. Die Arbeit mit Joe brachte eine große Veränderung. Er war sehr jung, nur zehn Jahre älter als ich, und ich hatte mit jungen und selbstsicheren Leuten zu tun. Ich mußte mehr aus mir herausgehen, um in der politischen Arena bestehen zu können. Das hat meine Persönlichkeit verändert. Ich war nicht mehr so auf mich bezogen.

Der Verlust der Mutter hat Mariana in eine Selbständigkeit hineinkatapultiert, die sie ansonsten nicht so schnell erreicht hätte, wenn überhaupt. In anderen Fällen kann die Persönlichkeitsentwicklung eines Mädchens, das seine Mutter in dieser Zeit der Umbrüche verliert, auch zum Stillstand kommen. Entwicklungshemmungen treten nicht nur in der Kindheit auf, sondern auch in der Pubertät, besonders dann, wenn die Jugendliche zum Zeitpunkt des Verlusts ein ambivalentes Verhältnis zu ihrer Mutter hat und nicht in der Lage ist – aus welchen Gründen auch immer –, ihren Tod angemessen zu betrauern und sich von ihr zu lösen. Gayle, die jetzt zweiunddreißig ist, war achtzehn und das jüngste von acht Kindern, als ihre Mutter starb. Ihre Bindung an die Mutter war so eng und so unglücklich, daß Gayle sich erst zwölf Jahre nach dem Tod der Mutter von ihr lösen konnte.

Meine Beziehung zu meiner Mutter war wechselhaft. Meine Mutter war schon vor meiner Geburt sehr krank, sowohl emotional als auch körperlich. Ich kam auf die Welt, als sie schon vierzig war, also ziemlich spät für sie. Manchmal war sie meine Freundin, und dann wieder war sie sehr dominierend. Sie hatte genaue Vorstellungen davon, wie ich leben sollte, und hat mir Anweisungen gegeben. Ich war ihr letztes Kind, und sie hat sich an mich geklammert. Sie hat meine Brüder und Schwestern gehen lassen – allerdings nicht ohne Kampf –, als sie soweit waren, aber ich konnte mich in der Pubertät nicht von ihr lösen. Ich habe es immer versucht, aber ich war so fest an sie gebunden, beinahe so, als wäre die Nabelschnur nie durchtrennt worden. Wenn ich jetzt darüber nachdenke, kommt es mir fast so vor, als hätten wir dieselben Körpersäfte gehabt. Ich war aus ihr und für sie gemacht, und sosehr ich auch schrie – und ich habe in der Pubertät viel geschrien, um mich von ihr zu befreien –, habe ich immer sofort nachgegeben, wenn sie mir Widerstand bot, denn gegen sie hätte ich mich nie durchsetzen können.

In den letzten paar Jahren habe ich mein Leben neu definiert. Ich habe über meine Beziehung zu meiner Mutter nachgedacht und gemerkt, daß ich ihren Tod nie richtig betrauert habe. Als Erwachsene habe ich einfach die Tür hinter mir geschlossen und mir gesagt: »Also gut. Du machst einfach weiter und denkst nicht darüber nach.« Nachdem ich mich jetzt endlich damit auseinandersetze, habe ich das Gefühl, als durchlebe ich die Pubertät noch einmal.

Da in der Trauer häufig jene Gefühle wieder aktiviert werden, die zur Zeit des Verlusts existierten, kann es geschehen, daß eine Tochter, die an diesen Wendepunkt ihrer Vergangenheit zurückkehrt, die Entwicklungsphase durchläuft, die sie in der Pubertät nicht abschließen konnte. Töchter, die – ähnlich wie Gayle – in einem bestimmten Entwicklungsstadium steckengeblieben sind, können es so zu einem späteren Zeitpunkt durchlaufen und als Erwachsene daraus hervorgehen. Andere Töchter wiederum, denen zu früh die Verantwortung einer Erwachsenen aufgebürdet wurde, berichten, daß sie ihre Pubertät zehn oder fünfzehn Jahre nach der eigentlichen Pubertätsphase erlebt haben.

Haben es angesichts der Tatsache, daß die Tumulte und Verwirrungen der Pubertät durch den Verlust der Mutter noch gesteigert werden, die Kinder leichter, die ihre Mutter vor dem Beginn dieser stürmischen Phase verloren haben? Wahrscheinlich muß man das verneinen. Eine Studie aus den fünfziger Jahren, die mit verwaisten Kindern an der Hampstead Child-Therapy Clinic in England durchgeführt wurde, hat ergeben, daß Kinder, deren stabile Bezugsperson in den ersten fünf Lebensjahren stirbt oder weggeht, eine schwierigere Pubertät erleben als Kinder, die ihre Mutter in der Pubertät verlieren.[50] Viele der Kinder, die ihre Mutter bereits vor ihrem fünften Lebensjahr verloren hatten, durchliefen häufig eine vorpubertäre Phase, in der sie nach einer Mutterfigur suchten, um möglicherweise eine Bindung entstehen zu lassen, die sie dann lösen konnten.

Lucy, die ihre Mutter als Baby verloren hat und bereits zu Beginn dieses Kapitels in Elizabeth Flemings Fallstudie erwähnt wurde, erlebte in der Pubertät eine Leere da, wo die Mutter-Tochter-Bindung hätte sein sollen. Sie hatte ihre Stiefmutter nie als gleichwertigen Ersatz akzeptiert und wußte über ihre leibliche Mutter nur wenig. Fleming berichtet, daß Lucy mit fünfzehn in eine Depression fiel:

> Sie zeigte Gefühle von Niedergeschlagenheit und Hoffnungslosigkeit, wurde morgens nicht wach, verlor jegliches Interesse an sozialen Aktivitäten, ging nicht zur Schule und zu ihren Therapiesitzungen. Sie war körperlich und geistig wie gelähmt – was nie zuvor der Fall gewesen war. Hinzu kam, daß alte Schwierigkeiten wieder verstärkt hervortraten: Sie nahm zu, hatte vermehrt körperliche Symptome und kratzte sich einmal ihr Handgelenk auf. Auf der bewußten Ebene führte Lucy ihre Schwierigkeiten auf die Enttäuschung zurück, die sie durch ihren ersten Freund erfahren hatte; er hatte sie verlassen ... Doch ihr größter Kummer bestand darin, daß sie von ihrer verstorbenen Mutter kein Bild hatte, von dem sie sich als Kind lösen und dem sie sich als Erwachsene erneut nähern konnte – oder auch nicht, je nachdem. In den folgenden zwei Jahren trug Lucy genügend Einzelheiten über ihre Mutter zusammen, die ein Bild ergaben, das ihr immer gefehlt hatte. Dann suchte sie allein und zum ersten Mal das Grab ihrer Mutter auf. Diese Bemühungen bedeuteten das Ende ihrer depressiven Phase.[51]

Die Trennung von der Mutter oder Mutterfigur, die während der Pubertät erfolgen muß, scheint Teil eines wesentlichen Prozesses zu sein, ohne den ein Mädchen sich nicht zu einer selbstbewußten und selbständigen Frau entwickeln kann.

Jugendliche und Verlust: Den Schein wahren

Die Freundesgruppe, die allmächtige Instanz im Leben eines heranwachsenden Mädchens, spielt nach dem Tod der Mutter eine wichtige Rolle. Die meisten Jugendlichen übertragen einen Großteil der Energie, die sie einst für ihre Eltern aufgebracht haben, auf ihre Freunde oder die »beste Freundin«, die jedes Mädchen in dieser Zeit braucht. Doch da die meisten gleichaltrigen Mädchen keine Erfahrung mit einem so großen Verlust haben, können sie die Gefühle der Freundin weder nachvollziehen, noch können sie die Ausmaße des Verlusts begreifen.

Robin ist jetzt siebenundzwanzig. Als sie sechzehn war, starb ihre Mutter. Sie erinnert sich an die Schwierigkeiten mit ihren Freundesbeziehungen zu jener Zeit und weiß die Hilfe einer Klassenkameradin in dem darauffolgenden Jahr auch heute noch zu schätzen:

Ich konnte damals mit den meisten meiner Freunde nichts anfangen. Sie haben sich über die Menge der Hausaufgaben beschwert, und ich dachte nur: »Na und. Was kümmert mich das, wenn meine Mutter gerade gestorben ist?« Außerdem hatte ich das Gefühl, daß es unter meinen Freunden Konkurrenzgefühle gab, wem ich mich am meisten zuwenden würde. Das hat mich ganz verrückt gemacht. Ich hatte das Gefühl, ich konnte mit keinem reden, ohne daß die anderen sich vernachlässigt fühlten und sauer wurden. Ich hatte eine Freundin, die mich immer ansah, als sei ich ein herrenloses Hundebaby, und zu mir sagte: »Du tust mir ja so leid.« Ich hatte das Gefühl, ich müßte mich um sie kümmern und ihr das Gefühl vermitteln, daß es mir gutging, damit sie sich nicht so schlecht fühlte. Ich konnte das kaum aushalten. Wie hätte ich jemandem helfen können?
Aber als meine kranke Mutter noch lebte, hatte ich angefangen, in einem Flüchtlingslager für Vietnamesen auszuhelfen. Ich hatte da mit einem Mädchen zusammengearbeitet, mit der ich zu der Zeit nicht besonders eng befreundet war. Sie war sehr analytisch und ließ ihre Gefühle nie die Oberhand gewinnen, und sie konnte stets objektiv bleiben. Mit ihr habe ich

über den Tod meiner Mutter gesprochen. Sie hat nie zu mir gesagt: »Du armes kleines Ding«, sondern sie hat mich gefragt: »Wie erlebst du das denn?«

Mit ihr konnte ich richtig reden, ohne das Gefühl zu haben, daß ich bemitleidet wurde. Ich glaube, viele meiner Freunde waren unfähig und so verunsichert darüber, was das für sie und auch für ihre Mütter bedeutete, daß sie mit mir nicht darüber reden konnten. Diese Freundin hatte meine Mutter gar nicht gekannt, und das war auch ein wichtiger Unterschied. Meine anderen Freunde kannten sie, und ihr Tod war für sie weitaus realer als für diese andere Freundin. Ich habe viel Zeit mit ihr verbracht und sehr oft mit ihr gesprochen, und das hat mir sehr gut getan.

Für eine Heranwachsende gibt es kaum eine größere Angst als die, von ihrer Clique ausgestoßen zu werden oder mit ihr in Konflikt zu geraten, besonders dann, wenn die Mitglieder ihrer Familie ausschließlich mit sich und mit ihrer eigenen Trauer befaßt sind. Indem Jugendliche eine symbolische Trennung von ihren Familien herbeiführen, hat ihre Situation mit der von Waisen einiges gemeinsam: Sie fühlen sich entfremdet und isoliert und haben ein geringes Selbstwertgefühl; die Bedingungen innerhalb der Familie sind unklar, und die Jugendlichen haben Angst, ausgeschlossen zu werden.[52] Manchmal schämen sie sich auch, den Elternteil verloren zu haben, der von anderen Mädchen für ihr Wohlergehen als so zentral gesehen wird. Wenn die Heranwachsende befürchtet, daß sie durch den Verlust der Mutter als unnormal aus dem Freundeskreis absticht und sie von den Freunden abgelehnt werden könnte, vermeidet sie es möglicherweise, über den Verlust zu sprechen oder Zorn, Niedergeschlagenheit, Schuldgefühle, Angst, Trauer und Verwirrung zu zeigen.[53]

Das Mädchen verwendet häufig viel Energie darauf, die Trauergefühle beiseite zu schieben und vor seinen Freunden als normal zu erscheinen.[54] Fast möchte es der Welt zurufen: »Seht her – ich bin Kapitän der Fußballmannschaft, Schatzmeisterin der Klassenkasse, ich bin eine erfolgreiche Studentin und spiele im Theaterstück die Hauptrolle. Ich habe keinerlei Probleme!« Sein Selbstverständnis hat sich innerhalb einer Familie mit einer Mutter herausgebildet und wurde durch ein einziges Ereignis, das das Mädchen weder vorhersehen noch rückgängig machen konnte, schlagartig verändert. Wenn seine Identität sich auf der begonnenen Bahn weiterentwickelt, müßte sich das Mädchen als Jugendliche ohne Mutter definieren – was nicht unbedingt das Selbstverständnis ist, das es für sich gewählt hätte und mit dem es an die Öffentlichkeit treten möchte. Also versucht es, sich eine neue Identität zurechtzuzimmern, die unabhängig von seiner Vergangenheit ist.

In dem Versuch, sich neu zu definieren, sind Eigenschaften wie Kompetenz und Kontrolle häufig wichtige Anhaltspunkte. Es ist kein Zufall, daß mutterlose Frauen, die Eß-, Drogen- oder Alkoholprobleme haben, davon berichten, daß ihr Zwangsverhalten bereits in der Pubertät begann. Die Pubertät ist für jeden eine Zeit der Verunsicherung und des Austestens von Grenzsituationen, doch die mutterlose Tochter, die das Bedürfnis hat, ihren Körper, ihre Umwelt oder ihr Suchtverhalten unter Kontrolle zu halten, ist ein deutliches Beispiel für unterdrückte Trauer. Jüngere Kinder, die einen Verlust erlitten haben, neigen dazu, ihre Gefühle zu verinnerlichen, doch Jugendliche haben eher die Möglichkeit, ihre Trauer auszuleben. Die heute fünfundzwanzigjährige Juliet fing in dem Jahr an zu rauchen und zu trinken, als bei ihrer Mutter Krebs diagnostiziert wurde. Jedesmal, wenn der Zustand der Mutter sich verschlechterte, schlug sich das in Juliets Verhalten nieder. »Am Tag vor ihrer ersten Chemotherapie wurde ich beim Ladendiebstahl erwischt«, erinnert sie sich. »Ich hatte Nagellack für 1,69 Dollar gestohlen und wurde verhaftet. Dann stabilisierte sich der Zustand meiner Mutter. Doch als man ihr die Schilddrüse herausnahm, habe ich mich auf einer Party betrunken und mich über einige Gäste übergeben. Dann wäre ich beinahe in eine Schlägerei verwickelt worden. Ich habe alles mit Drogen und Alkohol ausagiert. Das ging wahrscheinlich so lange, bis ich dreiundzwanzig war, dann bin ich langsam wieder nüchtern geworden.« Wenn sich in ihr und um sie herum tiefgreifende Veränderungen ereignen, sucht die Heranwachsende, deren Mutter gestorben ist, Trost in den Dingen, die sie kontrollieren kann oder zu kontrollieren glaubt.

Die neue Frau im Haus

Kaum war die achttägige Trauerzeit verstrichen, die das jüdische Gesetz vorsieht, fing ich an, meinen Bruder zum Friseur und meine Schwester zum Zahnarzt zu fahren und das Haushaltsportemonnaie mit mir herumzutragen. Ich übernahm sogar das Auto meiner Mutter. Irgendwie hatte ich den Vorspulknopf betätigt und einen Alterssprung von siebzehn auf zweiundvierzig gemacht. Obwohl ich, ohne lange zu zögern, in die Rolle meiner Mutter geschlüpft war, zählte ich insgeheim die Minuten, bis ich entfliehen konnte. Als ich im folgenden Herbst die Schule verließ und aufs College gehen sollte, war ich so schnell aus der Stadt verschwunden, daß ich hinter mir eine Staubwolke aufwirbelte. Und dann mußte meine Schwester mit fünfzehn da weitermachen, wo ich aufgehört hatte.

Häufig werden heranwachsende Töchter unfreiwillig zu Minimüttern, wenn die biologische Mutter erkrankt, weggeht oder stirbt. In unserer Kultur, in der von Frauen erwartet wird, daß sie sich um die Kinder und den Haushalt kümmern, wird auch wie selbstverständlich angenommen, daß die älteste Tochter – selbst wenn ein älterer Bruder da ist – die Mutterrolle übernimmt. Wenn die Tochter noch in der Pubertät ist, wird dadurch ihre Identität in Gefahr gebracht. Nachdem ihre Mutter gestorben war, mußte Mariana mit sechzehn Jahren den gesamten Haushalt übernehmen, einschließlich der Verantwortung für ihre jüngere Schwester. »Wenn du erst sechzehn bist und deine Mutter diese Dinge immer gemacht hat, dann sagst du: ›Was soll das heißen, ich muß die Wäsche machen? Was soll das heißen, ich muß den Abwasch erledigen?‹«, sagt sie. »Die ersten Monate waren besonders hart. Meine Tante, die ich Mrs. Kleen (Frau Saubermann) nannte, kam immer zu uns und inspizierte das Haus. Das hat mich ganz verrückt gemacht. Bis heute hasse ich es, den Abwasch machen zu müssen. Abends habe ich immer das Essen gekocht, und ich habe versucht, mich um meine Schwester zu kümmern, die immer etwas wild war. Ich tat also all die Dinge, die ein Teenager jeden Tag in der Schule tun muß, und wenn ich nach Hause kam, fing ich an zu putzen und zu kochen, wie eine Mutter oder eine Ehefrau.«

Angesichts dieser Verantwortung hat das Kind drei Möglichkeiten: Es kann sich den Forderungen ganz stellen oder nur teilweise, oder es verweigert sich. Wenn die Jugendliche alt genug oder selbständig genug ist, verweigert sie möglicherweise die Übernahme der Mutterrolle – doch dann hat sie Schuldgefühle, weil sie ihre Familie im Stich läßt. Manchmal, nachdem sie einige Jahre ihr Bestes gegeben hat, erkennt sie auch, daß sie die Bedürfnisse der Familie nicht allein befriedigen kann. »Mädchen, die die Rolle ihrer Mutter übernehmen müssen, sehen sich verschiedenen Problemen gegenüber«, sagte Phyllis Klaus, Psychotherapeutin in Berkeley und Santa Rosa, Kalifornien, die häufig mutterlose Frauen berät. »Entweder versuchen sie, sich selbst zu übertreffen, und treiben sich an den Rand der Erschöpfung, oder sie verweigern die Verantwortung auf eine gefährliche Art, indem sie nämlich eine schädliche Beziehung eingehen oder weglaufen.«

Die Jugendliche, die eine kranke Mutter pflegen, jüngere Geschwister versorgen oder sich um den trauernden Vater kümmern muß, entwickelt die Fähigkeit zu Mitgefühl und Verständnis, die ihr in ihrem weiteren Leben dienlich sein werden. Viele der bewundernswerten Eigenschaften, die wir mit Menschen in Betreuungsfunktionen – insbesondere Frauen – in Zusammenhang bringen, werden in jungen Mädchen, denen andere Menschen anvertraut sind, stark gefördert. Neuere Forschungsergebnisse lassen die Vermutung zu, daß junge Menschen, die nach dem Tod eines geliebten Menschen Verantwortung übernehmen müssen, ein Gefühl für ihre eigene Kompetenz bekommen und den Verlust besser verarbeiten können.[55] Doch die Rolle der Betreuerin kommt für ein heranwachsendes Mädchen meist zu früh und befördert es in ein Entwicklungsstadium mit größerer Verantwortlichkeit, bevor es das Stadium, in dem es war, ganz durchlaufen hat. Außerdem wird das Mädchen zu einer Reife gezwungen – gerade zu einem Zeitpunkt, wenn es ihr guttun würde, sich fallen zu lassen und selbst versorgt und umhegt zu werden.[56]

Der Tod eines Elternteils ist ein Ereignis, das die Entwicklung der Jugendlichen zur Erwachsenen beschleunigt. Ihre Gedanken, ihr Verantwortungsgefühl und ihre Wahrnehmung werden über Nacht um ein Vielfaches reifer, doch ihr Körper und auch ihre Umgebung erinnern sie immer wieder daran, daß sie noch nicht erwachsen ist. Man kann kaum eine richtige Erwachsene sein, wenn man jeden Morgen mit dem Schulbus zur Schule fährt. »Ich habe mich um so vieles älter gefühlt als meine Schulkameraden«, sagt die zweiunddreißigjährige Francine, die dreizehn war, als ihre Mutter einen schweren Herzinfarkt erlitt und ins Koma fiel, aus dem sie nie wieder erwachte. Mit siebzehn zog Francine von zu Hause aus. »Die meisten meiner Freunde sind zehn Jahre älter als ich. Ich wollte immer mit Menschen zusammen sein, die unabhängig und ungebunden waren, so wie ich. Aber manchmal komme ich mir vor wie ein Baby. Mein Mann sagt, daß ich manchmal sehr reif und fähig wirke, und dann wiederum zweifelt er daran, daß ich überhaupt erwachsen bin. Ich mußte so schnell erwachsen werden, daß ich keine Zeit hatte, ein Kind zu sein. Ein Grund, warum ich vor kurzem beschlossen habe, meine Arbeitszeiten zu ändern und nur drei Tage in der Woche zu arbeiten, war der, daß ich Zeit haben wollte, ein Kind zu sein. Ich bin froh, daß ich mich sicher genug fühle, um das jetzt tun zu können.«

In den letzten zwölf Jahren habe ich immer wieder versucht festzustellen, wie ich meinem tatsächlichen Alter nach sein müßte. Ich habe oft das Gefühl, daß ich mich nach dem Tode meiner Mutter in drei gleich große Teile gespalten habe. Ein Teil sprang nach vorn, war plötzlich zweiundvierzig und übernahm ihren Bereich; ein weiterer Teil blieb bei siebzehn stecken und hielt an dem Bild meiner Mutter und der Beziehung zwischen uns fest; und der dritte Teil – eigentlich der, den ich am wenigsten zu kennen scheine – entwickelte sich im Rahmen der Normalität. Manchmal möchte ich einfach in der Lage sein, meine Arme auszustrecken, zweiundvierzig mit der einen Hand und siebzehn mit der anderen zu packen und die beiden aufeinander zuzuführen, bis sie sich in der Mitte treffen.

Junge Erwachsene (Alter: zwischen zwanzig und dreißig)

Wenn die Pubertät die Phase ist, in der das Mädchen eine Identität entwickelt, dann geht es im nächsten Stadium darum, diese Identität in der großen weiten Welt zu testen. Deshalb kann es sein, daß eine Tochter, die Anfang Zwanzig ist, wenn sie ihre Mutter verliert, am wenigsten verstanden und beachtet wird. In den meisten Fällen lebt sie nicht mehr daheim, sondern hat ihr eigenes Zuhause und möglicherweise auch eine eigene Familie. Deswegen wird sie auch besonders frustriert und verwirrt sein, wenn der Verlust der Mutter ihr den Boden unter den Füßen wegzuziehen scheint. Und häufig bekommt sie zu hören: »Mit fünfundzwanzig? Na ja, da hast du deine Mutter ja nicht mehr gebraucht«, als ob die Bedeutung der Mutter auf Null schrumpft, sobald eine Tochter die Pubertät hinter sich läßt.

Der Beginn des Studiums, die Ehe oder der Weggang in die Unabhängigkeit sind wichtige Marksteine in der Entwicklung, doch wenn die Tochter ihr eigenes Zuhause einrichtet, bricht sie nicht gleich alle Verbindungen zu ihrer Ursprungsfamilie ab. Der erfolgreiche Einstieg in das eigene Leben hängt interessanterweise davon ab, ob die junge Erwachsene eine stabile Basis in ihrer Kernfamilie hat, zu der sie in schwierigen Zeiten zurückkehren kann. Sie befindet sich gewissermaßen in der »Drehtür-Phase« ihres Lebens, probiert Verschiedenes aus und kehrt zur Ausgangsbasis zurück, um sich zu erholen oder sich Bestätigung zu holen.

»Wenn eine Frau ihre Mutter als junge Erwachsene verliert, sagen wir, zwischen neunzehn und dreiundzwanzig, berührt der Verlust sie an der Basis«, sagt Phyllis Klaus. »Sie hat den Punkt erreicht, an dem sie ihre eigene berufliche Laufbahn in Angriff nimmt und von zu Hause auszieht, und an dem sie Ermutigung braucht. Und gerade dann wird von ihr verlangt, daß sie nach Hause zurückkehrt und dort hilft. Da ihr intellektuelles Verständnis viel größer ist, bewegen sie auch Gedanken wie: ›Wie soll ich alle die Ereignisse in meinem Leben bewältigen, wenn ich meine Mutter nicht habe?‹ Sie verliert also nicht nur die Mutter, sondern auch die Ermutigung und Bestätigung ihres Selbst, die sie braucht, wie auch die Möglichkeit, ihr Leben mit der Mutter zu teilen.«

Ihre Situation unterscheidet sich nur unwesentlich von der des Kleinkinds, das sich allein davonwagt und immer wieder zur Mutter zurückkehrt, um sich ihrer zu versichern; nur daß aus dem Kind eine Frau geworden ist, die Phasen mehrere Wochen oder Monate umspannen und die Rückversicherung per Brief oder Telefon erfolgt.

»Im Alter zwischen zwanzig und dreißig haben junge Menschen ein enormes Bedürfnis nach einer Bindung an ihr Zuhause«, sagt Naomi Lowinsky. »Die Mutter ist dabei der Orientierungspunkt. Man ist vielleicht sauer auf sie und möchte keinesfalls so sein wie sie, aber sie ist die Quelle, der Ursprung. Man dreht sich immer nach ihr um, um zu sehen, wo man steht. Wenn du fünfundzwanzig bist und deine Mutter ist eine alte Schwätzerin, dann weißt du, wo du selbst stehst. Es ist sehr bestimmend. Wenn du fünfundzwanzig bist und deine Mutter stirbt, woher willst du dann wissen, wo du stehst? Nicht zu wissen, wo man steht, ist in dem Alter sehr, sehr schwierig. Man muß sich auf jemanden beziehen können. Der Vater kann sehr wichtig sein und einen auch unterstützen, aber er ist keine Frau. Er hilft, indem er einem die Aufmerksamkeit des anderen Geschlechts schenkt.«

Die Zeit zwischen zwanzig und dreißig ist für eine Tochter, die nach dem Zweiten Weltkrieg aufgewachsen ist, die Phase, in der sich ihre Erfahrungen drastisch von denen ihrer Mutter zu unterscheiden beginnen. Die Mutter hat vielleicht mit dreiundzwanzig geheiratet und mit fünfundzwanzig Kinder gehabt, während ihre Tochter den Zeitpunkt der Heirat und der Familiengründung hinausschiebt, bis sie dreißig ist. Die Tochter einer Frau, deren berufliche Möglichkeiten auf Lehr- und Pflegeberufe sowie den kaufmännischen Bereich begrenzt waren, gründet vielleicht ein Unternehmen oder schlägt eine akademische Laufbahn ein. Viele Frauen unserer Generation haben Zugang zu Bildung, beruflicher Karriere, Gesundheitsvorsorge (einschließlich Geburtenregelung und dem Recht auf Abtreibung) und Alternativen zur Ehe (einschließlich der Möglichkeit, sich scheiden zu lassen), von denen Frauen früherer Generationen nur träumen konnten.[57] Die Bürgerrechtsbewegung, die sexuelle Revolution und die Frauenbewegung haben dazu beigetragen, daß unsere Erfahrungen sich von denen unserer Mütter erheblich unterscheiden, und erlauben es uns, unsere Identität anhand der Unterschiede zwischen uns und ihnen zu bestimmen.

Als kulturelle und soziale Wesen werden Mütter und Töchter selten von demselben Muster geprägt. Doch wegen der engen Bindung während der Kindheit der Tochter und aufgrund des gemeinsamen Geschlechts blicken beide Generationen mit Unbehagen auf die Unterschiede in ihrer Prägung. Falsche Annahmen können die Kommunikation zwischen Mutter und Tochter lähmen und auf gegenseitige Vorwürfe und Kritik reduzieren. Die Mutter möchte, daß die Tochter so wird, wie sie selbst war, oder das erreicht, was sie selbst nicht erreicht hat, und erwartet, daß ihre Tochter denselben Wunsch hat, während eine Tochter ihre Entscheidungen verteidigt, da sie glaubt, die Mutter könne sie nicht verstehen.

Wenn eine Tochter reifer wird, und ganz besonders dann, wenn sie selbst Mutter wird, ändert sich auch ihre Sichtweise von ihrer Mutter. Ähnlich wie das Kind, das erkennt, daß die Mutter nicht alle Probleme lösen kann, nimmt die junge Erwachsene ihre Mutter jetzt als vielschichtigen Menschen mit Grenzen wahr, der sowohl Stärken als auch Schwächen hat. Obwohl die Tochter an der Sehnsucht nach der perfekten Mutter festhält, ist sie gleichzeitig bereit, Zugeständnisse zu machen. Im Gegenzug akzeptiert die Mutter die Tochter als eigenständigen Menschen, der Entscheidungen für sich treffen und sie auch durchführen kann. Beide Seiten geben und nehmen, beharren und geben nach, und gehen letztlich im Idealfall einen Kompromiß ein, der, wenn schon nicht auf Verständnis, so doch auf gegenseitigen Respekt gegründet ist.

Von dem Moment an, da ein Mädchen sich von der Mutter löst, versucht es immer wieder, zu der Mutter ihren frühesten Erinnerungen zurückzukehren. Die Aufmerksamkeit und Zuneigung, die die Mutter ihr einst zukommen ließ, sind das Ideal, nach dem die Tochter fortwährend sucht. Die Trennung war eine Notwendigkeit, doch die Wiedervereinigung bleibt immer als Ziel vor Augen. Obwohl die Mutter kaum denselben Platz im Leben ihrer erwachsenen Tochter einnimmt wie in deren Kindheit, kann die Aussöhnung zu einer neuen Bindung zwischen Mutter und Tochter führen. Nachdem das Mädchen sich von der Familie gelöst und ihre Eigenständigkeit gefestigt hat, schwingt sie häufig wieder zurück und vereint sich mit ihrer Mutter in einer Freundschaft von Frau zu Frau.

Zwischen zwanzig und dreißig erkennt eine junge Frau, daß ihre Mutter Eigenschaften hat – Verständnis, Weisheit und Erfahrung –, die sie bei einer Freundin schätzen würde. Die Mutter zu diesem Zeitpunkt zu verlieren, wenn man sie gerade wiedergefunden zu haben glaubt, ist ein grausamer Schlag. Die fünfunddreißigjährige Christine, deren Pubertät besonders aufreibend und turbulent war, hatte gerade angefangen, die enge Bindung zur Mutter zu genießen, als der Tod sie zerstörte.

> Ich war achtzehn, als bei meiner Mutter Brustkrebs diagnostiziert wurde, und dreiundzwanzig, als sie starb. Ich lebte da-

mals in einem anderen Staat. Unsere Beziehung war ganz gut, weil ich nicht ständig um sie herumschwirrte. Sie vermißte mich, ich vermißte sie, und wir schrieben uns häufig Briefe. Einmal hat sie mich auch besucht, und das war richtig schön. Als sie starb, war es für mich, glaube ich, schwerer als für meine Schwestern, weil ich so weit weg war. Ich hatte Schuldgefühle, und meine Schwestern machten mir Vorwürfe. Das war schwer. Meine Mutter hatte gesagt: »Geh nur und amüsier dich. Lebe dein Leben, wie es dir richtig erscheint.« Meine Schwestern konnten das nicht verstehen. Sie fanden es nicht gut, daß ich weggezogen war und acht Jahre lang nicht zurückkam. Ich glaube, meine Mutter hat das auch überrascht, aber ich glaube, sie war auch froh, daß ich herumkam und etwas erlebte.
Ich hatte Glück, daß wir vor ihrem Tod unsere Beziehung bereinigt hatten. Trotzdem habe ich gedacht: »Himmel, das ist nicht fair. Wir sind uns gerade erst nahegekommen.«
Als ich klein war, war mein Vater Kellner. Wir Kinder gingen zu ihm in die Bar und bekamen dort Kindercocktails. Als ich größer war, habe ich richtige Cocktails mit meinem Vater getrunken. Mit meiner Mutter war es ähnlich. Ich konnte wie eine Erwachsene sein und über die Angelegenheiten der Erwachsenen reden. Wir haben nicht den ganzen Ballast aus der Vergangenheit da hineingetragen. Ich lebte mein Leben und sie ihres, und wir hatten zusammen unseren Spaß.

Der Wunsch, sich mit der Mutter auszusöhnen, entsteht, ganz gleich, ob die Mutter lebt oder nicht. Eine Tochter, die ihre Mutter verloren hat, als sie in der Pubertät war, ist bereit, sich wieder anzunähern – aber wem? Als ich Anfang bis Mitte Zwanzig war, hatte ich zum ersten Mal das deutliche Bedürfnis nach einer starken Frau in meinem Leben. Diese Jahre waren von der verzweifelten Suche nach einem Menschen ausgefüllt, der mich führen könnte, doch der Mensch, den ich mir am meisten herbeiwünschte, war nicht da, und meine Bemühungen, einen Ersatz zu finden, schienen immer fehlzuschlagen. Die neunundzwanzigjährige Karen drückt genau meine Gefühle aus, wenn sie sagt: »Es ist fast wie ein Ritual im Leben einer

Frau, wenn sie zu ihrer Mutter zurückkehrt, ihr von gleich zu gleich gegenübertritt und sich mit ihr anfreundet. Aber wenn die Mutter nicht da ist, kann sie das nicht tun. Ich hatte das Gefühl, in einem Schwebezustand zu sein und auf etwas zu warten, das diese Leere füllen und mir diese Rückkehr ermöglichen würde. Aber es gibt nichts. Es verfolgt einen geradezu, denn der Wunsch verschwindet ja nicht.« Wenn eine Mutter jung stirbt, bleibt etwas in der Tochter unvollständig. Sie sucht nach einem Teil, der fehlt; sie spürt eine Leere, die sie ausfüllen möchte.

Verliert eine Frau die Mutter, wenn sie bereits das Erwachsenenalter erreicht hat und in der Mutter eine Freundin sieht, wird das in der Sprache der Therapie »sekundärer Verlust« genannt. Er wird uns nicht im Augenblick der Trennung bewußt, sondern erst im Laufe der Zeit. Die Töchter, die zwanzig Jahre und älter sind, stellen sich die Auswirkungen des sekundären Verlusts sozusagen als Langzeiteffekt des Mutterverlustes vor: keine Mutter, die bei den Hochzeitsvorbereitungen hilft; die einen in Erziehungsfragen berät; keine Großmutter für die Enkel. Diese Bilder grenzen an Idealisierung, denn die Mutter, die die aufgeschürften Knie der Achtjährigen verpflastert hat, könnte wahrscheinlich – wäre sie noch am Leben – weder den Herzenskummer der Achtzehnjährigen lindern, noch die Geburtswehen der Achtundzwanzigjährigen erleichtern; doch das ist die Mutter, nach der wir uns sehnen, die einzige, an die wir uns erinnern und die wir uns verzweifelt herbeiwünschen.

Hätte meine Mutter, die ihre Berufstätigkeit 1964 aufgab, um sich mir zu widmen, mir 1988 die Ratschläge geben können, die ich brauchte, um ein innerbetriebliches Problem zu lösen? Hätte meine Mutter, die bei ihrer Hochzeit Jungfrau war, mir unvoreingenommen zuhören können, als ich mit achtzehn dachte, ich sei schwanger? Oder wäre sie über meine sexuelle Moral, die sich von ihrer so drastisch unterschied, nicht einfach nur entsetzt gewesen? Wenn ich versuche, mir ein reiferes Bild von meiner Mutter zu machen, so wie ich sie kannte – die Mutter, die mir zeigte, wie man Tampons benutzte und die über ihre eigene Schwangerschaftsverhütung offen sprach –, stellen sich ganz viele Fragezeichen ein. Als Frau ist mir meine Mutter ein ewiges Geheimnis. In meinem Kopf ist sie für immer zweiundvierzig, und ich als ihre Tochter bin für immer siebzehn.

Es ist traurig und schön zugleich, daß meine Mutter für immer jung sein wird. Ich werde nicht Zeugin ihres Alterns werden und mir auch keine Gedanken um ihre Versorgung machen müssen. Aber es bedeutet auch, daß ich meine Mutter schon bald überrunden und hinter mir lassen werde. Schon als ich zwanzig war, hatte ich das Gefühl, daß dieser Prozeß begonnen hatte. Obwohl die Zeit, in der wir erwachsen wurden, sich grundlegend unterschied, war ihre Pubertät und meine im wesentlichen gleich: Wir liebten unsere Eltern und stritten mit ihnen; wir machten unsere Abschlußprüfung, gingen aufs College und verliebten uns. Doch dann heiratete sie mit einundzwanzig, während durch meine Entscheidungen – ich wählte die wirtschaftliche Unabhängigkeit, heiratete nicht, machte ein Aufbaustudium – mein Leben einen ganz anderen Verlauf nahm.

Nun, das ist ja nicht ungewöhnlich: Die meisten meiner Freundinnen, deren Mütter noch leben, können genau dasselbe sagen. Töchter lassen häufig ihre Mütter hinter sich. Das ist eine Tatsache. Doch vieles von dem, was ich tun werde, hat für mich auch einen herben Beigeschmack, denn es sind Dinge, die meine Mutter einst zu tun hoffte, zu denen sie aber dann nicht mehr kam. Ich werde in fremde Länder reisen. Ich werde zu den Hochzeiten meiner Geschwister gehen. Ich werde den ersten Tag des neuen Jahrhunderts erleben. Eines Tages werde ich meinen dreiundvierzigsten Geburtstag feiern.

In späteren Jahren

Ich war überrascht, daß eine beträchtliche Anzahl von Frauen mit mir in Kontakt traten und mich baten, in dieses Buch aufgenommen zu werden, obwohl sie bereits über dreißig oder gar vierzig waren, als sie ihre Mütter verloren. Weil ich so viel jünger war, als meine Mutter starb, nahm ich wahrscheinlich an, daß eine Frau mit fünfundzwanzig oder dreißig den Tod ihrer Mutter als ein Ereignis im normalen Lebensablauf sehen würde. Sicherlich bedeutete der Verlust für sie nicht, daß ihr ein lebenswichtiges Element vorzeitig entrissen wurde.

Offenbar war das eine völlig irrige Annahme. Als ich vor zwei Jahren nach New York zog, wollte ich eine Couch kaufen. Als ich mich entschieden hatte, kamen Sonia, die Verkäuferin, und ich ins Gespräch. Wir kamen vom Hölzchen aufs Stöckchen, und schließlich erzählte ich ihr von meiner Arbeit. Als ich erläuterte, daß ich über junge Frauen schrieb, die ihre Mutter verloren hatten, schob sie die Papiere zur Seite, packte mich am Oberarm und, indem sie die Tränen mühsam zurückzuhalten versuchte, fragte sie: »Wollen Sie mich interviewen? Meine Mutter ist vor ein paar Jahren gestorben. Ich war kein Kind mehr – ich bin jetzt zweiundvierzig. Aber ich sage Ihnen, es ist zu keinem Zeitpunkt leicht.« Erst vor ein paar Tagen rief mich meine fünfundsechzig Jahre alte Tante an und erzählte mir, daß ihre Mutter gestorben sei. Ihre Stimme gab schon beim Erzählen nach, und sie fing an zu weinen. »Ich weiß, sie war achtundachtzig, und sie hat ein langes Leben gehabt, aber sie war nun mal meine Mutter«, sagte sie. »Es ist die Endgültigkeit, die so schwer zu fassen ist.«

Die Reaktionen einer erwachsenen Tochter beim Tod ihrer Mutter sind nicht weniger tiefgreifend oder wichtig als die einer jüngeren Tochter, aber sie sind doch anders. Da eine erwachsene Tochter mehrere Rollen in sich vereint – Geliebte, Ehefrau, Mutter, Großmutter, Kollegin, Freundin –, ist ihre Beziehung zur Mutter weniger von Abhängigkeit geprägt und für ihr seelisches Wohlergehen weniger zentral.[58] Doch die Mutter spielt auch im Leben der Tochter eine wichtige Rolle – als Großmutter ihrer Kinder, als Schwiegermutter ihres Mannes, als Vertraute –, deren Verlust schmerzlich ist und betrauert werden muß.

Die Forschungsergebnisse des Wellesley College Center for Research on Women machten uns bewußt, daß wegen der geringeren Lebenserwartung von Männern die Beziehung einer Tochter zu ihrer Mutter wahrscheinlich die langlebigste Beziehung überhaupt ist.[59] Wird sie abgeschnitten, ist das ein tiefer Bruch, ganz unabhängig vom Alter der Tochter.

Die erwachsene Tochter kann dem Tod der Mutter allerdings als relativ gefestigte Persönlichkeit begegnen und hat mehr Möglichkeiten, ihn zu bewältigen, als eine Jugendliche oder ein Kind. Ihre Persönlichkeit wird nicht, wie bei einem jüngeren Menschen, in der Trauerphase ausgebildet, sondern sie ist bereits gefestigt und stabil, wenn das Ereignis eintritt. Auch wenn sie in der ersten Trauerzeit viel weinen muß, den Tod leugnen möchte und sich innerlich zurückzieht, weiß sie doch, daß es eine normale Aufgabe für einen erwachsenen Menschen ist, sich mit dem Tod eines Elternteils abzufinden. Der Verlust bringt nicht so viele Annahmen über ihr zukünftiges Leben ins Wanken. Im Idealfall bewahrt sie sich ein lebendiges Andenken an die positiven Aspekte ihrer Mutter, vergißt die negativen, die ihr Kummer bereitet haben, und lebt weiter – mutterlos, aber intakt.[60]

»Obwohl die primäre Bindung zwischen Mutter und Tochter verzerrt, verworren und verletzt werden kann, wird sie doch niemals durchtrennt«, schreibt Martina A. Robbins in *Midlife Women and Death of Mother*.[61] Auch eine mutterlose Frau überdenkt ihre Beziehung zur Mutter immer wieder, ändert ihre Sichtweise und versucht, jedes neue Bild, das sie sich macht, einzuordnen.

Eine Frau, die ihre Mutter in ihrer Kindheit, in der Pubertät oder im frühen Erwachsenenleben verliert, erlebt die sekundären Verluste, wenn sie Marksteine des Reifeprozesses im mittleren Alter und auch später erreicht, und sehnt sich nach einer reiferen, erfahreneren Frau, die sie führen könnte. Die dreiundfünfzigjährige Caroline, die elf war, als ihre Mutter starb, sagt: »Ich habe als Erwachsene viel um sie getrauert. Ihre Erfahrungen als Frau hätten mir gutgetan – was es heißt, eine erwachsene Frau zu sein oder in den Wechseljahren zu sein. Und was es bedeutet, wenn man auf sein Leben zurückblickt und ans Sterben denkt. Meine Mutter kam nie soweit. Sie war siebenundvierzig, als sie starb. Wahrscheinlich war sie noch nicht einmal in den Wechseljahren. Ich weiß es aber nicht. Dieses Wissen der erfahrenen Frau – das ist es, worum ich trauere.« Obwohl Caroline zwei Stiefmütter hatte, die sie liebte, und viele gute Freundinnen, sehnte sie sich in all den Jahren immer wieder nach den Erfahrungen der Mutter.

Unsere Mütter bilden die direkteste Verbindung zu unserer Geschichte und unserer Weiblichkeit. Ungeachtet unserer Einschätzung, wie gut oder schlecht sie ihre Rolle ausgefüllt haben – die Leere, die durch ihren Tod entsteht, wird nie wieder endgültig gefüllt werden. Die dreiunddreißig Jahre alte Suzanne, deren Mutter vor drei Jahren starb, meint dazu: »Als meine Mutter starb, haben viele Leute mich trösten wollen und gesagt: ›Du hast doch noch deinen Vater. Du hast einen Bruder und eine Schwester. Du hast einen wunderbaren Mann und deine lieben Kinder.‹ Und was soll ich sagen? Das stimmt alles. Das ist alles völlig richtig. Aber meine Mutter habe ich trotzdem nicht.«

Kapitel drei

Ursache und Wirkung

MEINE MUTTER STARB einen plötzlichen und dramatischen Tod, über den niemand gerne spricht. Es herrschten Panik und Disharmonie. Der überall wuchernde Krebs hatte ihren Körper ausgezehrt, falsche Hoffnungen hatten ihre Nerven zerrüttet, und so hievte sie sich mühsam auf die Trage des Notarztwagens. Sie schluchzte, auf dem Rücken liegend, hinter den Vorhängen, die um das Bett in der Notaufnahme gezogen waren. Sie war zu schwach, um sitzen zu können. Ich hielt ihre Hand, bis der Arzt kam und mein Vater mich auf den Flur schickte. Ich lehnte mich gegen den metallenen Münzfernsprecher und starrte fassungslos auf den gekachelten Boden. Nie zuvor hatte ich meine Mutter so hilflos erlebt, noch nie hatte ich gesehen, daß ein Körper dermaßen kraftlos sein konnte. Noch nie war ich Zeugin einer solchen Niederlage geworden.

Doch das sind alles Gefühle, die ich hier schildere, denn an die erinnere ich mich immer zuerst. Schwieriger ist es, das zu beschreiben, was ich gesehen habe. Krebs im Endstadium, wenn ein Mensch vergeblich versucht, die Kontrolle über seinen Körper zu behalten, der sich dieser Kontrolle so eindeutig entzieht, ist niemals leicht mit anzusehen.»Das ist deine Mutter, das ist deine Mutter, das ist deine Mutter«, mußte ich mir jedesmal vorsagen, wenn ich auf das Krankenbett hinuntersah. Über einen Zeitraum von einem Jahr und vier Monaten hatte die Chemotherapie sie zu einer Frau unbestimmten Alters und Wesens verwandelt, ihren Körper aufgebläht und sie fast all ihrer schwarzen, lockigen Haare beraubt. Als der Krebs auch auf ihre Leber übergriff, schwoll ihr Unterleib so stark an, daß sie in der Stunde des Todes aussah, als stünde sie kurz vor der Geburt. Eine groteske Ironie des Schicksals. Ein paar Stunden, bevor sie ins Koma fiel, verlor sie die Fähigkeit, sich verständlich zu machen. Obwohl wir verzweifelt versuchten, die Laute, die sie ausstieß, zu verstehen, hat keiner von uns erfahren, was sie uns sagen wollte.

Später erzählte mir mein Vater, daß ihre letzten Worte gewesen wären: »Kümmere dich um meine Kinder«, die sie ihm zuflüsterte, bevor sie das Bewußtsein verlor. Ich möchte gerne glauben, daß es ihr gelungen ist, diese Bitte auf dem Sterbebett zu äußern. Man hört ja von Menschen, die wochenlang ohne Bewußtsein sind und dann plötzlich die Augen aufschlagen und sich bekreuzigen oder sich sogar aufrecht hinsetzen und, kurz bevor sie sterben, einen letzten zusammenhängenden Satz sagen; also ist vermutlich alles möglich. Alles in diesen letzten Augenblicken ist möglich, wenn man es nur inständig genug will.

Doch diese letzten Worte gehören zu der Geschichte meines Vaters, nicht zu meiner. Inzwischen haben wir alle unsere eigene Version, unseren Mythos, unser eigenes brüchiges Verständnis der Wahrheit. Meine Schwester erinnert sich an einen bestimmten Moment so, meine Erinnerung ist anders, und eine Schulfreundin erinnert mich an Dinge, die – davon bin ich überzeugt – nie geschehen sind. Ob wahr oder erfunden, das werde ich nie mit letzter Sicherheit wissen. Die einzige Geschichte, der ich Glauben schenken kann, ist meine eigene, und in meiner Version hat meine Mutter keine letzte Bitte auf dem Sterbebett geäußert, denn sie hat gar nicht gewußt, daß sie sterben mußte.

Was sie mir erzählt hat, was ich gehört habe, was ich erfunden habe, um die Wissenslücken zu füllen – das ist alles zusammengestückelt wie ein eigenartiges Mosaik, wie eine lückenhafte Karte, die irgendwie in ein Krankenhauszimmer zweiter Klasse führt. Ich weiß, es begann damit, daß im Jahr 1979 ein Allergologe einen Knoten in ihrer Achselhöhle entdeckte. Sie ließ sich von ihrem Gynäkologen untersuchen. »Das ist völlig unbedeutend«, meinte er. »Und außerdem sind Sie erst vierzig. Kommen Sie in sechs Monaten wieder, ich werde den Knoten dann noch einmal kontrollieren.« Sechs Monate später sagte er, der Knoten wäre noch genauso groß. »Wenn er nicht gewachsen ist, dann kann es auch nicht Krebs sein«, sagte er zu ihr. »Bei Ihnen ist alles in Ordnung. Es ist nur eine Zyste. Sie sind gesund.« Zwei Monate später saßen wir eines Nachmittags alle zusammen in der Küche, aßen Erdnüsse und warfen die Schalen in eine grüne Tupper-Schüssel, die in der Mitte auf dem Tisch stand; da sagte sie, vielleicht sei es besser, die Zyste entfernen zu lassen, einfach, um sicherzugehen, nur wären Operationen so teuer und wir dieses Jahr knapp bei Kasse. Nach weiteren sechs Monaten, vielleicht waren es auch mehr, ging sie schließlich zu einem anderen Gynäkologen, der sie zu einem Radiologen schickte, um eine Mammographie machen zu lassen. Der wiederum schickte sie zu einem Chirurgen wegen einer Biopsie. Und der schüttelte den Kopf und empfahl ihr, ein zweites Gutachten einzuholen, um ganz sicherzugehen.

Als ich nach ihrer Brustamputation an ihrem Krankenbett saß, sagte sie mir, der Krebs hätte zwar einige ihrer Lymphknoten befallen, andere aber nicht. Das bedeutete, daß die Ärzte alles hätten entfernen können. In der darauffolgenden Woche begann sie mit der empfohlenen Chemotherapie. In den ersten sechs Monaten sprach sie gut auf die Behandlung an, und im November war die Computertomographie negativ. Im folgenden April kehrte sie von der nächsten Untersuchung lächelnd nach Hause zurück. »Erfreuliche Nachrichten«, meinte sie. »Alles in Ordnung.« Als der Onkologe im Mai mit einer neuen Tablettenbehandlung begann, sagte sie mir, das sei nur eine Vorsichtsmaßnahme, weil sie zuwenig weiße Blutkörperchen hätte.

In meiner Geschichte haben wir alle den Krebs und die Chemotherapie für einen unangenehmen, aber vorübergehenden Umstand gehalten und so getan, als wäre die Krankheit meiner Mutter eine unbedeutende Funktionsstörung, die jeder erfahrene praktische Arzt kurieren könne. Als ich sie weinend im Badezimmer sah, das erste Büschel Haare in der Hand, erinnerte ich sie daran, daß es innerhalb eines Jahres vollständig nachwachsen würde. Aus dem Kauf ihrer ersten Perücke machten wir eine Stegreifkomödie; mit einer dunklen Lockenperücke stolzierte ich im Laden auf und ab und befand, daß mir Blond tatsächlich nicht stünde. Im Mai begann sie, mir einen Skipullover zu stricken, den sie im Herbst, mit dem Ende ihrer Behandlung, fertig haben wollte. Erst als sie zunehmend schwächer wurde und ihr Bauch immer mehr anschwoll, wurde mir langsam bewußt, daß hier etwas ernsthaft nicht stimmte.

Ich frage mich: Wie genau läßt sich eigentlich feststellen, wann ein

Körper die Grenzlinie zwischen Leben und Sterben überschreitet? Gibt es einen bestimmten Moment, eine Milli- oder Nanosekunde, in der die Anzahl der gesunden Zellen plötzlich so weit absinkt, daß sich der Körper davon nicht mehr erholen kann? Oder gibt es eine einzelne Zelle, deren anomale Teilungswut eine bestimmte Schwelle überschreitet, ist also eine einzige bösartige Zelle dafür verantwortlich? Meine Mutter schien diese Grenzlinie unglaublich schnell zu überschreiten. Ich erinnere mich, wie sie eines Abends in ihrem Lehnstuhl vor dem Fernseher saß, ungeduldig mit den Füßen scharrte und darauf wartete, daß ihr Unterleib wieder flacher würde, und am nächsten Morgen stand sie einfach nicht mehr auf.

Als mein Vater, dessen Religiosität früher darin bestand, jährlich einen Scheck über einen bestimmten Beitrag für die jüdische Gemeinde auszustellen, sich eines Nachmittags eine Stunde frei nahm, um mit dem Rabbiner zu sprechen, blieb ich alleine bei meiner Mutter. Inzwischen lag sie im Souterrain, weil die kühlere Luft dort für ihre fiebrige Haut erfrischender war. Als ich sie ins Badezimmer führte, setzte sie sich auf die Toilette und reichte mir, ohne mich dabei anzusehen, das Papier, weil sie sich schämte, zuzugeben, daß sie nicht mehr die Kraft hatte, es selbst zu benützen. »Es tut mir leid, daß du das für mich tun mußt«, sagte sie immer wieder. Als ich ihr wieder ins Bett half, stolperte sie, fiel auf den Boden und schrie: »Ich möchte sterben. Wenn ich so leben muß, dann möchte ich nur noch sterben.«

»Das darfst du nicht sagen«, schalt ich sie, während ich versuchte, ihr ein Kissen unter den Kopf zu schieben. »Das meinst du nicht ernst. Sag das nie wieder.«

Damals wurde es mir nicht bewußt, doch heute weiß ich, daß diese Stunde die Hölle war, die Stunde, in der ich mit meiner sterbenden Mutter in einem dunklen Keller saß, während die Klimaanlage wegen der Julihitze auf vollen Touren lief. Um mich herum war alles auf Gegensatzpaare reduziert: Leben und Tod, Hitze und Kälte, törichte Hoffnung und grenzenlose Verzweiflung. In jener Stunde verlor ich jeden Bezug zu einem neutralen Standpunkt, und ich sollte ihn lange, sehr lange, nicht mehr wiederfinden.

Am nächsten Morgen wachte meine Mutter davon auf, daß sie schwarze Galle spuckte, und mein Vater rief den Notarzt. Wir konnten zu Hause nichts mehr für sie tun. Als sie im Keller unten in einen unruhigen Schlaf fiel, rief mich mein Vater ins Wohnzimmer und sagte mir, daß sie sterben würde. »Deine Mutter muß ins Krankenhaus, und ich glaube nicht, daß sie wieder nach Hause kommen wird.« Das waren seine Worte. Ich betrachtete den Paisley-Bezug des Sessels, auf dem er saß – blaue und grüne Wimperntierchen, die in einem beigefarbenen Meer schwammen. »Wieso ist es so schlimm geworden?« fragte ich und starrte dabei weiter den Sessel an.

»Ich habe es schon lange gewußt«, sagte er, »seit der Operation im letzten Frühjahr.«

»*Was* hast du gewußt?«

»Der Chirurg kam aus dem OP und sagte mir, er habe nicht alles entfernen können. Er hat es einfach wieder zugenäht. Er hat gesagt: ›Ich gebe ihr höchstens noch ein Jahr.‹ Doch wie hätte ich ihr oder euch Kindern das mitteilen können?«

Wie konntest du nur?, dachte ich, und er sah den Vorwurf in meinen Augen.

»Wir haben Glück gehabt«, sagte mein Vater und stand auf, wobei er die Hand gegen die Stirn preßte, als er den Krankenwagen draußen vorfahren hörte. »Wir haben sie vier Monate länger gehabt, als sie ihr gegeben haben.«

Glück? dachte ich, als ich eine Stunde später hinter dem Vorhang in der Notaufnahme stand und die Hand meiner Mutter hielt, während ich gleichzeitig versuchte, kleine Eisstückchen zwischen ihre aufgesprungenen und blutigen Lippen zu schieben. *Könnte mir bitte jemand die glücklichen Menschen hier zeigen?*

Als mein Vater hinausging, um sich um die Versicherungsformulare zu kümmern, waren meine Mutter und ich wieder allein. Sie lag auf der Trage und weinte, und die Tränen quollen unter ihren geschlossenen Lidern hervor. »Ich habe solche Angst«, flüsterte sie. »Ich habe solche Angst, daß ich sterben werde.« Sie packte mich am Handgelenk. »Sag mir«, bat sie, »Hope, sag mir, daß ich nicht sterben werde.«

Was schuldet eine Tochter ihrer Mutter in diesem letzten gemeinsamen Augenblick? Ihrer Bitte zu entsprechen, hieße zu lügen. Ihr die Wahrheit zu sagen, hieße, ihr ihren Wunsch zu versagen. Die Antwort fiel mir nicht leicht, und ich war unfähig, eine Entscheidung zu treffen: Sollte ich mich auf die Seite des Elternteils stellen, der mich geboren hatte, oder auf die Seite dessen, mit dem ich zurückbleiben würde? Meine Fingernägel schnitten schmerzhafte Halbkreise in meine Handflächen, als ich schließlich flüsterte: »Ich werde hier bei dir bleiben. Ich werde dich nicht allein lassen.« Ich wußte, bereits während ich es aussprach, daß ich mich gedrückt hatte, und bin das Gefühl nie ganz losgeworden, in jenem entscheidenden Moment irgendwie versagt zu haben.

Ein Familienmitglied nach dem anderen kam an jenem Nachmittag ins Krankenhaus. Meine Tante und ich saßen zusammen auf einem schwarzen Plastiksofa im Wartezimmer des Krankenhauses. »Das hier ist ein Alptraum, ein schrecklicher Alptraum, und ich bin umringt von lauter Clowns«, sagte ich zu ihr. Alle redeten unzusammenhängendes Zeug, und keiner hörte dem anderen zu…, doch niemanden schien es zu stören. Wir hatten alle zuviel zu verarbeiten, in zu kurzer Zeit. Meine Mutter hatte gerade von ihrem Krankenbett aus mit ihrem Onkologen telefoniert. »Was geschieht mit mir?« fragte sie ihn, als ich ihr den Hörer ans Ohr hielt, und ich konnte hören, daß das, was er sagte, auch nicht die Wahrheit war. Da begriff ich auf einmal das gesamte Ausmaß der Lügen, begriff, wie viele Menschen ihr die ganze Zeit die Wahrheit verschwiegen hatten.

Am nächsten Abend fiel sie ins Koma, und der diensthabende Arzt rief die Familie in der Halle zusammen. Er wies uns darauf hin, daß sie tage- oder wochenlang, eventuell sogar einen Monat lang bewußtlos weiterleben könnte. Er sagte, wir sollten uns besser darauf einstellen. »*Einen Monat?*« dachte ich und preßte die Hand auf den Mund, um nicht laut aufzubegehren. »Wie können wir das einen *Monat* lang aushalten?« Vielleicht hat meine Mutter das gleiche empfunden. Sie starb, während mein Vater ihre Hand hielt, um 2.43 Uhr am nächsten Morgen, als ich auf dem Sofa in dem Wartezimmer am Ende der Halle schlief.

In der Nacht, bevor meine Mutter starb, war ich hinter den Trennvorhang geschlüpft und hatte der Frau im Bett nebenan ein Foto aus dem letzten Frühjahr gezeigt, auf dem die ganze Familie zu sehen war. »Ich möchte gern, daß Sie sehen, wie sie wirklich war«, sagte ich. »Und sie nicht so in Erinnerung behalten, wie sie jetzt aussieht.« Noch während ich es sagte, wußte ich, daß diese Worte eigentlich mir selbst galten. Es dauerte Jahre, bis ich mich an meine Mutter so erinnern konnte, wie sie gewesen war, bevor sie erfuhr, daß sie

Brustkrebs hatte; Jahre, bis ich das schreckliche Bild verdrängen konnte, wie sie gelbsüchtig und apathisch in einem Krankenbett lag, obwohl doch das erste Bild beinahe zwei Jahrzehnte lang bestand und das zweite nur zwei Tage lang. Wenn man mich fragt, wie meine Mutter gestorben ist, antworte ich: »Sie hatte Brustkrebs.« Das gibt die Todesursache an. Für mich bedeutet das, daß ich das Innere des Ladens vor mir sehe, in dem wir ihre erste Prothese gekauft haben, ihre Stimme höre, die falsche CT-Ergebnisse plappert, und ihre Hand fühle, die aus dem Krankenbett nach meiner greift. Ich mag fähig sein, mit nur drei Worten zu sagen, woran meine Mutter gestorben ist, doch der Text, der dahintersteht, füllt Seiten.

Meine Mutter ist an Krebs gestorben. Meine Mutter hat Selbstmord begangen. Meine Mutter ist eines Tages verschwunden. Das mögen einfache Sätze sein, doch es sind keine einfachen Aussagen. Die ganze Nacht neben einer Mutter zu wachen, die sich vor Schmerzen krümmt, auf dem Küchentisch ihren Abschiedsbrief zu finden, weil sie sich das Leben genommen hat, oder die detaillierte Schilderung des Unfalls zu hören, bei dem sie starb – das sind alles Bilder, die wir, wenn wir sie nicht vollständig verdrängen, niemals vergessen. Die Psychologen stimmen darin überein, daß die Todesursache eines Elternteils – zusammen mit der Entwicklungsstufe des Kindes und der Fähigkeit der hinterbliebenen Bezugsperson, die Situation zu bewältigen – sich maßgeblich darauf auswirkt, wie das Kind den Einschnitt langfristig bewältigt. Nan Birnbaum erklärt, daß die Todesursache einen entscheidenden Einfluß darauf hat, wie die Familie reagiert, welche Art der Unterstützung die Familie erfährt und welchen Belastungen das Kind vor dem eigentlichen Verlust ausgesetzt war. »Nehmen wir an, die Mutter eines achtjährigen Mädchens litt seit drei Jahren an Krebs«, sagt sie. »Das heißt, daß sie sich seit dem fünften Lebensjahr des Kindes einer Reihe von Behandlungen unterzogen hat, unter Ängsten gelitten hat und gleichzeitig darum kämpfen mußte, ihre Beziehung zu den Kindern aufrechtzuerhalten. All dies hatte, noch bevor die Mutter tatsächlich starb, einen Einfluß auf das Kind. Die Geschichte einer Achtjährigen, deren Mutter bei einem Autounfall ums Leben kam, ist also eine ganz andere. Die eine Geschichte muß nicht unbedingt traumatischer sein als die andere, doch wird die Entwicklung des Kindes auf unterschiedliche Weise geprägt.«

Von 149 mutterlosen Frauen, die die Todesursache ihrer Mütter kannten, gaben 44 Prozent Krebs an, 10 Prozent Herzversagen, 10 Prozent Unfälle, und 7 Prozent Selbstmord. Jeweils drei Prozent gaben Lungenentzündung, Infektionskrankheiten, Geburtskomplikationen, Schwangerschaftsabbruch oder Fehlgeburt, Nierenversagen und Gehirnblutung an. Die übrigen nannten Alkoholismus, Überdosis an Medikamenten, Aneurysmen, Schlaganfälle und Komplikationen nach einem chirurgischen Eingriff. Fünf Frauen sagten, sie wüßten die Todesursache nicht.[62]

Es gibt keine angenehme Art und Weise, einen geliebten Menschen zu verlieren; es gibt nur, wie es eine sechsundzwanzigjährige Frau ausdrückt, »verschiedene Formen der Hölle«. Jeder Tod löst Schmerz aus, und nach jedem Verlust fragt man sich, wie man sich hätte anders verhalten können, um den Tod zu verhindern. Weil aber verschiedene Todesursachen unterschiedliche Reaktionen auslösen – Zorn auf Selbstmordopfer, Schuldgefühl bei Mordfällen, Hoffnungslosigkeit und Angst bei unheilbaren Krankheiten –, wirkt sich die spezifische Todesart der Mutter auch darauf aus, wie die Tochter reagieren wird.

Lange Krankheit

Als Kelly sich vor ein paar Jahren eine Harnleiterentzündung zuzog, verhielt sie sich ihrer Gynäkologin gegenüber, die die Infektion diagnostizierte, recht barsch. »Ich kann Ärzte nicht ausstehen«, sagte sie zu ihr. »Ich habe kein Vertrauen in die moderne Medizin, und ich werde keine Tabletten nehmen.« Den Grund dafür nannte sie ihrer Ärztin nicht. Seitdem ihre Mutter vor fünfzehn Jahren an Krebs gestorben war, hat Kelly, die heute dreißig ist, den Beruf des Arztes immer mit Chemotherapie und mit Versagen in Verbindung gebracht.

> Meine Mutter war drei Jahre lang krank. In dem Sommer, bevor sie starb, erhielt sie hohe Bestrahlungsdosen, und ich war das einzige Kind, das immer noch zu Hause wohnte. Ich erinnere mich daran, wie ich mit ihr ins Krankenhaus ging und

zusah, während man sie für die Bestrahlung vorbereitete, und dabei dachte: »Das ist doch Wahnsinn.« Ich bin mir ganz sicher, daß meine Einstellung zu Ärzten und zur Medizin aus diesen Jahren herrührt, in denen ich gesehen habe, wie sie an alle möglichen Schläuche angeschlossen war und im Grunde wie ein Nadelkissen behandelt wurde. Sie sah aus wie ein Junkie, ihre Arme waren übersät mit blauen Flecken. Es kam so weit, daß die Ärzte keine freie Stelle mehr fanden, wo sie ihr Blut abnehmen konnten. Und ich dachte nur: »Das halte ich nicht aus.«

Wenige Tage, bevor sie starb, hörte ich meinen Vater mit dem Arzt im Krankenhaus sprechen. Er sagte: »Keinesfalls. Eine weitere Operation steht sie nicht durch.« In jener Nacht bin ich schließlich zusammengebrochen, weil mir da bewußt wurde, daß alles zu Ende war, daß man nichts mehr tun konnte und es nur noch eine Frage der Zeit war, wie lange ihr Körper noch mitmachen würde. Diese Erfahrung hat meinen Glauben an die Humanität der Euthanasie geprägt und auch meinen Widerwillen gegen medizinische oder technische Bemühungen in letzter Minute. Dr. Kevorkians Namen behalte ich im Kopf, denn sollte mir etwas zustoßen, würde ich ihn als ersten anrufen.

Ich gehe heute noch nicht gern zum Arzt, es sei denn, ich bin wirklich krank, und ich nehme nur ungern Medikamente. Als ich die Harnleiterentzündung hatte, war meine Ärztin sehr verständnisvoll. Sie erklärte mir, daß sie mir aufgrund der Bakterien keine natürliche oder homöopathische Behandlung empfehlen könne, die helfen würde. Ich müsse Antibiotika nehmen, und zwar die volle Dosis. Ich habe die Tabletten zwei Tage genommen und dann aufgehört. Ich habe eine tiefe Abneigung gegen alles, was mit Medizin zusammenhängt.

Wie Kelly auch, machen Töchter unheilbar erkrankter Mütter gleichzeitig mehrere Konflikte durch: Sie erleben mit, wie ein Mensch, den sie lieben, körperlich verfällt; sie sind hilflos und zornig; sie versuchen, so normal wie irgend möglich weiterzuleben; und sie müssen sich bei jeder neuen Krise wieder neu darauf einstellen. Die meisten Töchter können so viel auf einmal gar nicht verkraften. Nach fünfzehn Jahren fühlt sich Kelly zwar nicht mehr schuldig dafür, daß sie ihre kranke Mutter mit ihren Pubertätsproblemen konfrontiert habe, doch sie mißtraut immer noch Ärzten und hat schreckliche Angst davor, selbst Krebs zu bekommen.

Obwohl der Tod selbst die schlimmste Verlusterfahrung ist, erfährt ein Kind, dessen Mutter an einer unheilbaren Krankheit stirbt, in der Zeit davor meist bereits andere Verluste. Die frühere Lebensweise der Familie kann sich vollkommen verändern, weil sich die Mitglieder umorganisieren, um sich auf das kranke Familienmitglied einzustellen; die aktive Zuwendung eines oder beider Elternteile nimmt ab, und dadurch werden einige Bedürfnisse des Kindes nicht mehr gestillt; vielleicht wird auch das Geld knapper; und das Bild der Mutter ändert sich für die Tochter wahrscheinlich mehrfach. Eine jüngere Tochter hat dann vielleicht als Erwachsene ihre Mutter nur noch als Kranke in Erinnerung, weil sie nie eine Beziehung zu einer gesunden Mutter gehabt hat. Eine ältere Tochter ärgert sich vielleicht darüber, daß sie sich von den Interessen und Anliegen ihrer Altersgruppe lossagen muß, um mehr zu Hause zu sein. Im weiteren Verlauf der Krankheit übernimmt die Tochter eventuell die Pflege der Mutter – ein eindeutiger und vorzeitiger Rollentausch, was auf beiden Seiten Ärger und Gereiztheit auslösen kann.

Töchter aller Altersstufen empfinden vielleicht, daß sie in der Familie niemanden haben, mit dem sie über ihre Ängste sprechen können, weil ihre Eltern und Geschwister unter den gleichen Belastungen leiden. Eine Mutter ist der natürliche Zufluchtsort für eine Tochter, wenn sie Sorgen oder Probleme hat, doch kann eine Mutter diese Rolle häufig nicht übernehmen, wenn sie selbst von Kummer geplagt ist.[63]

Diese Situation war für Stacey, die als Einzelkind bei ihrer Mutter aufwuchs, ganz besonders schwierig. Ihr Vater starb, als sie neun war, und bei ihrer Mutter diagnostizierte man den HIV-Virus, als Stacey fünfzehn war. In den darauffolgenden vier Jahren kümmerte sich Stacey um ihre Mutter, ging zur Schule und versuchte, mit dem Stigma und der Schande fertig zu werden, die AIDS anhaften – alles ohne den emotionalen Beistand der Mutter, die zuvor ihre engste Vertraute gewesen war. »Ich habe sie verloren, noch während sie lebte«, erzählt Stacey. »Ich erinnere mich daran, daß ich ein paarmal krank war und so gern zu ihr gehen wollte, um mich einfach neben sie zu legen und von ihr trösten zu lassen. Aber ich durfte nicht, weil meine Keime für sie gefährlich waren. Ich konnte nicht zu ihr gehen und mir bei ihr Trost und Wärme holen, und das hat sehr weh getan. Mein Vater starb ganz plötzlich, und ich erinnere mich daran, daß ich dachte: ›Ich wünschte, ich hätte es gewußt, dann hätte ich an seiner Seite sein können.‹ Bei meiner Mutter war es ein langsamer Prozeß, aber ich glaube, dies war noch schlimmer.«

Frauen ohne Mütter reden oft darüber, welche Art des Verlustes – ein plötzlicher Tod oder eine langwierige Erkrankung – leichter zu ertragen ist. Die meisten Therapeuten stimmen darin überein, daß ein plötzlicher Tod zunächst einmal schlimmer ist, weil alle familiären Angelegenheiten in einer Zeit geregelt werden müssen, in der zu Hause noch Schock und Fassungslosigkeit vorherrschen. Ein Tod hingegen, der vorhersehbar ist – vorausgesetzt, die Tatsachen sind bekannt und es wird offen darüber gesprochen –, ermöglicht es den Familien, sich nach und nach auf den Verlust vorzubereiten. Die zweiunddreißigjährige Samantha, die vierzehn war, als ihre Mutter nach zweijähriger Krankheit starb, erinnert sich daran, wie ihre Mutter versuchte, ihre fünf Kinder darauf vorzubereiten, ohne sie zurechtzukommen. »Sie wußte, daß sie sterben würde, also erledigte sie bestimmte Dinge, die ihrer Meinung nach wichtig waren«, erzählt Samantha. »Zum Beispiel: Wie wird dieser Haushalt funktionieren, wenn ich nicht mehr da bin? Wer wird das Haus putzen? Wer wird kochen? Sie nützte die Zeit, die ihr noch verblieb, uns alle zusammenzuschweißen und uns diese Sachen beizubringen. Sie hat nie gesagt: ›Ich werde euch allen das Kochen beibringen‹, sondern sie tat es einfach von ihrem Bett aus. Abwechselnd bereiteten wir das Abendessen zu, und sie erklärte uns jeden Tag, wie man das jeweilige Gericht kocht. Wir rannten zwischen der Küche und ihrem Schlafzimmer hin und her, um das Rezept aufzuschreiben und uns Einzelheiten bestätigen zu lassen. So wurde uns etwas beigebracht, ohne daß wir es überhaupt merkten.« Nachdem ihre Mutter gestorben war, übernahmen Samantha und ihre vier Geschwister ohne große Schwierigkeiten den Haushalt. Und das, sagt sie, hat ihnen geholfen, sich kompetent und selbstsicher zu fühlen, sowohl als Kinder wie auch später als Erwachsene.

Eine lange Krankheit gibt einer Familie auch Zeit für ein vorweggenommenes Trauern, bevor die Mutter stirbt. Wenn eine Tochter weiß, wie die Krankheit ihrer Mutter enden wird, dann kann sie sich an diesen Gedanken langsam gewöhnen und eine Hoffnung und Erwartung nach der anderen loslassen.

Die achtundzwanzigjährige Beth fand heraus, daß vorzeitiges Trauern bis zu einem gewissen Grad möglich, doch nur selten abgeschlossen ist. Sie war vierundzwanzig, als man bei ihrer Mutter Krebs feststellte, und hatte beinahe zwei Jahre Zeit, sich an den Gedanken zu gewöhnen, daß ihre Mutter sterben würde. »Mein Vater sagt, er habe in der Zeit ihrer Krankheit getrauert«, erzählt Beth. »Doch bei mir war es anders. Sicher, wir haben alle geweint und getrauert, als meine Mutter im Sterben lag, doch als alles vorbei war und sie für immer fort war, da bin ich erst zusammengebrochen.« Diese Reaktion ist normal, sagt Benjamin Garber, denn er ist der Meinung, daß man den Tod nicht wirklich begreifen kann, bis er tatsächlich erfolgt, auch wenn man vorher Zeit hatte, sich auf den Verlust vorzubereiten. »Man kann ihn vorhersehen, und natürlich ist es leichter, wenn man nicht plötzlich überrascht wird, wie das bei einem gewaltsamen Tod der Fall ist«, erklärt er. »Doch letztlich fällt die Vorbereitung auf einen Verlust nicht besonders ins Gewicht. Solange ein Mensch da ist, mit einem redet, lacht und weint, so lange ist er lebendig. Das ist alles.«

Das trifft zu, wenn die Mutter körperlich noch einigermaßen bei Kräften ist, doch in den fortgeschrittenen Stadien vieler Krankheiten leidet die Kranke oft unter starken Schmerzen, wenn sie überhaupt bei Bewußtsein ist. In solch einer Situation werden lange Phasen des vorwegnehmenden Trauerns häufig erschwert, weil die Tochter damit hadert, daß ihr eigenes Leben praktisch auf Eis gelegt ist und sie – was für sie noch schwieriger ist – sich insgeheim wünscht, die Mutter möge endlich sterben.

»Vor allem, wenn die Kranke sehr leidet, und besonders, wenn es sich um Teenager handelt, die sich von der Familie lösen und viel Zeit mit ihren gleichaltrigen Freunden verbringen wollen, werden sich Töchter zu einem gewissen Grad wünschen, daß alles schon vorüber sei«, sagt Arlene Englander. »Das heißt, sie wünschen, ihre Mütter würden sterben, weil sie wieder ein normales Leben führen wollen, und dann haben sie schlimme Schuldgefühle, weil sie das auch nur denken.«

»Diese Frauen sollten sich eingestehen, daß in Zeiten schwerer

Belastungen solch extreme Gedanken normal sind«, sagt sie. »Es ist ein sehr menschlicher Impuls, daß man ein glückliches, gesundes und aktives Leben führen möchte, und es ist eine sehr belastende Erfahrung, jemanden, den man liebt, leiden zu sehen und zu wissen, daß dieser Mensch sein Leben nicht mehr genießt. Wenn wir uns wünschen, daß ein geliebter Mensch sterben soll, nicht nur damit er nicht mehr so leidet, sondern auch, weil wir unser eigenes Leben so normal wie möglich weiterleben möchten, dann ist das weder gut noch schlecht. Es ist einfach menschlich.«

Beth und ihre Schwester Cecile erinnern sich, daß sie in den knapp zwei Jahren, in denen ihre Mutter krank war, schon trauerten. Einmal mehr, einmal weniger. In ihrer Familie war das Wort *Krebs* gleichbedeutend mit *Tod*. Nach der Diagnose sprach keiner mehr dieses Wort aus oder redete gar über die schlechte Prognose. Selbst als die Schwestern sahen, wie sich die Gesundheit ihrer Mutter zusehends verschlechterte, und wußten, wie das unvermeidliche Ende aussehen würde, versuchten sie immer noch, ihre Angst vor den Eltern zu verbergen, weil diese darauf bestanden, weiterhin Optimismus und Hoffnung zu verbreiten. Also weinten die Schwestern im Auto auf dem Weg zu ihrem Elternhaus, während ihres Besuches dort lächelten sie und gaben vor, glücklich zu sein, und auf dem Heimweg weinten sie wieder. Ihre Trauer offen zu zeigen, hätte das Familiensystem gesprengt, glaubten sie.

Heute versteht Cecile, wie schrecklich diese zwei Jahre für sie waren. Sie beugt sich nach vorne, so daß ihr kinnlanges Haar das Gesicht verdeckt. »Es hat lange gedauert, bis ich mich daran gewöhnt habe, nicht mehr so zu leben«, sagt sie leise. »Ich war so daran gewöhnt, diese Schau abzuziehen und ständig in einem Zustand erhöhter Alarmbereitschaft zu leben und jedesmal, wenn das Telefon klingelte, in Panik zu geraten. Ich konnte bis vor ungefähr sechs Monaten nicht trauern – da war meine Mutter schon weit mehr als ein Jahr tot –, und erst dann wurden die Dinge langsam wieder normal. Dann merkte ich, daß ich richtig wütend auf meine Mutter war, weil sie nie darüber gesprochen und mich gezwungen hat, mich so zu verstellen. Diese Erkenntnis änderte die Sache vollkommen. Es geschah einfach so«, sie schnalzt mit den Fingern, »aber ich habe länger als ein Jahr gebraucht, um an diesen Punkt zu gelangen.«

Mitzuerleben, wie eine Mutter langsam körperlich verfällt, kann für eine Tochter dieselbe Wirkung haben wie ein Langzeittrauma. Die Gefühle der Hilflosigkeit, des Zorns und der Angst bleiben. Sie bleiben beharrlich und weichen nicht. Es ist möglich, daß die Tochter ihre Mutter abwechselnd beschützen möchte und gegen sie aufbegehrt, daß sie jahrelang zwischen Solidarität und Ablehnung hin und her schwankt. Die sechsundzwanzigjährige Holly war zwölf und das jüngste von drei Kindern, als man bei ihrer Mutter Eileiterkrebs diagnostizierte, und fünfzehn, als ihre Mutter starb. In den zweieinhalb Stunden unseres Interviews war sie nur ein einziges Mal den Tränen nahe, als sie über ein Ereignis sprach, das ihrer Ansicht nach den Kampf ihrer Mutter gegen die unheilbare Krankheit widerspiegelt und ihre eigene Enttäuschung und ihren Zorn als Heranwachsende zeigt, die dieser Krankheit gegenüber machtlos ist.

Ich erinnere mich, wie meine Mutter einmal von der Chemotherapie nach Hause kam. Zäh, wie sie war, fuhr sie nach der Behandlung selbst mit dem Auto nach Hause. Ich war vierzehn oder fünfzehn und hatte noch keinen Führerschein, deshalb fuhr sie immer selbst hin und wieder zurück. Sie nahm nach der Chemotherapie alle ihre Kräfte so lange zusammen, bis sie heil zu Hause angekommen war. Als sie dann aber, noch im Mantel, am Küchentisch saß, mußte sie sich übergeben. Ich saß dabei, und es war ein schrecklicher Moment. So grauenvoll. So schmerzlich. Es war wie ein Symbol ihrer Krankheit, daß sie sich über ihren Wintermantel erbrach, ein Symbol für alles, was außer Kontrolle geraten war. Ich war zutiefst erschrocken, fühlte mich so hilflos und hatte Angst vor ihr. Ich empfand in diesem Moment eine große Liebe für sie, zugleich aber auch Angst und Hilflosigkeit. Ich wollte etwas für sie tun, so wie sie sich immer um mich gekümmert hatte, wenn ich krank war, aber ich konnte es nicht.
In mein Tagebuch habe ich einmal geschrieben, daß sich zwischen uns wahrscheinlich eine Kluft aufgetan hätte, wenn sie wieder gesund geworden wäre, weil es so traumatisch war, sie so lange so krank zu erleben. Wie hätte ich ihr verzeihen können, daß wir wegen ihr solche Ängste ausgestanden haben und so schrecklich unglücklich waren; daß sie sich einfach

von mir zurückgezogen hat und weggegangen ist? Heute weiß ich, wenn sie wieder gesund geworden wäre, hätten wir uns schließlich sehr gefreut und wären sehr glücklich darüber gewesen. Doch ihre Krankheit war so traumatisch, daß ich lange Zeit dachte, es wäre unmöglich, mit ihr wieder zu einem normalen Leben zurückzukehren.

Die Mutter, die von der chemotherapeutischen Behandlung nach Hause kommt, ist nicht die gleiche wie die Mutter, die Holly in ihren ersten zwölf Lebensjahren als Vorbild diente. Der Jugendlichen erschien diese neue Mutter hilflos und schwach. Die Nebenwirkungen der Chemotherapie – Übelkeit, Erbrechen, Haarausfall und Gewichtsverlust oder -zunahme – können genauso wie AIDS und andere degenerative Krankheiten im Endstadium eine Mutter, die einst springlebendig war, in einen Menschen verwandeln, den die Tochter erschreckend oder abstoßend findet. In einer Gesellschaft, in der die Schönheit einer Frau einen sehr hohen Stellenwert hat, wird die kranke Mutter als von der ästhetischen Norm abweichend empfunden. Indem sich die Tochter mit ihr identifiziert, fühlt sie sich selbst minderwertig und beschämt.

Die Fähigkeit der Mutter, mit diesen körperlichen Veränderungen umzugehen, vermittelt ihrer Tochter klare Botschaften, was Krankheit, seelische Belastung, Weiblichkeit und Körperimage betrifft. Eine Mutter, die den Haarausfall einigermaßen gelassen hinnimmt, gibt ihrer Tochter zu verstehen, daß Aussehen bei einer Frau nicht alles bedeutet, während eine Mutter, die depressiv wird und sich weigert, aus dem Haus zu gehen, damit kundtut, daß man sich dessen schämen muß. Die fünfundzwanzigjährige Ronnie, die sechzehn war, als ihre Mutter nach vier Jahren chemotherapeutischer Behandlung starb, sagt: »Ich habe die Eitelkeit meiner Mutter immer bewundert. Als Kind habe ich immer mit ihrem Make-up gespielt und wollte so toll aussehen wie sie. Als sie aber im Verlauf ihrer Behandlung den Punkt erreichte, wo sie, ihrer Meinung nach, grauenvoll aussah, blickte sie in den Spiegel und sagte: ›Es ist schrecklich. Ich kann meinen eigenen Anblick nicht ertragen. Verabscheust du mich nicht?‹ Sie ließ es nicht zu, daß ihre Freunde kamen und sie besuchten, denn sie sollten sie nur perfekt hergerichtet sehen.« Ronnie, die ihrer eigenen Beschreibung nach eine Frau ist, »die auch auf einem Campingplatz nicht auf ihr Make-up verzichtet«, gibt zu, daß auch sie sich an Tagen, an denen sie sich häßlich und deprimiert fühlt, zu Hause verkriecht.

Die Tochter, die die Angst ihrer Mutter vor körperlicher Veränderung übernimmt, ist möglicherweise entschlossen, den Kampf gegen den körperlichen Verfall, in dem ihre Mutter unterlegen war, zu gewinnen. Sie stellt hohe Anforderungen von körperlicher Perfektion an sich und versucht, ihren Körper so zu kontrollieren, wie es ihrer Mutter nicht gelang. Jedes Härchen muß richtig liegen, jede Kalorie muß gezählt werden. Nachlässigkeit, glaubt sie, würde sie dem Tod einen Schritt näher bringen. Eßstörungen wie Magersucht und Freßsucht sind extreme Beispiele dieses Kontrollbedürfnisses, doch viele Frauen berichten auch, daß sie sich auf andere Weise mit ihrem Körper beschäftigen und daran den Grad ihrer Gesundheit messen. Ich weiß genau, warum ich mein Haar lang trage – weil ich mich an mein Entsetzen erinnere, als ich meine Mutter weinend im Badezimmer fand, an dem Tag, an dem ihre Haare anfingen, büschelweise auszufallen. Das ist irrational, ich weiß – die Medikamente, nicht der Krebs, bewirkten den Haarausfall –, doch bin ich gewissermaßen davon überzeugt, je mehr Haare ich habe, desto ferner sei der Tod.

Andrea Campbell, Therapeutin in Beachwood, New Jersey, die häufig mutterlose Töchter berät, war zehn Jahre alt, als ihre Mutter an Brustkrebs starb. Sie sagt, daß ihr Gewicht für sie zu einer Quelle der Sicherheit wurde. »Meine Mutter war dick und immer um ihr Gewicht besorgt«, erklärte sie. »Als sie starb, wog sie nur noch knapp über vierzig Kilo. Sobald ich abnehme, bekomme ich schreckliche Angst, daß ich sterben werde. Acht Jahre lang habe ich immer mindestens fünf Kilo zuviel mit mir herumgeschleppt, die ich jetzt gerade losgeworden bin. Bis dahin habe ich immer ein paar Kilo abgenommen und sie sofort wieder zugenommen. Ich weiß, daß ich versucht habe, mir damit ein Gefühl der Sicherheit zu verschaffen.«

Die Individualität einer Tochter hängt von ihrer Fähigkeit ab, einige Eigenschaften ihrer Mutter zu übernehmen und andere abzulehnen: Ein komplizierter Prozeß, wenn sie in ihren letzten und eindrücklichsten Erinnerungen, die sie an ihre Mutter hat, das Bild einer Frau bewahrt, die ernsthaft krank war. »Die Tochter möchte nicht so sein wie ihre Mutter, weil das bedeutet, daß diese schrecklichen Dinge auch ihr zustoßen werden«, erklärt Naomi Lowinsky. »Es wird ihr fürchterlich schlecht gehen, ihr wird das Haar ausfallen.

Das in der Erinnerung aufbewahrte Bild ihrer Mutter ist keines, dem sie ähneln möchte.«

Zwischen ihrem eigenen Körper und dem ihrer Mutter zu unterscheiden – und somit das eigene Überleben zu sichern –, drückt den dringlichen Wunsch der Tochter aus, zwischen sich und ihrer Mutter eine gefühlsmäßige Distanz zu schaffen. Doch der Versuch einer so vollständigen Ablehnung trennt die Tochter auch von dem Bild der »guten Mutter«, die einst jung, gesund und unabhängig von Krankenhäusern, Medikamenten und Sorgen war, also von einer Frau, der die Tochter vielleicht ähnlich sein wollte. »Die meisten Frauen, die zu mir kommen, arbeiten – ob ihre Mütter noch leben oder nicht – an ihrer inneren Beziehung zur Mutter und ihrer Fähigkeit, sich selbst bemuttern zu können«, sagt Dr. Lowinsky. »Eine Frau, die ihre Mutter sehr früh verloren hat, findet dazu vielleicht gar keinen Zugang, weil sie nur das Bild der kranken Mutter vor sich sieht. Ein Teil ihrer Bemühungen besteht dann darin, das Bild der guten Mutter wieder lebendig werden zu lassen, damit sie, die Tochter, eine aktive Beziehung haben kann, die sie auf ihre Fähigkeit, sich selbst zu bemuttern, übertragen kann.« Dazu muß sich eine Tochter auf die Zeit vor der Erkrankung ihrer Mutter konzentrieren. Wenn wir uns Fotos ansehen, auf denen unsere Mütter noch gesund sind, und ihre Lebensgeschichte erfahren, hilft uns das, sie so zu sehen, wie sie vor unserer Geburt und in unseren ersten Lebensjahren gewesen waren.

Plötzlicher Tod

Wenn jemand plötzlich stirbt, ist das wie ein Schlag ins Gesicht. Man hat keine Zeit zu überlegen, wie man ausweichen kann; man ist der Wucht des Schlages einfach ausgesetzt. Dann schätzt man betäubt und verwirrt den Schaden ab und versucht, so gut man kann, weiterzumachen. Herzinfarkte, Aneurysmen, Unfälle, Selbstmorde, Morde, Schwangerschafts- und Geburtskomplikationen und andere plötzliche Todesarten* stürzen eine Familie in eine unmittelbare und

---

* Wenn eine Tochter sich der langen Krankheit ihrer Mutter nicht bewußt ist, oder wenn der Tod unerwartet eintritt – zum Beispiel, wenn eine Mutter, deren Krebserkrankung rückläufig ist, plötzlich an Herzversagen stirbt –, dann reagiert sie auf diesen Verlust wie eine Tochter, die einen plötzlichen Tod erfahren hat.

unerwartete Krise. Einen solchen Verlust zu überleben ist wirklich eine Prüfung der menschlichen Widerstandskraft. »Es ist eines der Geheimnisse unserer Natur, daß ein Mensch völlig unvorbereitet von einem solchen Blitzstrahl getroffen wird und ihn überleben kann«, schrieb Mark Twain, der seine Lieblingstochter Susy im Jahre 1896 durch Meningitis verlor.[64] Das Leben verändert sich innerhalb eines Augenblicks so schlagartig, daß kein Mensch weiß, wie er damit umgehen oder sich damit abfinden kann.

Der Schock und das Durcheinander, die auf den plötzlichen Tod eines geliebten Menschen folgen, zögern das Trauern so lange hinaus, bis die Familienmitglieder die Umstände, die den Verlust begleiten, verarbeiten können. Wenn das kindliche Vertrauen einer Tochter in die Welt als eines sicheren, fürsorglichen Ortes innerhalb eines Augenblicks zerstört wird, muß sie ihr Weltbild ändern und ihr Vertrauen wenigstens teilweise erst wiederfinden, bevor sie die Kraft hat, sich dem Fehlen ihrer Mutter stellen zu können.[65] Wir trauern erst, wenn wir uns stabil und sicher genug fühlen, Kontrolle aufzugeben – nicht, wenn wir einen weiteren Schlag aus dem Hinterhalt erwarten.

Die sechsundzwanzigjährige Donna erinnert sich an ihre halsbrecherische Autofahrt durch San Francisco ins Krankenhaus, nachdem sie von dem Selbstmord ihrer Mutter erfahren hatte. »Ich rannte in die Notaufnahme«, erinnert sie sich. »Ich stand unter einem Adrenalinschock. Ich konnte nicht weinen. Ich konnte nichts sagen außer: ›Ich bin Donna Barry. Wo ist mein Vater?‹ Die Krankenschwester führte mich in ein Zimmer, und ich sah meine Mutter mit einem Schlauch im Mund und verpflastertem Gesicht daliegen. Mein Vater saß neben ihr, hielt ihre Hand und weinte. Ich drehte mich um und fing an, auf die Krankenschwester einzuschlagen. Ich war völlig durchgedreht. Was wirklich geschehen war, begriff ich nicht, und ich habe es tatsächlich erst Monate später begriffen. Ich wußte, daß meine Mutter gestorben war, doch ich war von dem Gedanken beherrscht, daß sie vielleicht zurückkommen würde. Ich träumte immer wieder davon, daß ich sie wiedersehen würde. Nach ihrem Tod fragten mich ständig Leute: ›Wie geht es dir?‹ Und ich sagte: ›Ich möchte nicht darüber reden‹, und dann sagten sie: ›Aber du mußt darüber sprechen, Donna.‹«

Für Außenstehende mag Donnas anfängliches Verhalten wie eine

Verweigerung ausgesehen haben, doch, wie Therese Rando erklärt, ist diese unmittelbare Reaktion auf einen plötzlichen Tod eher ein Gefühl des Zweifels.»Wenn jemand plötzlich stirbt, hat man keine Zeit, langsam seine Zukunftserwartungen umzustellen, sich also zu sagen: ›Gut, nächste Weihnachten wird sie nicht dasein‹, oder ›Sie wird nicht dasein, wenn ich heirate‹. Statt dessen ist alles auf einmal verschwunden, und an diesen Gedanken kann man sich nicht so schnell gewöhnen. Das Verständnis von der eigenen Welt, zu der auch dieser Mensch gehört, ist so tief erschüttert, vor allem wenn es sich um die eigene Mutter handelt. Deine Mutter ist deine *Mutter*. Wie kann es sein, daß sie nicht mehr da ist?«

Mehr als jede andere Art von Verlust lehrt ein plötzlicher Tod ein Kind, daß Beziehungen nicht von Dauer sind und möglicherweise irgendwann enden, eine Erkenntnis, die ihre Persönlichkeitsentwicklung nachhaltig prägt. Die vierundzwanzigjährige Carla sagt, sie habe Heirat und Kinder hinausgeschoben, bis sie vierzig war, weil sie bis dahin Angst hatte, dauerhafte Bindungen einzugehen. Die bittere Zurückweisung und Verlassenheit, die sie im Alter von zwölf Jahren erfuhr, als ihre Mutter Selbstmord beging, und noch einmal drei Jahre später, als ihr Vater ebenfalls durch Selbstmord aus dem Leben schied, lösten in ihr eine schreckliche Angst aus, erneut einen geliebten Menschen plötzlich zu verlieren.»Seit dem Tod meiner Eltern habe ich in der Angst gelebt, daß hinter jeder Ecke eine Katastrophe auf mich lauert und jeden Moment irgendein schrecklicher Verlust auf mich zukommen könnte, auf den man sich nicht vorbereiten und gegen den man sich nicht wehren kann«, erklärt sie. Heute ist Carla erfolgreich im Beruf, verheiratet und Mutter von zwei Kindern. Doch die Erfahrungen in der Kindheit haben es ihr als Erwachsene sehr schwer gemacht, daran zu glauben, daß andere Menschen dableiben wollen.

Der Selbstmord eines Elternteils ist für ein Kind ein besonders problematischer Verlust.[66] Selbstmord geschieht plötzlich und im allgemeinen unerwartet; er ist meist mit Gewalt verbunden; und auch wenn die Töchter verstehen, welche Rolle Geisteskrankheit und Depression dabei spielen, erleben sie den Selbstmord als deutliche und reale Zurückweisung.»Für ein Kind ist der Selbstmord eines Elternteils ein ›Du bist mir scheißegal‹«, erklärt Andrea Campbell.»Er bedeutet: ›Ich kann nicht für dich leben. Ich kann nicht deinetwegen am Leben bleiben. Du magst vielleicht leiden, aber ich leide mehr.‹«

Der Selbstmord einer Mutter löst bei der Tochter eine ganze Reihe unterschiedlicher Gefühle aus, mit denen sie zu kämpfen hat: Zorn, Schuld und Scham, angegriffene Selbstachtung; gestörtes Selbstwertgefühl; Gefühle der Unzulänglichkeit, Unvollkommenheit und des Versagens; Angst vor Nähe und Intimität; und das Mißtrauen, daß diese Form der Zurückweisung immer wieder geschehen kann.[67]

Psychotherapeuten haben beobachtet, daß bei jüngeren Kindern schlechte schulische Leistungen und Eß- und Schlafstörungen typische Symptome sind, während ältere Kinder eher mit Drogen- und Alkoholmißbrauch, Schuleschwänzen, sozialem Rückzug oder Aggressionen reagieren.[68] Die hinterbliebenen Kinder können auch posttraumatische Verhaltensweisen zeigen: Ihre Erinnerung ist verzerrt, wenn man sie auffordert, von dem Tod zu berichten; sie glauben, daß sie früh sterben werden; sie machen Rückschritte in ihrer Entwicklung und neigen dazu, das Trauma in Traumbildern, Alpträumen und im Spiel zu wiederholen.[69] All dies findet in einer kulturellen Umgebung statt, die Schande und Schuld auf die hinterbliebenen Familienmitglieder projiziert, ganz gleich, wie jung diese sind.

»Nachdem ich herausgefunden hatte, daß meine Mutter sich umgebracht hatte, war es mir immer peinlich, wenn ich das Wort *Selbstmord* hörte«, erinnert sich die zwanzigjährige Jennifer, die vier Jahre alt war, als ihre Mutter starb. »Ich glaube, ich wußte nicht einmal genau, was das Wort bedeutete, doch immer, wenn es jemand aussprach, spürte ich, wie ich rot wurde. Ich fürchtete immer, jemand würde sich umdrehen und zu mir sagen: ›Ach du! Du bist diejenige, deren Mutter sich umgebracht hat!‹«

Die Psychologen Albert Cain und Irene Fast, die sich mit Elternselbstmorden beschäftigt haben, haben fünfundvierzig Kinder im Alter zwischen vier und vierzehn Jahren untersucht, die ein Elternteil oder beide durch Selbstmord verloren hatten und wegen psychischer Störungen in Behandlung waren, und herausgefunden, daß die Kinder vor allem Schuldgefühle hatten und sich mit Fragen quälten wie: Warum habe ich sie nicht retten können? und: War ich der Grund für ihre Verzweiflung? Außerdem entdeckten sie, daß der hinterbliebene Elternteil häufig mit seinen Kindern über den Selbstmord nicht gesprochen hatte und sich in einigen Fällen sogar offen geweigert hatte, darüber zu reden. In einem Viertel der Fallstudien hatte das Kind Nebenaspekte des Selbstmords mitbekommen, ihm wurde jedoch gesagt, daß der Elternteil auf andere Weise gestorben wäre – ein weiterer Grund, warum der Selbstmord eines Elternteils oft das Grundvertrauen eines Kindes zerstört.[70]

Cain und Fast stellten außerdem fest, daß die hinterbliebenen Kinder sich als Jugendliche oder Erwachsene vereinzelt so stark mit dem Elternteil identifizierten, daß sie die Selbstmordhandlung der Mutter oder des Vaters wiederholten. In einigen Fällen waren die Parallelen besonders verblüffend, wie zum Beispiel bei einem achtzehnjährigen Mädchen, das sich nachts allein an dem gleichen Strand und beinahe auf die gleiche Weise ertränkte, wie es ihre Mutter viele Jahre zuvor getan hatte. Jennifer berichtete sehr ernst, daß in ihrer Familie, in der über den Tod der Mutter niemals offen gesprochen wurde, sowohl sie selbst als auch eine ältere Schwester als Teenager versucht hätten, sich umzubringen. Wenn sie deprimiert war und sich als Erstsemester am College isoliert fühlte, erklärte Jennifer, dann schien der Selbstmord eine einfache Lösung ihrer Qual zu sein.

Andere Töchter entwickeln einzelne Symptome, die zu dem Selbstmord der Mutter in irgendeiner Weise in Beziehung stehen.[71] Die fünfundzwanzigjährige Margie beschreibt die chaotische Szene, die sich abspielte, als sie mit sieben Jahren mitten in der Nacht von den Schreien ihrer Großmutter aufwachte und erfuhr, daß man ihre Mutter gerade tot in der Garage gefunden hatte. »Woran ich mich hauptsächlich aus meiner Kindheit danach erinnere, sind diese nächtlichen Angstzustände, bei denen ich steif im Bett lag und vor Angst beinahe besinnungslos war. Nachts merkte ich, wie allein ich war, und außerdem war meine Mutter nachts gestorben. Ich habe den größten Teil meines bisherigen Lebens unter Schlaflosigkeit gelitten, doch erst vor kurzem habe ich das mit dem Tod meiner Mutter in Zusammenhang gebracht.«

Gewalt oder Verstümmelung, die mit einem plötzlichen Tod wie Selbstmord, Mord und Unfalltod meist verbunden sind, können eine Tochter in Gedanken verfolgen und ihre Träume beherrschen.[72] In der Phantasie wird die Wirklichkeit häufig verzerrt und entfremdet.

Kinder, die den Tod miterlebt haben oder körperlich daran beteiligt waren, erleben zusätzlich zu ihrem Verlust noch eine andere Ebene des Schmerzes. Obwohl die neununddreißigjährige Janine im Auto auf dem Rücksitz saß, hat sie keine bewußte Erinnerung an den Autounfall, bei dem ihre Mutter starb, als sie selbst knapp zwei Jahre alt war. »Doch als ich aufs College ging, fing ich an, von dem Unfall zu träumen«, erzählt sie. »Ich weiß heute noch nicht, ob die Bilder, die ich vor mir sah, auf Wahrheit beruhten oder nur meiner Phantasie entsprangen. Ich weiß, daß einiges davon erfunden ist, doch ich glaube, ich hatte diese Träume in dem Versuch, den Unfall zu erleben, mich daran zu erinnern und ihn zu verarbeiten. Ich träumte manchmal, daß ich auf dem Vordersitz saß und das Gefühl hatte, zu ersticken, und daß alles rot war. Ich stellte mir vor, daß meine Mutter sich auf mich gelegt hat, um mich mit ihrem Körper zu schützen, und daß ich deswegen das Gefühl hatte, zu ersticken. Das ist natürlich nicht das, was wirklich passiert ist, doch ich wünschte mir, daß sie mich damals geschützt hat. Wenn ich wachlag, Sirenen hörte oder Blaulichter sah, fing ich an zu zittern und bekam schreckliche Angst. Ich glaube, es war nicht nur eine rein körperliche Reaktion, sondern meine Art zu sagen: ›Du hast in dieser Sache etwas Aufmerksamkeit verdient.‹«

Janines Reaktion könnte auch eine verzögerte Form des posttraumatischen Streß-Syndroms gewesen sein, das bei Unfallüberlebenden häufig auftritt. Lenore Terr, Spezialistin für Kindheitstraumen, hat die sechsundzwanzig Kinder untersucht, die 1976 in die Entführung des Schulbusses in Chowchilla, Kalifornien, verwickelt waren. Sie fand heraus, daß Angstzustände, Wut, Verleugnung, Scham, Schuld, eine verzerrte Wahrnehmung des Ereignisses sowohl bei dessen Verlauf als auch in der Erinnerung, ein Gefühl der Zukunftslosigkeit und wiederkehrende Träume typische Zeichen für posttraumatisches Verhalten sind.[73] Sie stellte fest, daß viele der posttraumatischen Ängste der Kinder konkret und spezifisch waren und sich auf die Entführung bezogen, wie etwa die Angst vor Lastwagen (von der Art, wie sie die Entführer benutzt hatten) und Schulbussen (wie der, der entführt worden war). Auch Vorgänge, die die Kinder mit dem Ausgangstrauma in Verbindung brachten, etwa das Abbremsen des Autos auf einer Straße, riefen Angst hervor. Sie stellte fest, daß einige dieser Ängste sogar bis ins Erwachsenenalter der Kinder bestehen blieben. Die Psychologin Lula Redmond beobachtete ähnliche Kennzeichen bei Hunderten von Familienmitgliedern, die einen geliebten Menschen durch Mord verloren hatten.[74] Auch wenn sie den Tod selbst nicht miterlebt hatten, hatten Kinder und Erwachsene direkt nach dem Mord trotzdem Alpträume, Rückblenden, Eß- und Schlafstörungen, Angst vor Fremden, nervöse Anfälle und Zornausbrüche, wobei einige der Symptome bis zu fünf Jahren anhielten.

Die Nachwirkungen eines Mordes äußern sich in Schuldzuweisungen, Zorn, Angst und Rachephantasien, die in der Psyche der Hinterbliebenen auftauchen. Die Intensität der eigenen Reaktionen kann ein Kind erschrecken und läßt es an der eigenen Charakterfestigkeit und geistigen Stabilität zweifeln. Diese Gefühle sind noch komplizierter und verwirrender, wenn das Kind den Mord selbst miterlebt hat oder den Täter kennt. In 46 Prozent aller Mordfälle des Jahres 1991 war das Opfer entweder verwandt oder bekannt mit dem Täter, und mehr als ein Viertel aller weiblichen Opfer wurde von dem Ehemann oder dem Freund umgebracht.[75] 1988 ergab die Auswertung von neun Fällen, bei denen Kinder einen Elternteil durch Mord verloren hatten, daß vier der Kinder gesehen hatten, wie der Elternteil starb. In zwei Fällen war der Täter der Vater des Kindes.[76]

Da Morde oft viel mit Zufall zu tun haben und immer gewaltsam sind, fühlen sich die Hinterbliebenen danach besonders verletzlich und hilflos.[77] Kinder, deren Eltern auf diese Weise umkommen, müssen eventuell so viel wie möglich über den Mord in Erfahrung bringen, ganz gleich, wie grauenvoll einige der Fakten sein mögen. Der Versuch, einen Sinn zu entdecken und Schuld zuzuweisen, kann der Tochter helfen, ein Element der Kontrolle, Berechenbarkeit und Gerechtigkeit wiederzuerlangen.

Die zweiundzwanzigjährige Laura war neunzehn, als ihre Mutter von einem früheren Liebhaber verfolgt und getötet wurde. Als der Fall im darauffolgenden Jahr vor Gericht kam, entschloß sich Laura, der Verhandlung beizuwohnen.

> Ich versuchte, die ganze Gerichtsverhandlung durchzustehen, doch ich hielt es nur drei Tage lang aus. Die Rechtsanwälte sagten mir, ich könne gehen, als sie die Bilder und Beweisstücke vorführten, doch ich sagte: »Nein, ich möchte es sehen.« Ich glaubte nicht, daß sie tot war. Ich mußte es sehen...

Mark, der Typ, der sie umgebracht hat, bekam die Höchststrafe, fünfundzwanzig Jahre – lebenslänglich. Ich saß da und dachte: ›Ich sehe dich an, du Scheißkerl.‹ In dem Moment war ich es nicht allein, die ihn ansah. Meine Mutter war bei mir. Während ich im Gerichtssaal saß, kam es mir so vor, als würde meine Mutter durch mich teilnehmen. Oder ich tat so, als wäre ich sie, und ihre Energie würde auf mich übergehen. Ich selbst empfand noch keinen Zorn, doch ich empfand ihren Zorn, also tat ich so, als wäre ich sie. Ich saß hinten im Gerichtssaal und rang die Hände, so wie sie es getan hatte, wenn sie wütend war.

Indem sich Laura auf diese Weise mit ihrer Mutter identifizierte, konnte sie einen Teil des heftigen Gefühls erfahren, das sie erst jetzt in der Beratung aufzuarbeiten beginnt. Verspätete oder verzögerte Trauerreaktionen finden sich häufig bei Frauen, die ihre Mutter durch einen Mord verloren haben. Die heute fünfundvierzigjährige Annie sagt, daß es ihr immer noch nicht gelungen ist, sich von dem Schuldgefühl zu befreien, das sie wegen des Mordes an ihrer Mutter vor sechsundzwanzig Jahren empfindet; der Mord geschah zu Hause, während sie mit Freunden im Kino war. »Kurz nach dem Tod meiner Mutter verliebte ich mich in den erstbesten Mann, der mir gegenüber ein wenig freundlich war«, erzählt sie. »Wir heirateten, und ich ließ es zu, daß er mich mißbrauchte, damit ich aufhören konnte, mich dafür schuldig zu fühlen, daß ich nicht zu Hause gewesen war, als meine Mutter starb. Drei Kinder, und sieben Jahre später lief ich auf und davon. Erst als ich mit Hilfe eines erfahrenen Therapeuten meine Trauer und meinen Schmerz aufarbeitete, war ich fähig, meinen Kindern eine Mutter zu sein und eine richtige und gesunde Frau zu werden. Mein jetziger Ehemann und ich führen eine gute Ehe, und mein selbstbestimmter Heilungsprozeß ist auch jetzt noch nicht ganz abgeschlossen.«

Töchter, die ihre Mütter durch Mord verlieren, und Kinder, die durch Unfälle, Selbstmord oder andere plötzliche Todesarten ihre Eltern verlieren, glauben oft, sie hätten den Tod verhindern können, *wenn sie nur dagewesen wären, die Mutter aufgehalten hätten, sich rechtzeitig entschuldigt hätten.* Töchter betrachten sich oft als ursächlich an den Ereignissen beteiligt, um der Willkür, die ihnen unbegreiflich erscheint, etwas entgegenzusetzen. Dieses Phänomen ist so weit verbreitet, daß man es ruhig das »Wenn-nur«-Syndrom nennen kann. Eine Aussage wie: »Wenn ich meiner Mutter noch eine Frage gestellt hätte, als sie zur Türe hinausging, dann wäre sie nicht genau in diesem Moment über die Kreuzung gegangen«, erlaubt einer Tochter, sich selbst die Schuld zu geben, und bringt in eine Welt voller Unwägbarkeiten wieder Ordnung und Kontrolle hinein.

Sheila, die vierzehn war, als ihre Mutter eines Morgens plötzlich an einem Herzinfarkt starb, sagt, daß sie mehr als zehn Jahre brauchte, um sich nicht mehr die Schuld an dem Tod ihrer Mutter zu geben.

> Was mich lange verfolgt hat, war der Gedanke, daß ich zu spät gekommen bin. Mein Gefühl, daß ich sie hätte retten können, konzentrierte sich auf den Moment, in dem ich sie in ihrem Bett liegend fand; wenn ich früher gekommen wäre, so glaubte ich, wäre sie heute noch am Leben.
> In der High School verbot ich mir monatelang, darüber nachzudenken. Auf dem College entdeckte ich dann einmal in meinem Psychopathologiebuch eine Auflistung von Streßsymptomen, die zu Herzproblemen führen konnten. Ich erkannte, daß meine Mutter viele davon hatte, und entschied, daß ich diese Dinge mit vierzehn hätte erkennen müssen und sie so hätte retten können. Dann fing ich an, mich auf den Zeitpunkt *vor* ihrem Tod zu konzentrieren. Mein Bruder war der letzte, der sie lebend gesehen hatte, und ich dachte, wenn ich es gewesen wäre, hätte ich vielleicht gewußt, daß etwas nicht in Ordnung war, und wir hätten sie noch rechtzeitig zu einem Arzt bringen können.
> Ich empfinde heute noch Zorn, fühle mich zurückgewiesen und spüre den Verlust, aber ich habe nicht mehr diese starken Schuldgefühle. Ich akzeptiere, daß manche Dinge so sind, wie sie eben sind, und die Menschen ihr Möglichstes tun, auch wenn das nicht genug ist. Diese Erkenntnis kam mir, als ich anfing zu verstehen, daß mein Vater und meine Stiefmutter, auch wenn sie nicht gerade die besten Eltern für mich waren, doch taten, was sie konnten. Ich verstehe das heute besser als früher, und das ist von großer Bedeutung für

mich. Davon ausgehend wurde mir bewußt, daß ich als Kind getan hatte, was ich konnte, und als ich das akzeptierte, konnte ich noch einen Schritt weiter gehen und sagen, daß ich nicht hätte verhindern können, daß meine Mutter starb. Ich habe ihren Tod nicht herbeigeführt, und ich hätte auch nicht bewirken können, daß sie nicht stirbt. Es war mir immer klar gewesen, daß ich sie nicht umgebracht habe, aber ich hatte geglaubt, ich hätte verhindern können, daß sie stirbt. Und erst, als ich beinahe dreißig war, erkannte ich, daß diese Sache nicht in meiner Macht stand.

Viele Töchter, die ihre Mutter durch einen plötzlichen Tod verloren haben, sagen, daß diese Erfahrung sie zu einem neuen Bewußtsein geführt hat. Durch diese Erfahrung, daß das Leben jederzeit enden kann, sind sie entschlossener geworden, sich der Schönheit eines jeden Augenblicks voll und ganz bewußt zu werden. Sie versichern ihren Ehemännern und Kindern vor jedem Abschied, daß sie sie lieben, für den Fall, daß sie sie niemals wiedersehen. Und in dem Versuch, dem Verlust einen Sinn zu verleihen, beschließen manche Frauen, ihn als notwendigen Teil ihrer persönlichen Lebensodyssee zu betrachten. Die fünfundzwanzigjährige Heather, die vierzehn war, als ihre Mutter ermordet wurde, erklärt das so:

Ich weiß nicht, woher ich dieses Wissen als Vierzehnjährige hatte, doch ich erinnere mich daran, daß ich zu Freunden sagte: »Ich möchte nicht bitter werden. Ich möchte nicht böse werden. Ich möchte daraus lernen, ein besserer Mensch zu werden.« Diese Hoffnung begleitete mich durch die ganze High School- und College-Zeit. Ich versuchte, über das Unglück hinauszuwachsen, und ich glaube, das war im Grunde sehr gut für mich. In den letzten Jahren habe ich herausgefunden, daß in mir sehr viel Zorn und viele Vorwürfe steckten, die ich nicht ausgelebt habe, weil ich versuchte, stark zu sein. Ich habe einige Stufen des Trauerns ausgelassen, die ich später nachholen mußte. Doch ich bin stolz darauf, daß ich es überstanden habe, und glaube, daß ich aufgrund all dessen ein besserer Mensch geworden bin.

Verlassenwerden

Die Mutter, die ihre Tochter verläßt, hinterläßt eine Menge offener Fragen: Wer war sie? Wer ist sie jetzt? Wo ist sie? Warum ist sie weggegangen? Ihre Gegenwart hat das Leben der Tochter bewirkt, doch ihre Abwesenheit begrenzt es. Wie das Kind, dessen Mutter stirbt, lebt die verlassene Tochter mit einem Verlust, doch darüber hinaus hat sie mit dem Wissen zu kämpfen, daß ihre Mutter zwar lebt, aber unerreichbar und fern ist. Der Tod hat eine Endgültigkeit, die das Verlassen nicht hat.[78]

Eine Tochter, deren Mutter sie verlassen hat oder die unfähig war, die Mutterrolle zu übernehmen, fühlt sich möglicherweise so, als gehöre sie zu einer Art emotionaler Unterschicht, als wäre sie ein wertloser Teil der Gesellschaft, von dessen Bedürfnissen die Regierenden keine Notiz nehmen. Folglich fühlt sie sich häufig weitaus erniedrigter und unwürdiger als eine Tochter, deren Mutter gestorben ist.

»Wenn man eine Mutter hat, die gestorben ist, dann kann man das benennen«, sagt Andrea Campbell. »Man kann sagen: ›Meine Mutter ist gestorben‹; aber man kann nicht sagen: ›Meine Mutter war nicht vorhanden‹, oder ›Meine Mutter ist mit einem anderen Mann weggegangen.‹ Als Therapeutin und als Frau, die ihre Mutter verloren hat, glaube ich, daß es ehrenvoller, ja beinahe würdevoller ist, wenn ein Elternteil tot ist, als wenn er einfach fehlt.«

Ob eine Mutter tatsächlich weggeht oder sich innerlich entfernt, die Folge ist immer ein Schlag für das Selbstwertgefühl der Tochter. Judith Mishne erklärt in ihrem Artikel »Parental Abandonment: A Unique Form of Loss and Narcissistic Injury«, daß verlassene Kinder eine Reihe von Symptomen aufweisen: mangelndes Einfühlungsvermögen, Depressionen, Gefühle innerer Leere, Neigung zur Kriminalität, Suchtverhalten, unkontrollierte Wutanfälle, krankhaftes Lügen, Hypochondrie und Größenphantasien. Diesen Kindern, sagt sie, fällt es oft schwer, über den Verlust eines Elternteils zu trauern, weil sie das Bild der idealisierten Mutter nur mit Mühe loslassen können; denn sie hoffen, daß die Mutter – entweder tatsächlich oder im Geiste – eines Tages zurückkommen wird.[79]

Eine verlassene Tochter empfindet Zorn, Wut und Schmerz. Außerdem leidet sie unter der seelischen Kränkung, aufgegeben, beiseite geschoben, vergessen oder abgewiesen worden zu sein. Die Frage »Warum ist sie weggegangen?« beinhaltet immer auch den Zusatz »von mir«.

Körperliche Trennung

Die dreiunddreißigjährige Amanda erinnert sich daran, wie sie früher immer am Straßenrand saß, sich die Haare ausriß und sich fragte, wo ihre Mutter wohl war und ob sie zurückkommen würde. Sie war drei Jahre alt, als ihre Mutter das Sorgerecht für ihre Tochter verlor und dann verschwand. Und ihre ganze Kindheit, erinnert sich Amanda, war von Sehnsucht erfüllt. »Ich wünschte mir so sehr eine Mutter«, sagt sie. »Mein Lieblingsbuch hieß *Are you my Mother* von P. D. Eastman. Meine Großmutter las mir manchmal daraus vor. Das Vogelkind hat seine Mutter verloren und geht zu verschiedenen Tieren und Dingen und fragt: ›Bist du meine Mutter?‹ Ich war völlig fixiert auf dieses Buch. Ich glaube, ich habe nicht einmal auf das Ende geachtet, als der kleine Vogel seine Mutter wiederfindet. Mich interessierte mehr die Suche nach ihr. Das Gefühl des Verlustes konnte ich so gut nachvollziehen.«

Die Phantasien einer Wiedervereinigung von Mutter und Tochter und der Wunsch, die verlorenen Jahre aufzuholen, können eine verlassene Tochter in Gedanken sehr beschäftigen. Gleichzeitig kann die Angst vor einer zweiten Zurückweisung oder Fehlinformation sie daran hindern, als Jugendliche oder Erwachsene ihre verlorene Mutter zu suchen. In den Gedanken »Heute würde sie mich bei sich haben wollen« mischen sich Zweifel: »Aber damals wollte sie mich nicht«, und so wächst die Tochter in einer mutterlosen Sphäre der Ungewißheit auf, und es bleibt ihr überlassen, sich aus Erinnerungsfetzen, Idealvorstellungen und den bruchstückhaften Informationen, die sie möglicherweise Familienmitgliedern und Freunden entlocken kann, eine weibliche Identität zusammenzustückeln.

Wenn eine Mutter ihr Kind verläßt, kann die Verbitterung der Familie eine Tochter abschrecken, Einzelheiten über die Vergangenheit herauszufinden. Evelyn Bassoff weist darauf hin, daß beim Scheitern einer Ehe der Verlust für den Vater häufig nicht so schwer zu ertragen ist wie für die Tochter; ihre Suche nach den Hintergründen, bei der sie seiner Hilfe bedarf, kann aussichtslos sein. Amandas

Vater bestätigte gelegentlich ihre frühen Erinnerungen, sträubte sich jedoch, ihr weitere Auskünfte zu geben. »Wenn ich mal den Mut hatte, ihn zu fragen, erzählte er mir Geschichten wie: ›Tja, Amanda, sie war bei den Hell's Angels, und ich weiß das deshalb, weil sie eine Lederjacke mit dem Symbol der Hell's Angels hatte. Weißt du, wie man so eine bekommt?‹ Ich antwortete: ›Nein, Dad‹; und er erklärte mir, daß man eine solche Jacke dadurch bekommt, daß man es mit dreizehn von ihnen auf einem Billardtisch treibt. Ich fand das ekelhaft, aber es hat sich mir tief eingeprägt. Als ich ihn damals ansprach, hatte er meine Fragerei vermutlich satt. Er wollte das alles einfach vergessen. Doch in meinem Kopf hielt ich immer Zwiesprache mit ihr. Wenn ich ein Lied hörte, fiel mir ein, daß meine Mutter dieses Lied gern hatte. Verstehen Sie? Ich weiß nicht, wie ich es beschreiben soll, aber ich weiß, daß der Draht nie ganz abgerissen ist.«

Die Vorstellung der Tochter von der mythischen Mutter läßt sich kaum mit der harten Realität einer biologischen Mutter vereinen, die sich entschließt, ihr Kind zu verlassen. Wenn die reale Mutter fehlt, an der die Tochter die Bilder ihrer Phantasiemutter relativieren kann und ihre Erwartungen entsprechend abwandelt, gewinnt häufig die überidealisierte Variante die Oberhand. Eine Tochter hält dann an dem verklärten Bild der »guten Mutter« fest, weil sie den Zorn und den Schmerz fürchtet, der sie ereilen wird, wenn sie die »schlechte Mutter« anerkennt. Doch erst, wenn sie beide Mütter akzeptieren kann und die Extreme aufgibt, wird sie wirklich trauern oder sich mit dem Verlust abfinden können.

Linda, heute dreiundvierzig, sagt, sie habe sich von dem idealisierten Bild ihrer Mutter erst lösen können, als sie mit über zwanzig Jahren erkannte, daß die erhoffte Wiedervereinigung von Mutter und Tochter niemals stattfinden würde. Im Gegensatz zu Amanda hatte Linda während ihrer Kindheit häufig Kontakt mit ihrer Mutter. Sie war ein Jahr alt, als sich ihre Eltern scheiden ließen, lebte danach bei ihren Großeltern und sah ihre Mutter und ihren Vater jeweils jedes zweite Wochenende. Als sie fünf war, heiratete ihre Mutter wieder und zog an einen über tausend Kilometer entfernten Ort. Anstatt jedoch Linda zu sich zu nehmen, kaufte sie ihr ein Flugticket, damit Linda sie einmal im Jahr besuchen konnte. »Soweit ich weiß, besaß meine Mutter das Sorgerecht für mich«, sagt Linda. »Doch meine Mutter und meine Großmutter haben sich noch nie verstanden. Meine Mutter behauptete, sie habe mich zu sich nehmen wollen, doch meine Großmutter habe ihr gedroht, sie vor Gericht zu bringen, wenn sie es versuchen würde. Meine Mutter sagte, sie habe mir den Kampf um das Sorgerecht nicht zumuten wollen, doch meiner Ansicht nach ist das lächerlich. Man läßt nicht sein Kind zurück, weil man Angst hat, daß die eigene Mutter gegen einen antreten wird. Auch wenn es so wäre, ist das keine angemessene Begründung, finde ich.«

Nach dem Tod der Großmutter, als Linda sieben war, zog sie zu ihrem Vater und ihrer Stiefmutter. Ihre Mutter, die in ihrer zweiten Ehe drei weitere Kinder bekommen hatte, hat niemals versucht, Anspruch auf Linda zu erheben. Als selbständige Erwachsene, die zornig war, weil sie als Kind immer wieder verlassen worden war, schrieb Linda neun Jahre später ihrer Mutter einen Brief, in dem sie ihrem Schmerz Ausdruck verlieh. Sie erhielt nie eine Antwort. Nachdem ihre Bestürzung darüber in Empörung umgeschlagen war, schwor sie sich, daß sie nie wieder mit ihrer Mutter Kontakt aufnehmen würde. So bitter sie diese endgültige Zurückweisung auch empfand, sie hat ihre Entscheidung nicht bereut, meint Linda heute. Sie arbeitet als Künstlerin, ist in zweiter Ehe glücklich verheiratet und hat einen sechsjährigen Sohn. »Ich glaube, es hat sich alles zum Guten gewendet, was mein Leben und meine Geschichte angeht«, sagt sie ohne sichtbare Bitterkeit. Doch sie sagt auch, daß sie jeden Tag hart daran arbeiten muß, um die tiefsitzende Angst vor einem neuerlichen Verlassenwerden zu überwinden, eine bleibende Erinnerung an ihren frühen Verlust.

Emotionales Verlassenwerden

Alkoholismus, Drogenabhängigkeit, Geisteskrankheit, Mißhandlung in der Kindheit – all das kann eine Mutter außerstande setzen, emotional auf ihr Kind einzugehen. Victoria Secunda, Autorin des Buches *When You and Your Mother Can't Be Friends,* beschreibt diese Form mütterlicher Betreuung als eine »Art Stummheit«.[80] Die Mutter ist zwar körperlich präsent, bietet jedoch keine emotionale Nähe, ähnlich wie die Karosserie eines Autos, bei dem unter der Haube nichts ist. Doch die Tochter dreht immer wieder den Schlüssel im Zündschloß, in der Hoffnung, daß der Motor diesmal vielleicht anspringt, wenn sie es nur richtig macht.

»Diese Form des Verlassenwerdens ist noch verwirrender«, meint Andrea Campbell. »Wenn eine Mutter ihr Kind seelisch im Stich läßt, hat dieses Kind sehr viel stärker als das Kind, dessen Mutter stirbt, die Empfindung: ›Ich habe es nicht verdient, daß sie bei mir bleibt. Ich muß etwas Schlechtes getan haben. Ich bin es nicht wert, daß meine Mutter dableibt. Wenn ich liebenswert wäre, wäre sie geblieben.‹«

Die siebenunddreißigjährige Jocelyn erinnert sich daran, daß sie mit fünf Jahren dachte, die Geisteskrankheit ihrer Mutter wäre ihre Schuld. Zwischen ihrem fünften und achten Lebensjahr lebte Jocelyn bei ihrer Großmutter, weil ihre Mutter in einer Anstalt untergebracht wurde; auf ihre wiederholt geäußerten Bitten, ihre Mutter sehen und nach Hause zu dürfen, wurde nicht geachtet. »Ich kam zu dem Schluß, daß meine Mutter mich nicht liebte, denn sonst würde sie doch kommen und mich holen. Und das gleiche dachte ich auch über meinen Vater, weil auch er mich nicht nach Hause holte«, erinnert sie sich. »Ich habe mich also schon in sehr jungen Jahren auf mich allein gestellt gefühlt.« Diese Überzeugung, sagt sie, hat ihr Erwachsenenleben entscheidend geprägt. Obwohl sie das ruhig und nachdenklich sagt, ist doch der Ärger in ihrer Stimme zu hören. »Ja, körperlich war meine Mutter da«, sagt sie. »Doch ich konnte mich nicht auf sie verlassen. Darauf ist es hinausgelaufen. Ich habe das als sehr bitter empfunden. Weil ich nie jemanden hatte, auf den ich mich verlassen konnte, wußte ich, daß ich immer auf mich selbst aufpassen mußte. Heute bin ich der Ansicht, daß ich niemanden brauche und alles alleine schaffe.«

Jocelyn sagt, sie habe die Hoffnung begraben müssen, daß ihre Mutter eines Tages die Mutter werden würde, die sie dringend gebraucht hätte. Wie Evelyn Bassoff in ihrem Buch *Mothers and Daughters: Loving and Letting Go* erklärt, besteht ein entscheidender Schritt auf dem Weg zur Heilung für die verlassene Tochter darin, sich einzugestehen, daß ihre Mutter sie nicht besonders geliebt oder überhaupt nicht geliebt hat.

Sich einzugestehen, daß man von seiner Mutter nicht geliebt wurde, tut so schrecklich weh, daß sich viele Frauen, die emotional vernachlässigt wurden, gegen diese Einsicht wehren. Auch wenn diese Mütter ihr zerstörerisches Werk fortsetzen, wenden die Töchter sich nicht von ihnen ab. Sie sind auch weiterhin die hingebungsvollen und anhänglichen Töchter und warten ewig auf die mütterliche Anerkennung und Bestätigung, die niemals kommen. Und sogar, wenn sie sich von ihren lieblosen Müttern distanzieren, schaffen sie in ihrem neuen Leben meist Umstände, die der frühen Beziehung mit der Mutter ähneln.

Einige von ihnen suchen sich zum Beispiel unbewußt einen Liebhaber oder Ehemann aus, der mit ihnen so umgeht, wie es ihre Mutter getan hat. Auf indirekte Weise flehen sie um Mutterliebe, wenn sie versuchen, die Herzen dieser Männer zu erweichen.[81]

Die neunundzwanzigjährige Karen bestätigt dies. Mit vierzehn zog sie freiwillig zu Hause aus, um dem Alkoholismus ihrer Mutter zu entfliehen, und obwohl sich ihre Mutter ihr gegenüber während und nach ihrem Auszug nur kalt und abweisend verhielt, lebte Karen die folgenden sechs Jahre in der Erwartung, ihre Mutter würde sie bitten zurückzukommen.

Als ich dreizehn wurde, konnte ich das noch nicht in Worte fassen, doch ich glaube, damals hat meine Mutter wirklich den Rest ihres Verstandes verloren. Über Nacht hat sie mich vollständig aus ihrem Leben verbannt. Sie wollte nichts mehr mit mir zu tun haben und hat einen emotionalen Keil nach dem anderen zwischen uns getrieben. Ich war so verzweifelt, daß ich ungefähr ein Jahr, nachdem es zum ersten Mal passierte, versucht habe, mich umzubringen. Auf den Rat meines Psychiaters bin ich von zu Hause weggegangen. Aber ich hatte die ganze Zeit gehofft – von dem Zeitpunkt, als ich wegging, bis zu ihrem Tod etwa sechs Jahre später –, daß wir uns irgendwie wieder aussöhnen würden. Ich habe all die Jahre darauf gewartet, daß sie kommt und sagt: »Es tut mir so leid, Karen.« Aber das ist nie geschehen. Darum habe ich das Gefühl, ich hätte sie zweimal verloren. An dem Tag, als sie starb, dachte ich: »Das war's. Ich werde von ihr nie und nimmer diese Bestätigung bekommen.«

Seit dem Tod ihrer Mutter hat Karen immer nach dieser Bestätigung gesucht, die sie nie bekommen hat. Bei Liebhabern, Freunden und Kollegen steht sie in dem Ruf, »adoptierbar« zu sein, sagt sie. Das ist ihre Art und Weise, als Erwachsene das Lob und die Anerkennung zu bekommen, die sie als Tochter nie erhalten hat.

Viele Frauen haben Mittel und Wege gefunden, sich für die fehlende Mutterliebe Ersatz zu suchen, sagt Dr. Bassoff. »Den ganzen Schmerz zu fühlen und über alles zu reden – über die Demütigung, ein ungeliebtes Kind zu sein; über den Zorn auf die gefühlskalte Mutter; über die Angst, so zu werden wie sie; über die Angst vor der mütterlichen Vergeltung dafür, daß man sie haßt –, bedeutet Trost und Heilung«, schreibt sie. »War die Therapie erfolgreich, lernten die Frauen zu verstehen, daß ihre Mütter, die unglückliche, unfähige, unsichere Menschen waren, *nicht die Macht hatten*, sie weiterhin zu verletzen. Wenn ihre Mütter ihr destruktives Verhalten fortsetzten, konnten sie sich von ihnen zurückziehen.«[82]

Auch die Anwesenheit eines fürsorglichen und engagierten Vaters kann das Gefühl der Tochter, abgelehnt zu werden, lindern, und viele der Frauen, die ihre Mütter als emotional distanziert beschreiben, halten es ihrem Vater zugute, ihnen die Liebe und Sicherheit gegeben zu haben, die ihnen half, Selbstachtung zu entwickeln und als Erwachsene erfüllte Beziehungen einzugehen.

Die fünfunddreißigjährige Shari wuchs bei einer Mutter auf, die manisch-depressiv und in ihrer Mutterrolle unberechenbar war. Ihr Vater war jedoch ein warmherziger und stabiler Mensch, und sie glaubt, daß er dazu beigetragen hat, ihre Kindheit erträglicher zu machen.

Das Leben mit meiner Mutter war sehr schwierig. Ich liebte sie, und gleichzeitig haßte ich sie. Als Kinder pflegten meine Schwestern und ich zu denken: »Mein Gott, ich wünschte, sie würde sterben. Wie können wir sie umbringen?« Das war schrecklich. Sie starb, als ich dreiundzwanzig war, und ich dachte: »Ich kann es nicht glauben. Sie ist *tot?* Ist sie dieser Geißel jetzt wirklich zum Opfer gefallen?« Wenn du mit jemandem zusammenlebst, der geisteskrank ist, der verrückt ist und schreit und dich schlägt, dann denkst du: »Menschen wie sie werden leben, bis sie 200 Jahre alt sind.« Ich mußte also mit diesen Schuldgefühlen fertig werden und mir sagen: »Ich habe mir damals nicht wirklich gewünscht, sie wäre tot.« Doch ich hatte es gedacht, und ich kann heute nichts mehr dagegen tun, also mach' ich einfach weiter. Mein Vater machte mir Mut und sagte mir, ich könne schaffen, was ich mir vornehme, und ich solle tun, was immer ich wolle. In guten Phasen war meine Mutter auch sehr unterstützend und ermutigend, doch in schlechten Phasen – und das konnte jederzeit umschlagen – war all das weg. Als kleines Kind war das für mich sehr verwirrend. Manchmal war meine Mutter sehr liebevoll, und ich wußte auch, daß sie uns liebte und mich liebte. Doch eigentlich war es mein Vater, der uns geholfen hat weiterzukommen.

Zwei Jahre nach dem Tod ihrer Mutter zog Shari wieder in ihre Heimatstadt, um sich um ihren Vater zu kümmern, bei dem man Krebs festgestellt hatte. Sie wollte ihm die Sicherheit geben, die er ihr in der schweren Zeit gegeben hatte. Shari hat vor zu heiraten und sagt, daß ihr Vater ihr Vorbild dafür bleibt, wie sie eines Tages mit ihren eigenen Kindern umgehen möchte. Sie sagt, ihre Mutter hätte ihr hauptsächlich ein Beispiel dafür gegeben, wie sie selbst nicht sein möchte. Die Angst, sich als Mutter mit der eigenen Mutter zu identifizieren, ist bei Töchtern wie Shari besonders ausgeprägt, meint Phyllis Klaus. »Frauen, deren Mutter schlecht zu ihnen war, haben viele Ängste und Befürchtungen«, sagt sie. »Sie fragen sich: ›Werde ich meine Kinder so verletzen, wie meine Mutter mich verletzt hat? Werde ich auch so aufbrausend sein wie meine Mutter?‹ Sie versuchen, sich in ihren Handlungen von ihren Müttern abzusetzen, doch wenn sie sich dessen nicht vollständig bewußt sind und nicht ernsthaft darüber nachdenken, werden sie diese Handlungs- und Verhaltensweisen wiederholen.« Das Muster wird wiederholt, wenn Frauen, die ihre Mütter betreuen mußten, selbst Mütter werden und dann erwarten, von ihren Töchtern liebevoll umsorgt zu werden, sagt sie.

Wie eine Frau, die eine Mutter durch Tod oder körperliche Trennung verliert, muß auch eine Tochter, die emotional im Stich gelassen wurde, über das Bild der »schlechten Mutter« hinausgelangen und die mythische Mutter ebenfalls zur Seite drängen. Ihre Aufgabe besteht darin, die Mutter so objektiv wie möglich zu sehen, die Erinnerungen und Charakterzüge heraussuchen, die sie behalten und auf den Weg in die Zukunft mit sich nehmen möchte. Letzten Endes ist die verlassene Tochter niemals vollständig allein, außer wenn sie sich selbst aufgibt.

Kapitel vier

Später Verlust

WIR BEGEGNETEN UNS AUF EINER Collegeparty. Ich hörte, wie er hinten auf der Veranda über die Gedichte von Thomas Hardy sprach. Ich hatte nur eines seiner Gedichte gelesen, und das war noch auf der High School gewesen, aber ich beteiligte mich dennoch eifrig an der Diskussion. Er war jemand, den ich kennenlernen wollte. Im Verlauf des Abends entdeckten wir noch andere gemeinsame Gesprächsthemen ... und redeten und redeten, und am Ende der Woche wußte ich, daß ich diesen Mann heiraten konnte. Dreieinhalb Jahre später schenkte er mir zu Weihnachten einen Teddybär und einen Diamantring.

Er machte damals gerade seinen Abschluß am Graduiertenkolleg, und ich war bereit, Tennessee zu verlassen. Wir wollten nach Kalifornien gehen, wo er bereits eine Stelle angenommen hatte. Von außen betrachtet, stand unserer gemeinsamen Zukunft nichts im Wege, doch unter der Oberfläche hatte es von Anfang an Schwierigkeiten gegeben. Das erste Problem war meine Mutter, deren Fehlen ich, so gut ich konnte, zu ignorieren versuchte. Das zweite war seine Mutter, deren Vorhandensein kaum zu übersehen war. Ich gehörte zur »falschen« ethnischen Volksgruppe, kam aus keiner »guten« Familie und riß ihren engen Kreis auseinander: so lautete ihre Kritik. Ihre Mißbilligung war eindeutig, und mich versetzte ihre Ablehnung in Angst und Schrecken; meine zaghaften Versuche, die Situation zu verbessern, scheiterten an meiner inneren Gewißheit, daß eine Mutter mich verlassen hatte und eine andere sich wünschte, ich würde verschwinden. Als wir schließlich eine Art kleinen Waffenstillstand erreichten, hatten ihr Sohn und ich schon zu lange darüber gestritten. Ich fühlte mich im Stich gelassen und wollte, daß er eindeutiger Stellung bezog; er wiederum fühlte sich unter Druck gesetzt und bestand darauf, daß er nichts daran ändern könne. Wir drehten uns im Kreis, und ich sah nur einen einzigen Ausweg: Ich mußte aus dem Karussell aussteigen. Einen Monat vor unserem Umzug nach Kalifornien legte ich den Diamantring auf seinen Couchtisch und zog die Haustür hinter mir zu.

Mit dem Tod wußte ich umzugehen. Doch Trennung konnte ich nicht ertragen. Also verwandelte ich das Ende unserer Verlobung in eine Art Minitod. Ich weigerte mich, seine Briefe zu beantworten. Ich ließ mich mit einem anderen ein. Ich stopfte alles, was er mir geschenkt hatte, einschließlich aller Fotos von uns beiden und dem Teddybär, in eine Kiste, die ich in die hinterste Ecke eines Kellerregals verbannte. Ich bin nicht gerade stolz darauf, wie ich mit der Sache umgegangen bin, doch für mich war es die einzige Möglichkeit, damit fertigzuwerden. Ich wußte, wie man Beziehungen beendet, aber nicht, wie man sie aufrechterhält. Wenn ein nicht betrauerter Tod für einen Menschen das Musterbeispiel für Verlust ist, dann klingt in späteren Trennungen jene frühere immer auf üble Weise an.

Diesmal jedoch ließ sich die Wirkung einfach nicht unterdrücken. Als der anfängliche Trennungsschmerz langsam nachließ, begann ich mit einer Heftigkeit zu trauern, die mich eines Nachts buchstäblich in die Knie zwang. Es spielte keine Rolle, daß ich diejenige war, die weggegangen war; ich fühlte mich trotzdem verlassen, verloren und ganz allein. Die Intensität, mit der ich noch nach fünf Monaten trauerte, schien in keinem Verhältnis zu einer Beziehung zu stehen, die nur vier Jahre gedauert hatte. Ich begriff, daß der Ursprung meiner Gefühle tiefer, viel tiefer liegen mußte und der eigentliche Grund meiner Trauer nicht ein Mann war, den ich geliebt hatte.

Die fünfundvierzig Jahre alte Eva nickt heftig mit dem Kopf, als ich ihr diese Geschichte erzähle. Sie war acht, als ihre Mutter starb, und ihre Erfahrung mit späteren Trennungen ähnelt sehr meiner eigenen. »Mein Mann hat mich vor zweieinhalb Jahren verlassen, und die Scheidung wurde ein Jahr danach ausgesprochen«, sagt sie. »Ich konnte damals nicht verstehen, warum mich das alles so maßlos mitnahm. Ich habe viele Leute gekannt, die geschieden wurden, und die meisten von ihnen haben dabei nicht gelitten wie ich. Ich litt fürchterlich darunter. Zuerst dachte ich: Na ja, vielleicht empfinde ich manches intensiver als andere, und das stimmt teilweise vielleicht auch. Doch diese Erfahrung machte mir klar, daß ich nicht nur wegen meines Mannes so litt. Es ging dabei um meine Mutter. Ich versuche jetzt mehr über diesen ersten Verlust in Erfahrung zu bringen und was er bei mir bewirkt hat.«

Die siebenunddreißigjährige Yvonne jedoch nimmt Verluste zunehmend leichter. Sie sagt, daß ihre Scheidung vor drei Jahren und der Entschluß ihres halbwüchsigen Sohnes, bei seinem Vater zu leben, für sie nicht mehr so schmerzlich waren, verglichen mit dem, was sie als Zwölfjährige empfand, als ihre Mutter starb. »Ich betrachte Trennung und Verlust als etwas Unvermeidliches«, sagt sie. »Ich möchte mich nicht in der falschen Sicherheit wiegen, daß alles immer so bleibt, wie es war. Ich weiß, das klingt sehr hart, doch ich glaube, ich stehe wirklich dazu. Ich habe zu vielen Menschen eine liebevolle Beziehung. Ich möchte sichergehen, daß man sich an mich erinnert, wenn ich sterbe.« Warum können manche Frauen, die einen frühen Verlust erlitten haben, leichter mit späteren Trennungen umgehen – ob im Privat- oder Berufsleben –, während andere ständig in der Angst leben, verlassen zu werden? Niemand weiß es.[83] Die meisten Therapeuten stimmen darin überein, daß die spezifische Erfahrung, die ein Kind mit einem frühen, schweren Verlust gemacht hat, seine Persönlichkeitsentwicklung entscheidend prägt; dies wirkt sich wiederum darauf aus, wie das Kind Trennungen zu einem späteren Zeitpunkt beurteilt und verkraftet.[84] *Wie* sich das genau auf die Persönlichkeit des Kindes auswirkt – wenn überhaupt –, hängt von den unten genannten Faktoren ab.

Individuelle Veranlagung

Wir kommen alle mit unterschiedlichen Anlagen zur Welt, und einige Kinder scheinen von Natur aus eine Zähigkeit zu besitzen, die sie vor einem lang andauernden Leiden schützt. »Es gibt eine bestimmte robuste Persönlichkeitsstruktur, die es manchen Menschen leichtermacht, Schicksalsschläge zu verarbeiten«, meint Therese Rando. »Das bedeutet nicht, daß diese Menschen der Tod nicht erschüttert, doch sie können mit dieser Erschütterung besser umgehen als jemand, der von Anfang an eine weniger robuste Persönlichkeit hat.« Andere Kinder scheinen eine starke angeborene Sensibilität zu haben, mit der sie auf Verlust reagieren und die sie jedes Mal aufs neue beinahe zum seelischen Krüppel werden läßt. Clarissa Pinkola Estes, Autorin von *Women Who Run With the Wolves*, nennt diese Menschen »Sensible«. Auf ihrer Hörkassette »Warming the Stone Child« erklärt sie: »Für einen sensiblen Menschen ist es die reinste Hölle, mutterlos und verlassen zu sein, weil sie zu den Menschen gehören, die bluten, wenn man sie nur kratzt. Es sind Menschen, die sozusagen ohne Haut geboren sind; sie laufen mit freiliegenden Nerven herum.«[85] Ganz gleich, wieviel Beistand diese Töchter in ihrer Trauer erfahren, sie sind von ihrer nervlichen Konstitution her unfähig, sich von einem Verlust schnell zu erholen.

Frühe Bindungsmuster

Der englische Psychiater John Bowlby glaubte, daß das erste Bindungsmuster eines Kindes über dessen Widerstandsfähigkeit oder Verletzbarkeit bei späteren Schicksalsschlägen entscheidet.[86] Obwohl er nur Kinder im Alter bis zu sechs Jahren untersuchte, legt seine Hypothese nahe, daß die Art und Weise der frühen Bindung zwischen Tochter und Mutter etwas darüber aussagt, wie gut die Tochter es verkraften würde, die Mutter zu verlieren. Einem kleinen Mädchen mit einer ängstlichen Bindung an ihre Mutter, die zum Beispiel jedesmal, wenn die Mutter außer Sichtweite ist, in Panik gerät, kann die emotionale Fähigkeit fehlen, den Verlust ihrer Mutter oder einer anderen späteren Bezugsperson ohne heftiges Aufbegehren und intensives Leiden zu akzeptieren. Paradoxerweise sind es die Kinder, die eine sichere Bindung zu einer Hauptbezugsperson eingehen, die später zu wechselnden Beziehungen am ehesten fähig sind.

Wahrnehmung und Reaktion

Eine Tochter, die sich als kompetent erlebt und nach dem Tod der Mutter die Verantwortung für sich selbst übernimmt, lernt, sich in ihrer Umgebung zu behaupten.[87] Wenn sie meint, sie habe sich auf den Verlust hin eher aktiv verhalten, als nur reagiert, dann kann sie eine gewisse Selbstachtung und ein Selbstvertrauen entwickeln, das ihr hilft, sich gegen spätere Schicksalsschläge zu schützen.[88] Sie weiß dann, daß sie sich auf sich selbst verlassen kann.

Die Tochter, die sich selbst hilflos und einem Unglück gegenüber als machtlos erlebt, wird wahrscheinlich eher mit der Angst vor zukünftigen Verlusten groß. Anstatt sich die Kraft zur Überwindung einer solchen Krise zuzutrauen, lebt sie ständig in der Angst, es könne ihr ein weiterer schwerer Verlust zustoßen, an dem sie zerbrechen würde. Die dreiundvierzigjährige Mary Jo zum Beispiel, die acht Jahre alt war, als sie ihre Mutter verlor, und neun, als ihr jüngerer Bruder starb, wurde streng im katholischen Glauben erzogen und war der Überzeugung, daß Gott sie für ihr schlechtes Betragen bestrafen wolle. Da sie glaubte, sie sei gegen den göttlichen Willen machtlos, legte sie sich als Kind ins Bett und stellte sich vor, sie läge in einem Sarg, in der festen Überzeugung, sie wäre die nächste in der Familie, die sterben müßte. Außerdem hatte sie schreckliche Angst, ihren Vater zu verlieren, und später als Erwachsene übertrug sie diese Angst auch auf ihren Ehemann, ihre Arbeitsstelle und ihr Zuhause.»Mich hat immer die Angst gequält, wen oder was ich als nächstes verlieren würde«, erklärt sie. Die Scheidung von ihrem Ehemann bestätigte ihr einmal mehr, daß sie ihr Leben nicht im Griff hatte.

Die Fähigkeit zu trauern

Eine mutterlose Tochter, die die innere Reife besitzt und von ihrer Umgebung darin unterstützt wird, ihren Gefühlen Ausdruck zu verleihen, die Bedeutung des Verlusts zu erkennen und andere sichere Bindungen einzugehen, wird sich höchstwahrscheinlich mit dem Tod der Mutter abfinden und zukünftige Trennungen ohne übermäßige Erschütterung und Schmerz bewältigen. Eine Tochter jedoch, der es verboten war, Gefühle des Zorns oder der Trauer zu zeigen, die in einem Sumpf von Selbstverleugnung und Schuldgefühlen versank oder sich in ihrer Kindheit von einem weiteren Verlassenwerden bedroht sah, wird diesen ersten Verlust möglicherweise niemals betrauern. Erna Furman, die in den sechziger und siebziger Jahren mit einer Gruppe von Kinderanalytikern aus Cleveland die Auswirkungen des Verlusts eines Elternteils untersuchte, fand heraus, daß Kinder, die in ihrer Kindheit nicht wirklich trauern – was oft geschieht –, beim Tod eines anderen geliebten Menschen im Erwachsenenalter häufig Elemente des ersten Verlustes, einschließlich der Bewältigungsstrategien, reaktivieren, die sie in der Kindheit einsetzten.[89] Das Problem dabei ist – und das stellen viele Frauen fest –, daß die Strategien, die einer Zwölfjährigen über den Verlust hinweghelfen, nicht unbedingt auch bei einer Frau mit fünfunddreißig Jahren funktionieren. Wenn ein späterer Verlust eine Trauernde wieder zum Zeitpunkt des Todes ihrer Mutter zurückkatapultiert, dann fördert das ihre Trauerarbeit an dem ersten Verlust. Das Erleben späterer Verluste kann also ein wichtiger Schritt bei der langwierigen Trauer der Tochter um die Mutter sein.

Das trifft zu, wenn ein späterer Verlust den Bogen zu einem früheren schlägt, doch diese Verbindung wird nicht zwangsläufig hergestellt. Ein späterer Verlust reaktiviert einen früheren nur partiell, abhängig davon, wer der zweite Mensch ist, der stirbt oder weggeht, welche Ursache dieser zweite Verlust hat, in welchem Lebensabschnitt sich die Tochter gerade befindet und in welchem zeitlichen Abstand der zweite Verlust auf einen schweren anderen folgt.[90] Eva zum Beispiel verlor ihren Vater fünfundzwanzig Jahre, nachdem ihre Mutter gestorben war. Die Begleitumstände dieses zweiten Todes waren für sie als Erwachsene so grundlegend anders, daß sie ihn als Einzelfall wahrnehmen und vollkommen von dem Tod ihrer Mutter trennen konnte. Als jedoch ihr Mann, auf den sie angewiesen war, weil er einen Großteil ihrer emotionalen Bedürfnisse abdeckte, sie acht Jahre später verließ, waren die Verlassenheit und die Verzweiflung, die sie empfand, ihren Erfahrungen nach dem Tod ihrer Mutter so ähnlich, daß dieser Verlust sie wieder in die Trauer zurückversetzte, die sie als kleines Kind nicht bewältigt hatte.

Das alles wird noch komplizierter, wenn der Tod oder das Weggehen einer Mutter nicht der erste schwere Verlust im Leben der Tochter ist. Der Tod des Vaters oder eines Geschwisters, die Scheidung der Eltern, ein gestörtes Familienleben oder ein als traumatisch erlebter Umzug – all diese Ereignisse können bereits geschehen sein, bevor die Mutter stirbt. Sechs Prozent der 154 mutterlosen Frauen, die für dieses Buch befragt wurden, haben zuerst ihre Väter verloren, und 13 Prozent gaben an, daß ihre biologischen Eltern getrennt oder geschieden waren, als ihre Mütter starben.[91] Bei diesen Frauen löste der Tod der Mutter häufig Elemente eines noch *früheren* Verlustes aus und reaktivierte Bewältigungsstrategien, die sie zu jener Zeit entwickelt und auf die sie sich gestützt hatten. Vorausgegangene Familienprobleme wie Alkoholismus oder Mißhandlung können den Töchtern tatsächlich *helfen*, mit dem Verlust der Mutter fertig zu werden, zumindest kurzfristig. »Verlust ist für diese Kinder nichts Neues«, erklärt Therese Rando. »Sie haben bereits erfahren, was es heißt, sich hilflos zu fühlen, und können damit umgehen. Doch ich würde viel lieber eine Tochter sein, die eine, wie ich es nenne, ›allzu schöne Kindheit‹ gehabt hat, eine Kindheit ohne Verluste, denn dann würde ich mit der Zeit besser darüber hinwegkommen können.« Die Tochter mit einer schwierigen Kindheit, die früh gelernt hat »abzustumpfen«, ist auf diese Fähigkeit möglicherweise angewiesen, um über den ersten Schock nach dem Tod oder dem Weggehen der Mutter hinwegzukommen, doch fehlt ihr wahrscheinlich die feste Basis, die sie brauchen wird, um mit den nachfolgenden Veränderungen und den späteren Verlusten fertig zu werden, die sie unweigerlich erfahren wird.

Eine negative Erwartung an die Zukunft

Ich erinnere mich, wie ich vor einigen Jahren mal mit einigen Freundinnen beim Mittagessen saß. Wir waren alle ziemlich unzufrieden mit unserer Arbeitsstelle, doch der Gedanke, zu kündigen, erschien uns als zu leichtsinnig, um ihn ernsthaft in Erwägung zu ziehen. »Was hält uns denn eigentlich davon ab, es einfach zu tun?« fragte sich eine meiner Freundinnen laut. »Ich meine, was könnte denn schlimmstenfalls passieren?« Wir dachten alle kurz darüber nach. »Ich könnte die Raten für mein Auto nicht mehr zahlen«, sagte Jenna. »Man würde in meiner Berufssparte ewig über mich herziehen«, sagte Mary Lee. Und Susan fügte hinzu: »Ich würde verrückt werden, wenn ich den ganzen Tag mit meinen Kindern zu Hause säße.«

Angesichts dieser harmlosen Bilder persönlicher Katastrophen war ich nicht bereit, ihnen meine eigene Vorstellung des extremen Ernstfalls mitzuteilen. Ich konnte mir gut vorstellen, wie sie sich zu mir umdrehen und die Augenbrauen hochziehen würden, wenn ich sagen würde: »Man würde mich aus meiner Wohnung rausschmeißen, alles, was ich besitze, würde der Bank übereignet, niemand würde mich bei sich aufnehmen, ich würde auf der Straße landen, der Winter käme, und ich würde sterben.«

Mir ist bewußt, daß ich den einfachen Schritt, eine Arbeitsstelle zu kündigen, zu einem atemberaubenden Vernichtungsdrama hochgespielt hatte, doch mir erschien das alles überhaupt nicht so abwegig. Eine frühe Verlusterfahrung verwandelt die Bedeutung des Wortes »Ernstfall« schnell in einen apokalyptischen Alptraum. Kinder kommen demnach nicht deshalb zu spät zum Abendessen, weil sie vergessen haben, auf die Uhr zu sehen, sondern weil sie entführt worden sind. Kopfweh ist nie einfach nur ein Migräneanfall, sondern ein Gehirntumor. Das Flugzeug ist nicht in Luftturbulenzen geraten, sondern steht kurz vor dem Absturz. »Ich bestehe darauf, daß mein Mann anruft, wenn er später als geplant nach Hause kommt«, sagt die zweiunddreißigjährige Jess, die dreizehn war, als ihre Mutter starb. »Wenn er nicht anruft, gerate ich in Panik. Ich fürchte dann nicht, daß er sich mit einer anderen Frau trifft. Ich bin überzeugt, daß er irgendwo tot auf der Straße liegt.«

Jemand, den wir lieben, hat uns bereits verlassen. Wer sagt uns, daß das nicht wieder geschehen kann?

Solche düsteren Phantasien haben meist wenig mit der Wirklichkeit zu tun. Sie sind vielmehr die Auswüchse der Verletzbarkeit einer Frau, und der Ursprung liegt in der uneingestandenen Angst vor weiteren Verlusten und nicht in der nicht abgeschlossenen Trauer um einen Verlust in der Vergangenheit, erklärt Phyllis Klaus. Wenn eine Tochter ihre Mutter verliert, erfährt sie sehr früh, daß menschliche Beziehungen vergänglich sind und das Ende unberechenbar ist. Das erschüttert ihr Grundvertrauen und zerstört ihr Gefühl der Sicherheit. Sie entdeckt, daß sie nicht gefeit ist gegen Schicksalsschläge, und die Angst vor weiteren ähnlichen Verlusten kann sich zu einem charakteristischen Merkmal ihrer Persönlichkeit entwickeln. »Ich weiß, daß der Tod meiner Mutter mich zynisch gemacht hat«, sagt die fünfundzwanzigjährige Margie, die sieben war, als ihre Mutter Selbstmord beging. »Ich denke oft: Warum sollte mein Freund nicht von einem Bus angefahren werden? Das ist doch gar nicht so undenkbar. Es könnte durchaus geschehen. Welch riesiges Glück soll denn verhindern, daß all die Menschen, die ich liebe, nicht sterben?«

Die vierundvierzigjährige Carla, die mit fünfzehn beide Eltern verloren hat, erzählt: »Wenn wir mit dem Auto losfahren, denke ich oft: ›Und wenn nun ein Auto über den Mittelstreifen auf unsere Seite geschleudert wird und einer meiner Söhne dabei umkommt?‹ Ich weiß, daß andere Mütter auch an so etwas denken, aber ich glaube, mir geschieht das häufiger. Ich weiß, warum ich so denke, und sage mir: ›Okay. Du hast den Gedanken gedacht. Schieb ihn jetzt zur Seite. Du hast zwei wunderbare Söhne und ein erfülltes Leben, das im Moment sehr schön ist.‹ Ich glaube nicht, daß man mich für einen düsteren Menschen hält, der immer schwarzsieht, doch in mir herrschen manchmal – ich weiß nicht – recht düstere Phantasien. Es ist seltsam, so zu leben.«

Töchter ohne Mütter befällt sehr häufig diese panische und übertriebene Angst, einen geliebten Menschen zu verlieren, und da sie sich auch körperlich mit ihren Müttern identifizieren, entwickeln sie ein übermäßiges Interesse für ihre eigene Sicherheit oder Gesundheit. »In ihrem Beruf oder in anderen Lebensbereichen hat diese Frau vielleicht überhaupt keine Angst vor Risiken«, erklärt Phyllis Klaus. »Ihre Ängste sind sehr spezifisch und beziehen sich auf Krankheit oder Unfälle oder ähnliches. Es gibt einen Restbestandteil des verzögerten posttraumatischen Streß-Syndroms, das von dem ersten Verlust herrührt, und dieser Rest wird allein durch die Möglichkeit bestimmter Ereignisse ausgelöst.«

Möglichkeit: das ist hier das entscheidende Wort. Es ist nicht die Gewißheit, vor der wir uns fürchten. Es geht darum, *was geschehen könnte.* Wenn der Verlust einer Mutter zu einem familiären Chaos oder zu Verlassenheitsgefühlen führt, dann kann schon allein das Risiko eines weiteren Verlustes Angst machen und Verhaltensweisen auslösen, die den Status quo aufrechterhalten sollen.

Die zweiunddreißigjährige Candace beschreibt ihr Liebesleben in der Vergangenheit als ein Flickwert aus Zugeständnissen und Verweigerung, als eine Reihe von Versuchen, Beziehungen aufrechtzuerhalten, von denen sie wußte, daß sie zum Scheitern verurteilt waren. »Ich habe mich oft eher mit der Verschlechterung einer Beziehung abgefunden, anstatt die Möglichkeit einer Trennung ins Auge zu fassen«, gibt sie zu. »Ich glaube, ich bin jemand, der gefallen will, weil ich Angst davor habe, abgelehnt zu werden, egal von wem. In gewisser Weise habe ich den Tod meiner Mutter, als ich vierzehn war, gleichgesetzt mit ihrer Abkehr von der Welt und von uns – ihrer

Familie.« Wenn die Möglichkeit einer Veränderung die Erinnerung an ein Unglück wachruft, dann bedeutet Beständigkeit auch Sicherheit. Das ist ein Grund, warum so viele mutterlose Frauen in überlebten Beziehungen, Arbeitsstellen oder Wohnorten ausharren, obwohl sie schon lange wissen, daß sie sich eigentlich davon lösen sollten.

Vor kurzem wurde ich gefragt, was die größte Herausforderung in meinem Erwachsenenleben gewesen sei. Ich mußte nicht lange über die Antwort nachdenken: Ich weiß, es war die Erfahrung, mit Trennung und Verlust umgehen zu lernen. An manchen Tagen kann ich die schwierige Entscheidung fällen, mich von einer Beziehung oder einer Verpflichtung zu lösen, in dem Vertrauen, daß meine Gründe stichhaltig sind. Doch es gibt auch Tage, an denen ich so überempfindlich auf Verlassen und Verlassenwerden reagiere, daß ich schon beim Fortgehen aus meiner Wohnung beinahe anfange zu weinen, weil ich so traurig bin, daß meine Katze allein zurückbleibt.»Meinst du das ernst?« fragt mein Freund John, während ich noch unschlüssig an der Haustür stehe.»Sie hat ein Gehirn von der Größe eines Golfballes. Sie kennt den Unterschied zwischen einer halben Stunde und einem halben Tag nicht.«

Also gut. Er hat wahrscheinlich recht. Meine Katze wird sich nicht aus lauter Verzweiflung und Einsamkeit aus dem Fenster im neunten Stock stürzen. Und es ist unwahrscheinlich, daß mein Geliebter ohne Vorwarnung oder Erklärung einfach verschwinden wird. Und mein Halsweh ist vermutlich einfach nur Halsweh und nicht Kehlkopfkrebs. Ich weiß, die Wahrscheinlichkeit spricht dagegen. Doch bis ich konkrete Beweise habe, daß diese Dinge nicht geschehen werden, bis ich das ganz sicher weiß, so lange ist ein Teil von mir immer in Habachtstellung. Immer in Bereitschaft. Immer dabei, wohldurchdachte und unnötige Pläne auszuarbeiten.

Der Verlust des zweiten Elternteils

Als ich zwanzig war, verlangte ich von meinem Vater, er solle mir die Bedingungen seiner Lebensversicherungspolice darlegen. Es ging ihm gesundheitlich nicht besonders schlecht, doch ich brauchte die Garantie, daß für meinen Bruder, meine Schwester und mich gesorgt

sei. Ihm könnte jederzeit etwas zustoßen; dessen war ich mir ganz sicher. Manchmal, wenn ich spät nachts den Flur entlangging, blieb ich vor seiner geschlossenen Schlafzimmertür stehen und horchte auf sein gleichmäßiges Atmen. Konnte ich nichts hören, öffnete ich die Tür einen Spalt weit, einfach nur, um zu sehen, wie sich seine Brust hob und senkte.
    Ich schau einfach schnell nach, sagte ich mir. Ich will mich nur vergewissern, daß wir noch in Sicherheit sind.
    Die Erfahrung, einen Elternteil zu verlieren, lehrt uns genau das – wie man einen Elternteil verlieren kann. Doch es bereitet uns nicht auf den Verlust des zweiten Elternteils vor.»Der Tod des zweiten Elternteils hat eine vollkommen andere Dimension«, sagt Therese Rando, die mit achtzehn beide Eltern verlor.»Wenn ein Elternteil stirbt, verändert sich die Welt auf dramatische Weise und vollständig, doch man hat noch einen Elternteil übrig. Wenn dieser zweite Elternteil stirbt, bedeutet das den Verlust aller Bindungen, und was ist dann mit dir? Du verlierst deine Geschichte, das Gefühl deiner Beziehung zur Vergangenheit. Und du verlierst den letzten Puffer zwischen dir und dem Tod. Auch wenn du inzwischen erwachsen bist, ist es sonderbar, zur Waise zu werden.«
    Die Identität einer Tochter verändert sich schlagartig, wenn beide Eltern sterben. Niemand nennt sie mehr »Tochter«. Wenn sie eine junge Frau ist, die ihre eigenen Entscheidungen treffen kann, versetzt sie dieser zweite Verlust in ein Entwicklungsstadium der Individualität, in dem sie nur noch sich selbst gegenüber verantwortlich ist.»Als ich sechsundzwanzig war, verlor ich meine beiden Eltern«, erzählt Christine, die heute fünfunddreißig ist.»Und plötzlich hatte ich niemanden mehr, der mir sagte, was ich tun sollte. Ich konnte tun und lassen, was ich wollte. Das ist ein unheimliches Gefühl, wenn du plötzlich ganz frei bist und feststellst, es gibt niemanden mehr, mit dem du Rücksprache halten mußt. Niemanden, der dich fragt: ›Was machst du?‹ oder der sagt: ›Vielleicht solltest du noch einmal darüber nachdenken.‹ Du trägst auf einmal die ganze Verantwortung für dich allein, und du denkst: *Was mache ich denn bloß?*
    Die Tatsache, daß sie so früh beide Eltern verloren hat, hat sie zu einer reiferen, unabhängigeren Frau werden lassen, als sie unter anderen Umständen geworden wäre, glaubt Christine. Waisen verlieren und gewinnen, meint Clarissa Pinkola Estes.»Sie sind sehr fein-

fühlige Menschen, weil sie so viel gelitten haben«, sagt sie. »Sie haben gelernt, einen Sensor zu entwickeln, um zu wissen, wo der nächste Stoß oder Schlag herkommt. Als Erwachsene besitzen sie eine Sensibilität, die häufig geradezu unheimlich sein kann. Sie können bei anderen Menschen nicht nur die schlechten, sondern auch die guten Seiten erkennen. Das einzige Problem besteht darin, daß sie sich häufig über ihr intuitives Wissen hinwegsetzen, vor allem, wenn sie glauben, sie könnten sich Zuneigung sichern. Es ist beinahe eine Art Tauschhandel, was sie da machen.«[92]

In der Tochter, die in jungen Jahren einen Elternteil verliert, kann der Tod des zweiten Elternteils eine neue Phase der Trauer um den ersten Elternteil auslösen. Die zweiunddreißigjährige Mariana war sechzehn, als ihre Mutter starb, und nach einer ersten Phase des Schocks und der Verleugnung, die zwei Monate anhielt, begann sie, intensiv zu trauern.

> Ich habe fünf Jahre gebraucht, um über den Schmerz hinwegzukommen. Jedes Jahr, wenn das Datum des Geburtstags meiner Mutter, des Hochzeitstages meiner Eltern oder des Todes meiner Mutter näherrückte, ging es mir fürchterlich schlecht. Und dann, nach ungefähr fünf Jahren, hörte das auf einmal auf. Es war nicht so, daß ich aufhörte, sie zu vermissen, doch es tat nicht mehr ständig so weh. Aber als dann Daddy starb, bin ich ausgerastet. Er ist letzten November, fünfzehn Jahre nach Mommy, gestorben. Da war dann das Gefühl: Jetzt ist niemand mehr da. Es war, als ob ich zwei anstatt nur einen verlieren würde. Sein Tod ließ, zusätzlich zu der Trauer um ihn, alle Erinnerungen an meine Mutter wieder in mir lebendig werden.

Obwohl ihr zweiter Verlust die Trauer um ihre Mutter wiederaufleben ließ und den neuen Schmerz, jetzt elternlos zu sein, in ihr auslöste, begegnete Mariana dem Tod ihres Vaters als einunddreißigjährige Erwachsene, die sich ihrer selbst sicherer und emotional reifer war, als sie es mit sechzehn gewesen war. Ihre intensive Trauer um ihn setzte sofort ein und dauerte knapp ein Jahr. Während sie seinem ersten Todestag entgegensieht, sagt Mariana, fühle sie sich stärker und auch besser gewappnet, diesen Tag durchzustehen, als sie es als Heranwachsende gewesen war, nachdem ihre Mutter gestorben war.

Eva, die ihre Mutter verlor, als sie acht Jahre alt war, und ihren Vater, als sie fünfunddreißig war, maß als Erwachsene dem Verlust eines Elternteils eine andere Bedeutung bei. Ihre Altersgenossen begannen gerade, das gleiche zu erleben, und sie empfand den Tod als ein traumatisches, jedoch zeitlich angemessenes Ereignis. Infolgedessen konnte sie trauern und sich mit dem Verlust abfinden, ohne allzu lange und andauernd unglücklich zu sein. »Ein Kind erlebt den Tod wirklich vollkommen anders als ein Erwachsener«, sagt sie. »Ich habe überhaupt nichts begriffen, als ich acht war. So tragisch und so traurig der Tod meines Vaters auch war, er warf mich nicht aus der Bahn. Er war verständlich. Ich hatte nicht gewußt, wie verwirrend der Tod meiner Mutter für mich gewesen war, bis mein Vater fünfundzwanzig Jahre später starb.«

Der Verlust eines Elternteils während der Kindheit oder der Pubertät ist an sich schon traumatisch genug für eine Tochter, doch manchmal folgt auf den Tod der Mutter auch noch der Verlust des Vaters, oder umgekehrt. Obwohl die Weltgesundheitsorganisation den Begriff *Waise* als ein Kind definiert, das entweder keine Mutter oder keine Eltern mehr hat, verstehen doch die meisten von uns – wie auch Dickens – darunter ein Kind, das allein und ohne Angehörige dasteht.[93] Im Jahr 1988, dem letzten Jahr, für das uns Statistiken zur Verfügung standen, entsprachen dieser Definition 27 000 amerikanische Kinder bis zum Alter von achtzehn Jahren – man nennt sie »Vollwaisen« – und weitere 75 000 im Alter zwischen neunzehn und sechsunddreißig Jahren.[94]

Für ein Kind, das einen Vormund braucht, bringt der Verlust des zweiten Elternteils meist auch einen Wohnortwechsel und neue Bezugspersonen mit sich. Die Tochter wird vielleicht bei Verwandten oder in einem Waisenhaus untergebracht. Wenn sie Geschwister hat, bleiben diese ihre einzige lebendige Verbindung zu ihrer Ursprungsfamilie, und die Bedeutung, die sie füreinander haben, nimmt möglicherweise zu. Die dreiundvierzigjährige Darlene sagt, ihre jüngere Schwester sei die einzige beständige Person in ihrer Kindheit gewesen, nachdem sie im Alter von zehn Jahren ihre Eltern durch Unfälle verloren hatte. »Meine Schwester und ich sind uns immer sehr nahe gestanden«, erinnert sich Darlene. »Wenn jemand versucht hätte, uns zu trennen, wäre das unser Ende gewesen. Ich glaube nicht, daß ich das hätte ertragen können. Wenn ich ein Einzelkind gewesen wäre, hätte ich vermutlich auf andere Weise damit fertig werden müssen. Doch ich hatte meine Schwester, und wir konnten uns gegenseitig die nötige Unterstützung, Bestätigung und Anerkennung geben. Das tun wir auch heute als Erwachsene noch.«

Die junge Waise muß auf ihrer Suche nach einem Ersatz für die elterliche Liebe, die sie verloren hat, wahrscheinlich lange und einsame Wegstrecken durchmachen. Nachdem ihre beiden Eltern bei einem Autounfall ums Leben gekommen waren, als sie dreizehn war, lebte Diane, die heute neununddreißig ist, in den folgenden drei Jahren an neun verschiedenen Orten, immer auf der Suche nach einem Platz, wo sie sich hingehörig fühlte. »Ich habe mich so verloren gefühlt«, erzählt sie. »Ich habe Drogen ausprobiert. Ich war in den ersten Jahren in sexuellen Dingen ziemlich locker und freizügig. Ich habe nach Liebe gesucht, nach etwas, das den Schmerz betäubt und mir das Gefühl gibt, daß ich dazugehöre.« Sie entdeckte, daß Witze die Spannung lockerten und ihr ein positives Feedback einbrachten. Humor wurde ihre Bewältigungsstrategie, auf die sie sich stützte, um ihr Gefühl der Isolation und des Entwurzeltseins zu lindern.

Heute ist Diane eine erfolgreiche Stegreifkomikerin. Ihre frühe Erfahrung als Waisenkind hat in ihr den festen Willen zu überleben geweckt, und sie ist der Meinung, daß ihre Zuschauer das wahrnehmen und bewundern. »Meine Lebenskraft ist sehr stark, und die Leute fühlen sich davon angezogen«, sagt sie. »Es ist kaum zu glauben, was für Geschichten ich nach meinen Auftritten manchmal zu hören bekomme, unglaubliche Geschichten von Leid und Schmerz. Viele Frauen kommen zu mir und erzählen mir, daß sie auf dem Weg sind, sich zu heilen. Sie sagen: ›Wissen Sie, Sie haben mir sehr viel Kraft gegeben.‹ Ich weiß nicht genau, warum. Ich spreche auf der Bühne eigentlich nicht über meine Vergangenheit. Es ist einfach etwas, das sie bei mir erspüren.«

Das aus dem Griechischen stammende Wort »orphan«, zu Deutsch »Waise«, wurde schon von den Alchemisten benützt; damit wurde ein ungewöhnlicher Edelstein bezeichnet, der sich einst in der Kaiserkrone befand, vergleichbar dem, was wir heute einen »Solitär« nennen.[95]

Manche frühe Waisen finden in dieser Assoziation, in der ihr Los mit der Position eines Solitärs verglichen wird, einen Trost, da dadurch der doppelte Verlust gewissermaßen einen Sinn erhält. Die fünfundzwanzigjährige Margie, die sieben war, als ihre Mutter starb, und die danach bei ihrem gleichgültigen Vater und einer ihr feindlich gesinnten Stiefmutter lebte, mit denen sie heute kein Wort mehr wechselt, sagt: »Ich habe mich emotional einsam gefühlt, nachdem meine Mutter starb, und das hat in gewisser Weise mein Gefühl gesteigert, etwas Besonderes und Einmaliges zu sein. Ich spürte, daß ich mich selbst erziehen und für mich selbst Sorge tragen mußte. Manchmal frage ich mich, ob mein Gefühl der Einmaligkeit schlecht ist. Ich frage mich, ob ich irgendeinen Vorteil daraus ziehe, daß ich glaube, ich wäre so auffallend anders.« Das Gefühl, »besonders« zu sein, wurde zu Margies Verteidigungsstrategie und half ihr, eine schwierige und einsame Pubertät durchzustehen. Damit konnte sie kompensieren, daß sie schon in jungen Jahren ihre Mutter im physischen Sinne und ihren Vater im emotionalen Sinne verloren hatte. Jetzt als Erwachsene ist sie sich jedoch bewußt, wie gefährlich eine solche Selbstdefinition sein kann. Insgeheim gefällt es ihr, anders zu sein als die meisten Frauen, die sie kennt, doch sie ist sehr vorsichtig, ihre Selbstwahrnehmung nicht zu einer Art Selbstüberschätzung werden zu lassen.

Wie das Beispiel von Margie zeigt, muß eine Frau nicht beide Elternteile durch Tod verlieren, um für sich die Assoziation zu dem Solitärstatus des Waisenkindes herzustellen. Viele Frauen ohne eine enge Bezugsperson, die noch einen oder sogar beide Elternteile besitzen, bezeichnen sich dennoch als geistige oder emotionale Waisen. Ihre Mütter geben ihnen, obwohl sie körperlich präsent sind, nur wenig emotionalen Rückhalt; ihre Väter spielen, obwohl sie noch leben, kaum eine Rolle in ihrem Leben. Ihre dringendsten emotionalen Bedürfnisse als Kinder wurden nie befriedigt.

Weil Kinder, die früh zu Waisen wurden, nach einem Grund suchen, warum gerade ihnen eine solche Katastrophe widerfahren ist, nehmen sie Zuflucht zur Religion, zur Metaphysik, zu rationalen Erklärungen, sogar zu Gemeinplätzen – zu allem, was ihnen hilft, an eine Welt zu glauben, die nicht so willkürlich ist, daß einem jederzeit ein Unglück zustoßen kann, und in der sie nicht verloren oder auf irgendeine geheimnisvolle Weise gezeichnet sind. Ein Mädchen nutzt alle kognitiven und emotionalen Hilfsmittel, die ihr zum Zeitpunkt des Verlustes zur Verfügung stehen; als Heranwachsende und später als Erwachsene verarbeitet sie die Bilder immer wieder neu und sucht auf jeder Entwicklungsstufe erneut nach Trost. Darlene sagt, ihre Sinnsuche habe bis ins Erwachsenenalter hinein angehalten:

> Zwischen dreißig und vierzig drängte es mich wirklich, eine Antwort zu finden. Mein Mann und ich stammen beide aus einem sehr religiösen Milieu, aber nach unserer Hochzeit sind wir nicht mehr oft in die Kirche gegangen. Unseren Sohn wollten wir so ähnlich erziehen, wie wir erzogen worden waren, und wir sind wieder öfter in die Kirche gegangen. Ich habe damals viel gebetet, um Hilfe und Beistand. Mein Mann kann wirklich gut über solche Dinge reden. Ich habe stundenlange Gespräche mit ihm geführt. Es ist einfach etwas, von dem ich nie erfahren werde, warum es passierte oder warum es gerade mir passierte. Ich möchte daran glauben, daß es einen Grund gibt, warum auch meine Mutter sterben mußte. Manchmal denke ich, vielleicht, weil sie meinen Vater so schrecklich vermißt hat, und jetzt sind sie zusammen und glücklich. Es hat mir sehr geholfen, in dieser Weise darüber nachzudenken.

Verlust ist ein ebenso unabdingbarer Teil des Lebens wie der Herzschlag und ebenso unvermeidlich wie das Hereinbrechen der Nacht. Diese Erkenntnis gilt in besonderer Weise für Frauen, deren geschlechtsspezifische Erfahrungen doch so eng mit Trennung und Verlust verbunden sind. In ihrem Aufsatz »The Normal Losses of Being Female«[96] erklärt Lila J. Kalinich, zwar erführe auch ein Mann im Laufe seines Lebens potentielle wie auch reale Verluste, doch eine Frau mache etwa alle zehn Jahre eine bedeutende Verlusterfahrung: die erste Individuationsphase im Kindesalter; das Ende der Kindheit, wenn die Menstruation einsetzt; die zweite Individuationsphase während der Pubertät; der Verlust der Jungfräulichkeit auf der Schwelle zum Erwachsenwerden; der eventuelle Verlust ihres Nachnamens bei der Heirat; der Verzicht auf bestimmte Aspekte der Mutterschaft oder der Berufsausübung, wenn sie sich gegen eine Verbindung von beidem entscheidet; der Auszug der Kinder aus dem Elternhaus; der Verlust der Gebärfähigkeit während der Wechseljahre; und, da Frauen ihre Männer meist überleben, der Witwenstand. Biologisch und sozial ist das Leben einer Frau immer von Verlust begleitet. Innerhalb dieses größeren Gesamtrahmens ist der Verlust der Mutter eine unausweichliche und dennoch tragische weibliche Erfahrung.

Eva, Mary Jo und Margie haben als Erwachsene einen mitfühlenden therapeutischen Begleiter gefunden, der ihnen half, den Tod ihrer Mutter zu betrauern. Andere Frauen, die für dieses Buch interviewt wurden, gaben an, daß tiefe Religiosität, zuverlässige Liebesbeziehungen und enge Freundschaften ihnen den nötigen Rückhalt gaben und ihnen halfen, mit nachfolgenden Trennungen und Verlusten fertig zu werden und ihnen mit weniger Angst zu begegnen.

»Nach dem ersten Tod gibt es keinen zweiten«, schrieb Dylan Thomas.[97] Er wußte, wie folgenschwer dieser erste Verlust sein kann. Er lastet auf unseren Schultern und bestimmt unsere Reaktion auf zukünftige Verluste, bis wir ihn endgültig verarbeitet haben. Wenn man in jungen Jahren einen Elternteil verliert, entwickelt man eine gesteigerte Sensibilität gegenüber späteren Verlusten. Die schwierige Aufgabe besteht darin, diese frühe Erfahrung nicht zu unterdrücken, sondern sie anzunehmen und zu verstehen und so zu verhindern, daß sie unser Leben als Erwachsene nachhaltig beeinträchtigt.

II
Veränderung

Sophie starrte die Pfannen an, die sich auf der Anrichte türmten. »Findet ihr das nicht irgendwie traurig – nur wir?«
»Was meinst du damit?« fragte Caitlin. »Wir sind eine Familie.«
»Ja, aber ich hab nicht das Gefühl, daß wir alle da sind.«
»Sind wir auch nicht«, sagte Chicky.
»Joanie hat gesagt, das erste Jahr muß vorbei sein, bevor man sich daran gewöhnen kann«, sagte Caitlin.
»Dann haben wir ja noch einen Monat«, sagte Chicky. Der Unfall war jetzt elf Monate her.
»Ich glaube nicht, daß ich mich daran gewöhnen werde«, sagte Delilah mit Abscheu.
»Na ja, es ist mehr als bloß Mum«, sagte Sophie.
Alle nickten. Nicht eine, sondern tausend Sachen fehlten. Das Haus war voller fehlender Sachen, trotz der Weihnachtsdekoration überall ... Die Mädchen brachten alle Weihnachtssachen dahin, wo sie immer hinkamen – sie stellten die Krippe auf den chinesischen Tisch in der Halle, hängten die Lorbeergirlande ans Treppengeländer, steckten die Holzäpfel in die Tannenkränze. Sie klebten die Weihnachtskarten an den Treppenbalken, so wie Mum das gemacht hatte, und zündeten die Duftkerze an. Nichts war wie vorher.

Susan Minot, *Kinder*

Kapitel fünf

Papis kleines Mädchen

DIESES KAPITEL KANN ICH NICHT SCHREIBEN, ohne meinem Vater weh zu tun. Oder ohne seiner Reaktion mit Beklommenheit entgegenzusehen. Schon beim Schreiben dieses Satzes sehe ich, wie seine Hände zittern, wenn er die Manuskriptseiten umschlägt; wie sich sein Mund mißbilligend verzieht; wie sich sein Gesicht verschließt, so wie das immer geschah, wenn die Unterhaltung auf ein schmerzliches Thema kam und er nicht darüber sprechen wollte. Schweigen und Rückzug, das war stets seine Schutztaktik gewesen. Und lauter als das Klappern meiner Computertastatur höre ich jetzt das Klicken am anderen Ende der Telefonleitung, wenn er auflegt, wappne mich gegen das Zuschlagen seiner Schlafzimmertür und sehe seinen breiten Rücken im Flur verschwinden, wenn er sich zurückzieht. Und obwohl ich heute erwachsen bin, ruft ihm eine Stimme in meinem Inneren nach: *Bitte, Daddy, geh nicht weg.* Ich nehme an, die Erklärung für meine ständige Angst, verlassen zu werden, ist einfach die, daß meine Mutter starb, als ich siebzehn war; doch diese Begründung hat mir noch nie besonders eingeleuchtet. Obwohl mir ihr Tod in einer Art Schnellverfahren beigebracht hat, daß Beziehungen vergänglich sind, weiß ich und wußte ich immer, daß meine Mutter eigentlich nicht weggehen wollte. Bei meinem Vater aber lagen die Dinge ganz anders. Die Gefahr, daß er uns verließ, bestand sowohl symbolisch als auch tatsächlich und bedrohte uns seit meiner Kindheit, als er nach einem Streit aus dem Haus rannte. Eines Abends, als ich schon in meinem zweiten Collegejahr war, rief mich meine Schwester an. Sie weinte und bat mich inständig, etwas zu unternehmen, weil mein Vater, der sich den Aufgaben eines alleinerziehenden Vaters nicht mehr gewachsen fühlte, gerade seine Koffer packte.

Er ist in jener Nacht schließlich doch nicht weggegangen, aber meine Geschwister und ich lernten sehr schnell, nur auf Zehenspitzen über das Minenfeld dieses unbekannten Terrains zu gehen, das unser Zuhause jetzt darstellte, und nicht zu sehr auf einem Thema herumzureiten, das unseren Vater explodieren lassen könnte. Eine Freundin von mir, die mit acht Jahren ihre Mutter verlor, bezeichnet diese Art des vorsichtigen Lavierens als einen Eiertanz zwischen der Angst vor Zurückweisung und der Verleugnung des eigenen Selbst. Ihren Vater mit einem schmerzlichen Thema zu konfrontieren, barg das Risiko, daß auch er sie verlassen würde, sagte sie. Doch so zu tun, als ob es diese Themen gar nicht gäbe, hieß für sie, die eigene Realität auf krasseste Weise zu verleugnen. Weil die Kinder in meiner Familie zu klein – und zu verängstigt – waren, um ein Verlassenwerden riskieren zu können, wählten wir das Schweigen. Wenn mein Vater einmal seine Gefühle zeigte und uns seinen Schmerz sehen ließ, zwangen wir ihn absichtlich zurück in den Schutz der Verdrängung. Seine Tränen waren für uns die Vorboten eines Zustandes, der, so glaubten wir, in einen vollständigen Zusammenbruch münden und die einzige Sicherheit, die wir noch besaßen, untergraben würde. Unser Vater hat uns nie Raum gelassen, unsere Gefühle zu äußern, doch auch wir haben ihm keine Chance gegeben, seine Gefühle zu zeigen.

Heute ist mein Vater vierundsechzig. Er hat nicht wieder geheiratet. Soweit ich weiß, hatte er keinerlei Frauenbekanntschaften. Er lebt in dem Haus, in dem ich aufgewachsen bin; die Wintersachen meiner Mutter hängen immer noch in einem Schrank im Untergeschoß, und auf ihren alphabetisch aufgereihten Gewürzdosen im Küchenregal sammelt sich der Staub. »Es ist das Haus deiner Mutter«, erklärte er mir vor zwei Jahren, als ich ihn überreden wollte auszuziehen.

Zu hören, daß er nach all diesen Jahren immer noch trauert, hinter Mauern, die so dick sind, daß ich sie nicht durchbrechen kann, schmerzt mich mehr, als ich sagen kann. Ich will damit nicht sagen, daß wir überhaupt keine Beziehung zueinander haben. Wir treffen uns einmal im Monat zum Mittagessen und telefonieren jede Woche einmal miteinander. Er fragt, wie es mir geht, redet über das Wetter und dann fragt er, wie es meiner Arbeit geht. Nach einer Pause erzähle ich ihm, daß es mir gutgeht. Ich frage, wie es ihm geht, und er sagt, ihm gehe es gut. Seit dreizehn Jahren geht es uns beiden »gut«. Eine weitere Pause, und dann verabschieden wir uns.

Es sind diese Pausen, über die ich nachdenke, wenn wir aufgelegt haben, diese hörbaren Auslassungen, die all unsere Gespräche kennzeichnen. Wir kennen die Grenzlinien sehr genau, mein Vater und ich. Zurückweisung ist heute beiderseits möglich. Ich frage mich oft: Warum unterhalten wir uns nie über etwas Wesentlicheres als den Wetterbericht? Und dann muß ich mich selbst fragen: Haben wir denn je anders miteinander gesprochen?

Ich muß in die Vergangenheit zurückgehen und sehen, wie alles anfing.

Über das Leben meines Vaters vor meiner Geburt weiß ich sehr wenig, ich kenne nur ein paar unzusammenhängende Anekdoten, die er hin und wieder erzählte. Er wuchs zur Zeit der Wirtschaftskrise in New York auf, und er hatte einen älteren Bruder. Seine Großeltern betrieben einen Zeitungskiosk an der Ecke. Sonntagnachmittags ging er für einen Vierteldollar ins Kino und kaufte sich für zehn Cents drei Zuckerstangen.

Die Geschichten, die er uns aus seiner Kindheit erzählte, waren kurze, bewußt ausgewählte Gleichnisse, aus denen ich etwas lernen sollte. Als ich um eine Erhöhung meines Taschengeldes bat, erzählte er mir, wie er seine Mutter einmal um fünf Cents für ein Eis gebeten hatte und sie nicht einmal so viel Kleingeld gehabt hatte. Als die Schuldirektion vorschlug, ich solle den Kindergarten überspringen und direkt in die erste Klasse gehen, bestand er darauf, daß ich bei den Kindern meiner Altersgruppe bleibe. Er selbst hatte auf der Grundschule zwei Klassen übersprungen und war deshalb unglücklich gewesen, weil er immer zu jung war, um wirkliche Freunde zu finden.

Über die Familie meiner Mutter weiß ich eine Menge zu berichten, über die Einwanderung ihrer Großeltern aus Rußland und Polen, über ihre acht Tanten und Onkel, ihre beiden jüngeren Schwestern und über ihre Eltern, die ich alle gekannt hatte. Doch die Familie meines Vaters ist mir immer ein Rätsel geblieben. Sie ist klein – nur sein Bruder und eine Tante leben noch. Und er hat sich über seine Vergangenheit immer ausgeschwiegen. In der Schachtel mit den Manschettenknöpfen, die auf seiner Kommode steht, habe ich einmal ein Foto meines Vaters gefunden, das kleine Schwarzweiß-Porträt eines dunkelhaarigen, ernst blickenden Mannes, der meinem Vater auffallend ähnlich sah. Als Kind habe ich mich manchmal auf Zehenspitzen gestellt und es heimlich betrachtet, und ich habe mir versucht vorzustellen, wo mein Vater herkam und wie er wohl im Alter sein würde. Meine Mutter erzählte mir einmal, daß mein Großvater väterlicherseits mit zweiundfünfzig einen Schlaganfall hatte und starb, kurz nachdem sich meine Eltern kennengelernt hatten. »Darum nörgele ich immer an deinem Vater herum, daß er mit dem Trinken und dem Rauchen aufhört und auf sein Gewicht achten soll«, erklärte sie mir. Als ich das vor ein paar Jahren meinem Vater gegenüber erwähnte, sah er mich aufrichtig erstaunt an. »Mein Vater ist aber mit siebenundfünfzig an Krebs gestorben«, sagte er zu mir, und mehr sagte er nicht.

Reserviertheit ist schon immer einer der hervorstechendsten Charakterzüge meines Vaters gewesen, und durch den begrenzten Kontakt, den wir zueinander hatten, als ich klein war, wurde seine Zurückhaltung noch betont. Victoria Secunda schreibt: »Mütter repräsentieren den Tag, Väter die Nacht – und das Wochenende, die Ferien, das Abendessen in einem Restaurant«,[98] und damit beschreibt sie ganz genau die Familie, in der ich die ersten siebzehn Jahre meines Lebens verbrachte. Meine Mutter war immer da; mein Vater war der Elternteil, der kam und ging; er verließ jeden Morgen, bevor ich aufwachte, das Haus, um zur Arbeit zu gehen, und kehrte rechtzeitig zum Essen und zum Abendprogramm im Fernsehen zurück. Das Praktische und Tatkräftige – das waren die Domänen meines Vaters. Er brachte mir bei, wie man einen Baseball wirft und wie man den Rasen mäht. Er korrigierte meine Mathematik- und Chemie-Hausaufgaben. Er zeigte mir, wie man ein Zelt aufschlägt. Er war die Autoritätsperson meiner Kindheit, die ferne, jedoch übermächtige Figur, die die Hausregeln festlegte. Er verteilte das Taschengeld und erteilte Rügen. Wenn wir mit dem Auto unterwegs waren, saß immer er am Steuer.

Meine Mutter war diejenige, die mich jeden Morgen weckte, darauf achtete, daß ich zum Frühstück mein Glas Orangensaft trank, und mir, wenn ich zum Bus rannte, immer »Mach's gut« nachrief. Sie war da, wenn ich von der Schule nach Hause kam. Sie kümmerte sich um meine Kleidung, begleitete meine Grundschulklassen auf Exkursionen und las mir Gute-Nacht-Geschichten vor. Meine Mutter lehrte mich Klavierspielen, ein Drei-Gänge-Menü zu kochen und einen einfachen Schal zu stricken. Alles, was Geduld und Ausdauer erforderte, gehörte zu ihrem Bereich, und folglich verbrachte ich die meiste Zeit in ihrer Gesellschaft.

An dem Tag, als meine Mutter starb, versammelte mein Vater seine drei Kinder im Morgengrauen um den Küchentisch. Er blickte uns so erstaunt und seltsam an, als wollte er fragen: ›Kennen wir uns?‹ Und ich begriff zum ersten Mal wirklich, daß ich jetzt nur noch einen Elternteil hatte, meinen Vater, den ich kaum kannte und auch nicht besonders mochte. Über das Thema »gute Mutter/schlechte Mutter« ist viel geschrieben worden, doch über die entsprechenden Kategorien unserer Väter kaum etwas. »Ein Mann, zwei Väter, Papi und der andere Vater«; so beschreibt Letty Cottin Pogrebin ihren Vater in ihren Lebenserinnerungen *Deborah, Golda, and Me*.[99] Wenn mich mein Gedächtnis im Stich läßt, dann zeigen mir unsere alten Filme aus den sechziger Jahren, daß ich einen Vater hatte, der mich auf seinen Schultern reiten und die Kerzen auf seiner Geburtstagstorte ausblasen ließ. Dieser Vater ist der Mann, der sich in den ersten Jahren nach dem Tod seiner Frau wirklich alle Mühe gab, die Lücke zu füllen. Er änderte seine Arbeitszeiten, so daß er abends um fünf zu Hause sein konnte. Er gab uns Geld, damit wir uns unsere Kleidung selbst kaufen konnten. Eines Tages kam er mit einem Mikrowellenherd nach Hause und brachte sich selbst das Kochen bei. Meist deckte ich den Tisch und sah ihm dabei zu, wie er das Essen zubereitete: ein großer Mann in einer Küchenschürze, der in seinen neuen Kochbüchern blätterte, während auf dem beschlagenen Whiskyglas neben ihm die Tropfen perlten. In den Sommermonaten grillte er, und an zwei Abenden in der Woche ließen wir uns etwas zu essen kommen.

Ich liebte ihn um dieser Mühe willen, die er sich machte, und begriff doch nur vage, wie schwer dieser Wechsel vom Ehemann und Teilzeit-Vater zum alleinerziehenden Vollzeit-Vater für ihn sein mußte. Ich erinnere mich an sein bedrücktes Gesicht, als wir das erste Mal nach dem Tod meiner Mutter einen Ausflug mit dem Auto machten und niemand von uns auf dem Beifahrersitz sitzen wollte.

Doch meistens sah ich ihn nur als den »anderen Vater«. Ich war immer die Beschützerin meiner Mutter gewesen, ich verteidigte sie, wenn meine Eltern sich stritten, und in unseren nachmittäglichen Schlafzimmergesprächen »von Frau zu Frau« hatte ich Dinge über ihre Ehe erfahren, die eine Tochter von sechzehn Jahren eigentlich nicht wissen sollte. Man sagt, wenn eine Mutter sich bei ihrer Tochter bitterlich über ihren eigenen Ehemann beklagt, macht sie die Tochter dadurch zu ihrer Verbündeten, bindet sie über den Tod hinaus an sich und verhindert, daß die Tochter eine eigenständige Beziehung zu ihrem Vater entwickelt.[100] Ich weiß, daß ein Teil meiner Wut auf meinen Vater auf diese Art und Weise entstanden ist. Doch diese Wut stammt überwiegend daher, daß er meine Mutter über den Ernst ihrer Krankheit in Unkenntnis gelassen und ihr damit die Möglichkeit versagt hat, Trost in der Religion zu suchen, an die sie so fest glaubte, oder in irgendeiner Form Abschied zu nehmen. Und darüber hinaus war ich auch wütend auf ihn, weil er nur ein Vater war. Als meine Mutter nach ihrem Tod zu einer Heiligen wurde, habe ich meinen Vater zum Missetäter schlechthin erklärt. Sosehr er sich auch bemühte – nichts, was er tat, konnte mich auch nur im geringsten zufriedenstellen. Sein schlimmster Fehler bestand darin, daß er nicht sie war.

Ich weiß, daß mein Vater seine Kinder über alles liebt und daß er für unsere Sicherheit sein Leben geben würde. Er zeigt seine Liebe, so gut er eben kann: mit seinen kurzen, wöchentlichen Telefonanrufen; mit den kleinen Päckchen ohne Absenderangabe, gefüllt mit Batterien und 90-Minuten-Cassetten für meine Interviews; und mit den Zehn-Dollar-Noten, die er mir jedesmal beim Abschied in die Tasche schiebt. Ich kenne ihn jedoch auch als einen emotional unzuverlässigen Menschen, der sich so kindisch verhält, daß seine Kinder das Gefühl haben, sie müßten die Elternrolle übernehmen. Es ist schwer genug, gleichzeitig Gut und Böse in einem Elternteil zu akzeptieren, der gestorben ist. Doch wie soll man die Gefühle von Liebe und Wut, die man dem noch lebenden Elternteil entgegenbringt, in Einklang bringen?

Ich habe lange geglaubt, daß die Kluft zwischen meinem Vater und mir absonderlich sei, in gewisser Weise sogar beschämend, doch als ich dreiundneunzig andere mutterlose Frauen nach ihrer gegenwärtigen Beziehung zu ihrem Vater befragte, entdeckte ich, daß ich absolut keine Ausnahme darstellte. Nur dreizehn Prozent dieser Frauen beschrieben ihre Vater-Tochter-Beziehung als »ausgezeichnet«, einunddreißig Prozent nannten sie »schlecht«, und der Rest ordnete sie irgendwo dazwischen ein.[101]

Wenn eine Mutter stirbt oder fortgeht, befinden sich Väter und Töchter in einer unerwarteten und befremdlichen Situation. Sie sind sowohl Fremde als auch Vertraute, Verbündete und gleichzeitig Gegner. Die zweiunddreißigjährige Maureen war das jüngste von drei Kindern und neunzehn, als ihre Mutter starb; sie beschreibt es so: »Meine Beziehung zu meinem Vater existierte nicht, solange meine Mutter lebte. Sie hatte mich ihm richtiggehend entfremdet. Ich mußte mit ihm ganz von vorn anfangen. Als er sechs Wochen nach dem Begräbnis meiner Mutter anfing, sich mit anderen Frauen zu verabreden, gab es zu Hause gewaltige Spannungen. Ich empfand großen Zorn auf ihn, mit dem ich gar nicht umgehen konnte. Meine Stiefmutter hat dazu beigetragen, daß mein Vater und ich schließlich wie Erwachsene miteinander redeten, und meine eigene Reife hat mir geholfen, einige Dinge zu klären. Unsere Beziehung wird jetzt zunehmend besser.«

1990 lebten mehr als 873 000 amerikanische Mädchen im Alter von achtzehn Jahren und jünger[102] bei ihren alleinerziehenden Vätern.* Von allen Kindern, die bei einem alleinerziehenden Elternteil aufwachsen, haben diese Mädchen später im Leben wahrscheinlich die größten persönlichen Schwierigkeiten. Richard A. Warshak zufolge, Professor am Southwestern Medical Center der University of Texas und Sachverständiger auf dem Gebiet des väterlichen Sorgerechts, haben Mädchen, die bei ihren Vätern aufwachsen, eine geringere Selbstachtung und sind ängstlicher als von Vätern großgezogene Jungen und von ihren Müttern großgezogene Kinder beiderlei Geschlechts.[103] Seiner Meinung nach liegt das teilweise an den Zwei-

---

* Eine amerikanische Statistik besagt, daß im Jahr 1990 jedes zehnte Mädchen, das heute bei seinem alleinerziehenden Vater lebt, seine Mutter durch Tod verloren hat. Der Rest hat seine Mutter durch Scheidung oder durch Verlassenwerden verloren. Die Zahl 873 000 schließt jedoch nicht die Mädchen ein, deren verwitwete Väter wieder geheiratet haben. Wenn eine Stiefmutter zu einer Familie stößt, der nur ein Vater vorsteht, betrachtet das das amerikanische Bundesamt für Statistik als eine Familie mit zwei Elternteilen. Über die Anzahl der mutterlosen Töchter, die bei ihren Vätern und Stiefmüttern oder anderen Verwandten leben, gibt es keine Statistik.

feln und der Unsicherheit der Väter hinsichtlich der Erziehung von Töchtern und teilweise daran, daß ein Mädchen Angst davor hat, eine Art Ersatzehefrau zu werden.[104]

»Wenn ein Vater ein Kind des anderen Geschlechts großziehen muß, wird es kompliziert«, erklärt Nan Birnbaum. »Er ist zum Teil von seiner eigenen Identifikation mit seinen Eltern geprägt. Die Identifikation mit seiner eigenen Mutter hilft einem Vater, seine Tochter zu verstehen; seine Erinnerungen daran, wie sein Vater mit seiner Mutter und seinen Schwestern – wenn er welche hatte – umgegangen ist, haben seine Vorstellung, wie man sich Frauen gegenüber verhält, entscheidend mitgeprägt. Wenn einem Mann die Eigenschaften seiner Mutter angenehm waren, kann er sich später darauf beziehen. Wenn er jedoch keine gute Beziehung zu seiner Mutter hatte, besitzt er nicht die nötige Grundlage, auf die er sein Verhalten gegenüber seiner Tochter stellen kann.«

Viele mutterlose Töchter führen ihre späteren Probleme nicht nur auf den Verlust der Mutter zurück, sondern auch auf ihre Beziehung zu ihren Vätern. Die fünfundzwanzigjährige Margie, die sieben war, als ihre geschiedene Mutter Selbstmord beging, lebte danach bei ihrem Vater und ihrer Stiefmutter. Keiner von beiden half ihr als Kind, zu trauern oder sich emotional sicher zu fühlen.

Mein Vater war sehr böse und sehr... ich weiß nicht, was das Gegenteil von fürsorglich ist – gleichgültig? Ich hatte immer Angst vor meinem Vater. Er konnte jederzeit etwas Gemeines sagen, das mir die Tränen in die Augen trieb. Meine Stiefmutter war wirklich schrecklich. Ich habe mich mit ihr nie verstanden. In letzter Zeit ist mir klargeworden, daß es fast so etwas wie eine Mißhandlung war, daß sie mir als Siebenjährige nicht erlaubt haben, meine Mutter zu betrauern. Wenn mein Vater emotional nicht für mich sorgen konnte, dann hätte er jemanden für mich finden müssen, der das konnte.

Um in seinem Haus überleben zu können, mußte ich als Kind Bewältigungsstrategien entwickeln, und ich begreife jetzt allmählich, daß das, was mir damals geholfen hat, mir heute vielleicht nicht mehr so hilfreich ist. Einer meiner Grundsätze ist, niemandem zu trauen. Ich konnte weder meinem Vater noch meiner Stiefmutter je trauen, und heute habe ich das Gefühl, daß niemand vertrauenswürdig und Vertrauen eigentlich etwas Dummes ist. Es ist, als würde man sich selbst reinlegen. Und ich habe das Gefühl, immer und in allem kompetent sein zu müssen, mir nie eine Blöße geben oder Bedürfnisse äußern zu dürfen. Es gab eine Zeit, da durfte ich keine Bedürfnisse haben. Ich mußte sie wegstecken. Heute habe ich aber eine gute Beziehung mit einem Mann und enge Freundschaften. Ich fange an, mich emotional sicherer zu fühlen, und ich glaube, ich könnte mich heute ein bißchen mehr öffnen und vielleicht sogar Bedürfnisse äußern.

In einer Untersuchung der University of Detroit Mercy aus dem Jahr 1993 über dreiundachtzig Erwachsene, die im Alter zwischen drei und sechzehn Jahren einen Elternteil verloren hatten,[105] stellte die Psychologin Bette D. Glickfield fest, daß diejenigen, die den hinterbliebenen Elternteil als warmherzig und nicht ablehnend in Erinnerung hatten, am ehesten meinten, sie würden sich als Erwachsene auf andere verlassen können.»Wenn sie mit dem hinterbliebenen Elternteil offen über die Begleitumstände des Todes sprechen, ihren Kummer über den Tod offen äußern oder Fragen über den verstorbenen Elternteil stellen konnten, wenn sie zu Unabhängigkeit und Vertrauen in andere Menschen ermutigt wurden, trug dies entscheidend dazu bei, daß sie sich später emotional sicher fühlten«, sagt sie.[106] Das heißt also, daß die Töchter, die sich nach dem Tod der Mutter geborgen und sicher fühlen, auch später imstande sind, feste Bindungen einzugehen.

Die sechsundzwanzigjährige Holly ist überzeugt, daß sie heute als Erwachsene Liebesbeziehungen nicht ausweichen würde, wenn sie das Gefühl hätte, sie könnte sich auf andere verlassen. Dieses Vertrauen wurde in ihr zerstört, als ihr Vater sich plötzlich kurz nach dem Tod ihrer Mutter von ihr zurückzog. Holly sagt, sie habe als Kind nie eine emotionale Bindung zu ihrem Vater empfunden, und nach dem Tod ihrer Mutter, als sie sechzehn war, habe sie auch nicht erwartet, daß sich ihre Beziehung zu ihrem Vater wesentlich verbessern würde. Sie habe jedoch auch nicht damit gerechnet, daß ihr Vater sechs Monate später zu seiner Freundin ziehen und sie in der Obhut einer älteren Großtante zurücklassen würde, bis sie im darauffolgenden Jahr aufs College ging. Wütend und verlassen, wie sie sich fühlte, schwor sich Holly, daß sie niemals mehr den Fehler begehen würde, sich auf einen anderen Menschen zu verlassen:

> Mein Vater hat mir in meiner Kindheit ständig Vorträge darüber gehalten, wie wertvoll der Familienzusammenhalt sei. Die Art und Weise, wie er mich fallenließ, war ein Schock für mich und hat tiefe Narben hinterlassen. Heute habe ich oft das Gefühl, Heiraten kommt für mich nicht in Frage. Ich habe noch nicht herausgefunden, wie ich mit mir selbst fürsorglich umgehen kann, und aufgrund des Verhaltens meines Vaters habe ich schreckliche Angst davor, von anderen Menschen das anzunehmen, was ich möchte oder brauche, mir selbst aber nicht geben kann. Ich habe Angst, mich abhängig zu machen, wenn ich dergleichen annehmen würde. Das trifft vor allem auf meine Beziehung zu Männern zu. Ich komme lieber ohne das aus, was ich brauche, anstatt es dadurch zu bekommen, daß ich mich auf einen anderen Menschen verlasse.

Dem Vater gilt das erste heterosexuelle Interesse der Tochter, und ihre Beziehung zu ihm wirkt sich auf ihre späteren Beziehungen zu Männern aus. Im Verlauf ihrer Kindheit und Pubertät erhält sie von ihrem Vater Hinweise darauf, wie man sich Männern gegenüber verhält. Auch wenn es zunächst unwahrscheinlich klingen mag, aber nach dem, was wir über gleichgeschlechtliche Rollenprägung wissen, wird ein Mädchen auch durch einen Vater, der die traditionell *männlichen* Charakterzüge von Pragmatismus und Durchsetzungsvermögen aufweist, *weiblich* geprägt.[107] Väter neigen außerdem dazu, geschlechtstypisches Verhalten bei ihren Töchtern zu verstärken, indem sie sie auf subtile Weise an Verhaltensweisen und Spiele heranführen, die Fürsorglichkeit und Kooperation fördern.[108] Doch wenn eine Mutter stirbt oder ihre Familie verläßt, können die traditionell männlichen Verhaltensweisen des Vaters nicht allen Bedürfnissen der Tochter gerecht werden. Seine Fähigkeit – bzw. Unfähigkeit –, die gefühlsbetontere Elternrolle zu übernehmen, kommt plötzlich überdeutlich zum Vorschein, und seine Stärken und Schwächen auf diesem Gebiet werden offensichtlicher und nehmen eine größere Bedeutung an als zu Lebzeiten seiner Frau. Obendrein wirkt sich die

Fähigkeit des Vaters, mit Trauer umzugehen, auf die Vater-Tochter-Beziehung nach dem Verlust aus.

Vier Vatertypen

Interviews mit mehr als neunzig mutterlosen Frauen ließen vier Bewältigungsstrategien erkennen, die Väter nach dem Verlust einer Ehefrau einsetzten. Diese Strategien schließen einander nicht aus; ein Vater kann mehr als nur eine Reaktionsweise zeigen oder im Lauf der Zeit von einer zur anderen wechseln. Wie der Trauerprozeß im allgemeinen ist auch die Anpassung eines Vaters an die Rolle des Alleinerziehenden fließend und der Entwicklung unterworfen. Und eine Tochter hat je nach Altersstufe unterschiedliche Bedürfnisse. Wie die Vater-Tochter-Beziehung am Anfang aussah, gibt einen Hinweis darauf, was aus ihr letztlich wird, doch die Abwesenheit einer Mutter kann die Art und Weise, wie ein Vater mit seiner Tochter umgeht, verändern. Es sind die Ereignisse in diesen Monaten oder Jahren, die sich nachhaltig auf das Sicherheits- und Selbstwertgefühl der Tochter und auf ihre Fähigkeit auswirken können, als Erwachsene befriedigende Beziehungen einzugehen.

»Der Alles-in-Ordnung-Vater«

Die fünfundzwanzigjährige Tricia hat gerade mit der Trauer um ihre Mutter begonnen, die starb, als sie selbst drei Jahre alt war. Bis vor kurzem war sie sich nicht darüber im klaren, daß sie trauern konnte. Ihr Vater hatte nicht getrauert und, soweit sie wußte, ihre vier älteren Brüder und Schwestern auch nicht.

Auf den Tod von Tricias Mutter reagierte der Vater zunächst mit Schweigen, dann Vermeiden und schließlich Wiederheirat. Er hielt die Familie dazu an, so weiterzumachen, als wäre nichts geschehen. Die Folge war, daß Tricia während ihrer Kindheit und Pubertät den Verlust verdrängte und doch gleichzeitig tief traumatisiert war.

»Bis vor ein paar Jahren habe ich den Tod meiner Mutter nie für etwas gehalten, das mir wirklich zugestoßen ist«, sagt sie. »Ich habe manchmal gedacht: ›Wie schrecklich muß das für ein dreijähriges Mädchen gewesen sein – für ein x-beliebiges Kind, nicht für mich.‹

Ich hatte überhaupt keinen Bezug dazu. Gleichzeitig konnte ich nicht einmal mehr über den Tod meiner Mutter sprechen, bis ich neun oder zehn war, weil es mir innerlich so die Kehle zuschnürte. Ich glaube, diese Verwirrung kam daher, daß ich nie die Erlaubnis hatte, mich mit meinen Gefühlen auseinanderzusetzen.«

Tricia erfuhr sehr früh, daß der »Alles-in-Ordnung-Vater« schonungslos vorwärtsprescht, um sich vor dem eigenen Schmerz zu schützen und die Trauer seiner Kinder nicht wahrnehmen zu müssen. Oft heiratet er sehr schnell wieder und geht vollkommen in der neuen Beziehung auf. Tricias Vater hat zwei Jahre nach dem Tod ihrer Mutter wieder geheiratet und seine neue Frau als gleichwertigen Ersatz – nicht nur als Stellvertretung – für die Mutter eingeführt, an die sich alle vier Kinder noch erinnerten und die sie vermißten. »Als er Marian heiratete, war das so ähnlich wie: ›Hier ist eure neue Mutter‹, erinnert sich Tricia. »Psychisch war das für mich als Kind sehr verwirrend, meine Stiefmutter ›Mom‹ nennen zu müssen, weil ich doch wußte, daß ich eine andere Mutter gehabt hatte, über die aber keiner mehr sprach. Es war, als spielten alle Theater. Keiner setzte sich wirklich auseinander. Schließlich habe ich es meiner Stiefmutter richtig übelgenommen. Ich habe es an ihr ausgelassen, weil sie die Mutterfigur war, die Person, die ich überhaupt nicht dahaben wollte, und ich habe ihr die Schuld an allem gegeben, was danach in unserer Familie falsch lief.«

Da sich das Trauerverhalten des Kindes gewöhnlich an dem des wichtigsten hinterbliebenen Familienmitglieds ausrichtet, versucht es in diesem Fall, sich selbst davon zu überzeugen, daß seine Trauer ebenso unwesentlich sein müsse, wie es die seines Vaters zu sein scheint.[109] Tricias Geschwister waren zwischen drei und sechzehn Jahre alt, als ihre Mutter starb, und diese Bewältigungsstrategie schlug merklich fehl, als sie begannen, ihre Verwirrung und Trauer auszuleben. Die älteste Tochter wurde schwanger und bekam mit sechzehn ein Kind; der älteste Sohn, der der Mutter besonders nahegestanden hatte, trat in eine Phase heftigster Rebellion und verschwand tatsächlich aus dem Elternhaus. Die Familie entwickelte sich zu einer losen Gruppe isolierter Einzelpersonen, die sich jedes Jahr zu einem gezwungenen und beklommenen Weihnachtsfest im Haus der Familie wieder vereinigten.

Tricia, die nie ein sicheres Gefühl der familiären Unterstützung erfahren hatte und während ihrer Kindheit und Pubertät weder mit ihrem Vater noch mit ihrer Stiefmutter über wichtige Dinge sprechen konnte, wurde zur Weltenbummlerin und lebte in England, China und Japan, bevor sie sich schließlich wieder in den Vereinigten Staaten niederließ. »Ich habe immer eine Abwehrhaltung eingenommen, so als sei keiner da, als würde mich keiner unterstützen«, erklärt sie. »Und ich habe oft das Gefühl, ich sei bedürftiger als der Durchschnitt. Ich habe erst vor kurzem begriffen, warum. Ich *bin* bedürftig. Und das wirkt sich im Moment nicht besonders gut auf Beziehungen aus, vor allem auf die mit Männern, weil ich eigentlich nach einem starken Elternersatz suche. Es endet immer damit, daß ich wütend bin, wenn ich das nicht finde.«

Mehr als zwanzig Jahre lang hat Tricia die Bewältigungsstrategie ihres Vaters nachgelebt und versucht, ihren Verlust total zu verdrängen und zu leugnen, daß er langfristige Auswirkungen hatte. Doch als ihr Freund vor zwei Jahren bei einem Autounfall ums Leben kam, spürte sie, daß sie die Trauer um ihre Mutter nicht länger unterdrücken konnte. Ein Teil ihrer Trauer um den Tod ihrer Mutter, sagt sie, bestand darin, ihre Stiefmutter »Marian« anstatt »Mom« zu nennen und ihren Vater mit ihren Gefühlen zu konfrontieren. »Als ich über den Tod meines Freundes trauerte, bin ich zurück in das Haus meines Vaters gegangen. Eines Abends bin ich mit ihm in den Garten gegangen und habe ihm gesagt: ›Ich bin hier, und der Grund, warum ich hier bin, ist, weil ich trauere, und ich werde hier sitzen und so lange trauern, bis ich damit fertig bin‹«, erinnert sie sich. »Und ich habe zu ihm gesagt: ›Weißt du, es hat sehr viel mit dem Tod von Mom zu tun. Das hat tiefe Spuren bei mir hinterlassen, und ganz gleich, was alle anderen in dieser Familie darüber denken, ich bin deswegen sehr erschüttert.‹« Dieser Augenblick war der Wendepunkt in ihrer Beziehung zum Vater. »Ironischerweise bin ich jetzt das einzige Kind, das seine Tränen zu sehen bekommt«, sagt sie. Sie und ihr Vater versuchen jetzt langsam, die Jahre des Schweigens aufzuholen.

Der hilflose Vater

Als Ödipus entdeckte, daß er seinen Vater getötet und seine Mutter geheiratet hatte, stach er sich die Augen aus und ging in die selbstgewählte Verbannung. Seine Tochter Antigone wurde sein Augenlicht und seine Führerin, als sie gemeinsam hungrig und barfuß durch das Land Theben zogen. Antigone war aufopfernd, gefügig und mutterlos – Jokaste, ihre Mutter, hatte sich umgebracht, als sie erfuhr, daß ihr Ehemann in Wirklichkeit ihr eigener Sohn war – und damit das klassische Beispiel der Tochter eines »hilflosen Vaters«. Hätte sie länger gelebt, hätte sie ohne Zweifel die Auswirkungen dieser aufopfernden Abhängigkeit zu spüren bekommen.

Heutzutage nehmen Tragödien etwas weniger heldenhafte Ausmaße an. Anhaltende Trauer, Abhängigkeit und die Unfähigkeit, ohne die Fürsorge einer Frau zurechtzukommen, sind die typischen Ursachen für den hilflosen Zustand eines Vaters nach dem Tod seiner Frau. Einen Beruf auszuüben, Kinder allein großzuziehen und einen Haushalt zu führen – diese Aufgaben können die zurückbleibenden Väter erdrücken und regelrecht lähmen. »Ich arbeite zur Zeit mit einem Mann, dessen Frau gerade bei einem Autounfall gestorben ist«, berichtet Therese Rando. »Diese Frau hat das getan, was viele Frauen tun: Sie hat alle Rechnungen bezahlt und alle Entscheidungen getroffen. Der Mann wußte nicht einmal, wie man Lebensmittel einkauft oder wo die Versicherungsformulare lagen. Er war richtiggehend von ihr abhängig. Wenn der Mann stirbt, weiß die Frau in den meisten Fällen ausreichend Bescheid über die Haushaltsführung, weil sie in diesem Bereich aufgrund ihrer Rolle mehr Erfahrung hat. Auch wenn der Tod eines Vaters eine Einkommensverringerung bedeutet, fällt Kindern die Anpassung leichter, wenn der hinterbliebene Elternteil derjenige ist, der mit der alltäglichen Routine am besten vertraut ist. Und in den meisten Fällen ist das die Mutter.«

Wenn ein schmerzlicher Verlust den hilflosen Zustand eines Vaters verursacht, wenn seine Trauer keine Grenzen zu haben scheint, dann verfällt er häufig in abgrundtiefe Verzweiflung oder Depression. Er vernachlässigt vielleicht sein Äußeres, läßt das Haus verkommen und läßt seine Kinder emotional und physisch verwahrlosen. In dieser Familie ist nur ein Elternteil gestorben, dennoch hat die Tochter das Gefühl, als seien beide verschwunden.

Wer greift dann ein, um die Familie zusammenzuhalten und den Haushalt zu führen? Meistens eine Tochter. So sah auch die familiäre Situation bei Denise und Jane aus, die sich letztes Jahr zum ersten Mal bei einer zwanglosen Vorbereitungsgruppe für dieses Buch begegneten. Bei Wein und Käse in meinem Wohnzimmer entdeckten sie, daß ihre beiden Väter große Schwierigkeiten gehabt hatten, mit dem Verlust zurechtzukommen, und von ihren Töchtern erwartet hatten, daß sie in die Rolle des Familienoberhauptes schlüpfen würden.

Denise, die heute fünfunddreißig ist, beschreibt ihren Vater als einen »sensiblen, liebenswerten, jungenhaften Mann, der aber sehr beziehungs- und gefühlsscheu ist«. Er erlitt nach dem Tod ihrer Mutter einen schweren Nervenzusammenbruch. Obwohl sie damals erst zwölf war, begriff Denise schnell, daß sie die einzige in der Familie war, die den Haushalt übernehmen und für ihre beiden jüngeren Schwestern sorgen konnte, von denen die eine direkt nach dem Tod der Mutter ernstlich magersüchtig wurde. Ihrem Vater Halt und Stütze zu sein, war für Denise die erste und bedeutendste Beziehungserfahrung mit einem Mann, und das hat ihre Kriterien für spätere Liebesbeziehungen entscheidend geprägt.

Als mein Vater den Anruf aus dem Krankenhaus erhielt, ließ er den Hörer fallen und brach in Tränen aus. Ich stand wie erstarrt daneben und dachte: »Jemand muß mit dem Arzt sprechen.« Also nahm ich den Hörer in die Hand. Von da an habe ich die Rolle derjenigen übernommen, die keine eigenen Gefühle hatte und nur für das physische Wohl der Menschen da ist, die wichtig sind. Meine Mutter hatte mir schon zuvor beigebracht, stolz darauf zu sein, wie anspruchslos ich sein konnte. Sie hatte mich in gewisser Weise bereits zu einer Märtyrerin erzogen, also übernahm ich, nachdem sie tot war, diese Rolle ganz selbstverständlich. Ich wurde die kleine Hausfrau. Ich betrachtete mich als etwas Besonderes, weil ich mit so viel weniger auskam als all die Trauerklöße, die so viel Zuwendung und Liebe forderten. Im Laufe der Jahre entwickelte ich tief in mir einen rasenden Zorn.

Mein Vater setzte sich niemals mit der Tatsache auseinander, daß ich die Rolle seiner Frau und für meine Schwestern die Rolle der Mutter spielte, also hatte ich überhaupt keine richtige Jugend. Ich war nie mit Jungen zusammen. Kein sexuelles Experimentieren. Ich trug nie Make-up und zog nie ein Kleid an. Doch ich hatte lauter wunderbar romantische

Träume. Ich stellte mir einen Helden vor, der mich auf dem Rücken seines Pferdes entführt. Heute träume ich von einer Beziehung mit einem Mann, der größer ist als ich, stärker ist als ich und der mich beschützt. Ich weiß, man kann mich nicht herabwürdigen. Mein Vater war ein Waschlappen. Ich kann mir nicht vorstellen, mich je von einem Mann einschüchtern oder zurechtweisen zu lassen. Männer imponieren mir eigentlich nicht besonders. Ich habe schon sehr früh herausgefunden, daß sie nur Schaumschläger sind. Heute habe ich eine Beziehung zu meinem Vater, doch ich halte ihn immer noch für denjenigen in der Familie, der wimmert und weint. Und immer wenn ich von dem »neuen Mann« höre, der weinen kann, denke ich: »Oh, mit so einem bin ich aufgewachsen. Ihr könnt ihn behalten.«

Denise, die vorzeitig ins Erwachsenenleben gestoßen wurde und von der man erwartete, daß sie sich zusätzlich zu ihren eigenen auch um die Bedürfnisse aller anderen kümmerte, wuchs zu einer überaus kompetenten und unabhängigen Frau heran, die von sich sagt, daß für sie als Erwachsene das größte Problem darin liegt zu lernen, sich auf andere zu verlassen. »Ich versuche immer noch zu lernen, daß ich bei der Arbeit Aufgaben delegieren kann«, sagt sie. »Und ich habe einen engen Kontakt zu meinem Rabbiner, der mich in einer Art und Weise unterstützt, die mir ganz neu ist. Ich bin es nicht gewohnt, einen starken Menschen vor mir zu haben, der nicht umfällt, wenn ich ihn mit meiner Energie konfrontiere.« Sie sucht immer noch nach einem Liebespartner, der den Anforderungen genügt, die sie nach sieben Jahren Zusammenleben mit einem hilflosen Vater stellt.

Die achtunddreißigjährige Jane, die sich aufmerksam vorbeugt, während Denise ihre Geschichte erzählt, ergreift das Wort, als sich die Gelegenheit bietet. Jane war dreizehn, als ihre alkoholkranke Mutter an Eierstockkrebs starb und sie für ihren Vater die einzige emotionale Stütze wurde, bis auch er vor drei Jahren starb. Jane sagt, sie habe heute Angst davor, sich auf einen Partner zu verlassen, und sehne sich dennoch nach einer Beziehung mit jemandem, der sich um sie kümmert. »Ich ziehe lauter Schwächlinge an«, sagt sie. »Aber ich bin nie bemuttert worden, und ich habe keine Kinder gehabt. Zu manchen Männern möchte ich sagen: ›Du willst bemuttert werden? Verpiß dich! Ich will für niemanden eine Mutter sein.‹ Ich begegne all diesen Männern, die eine Mami wollen, aber ich will einen *Vater*. Ich wünsche mir heute jemanden, der nach Hause kommt und sich um *mich* kümmert.« Obwohl Frauen, die zu früh die Elternrolle übernehmen mußten, gelegentlich eine Beziehung eingehen, in der sie die fürsorgliche Rolle übernehmen, erwarten sie in der Regel von ihren erwachsenen Partnern oder ihren eigenen Kindern, daß diese sich um *sie* kümmern.

Der ferne Vater

Die fünfundzwanzigjährige Ronnie beschreibt sich selbst als »extrem unabhängig und wesentlich zäher als die meisten Frauen, die ich kenne«. Das sind Eigenschaften, die sie im Alter von fünfzehn Jahren entwickeln mußte, als ihre Mutter starb und sie mit ihrer siebzehnjährigen Schwester, mit der sie sich ständig herumstritt, und einem Vater, von dem sie das Gefühl hatte, ihn kaum zu kennen, zurückblieb. Ihre Mutter war für sie der wichtigste Elternteil gewesen, und nach dem Tod der Mutter hielt Ronnies Vater die emotionale Kluft aufrecht, die zwischen ihm und seinen Töchtern schon immer bestanden hatte.

»Mein Vater ist immer der Pseudo-Boß in unserer Familie gewesen«, sagt Ronnie. »Meine Mutter ließ ihn glauben, er sei der Boß, doch alle wußten, daß eigentlich sie es war. Also hatte mein Vater nach ihrem Tod einfach von nichts eine Ahnung. Ich glaube, er hatte Angst vor uns, weil wir zwei Frauen waren und er überhaupt nicht wußte, wie man zwei Mädchen erzieht. Meine Mutter hatte alles, was mit Erziehung zu tun hatte, übernommen, und mein Vater war der Ernährer der Familie gewesen. Nach ihrem Tod sagte er zu uns nur: ›Hier ist mein Scheckheft. Wenn ihr etwas braucht, schreibt euch einfach selbst einen Scheck aus.‹«

Ronnie ist die Tochter eines »fernen Vaters«, eines Vaters, der von Anfang an nur wenig mit dem Leben seiner Töchter zu tun hatte und sich nach dem Tod ihrer Mutter sogar noch stärker zurückzog. Ein Vater kann in psychischer Hinsicht fern sein, zum Beispiel infolge einer Sucht oder seines emotionalen Rückzugs, oder in physischer Hinsicht, wie bei Scheidung oder Weggang. Oft wird die Distanz während der Pubertät der Tochter noch größer, wenn die Väter sich in bezug auf die Erziehung ihrer Töchter besonders unfähig und unsicher fühlen. Gleichzeitig erkennen die Töchter in dieser Zeit ihre Väter als sexuelle Wesen und ziehen sich entsetzt zurück. Die Pubertät ist für Väter und Töchter eine so heikle Zeit, daß sogar Väter mit noch sehr jungen Mädchen sich in Gedanken damit beschäftigen, wie sie diese Jahre bewältigen werden.[110]

Einige Frauen – die alle im Pubertätsalter waren, als ihre Mutter starb – erzählten mir, daß ihre Väter kurz nach dem Verlust aus dem gemeinsamen Haus auszogen und die halbwüchsigen Kinder allein und praktisch ohne Beaufsichtigung sich selbst überließen. So war es auch in Ronnies Familie gewesen. Weniger als zwei Jahre nach dem Tod ihrer Mutter akzeptierte ihr Vater das Angebot einer Beförderung, die jedoch einen Umzug in den mittleren Westen erforderte. Die Schwestern blieben mit einer Haushaltshilfe in ihrem Elternhaus an der Ostküste zurück, während ihr Vater ein zweites Haus in Michigan erwarb. Anfangs pendelte er an den Wochenenden noch, dann kam er nur noch zweimal im Monat und schließlich nur noch in den Ferien. »Ich war damals sehr verständnisvoll«, sagt Ronnie. »Ich wollte, daß alle glaubten, ich wäre reif genug und der Situation vollauf gewachsen. Doch unterbewußt nahm ich es ihm sehr übel, daß er uns einfach verließ. Etwa fünf Jahre später, als ich vom College abging und nicht mehr auf ihn angewiesen war, brach dieser ganze Zorn aus mir heraus. Acht Monate lang konnte ich nicht einmal mit ihm reden, so wütend war ich.«

Ronnie und ihre Schwester haben als Teenager in dem Haus, das sie alleine bewohnten, nächtelang Parties gefeiert und das Geld ihres Vaters sehr großzügig ausgegeben. Seine finanzielle Unterstützung war die einzige feste Verbindung, die sie zu ihm hatten. »Das war seine Liebe – das Scheckheft«, erklärt Ronnie. »Das war die einzige Art und Weise, wie er uns seine Zuneigung zeigen konnte, und meine Schwester und ich haben ihn richtiggehend ausgenutzt. Wir haben manchmal in einer Woche Lebensmittel im Wert von zweihundert Dollar eingekauft, und sogar da hat er sich nicht beschwert.« Diese Jahre haben Ronnies Vorstellungen von Geld und Liebe durcheinandergebracht, und sie sagt, noch heute herrsche in ihr Verwirrung. Wenn sie sich traurig oder niedergeschlagen fühlt, dann ist ihr erster Impuls, sich selbst ein Geschenk zu kaufen – die gleiche Taktik, auf die sich ihr Vater verließ, um sie als Teenager glücklich zu machen.

Wenn Ronnie und ihre Schwester mit ihren lauten Parties die Nachbarn aufweckten und Geld, das eigentlich für den Haushalt bestimmt war, für Make-up und Kleidung ausgaben, dann wollten sie damit eigentlich ihren Vater, der immer mehr aus ihrem Leben verschwand, zu einer Reaktion – irgendeiner Reaktion – provozieren.

Ähnliche Geschichten habe ich von Frauen gehört, die erzählten, sie hätten in der Küche Marihuana geraucht und im väterlichen Arbeitszimmer mit ihren Freunden geschlafen, während ihr Vater im Zimmer nebenan fernsah – alles verzweifelte Versuche, ihre Väter dazu zu bringen, ihnen Beachtung zu schenken und elterliche Autorität auszuüben. Die Tochter eines fernen Vaters hält jede Art der Zuwendung – auch Zorn – für einen Beweis seiner Fürsorge. Vielleicht verhält sie sich abwechselnd so lieb, daß er sie einfach beachten muß, und dann wieder so böse, daß er sie nicht übersehen kann. Häufig muß die Tochter jedoch erfahren, daß er ihr auf ihr Bemühen hin, lieb zu sein, nur kurz zulächelt oder über den Kopf streicht. Konflikte werden einen Vater eher zum Handeln bringen, wenn auch nur aus dem Grund, daß er den Familienfrieden wiederherstellen muß. Also provoziert die mutterlose Tochter ihren fernen Vater in dem Versuch, ihm eine Reaktion zu entlocken. Damit gerät sie jedoch in eine böse Zwickmühle, denn die Zuwendung, auf die sie hofft – Wärme und Liebe –, wird sie niemals durch störendes Verhalten erreichen. Sie erntet statt dessen Ärger und Konflikte. Nach einem anfänglichen Erfolgsgefühl führt die Enttäuschung zu einem Gefühl der Wertlosigkeit, und von dort ist es nur noch ein kurzer Schritt zu Groll und gestörter Selbstachtung.

»Ich habe mir geschworen, daß ich meinen Vater dazu bringen werde, mich zu beachten«, sagt die dreiunddreißigjährige Jackie, die dreizehn war, als ihre Mutter starb. »Aber nach ungefähr zwei Jahren, in denen ständig Schulverweise ins Haus flatterten und ich abends immer länger ausblieb, als mir erlaubt war, begriff ich, daß er darüber nie etwas zu mir sagen würde. Was glaubte er denn? Daß es einfach aufhören würde, wenn er es ignorierte? Nun, mein Bedürfnis nach Zuwendung verschwand jedenfalls nicht. Und ich habe schließlich resigniert und versucht, von anderen Männern beachtet zu werden. Auf dem College habe ich eine ziemlich promiskuitive Phase durchgemacht, und meine erste Arbeitsstelle habe ich verloren, weil ich versuchte, meinem Abteilungsleiter zu gefallen anstatt meiner Chefin. Das ist immer eines der wichtigsten Themen in meinem Leben gewesen: Männer dazu zu bringen, mich zu beachten.«

Eine Studie von 1983, in der zweiundsiebzig College-Studentinnen befragt wurden, befaßte sich als erste Untersuchung überhaupt mit der Bedeutung der väterlichen Kontrolle und der Vorschriften, die der Vater macht und auf deren Einhaltung er achtet. Sie ergab, daß Töchter, deren Väter in hohem Maß Unterstützung und Zuwendung boten und – wie die Forscher vermutet hatten – das Familienleben stark strukturierten, am ehesten zu selbstbewußten, zufriedenen Frauen wurden und sich altersgemäß entwickelt hatten.[111] In einem Zuhause, in dem ein ferner Vater herrscht, sind solche Regeln und Vorschriften häufig verschwommen und manchmal überhaupt nicht vorhanden. Ronnie schätzt sich glücklich, daß die Anarchie ihres Zuhauses durch die strengen Regeln ihrer konfessionellen High School wettgemacht wurde. »Ich glaube, ich hätte wirklich viele Probleme gehabt, wenn ich nicht beinahe den ganzen Tag an meiner Schule, einer reinen Mädchenschule, Autoritätspersonen um mich gehabt hätte«, erklärt sie. »Sie wurden meine einzigen Vorbilder für Selbstbeherrschung.«

Wie viele andere Töchter von fernen Vätern entwickelte auch Ronnie ein starkes Gefühl der Unabhängigkeit. Während die Tochter eines hilflosen Vaters ein starkes Vertrauen in die eigene *Tatkraft* entwickelt, das sie darin bestärkt, Verantwortung für die sie umgebenden Menschen zu übernehmen, wird die Tochter eines fernen Vaters eher auf einer *Gefühlsebene* unabhängig. Als Erwachsene hütet sie sich davor, sich von anderen abhängig zu machen; da sie sich von dem einen Elternteil körperlich und von dem anderen emotional verlassen fühlt, sucht sie sich nur einige wenige Menschen aus, denen sie nahestehen wird. »Sehr verschlossen und sehr kühl: So beschreiben mich die Leute manchmal«, gibt Ronnie zu, und in ihrer Stimme schwingt ein wenig Trauer mit – oder ist es Resignation? »Ich muß wirklich mit dem richtigen Menschen zusammensein, bevor ich das Gefühl habe, ich kann mich öffnen. Ich habe solche Angst davor, verlassen zu werden.«

Die Unfähigkeit eines fernen Vaters, seine Tochter nach dem Tod ihrer Mutter emotional zu unterstützen, ist nicht in seiner Unfähigkeit begründet, sich um sie zu kümmern, sondern in seiner Unfähigkeit, seine Anteilnahme zu zeigen. Man sagt uns oft, daß unsere Väter ihr Möglichstes getan haben und daß wir, indem wir ihre Grenzen anerkennen und unsere Erwartungen zurückschrauben, einige unserer alten Vater-Tochter-Wunden heilen können. Und das stimmt auch. Doch dieser Ratschlag löscht nicht die Erinnerung an mangelnde emotionale Unterstützung; er wandelt nicht auf magische Weise das »Möglichste« in ein »ausreichend« um. Töchter ferner Väter müssen entweder lernen, die Elternrolle für sich selbst zu übernehmen oder Fürsorglichkeit bei anderen zu suchen. »Als mein Vater vor ein paar Jahren eine Therapie begann«, sagt Ronnie, »beschloß er, er wolle all diese Jahre, in denen ich allein war, wiedergutmachen und mir der Vater sein, der er nie gewesen war. Ich mußte zu ihm sagen: ›Es ist zu spät. Ich bin bereits erwachsen.‹« Wie viele andere Töchter ferner Väter ist auch Ronnie inzwischen so geübt darin, sich selbst zu betreuen, daß sie das nur ungern andere – vor allem jemanden, der sie zuvor bereits enttäuscht hat – versuchen läßt.

Der heroische Vater

Samanthas Vater arbeitete ganztags, führte den Haushalt und kümmerte sich um die emotionalen und körperlichen Bedürfnisse seiner fünf Kinder. Er war ein »heroischer Vater«, und seine Tochter sagt, sie verdanke ihm die Sicherheit und die emotionale Stabilität, die sie heute empfindet.

Ihre Familie hätte immer schon sehr eng zusammengehalten, sagt Samantha, die heute zweiunddreißig ist. Ihre Mutter starb, als Samantha vierzehn war. Nach dem Tod der Mutter, als der Vater mit seinen vier Töchtern und seinem Sohn allein zurückblieb, hielt er die Beziehung zu ihnen aufrecht und vertiefte sie sogar noch.

> Schon zu Lebzeiten meiner Mutter war mein Vater für uns immer von dem Augenblick an verfügbar, da er nach der Arbeit zur Tür hereinkam. Wir empfingen ihn mit den Ereignissen des Tages, und nachdem er sich umgezogen hatte, aßen wir zusammen zu Abend. Wir redeten und redeten, und dann half er uns bei den Hausaufgaben oder ging mit uns nach draußen

zum Ballspielen. Als meine Mutter starb, hatte die Beziehung zu seinen Kindern bereits eine solide Basis, und mein Vater widmete sich der schweren Aufgabe, diese aufrechtzuerhalten. Er betrachtete es als lebenslange Verpflichtung unserer Mutter gegenüber. Es war in meiner Familie nicht so, daß wir beide Eltern verloren. Wir hatten immer noch einen Elternteil, und unser Vater setzte sich mit vermehrter Energie dafür ein, daß das Familienleben funktionierte und wir alle glücklich waren.
Während meiner Pubertät habe ich mich immer geborgen gefühlt, weil mein Vater uns das Gefühl der Sicherheit vermittelte: »Es wird alles gut werden; diese liebevolle und vertrauensvolle Atmosphäre gibt euch die Basis, von der ihr ausgehen könnt.« Er hat das nie so gesagt, aber es entspricht meinem innersten Gefühl, mit dem ich immer durchs Leben gegangen bin. Deshalb, glaube ich, fühle ich mich heute innerlich so sicher. Das heißt nicht, daß ich nichts lernen muß oder nicht lernen muß, weiter zu wachsen, aber ich fühle mich sehr gesund, was die psychische Bewältigung des Lebens angeht.

Der heroische Vater hat sich gewöhnlich an der Erziehung der Kinder und am Haushalt beteiligt, solange seine Frau noch da war, und hatte zu seinen Kindern bereits eine herzliche, liebevolle Beziehung, bevor die Mutter starb. Nach ihrem Tod trauert er in angemessener Weise, bietet seinen Kindern einen sicheren Rahmen, innerhalb dessen sie ihre Gefühle ausdrücken können, und verteilt die neuen Rollen gerecht, wobei er die Rollen übernimmt, für die er geeignet ist, und die anderen delegiert. Die meisten Töchter, die ihre Väter als heroisch beschreiben, stammen aus Familien mit mehreren Kindern, in denen die Geschwister zusätzliche Unterstützung anbieten konnten, wenn der Vater sich überlastet oder bedrückt fühlte. Dies ist ein wichtiges und charakteristisches Merkmal einer Familie mit einem heroischen Vater. Wenn eine Tochter ihre Bedürfnisse zwischen ihrem Vater und anderen vertrauten Familienmitgliedern aufteilen kann, wenn sie an ihn keine unrealistisch hohen Erwartungen stellen muß, dann verringert sich die Wahrscheinlichkeit, daß er sie enttäuschen wird. Der heroische Vater ist nicht perfekt und vor Depression und Zweifeln nicht gefeit, doch nimmt er seine elterliche Rolle eindeutig wahr. Trotz seiner eigenen Trauer gelingt es ihm, eine sichere, verständnisvolle Umgebung zu schaffen, die den Schock der Tochter über den Verlust teilweise auffängt und ihr hilft, weiterhin Selbstvertrauen und Selbstachtung zu entwickeln. Aus diesen Gründen ist auch sein Tod wahrscheinlich ein gewaltiger Schlag für die Tochter. Im Gegensatz zu Töchtern hilfloser oder ferner Väter, die entweder ihr Bedürfnis nach Unterstützung zurückstellen oder Enttäuschungen hinnehmen müssen, hat die Tochter eines heroischen Vaters das Gefühl, sich auf ihren Vater verlassen zu können. Bezeichnenderweise wird sie sich sogar als Erwachsene weiterhin um emotionale Unterstützung an ihn wenden. Obwohl ihre Reaktion auf seinen Tod nicht von den intensiven Zorn- und Schuldgefühlen begleitet ist, von denen andere Töchter oft gequält werden, fühlt sie sich nach diesem Verlust zum ersten Mal wirklich allein – ein Zustand, den Töchter anderer Väter offenbar gleich nach dem Tod der Mutter empfunden haben. Nur ein einziges Mal während unseres zweistündigen Interviews fängt die zweiunddreißigjährige Kim an zu weinen, und zwar in dem Moment, als sie vom Tod ihres Vaters spricht, der vor sieben Jahren an Krebs starb. Nachdem ihre Mutter gestorben war, als sie zwei Jahre alt war, lebte Kim mit ihrer älteren Schwester, ihrem Bruder und ihrem Vater zusammen, den sie als »eindrucksvoll, hochherzig und großartig« beschreibt. Obwohl ihr Vater noch dreimal heiratete, sagt Kim, sie habe sich nie verdrängt oder mißachtet gefühlt.

> Mein Vater. Wir standen uns sehr nahe. Sehen Sie? Mir kommen immer nur dann die Tränen, wenn ich über meinen Vater spreche. Er war großartig. Ich meine, ich war das letzte Kind, und er hatte damals im Grunde schon alles erlebt. Er war ruhig und geduldig, ein ideales Vorbild. Als Teenager habe ich einige verrückte Sachen gemacht, Drogen und Sex ausprobiert, verstehen Sie, was ich meine? Aber ich habe nie etwas getan, wenn ich wußte, daß es mir ernsthaft schaden würde. Ich habe mir zum Beispiel sofort die Pille besorgt, und ganz bestimmte Drogen wollte ich absolut nicht ausprobieren. Ich war ziemlich vernünftig, und dafür bin ich meinem Vater dankbar. Er hat zum Beispiel nie gesagt: »Komm du mir bloß

nicht schwanger nach Hause.« Er war einfach ein Musterbild. Ein guter Staatsbürger. Er hätte zum Beispiel nie bei seinen Steuern gemogelt. Er vertraute mir, und ich vertraute ihm. Alle mochten ihn. Als er starb, haben wir alle gesagt: »Ihn hätte es nicht treffen dürfen.«

Kim verdankt ihrem Vater, dem einzigen beständigen Elternteil ihrer Kindheit, daß sie mit seiner Hilfe die emotionale Stabilität erhielt, die, wie sie meint, Kernstück ihrer glücklichen Ehe ist.

Wie Kim lobt auch die zweiundzwanzigjährige Kristen ihren heroischen Vater und ihren heroischen Stiefvater, die ihr beide halfen, den Tod ihrer Mutter vor fünf Jahren zu betrauern, und ihr eine stabile emotionale Basis gaben, auf die sie sich heute, wie sie sagt, verlassen kann. Dennoch gibt sie zu, daß auch der heroische Vater seine Grenzen hat. Als sie vor kurzem ein Frauenleiden bekam, das sofort behandelt werden mußte, und sie finanzielle und emotionale Unterstützung brauchte, bat sie beide Väter um Hilfe. »Sobald ich einen Arzt gefunden hatte, verhielten sich beide nach dem Motto: Dann ist es ja erledigt. Sehr gut! Sie wollten nicht weiter darüber sprechen. Sie wollten nur sichergehen, daß alles in Ordnung ist.« Ihre Stimme wird etwas leiser, und sie schlägt die Augen nieder, als sie sagt: »So wunderbar beide auch sind, hundertprozentig verstehen sie es nie.«

Trotz all seiner Pluspunkte kann der heroische Vater eine aufmerksame, fürsorgliche Mutter dennoch nicht ersetzen. In dem Streben, es zu versuchen, läuft er Gefahr, seinen Kindern *zu viel* Zeit und Energie zu widmen, und das kann einen Eltern-Kind-Konflikt auslösen, wenn er beginnt, mit anderen Frauen auszugehen oder Interessen außerhalb des Hauses zu verfolgen.

Das andere Mädchen des Vaters

Stellen wir uns den optimalen Fall einer Vater-Tochter-Beziehung nach dem Tod einer Mutter vor: Elternteil und Kind trauern gemeinsam, und die Familie gewöhnt sich nach und nach an die neue Struktur. Die Tochter vermißt zwar immer noch ihre Mutter, fühlt sich jedoch sicher genug, ihrem Vater die Erfüllung der meisten ihrer

Bedürfnisse zuzutrauen. Sie ist sein kleines Mädchen, und er ist ihr perfekter Papi. Ein Jahr geht ins Land, vielleicht auch zwei. Und dann klingelt es eines Abends an der Tür, und der Vater tritt ins Zimmer und sagt: »Kinder, hört mal her. Ich möchte euch Marjorie (oder Angie oder Sandy oder Sue) vorstellen.«

Die fünfunddreißigjährige Corinne erinnert sich noch ganz genau an diesen Augenblick vor vierundzwanzig Jahren. Sie weigerte sich, die Freundin ihres Vaters anzuerkennen, die er acht Monate nach dem Tod ihrer Mutter kennenlernte, als Corinne elf war.

> Sie kam zur Tür herein, und ich drehte mich um und ging in die andere Richtung. Mein Vater setzte sich eines Abends mit meinem älteren Bruder und mir zusammen, sagte, er wolle sich eine Freundin suchen, und bat uns um unsere Zustimmung dazu. Ich dachte: »Das kann doch nicht sein Ernst sein. Mein Vater? Eine Freundin?« Ich glaube, weil ich nichts dazu sagte, dachte er, es wäre mir recht. Kaum daß diese Frau zur Tür hereinkam, wollte ich nicht das geringste mit ihr zu tun haben. Er war wütend auf mich, und wir haben uns ständig darüber gestritten. Er war mit ihr nur etwa sechs Monate zusammen, bis sie die Beziehung abbrach. Ich war ihr gegenüber ziemlich ekelhaft; ich vermute, ich war zum Teil der Grund, weshalb sie ihn verlassen hat. Ich weiß, daß mein Vater verstanden hat, warum ich mich so abscheulich verhalten habe, doch ich weiß auch, daß er lange gebraucht hat, mir das zu verzeihen.

Wenn ein Vater anfängt, sich nach einer neuen Frau umzusehen, muß die Tochter eine psychische Einstellung dazu finden. Sie hat ihren Vater nun nicht mehr für sich allein; er ist jetzt nicht mehr nur für sie verfügbar, sondern muß geteilt werden. Wenn eine Tochter einer neuen erwachsenen Frau Platz machen muß, bevor sie dazu bereit ist, dann leidet die Vater-Tochter-Beziehung darunter. Unter den Frauen, die für dieses Buch interviewt wurden, hatten diejenigen, deren Väter schnell wieder heirateten, meist lange Zeit Probleme in der Beziehung zu ihrem Vater. *Sechsundsiebzig* Prozent der Frauen, die ihre jetzige Vater-Tochter-Beziehung als »schlecht« bezeichneten, hatten Väter, die innerhalb eines Jahres nach dem Tod der Mutter wieder heirateten, im Vergleich zu nur neun Prozent der Frauen, die ihre Beziehung heute »ausgezeichnet« nannten.[112]

Die sechsundzwanzigjährige Audrey erinnert sich an den Schock, den sie mit vierzehn empfand, als ihr Vater nur sechs Monate, nachdem ihre Mutter Selbstmord begangen hatte, seine Wiederheirat ankündigte. Als Einzelkind war Audrey daran gewöhnt gewesen, die ungeteilte Aufmerksamkeit beider Elternteile zu erhalten, und nach dem Tod ihrer Mutter erwartete sie von ihrem Vater insgeheim, er würde ihr jetzt doppelt soviel Zeit widmen.

»Mit fünfzehn habe ich eine intensive Phase der Rebellion gegen ihn durchgemacht«, erzählt sie. »Ich dachte: ›Vater mit einer *anderen Frau*?‹ Und sie hatte zwei Kinder. Ich dachte: ›Wer ist dieser Mensch im Leben meines Vaters mit ihren Bälgern, und wie kommt sie eigentlich darauf, sie könnte auch Teil meines Lebens werden?‹ Ich habe es ihr wirklich schwergemacht bis zu dem Zeitpunkt, da ich aufs College ging. Heute ist sie für mich die Frau meines Vaters, und solange sie nicht versucht, meine Mutter zu sein, kommen wir gut miteinander aus. Sie bemüht sich, die Familie zusammenzuhalten, und dafür bin ich ihr irgendwie dankbar. Aber meine Beziehung zu meinem Vater ist immer noch ziemlich verfahren. Ich hätte in jenen ersten Monaten nach dem Tod meiner Mutter seine Hilfe gebraucht, aber er war nie da, er hat sämtliche geschiedenen Frauen in unserer Stadt zum Essen ausgeführt. Ich versuche immer noch, meine Wut darüber zu verarbeiten. Mittlerweile fällt es mir sogar schwer, mit ihm am Mittagstisch Platz zu nehmen.«

Audrey sagt, ein Großteil ihres Zorns rühre daher, daß für ihren Vater ihre Mutter nach dem Selbstmord ein Tabuthema war. Als Einzelkind hatte sich Audrey immer um ihre Mutter gekümmert, wenn diese ihre depressiven Phasen hatte. Und nach ihrem Tod fühlte sie sich verraten und im Stich gelassen. Sie brauchte Bestätigung für ihre Gefühle, doch ihr Vater weigerte sich, über den Verlust zu sprechen. Seine Trauer löste er, indem er sich nach einer neuen Frau umsah und schnell wieder heiratete. Wie viele andere mutterlose Töchter empfand auch Audrey das Verhalten ihres Vaters als Verrat an ihrer Mutter und hatte das Gefühl, sie wäre die einzige, die noch die ursprüngliche Verbindung zu ihr in Ehren hielte.

Naomi Lowinsky verweist als Beispiel für diesen Konflikt auf die Geschichte von Aschenputtel. In der Version des französischen

Schriftstellers Charles Perrault aus dem 17. Jahrhundert bittet Aschenputtel ihren Vater, ihr aus der Stadt den Zweig eines Baumes mitzubringen, den sie dann auf das Grab ihrer Mutter pflanzt. Als der Baum heranwächst, spricht er zu Aschenputtel mit der Stimme ihrer Mutter.»Die Tochter hält also die Verbindung zu ihrer wahren Mutter aufrecht, auch wenn der Vater sie aufgegeben hat, indem er eine böse Hexe geheiratet hat«, erklärt Dr. Lowinsky.»Für ein kleines Mädchen ist das eine sehr, sehr schwer zu tragende Bürde. Man begreift also, weshalb sie so wütend auf ihren Vater wird und warum sie womöglich den archetypischen ›bösen Vater‹ in ihm sieht, weil sie das Gefühl hat, er würde durch seine Wiederheirat nicht nur sie, sondern auch ihre Mutter im Stich lassen.«

Ältere Töchter haben zumeist mehr Mitgefühl mit ihrem verwitweten Vater. Sie sind weniger egozentrisch als jüngere Kinder und können sein Bedürfnis nach Kontakten außerhalb der Familie verstehen. Dennoch fällt es auch ihnen anfänglich meist sehr schwer, eine Verbindung mit einer anderen Frau zu akzeptieren, vor allem, wenn das von ihnen gefordert wird, bevor sie die Zeit hatten, um ihre Mütter zu trauern.

Cecile und Beth, die neunundzwanzig beziehungsweise sechsundzwanzig waren, als ihre Mutter nach zweijähriger Krankheit starb, übertrugen die Enttäuschung und die Wut, die sie nach dem Verlust empfanden, auf ihren Vater, als er ihnen fünf Wochen nach dem Begräbnis mitteilte, er hätte eine andere Frau getroffen.»Ich bin von Trauer sofort zu Wut und Haß übergegangen«, erinnert sich die heute achtundzwanzigjährige Beth.»Ich war gemein und unglücklich. Ich wurde fast wahnsinnig.«

»Ja, so war sie«, stimmt Cecile zu und nickt.»Aber ich denke, sie hatte allen Grund dazu. Mein Vater hat sich mit dem Tod wirklich nicht auseinandergesetzt. Er fing an, jeden Abend auszugehen, und dann lernte er diese Frau kennen. Heute mögen wir sie sehr, aber damals hat er sie uns einfach vorgesetzt, und das konnten wir nicht ertragen. Wir sagten zu ihm: ›Wir haben gerade unsere Mutter verloren. Zugegeben, du sagst, du hast zwei Jahre getrauert, als sie im Sterben lag, doch jetzt ist es Zeit, ihren Tod zu betrauern, und du gibst uns nicht die Möglichkeit dazu.‹«

Die Schwestern fühlten sich zu einem Zeitpunkt von ihrem Vater verlassen, da sie den engen Zusammenhalt der Familie gebraucht hätten. Sie erkannten ihr Dilemma: Sie wollten, daß ihr Vater glücklich war, doch gleichzeitig fanden sie, ihre Mutter verdiente etwas mehr Rücksicht. Und sie beschlossen, sich auf ihre Seite zu stellen.

»Es ging nicht so sehr darum, daß er mit anderen Frauen ausging«, erklärt Cecile, »sondern daß er uns dazu zwang, es zu akzeptieren, bevor wir dazu bereit waren. Drei Monate nach dem Tod meiner Mutter sagte er, er liebe diese Frau und habe vor, sie zu heiraten. *Nach drei Monaten!*«

Beth rollt mit den Augen, wenn sie sich an den Aufruhr der folgenden Monate erinnert, als die Schwestern ihren Zorn auslebten und ihre Angst davor äußerten, daß ihr Vater sie zugunsten seiner zukünftigen neuen Frau verlassen würde. Wir waren einfach *ekelhaft*«, sagt sie. »Ich habe schlimme Dinge zu meinem Vater gesagt. Nie hätte ich gedacht, daß ich jemandem solche Gemeinheiten an den Kopf werfen würde wie zum Beispiel: ›Laß mich aus dem Auto raus. Ich will dich nie wieder sehen. Ich hasse dich.‹ Und er weinte dann, aber er mußte auf seine Art mit seinem Leben weitermachen, und das tat er auch.«

Als ihr Vater seinen Plan, wieder zu heiraten, erneut ansprach, schlugen ihm die Schwestern einen Kompromiß vor: Sie baten ihn, wenigstens zu warten, bis ein Jahr seit dem Tod der Mutter vergangen sei. Er willigte ein, und ihre Beziehung zueinander wurde langsam wieder besser. Als die Schwestern erkannten, daß ihr Vater bereit war, die Prioritäten zugunsten seiner ursprünglichen Familie zu setzen, begannen sie, wieder Vertrauen und Achtung für ihn zu empfinden. Jetzt hatten sie Zeit, sich an das Fehlen ihrer Mutter und an den Gedanken zu gewöhnen, daß eine andere Frau im Haus ihres Vaters leben würde. Und sie erkannten, daß er nicht beabsichtigte, seine Töchter zu verlassen.

»Seine Prioritäten waren ganz eindeutig«, erzählt Cecile. »Beth und ich standen für ihn an erster Stelle. Und das ist bis zum heutigen Tag so. Er hat sein Leben mit uns ganz deutlich von seinem Leben mit seiner Frau getrennt. Sie hat sich als großartige Freundin erwiesen, und ihre beiden Kinder sind wirklich nett. Als wir uns nicht mehr bedroht fühlten, konnten wir uns mit dem Gedanken anfreunden, wie man das normalerweise erwartet. Nur als er uns vor vollendete Tatsachen stellen wollte, waren wir dagegen.«

Beth lacht ein wenig, als sie sagt: »Ich weiß nicht einmal, wann ich anfing, meinen Vater wieder zu mögen. Heute wünsche ich mir, die Umstände seiner Wiederheirat wären anders gewesen, aber er ist wirklich glücklich. Er behandelt seine neue Frau genauso gut wie meine Mutter, aber nur bis zu einem gewissen Grad. Ich kann den Unterschied erkennen.« Das, darin stimmen die Schwestern überein, zeigt seine Achtung für ihre Mutter und ihre ursprüngliche Familie, die sie ihrer Meinung nach verdient hat.

Das Inzest-Tabu

Knapp einen Monat nach dem Tod meiner Mutter fing mein Vater an zu trinken. Das war bei uns zu Hause überhaupt nicht die Regel, und es hat mich sehr erschreckt. Ich erinnere mich, daß ich sexuell vor ihm Angst hatte. Ich weiß nicht, ob meine Angst begründet war, außer, daß da eben ein betrunkener Mann im Haus war. Aber ich weiß noch, daß ich eines Abends, als er betrunken war, die Tür zu meinem Schlafzimmer verriegelt habe. Als ich fünf Jahre alt war, bin ich im Eingangsbereich unseres Gebäudes von einem betrunkenen Mann belästigt worden, vielleicht stelle ich deshalb diesen Zusammenhang her. Ich weiß nicht, ob da noch etwas anderes ist. Ich warte darauf, daß mir die Erinnerungen wieder kommen.

– Rita, dreiundvierzig Jahre alt; sie war fünfzehn und das einzige Mädchen in ihrer Familie, als ihre Mutter starb.

In einer intakten Familie werden die sexuellen Gefühle eines Vaters für seine Tochter durch die Gegenwart der Mutter und das Gewissen des Vaters unterdrückt. Obwohl eine gewisse Anziehung zwischen Vater und Tochter normal ist, ist das Inzest-Tabu, wie Victoria Secunda erklärt, bei den meisten Männern so tief verankert, daß sie sich eine sexuelle Anziehung kaum vorstellen, geschweige denn darüber sprechen können.[113] Obwohl diese sexuellen Gefühle den meisten Männern nicht bewußt sind, führen sie trotzdem dazu, daß sich Väter von ihren vorpubertären Töchtern zurückziehen.[114] Die Töchter erleben diesen Rückzug meist als Ablehnung, was die pubertären Gefühle der Unsicherheit und Isolation noch verstärkt.

Eine Mutter ist in der Familie zugleich Sexualpartner und mütterlicher Schutz, und in den meisten Familien stellt sie die symbolische Barriere zwischen Vater und Tochter dar. Wenn sie fehlt, verlieren Vater und Tochter diesen natürlichen Puffer. In einer Zeit, in der sich die Sexualität einer Tochter entwickelt, wird sich diese zunehmend bewußt, daß ihr Vater ein Mann mit Bedürfnissen ist, und wenn er keine neue Frau oder Freundin hat, sieht sie ihn als Erwachsenen, der allein schläft. In dem Glauben, daß das Gewissen ihres Vaters das einzige ist, das ihn von ihrer Schlafzimmertür fernhält, kann eine Tochter die Möglichkeit eines sexuellen Mißbrauchs fürchten. Vor allem, wenn die Eltern-Kind-Abgrenzung sehr verwischt wird, weil die Tochter viele Rollen ihrer Mutter übernimmt, führt die Verwirrung auf beiden Seiten des Vater-Tochter-Paares häufig dazu, daß man sich aus dem Weg geht oder sogar ablehnt.

Als Denise in die Pubertät kam, begann sie, eine Verletzung des Inzest-Tabus zu fürchten. »Mein Vater war so verantwortungslos«, erinnert sie sich. »In meiner Familie galt die Regel: Er ist ein Kind, er kann nichts dafür. Er ist für nichts verantwortlich. Also glaubte ich, *ich* müsse meinen Vater davor schützen, daß er mir und meinen Schwestern gegenüber sexuelle Regungen verspürte. Bei mir war es Projektion, weil ich in der Pubertät steckte und diese Gefühle hatte und in diesem Haus lebte. Ich war die Mutter. Ich bereitete das Abendessen zu. Ich erledigte die ganze Hausarbeit. Ich glaube, in gewisser Weise *wollte* ich meinen Vater und verfluchte die Tatsache, daß er nicht mit mir schlafen wollte. Natürlich wäre ich lieber gestorben, als es zu tun. Selbst jetzt, während ich darüber spreche, fühle ich mich dabei unbehaglich. Wenn dieser Gedanke mir damals bewußt geworden wäre, hätte ich mir wahrscheinlich die Pulsadern aufgeschnitten.«

Derartige Gedanken entwickeln sich oft als Reaktion auf den »verführerischen Vater«, der seine Tochter mit sexuellen Anspielungen bedrängt oder sie als das behandelt, was die Schriftstellerin Signe Hammer »Ersatzgöttin«[115] nennt, nämlich als das Ersatzbild einer verklärten toten Ehefrau. Selbst wenn der Mißbrauch nicht stattfindet, sind diese Ängste real und fügen dem Mädchen Schaden zu.

»Auf einer bestimmten Ebene empfindet das kleine Mädchen, daß sie eigentlich die Frau ihres Vater sein sollte, sei es im emotionalen oder im körperlichen Sinn«, erklärt Naomi Lowinsky, »oder aber der

Vater hat das Gefühl, das kleine Mädchen sollte seine Frau sein, und die Last, die weibliche Seite der Familie zu vertreten, wird einem Kind aufgebürdet, das nicht fähig ist, diese Last zu tragen.« Findet der Inzest statt, kann dieses Trauma die sexuelle Identität des Kindes durcheinanderbringen, den normalen Entwicklungsprozeß hemmen und ihre späteren Beziehungen zu Männern nachhaltig stören. Sie wird zu früh in eine Erwachsenenrolle gezwungen, indem sie das Äquivalent einer Frau im Körper eines Kindes wird.

Am Schicksal von Ginny Smith, der Erzählerin in dem Roman *Tausend Morgen* von Jane Smiley, der den Pulitzer-Preis erhielt, wird gezeigt, was einer mutterlosen Tochter zustoßen kann, die Opfer eines Inzests wird. Ginny, die mittlere Tochter einer Farmerfamilie in Iowa, verliert als Heranwachsende ihre Mutter und wächst mit ambivalenten Gefühlen gegenüber Sex und Ehe auf. Im weiteren Verlauf des Romans deckt sie Erinnerungen daran auf, daß ihr Vater nachts in ihrem Bett lag, und die Bewußtwerdung der Inzesterfahrung löst in ihr ein Gefühlschaos aus, das schließlich in der Entscheidung mündet, ihre Ehe, ihre Familie und ihre Heimatstadt zu verlassen und ihr eigenes Leben zurückzufordern.[116]

Jenseits von Zorn und Schamgefühl

GESUCHT: Weibliche Mitbewohnerin ... kinderliebend. Genießen Sie die Annehmlichkeiten eines großen, modernen Hauses mit Schwimmbad etc. bei einer Familie, die die Mutter verloren hat. In dem Haus leben zwei Töchter und ein Vater, und die beiden Mädchen wünschen sich eine neue »Mami«, vor allem die Zwölfjährige. Das andere Kind ist sechzehn.
 – Anzeige eines Vaters in *The Valley Advocate*, einer Wochenzeitung für den Westen Massachusetts' und den Süden Vermonts, 25.–31. März 1993.

Bei meiner Frau hat man vor kurzem Brustkrebs im fortgeschrittenen Stadium diagnostiziert. Meine größte Sorge bei diesem drohenden schrecklichen Verlust gilt meiner lebhaften, hoffnungsvollen und kindlichen siebzehnjährigen Toch-

ter. Wie kann ich Hilfe finden, um ihr dabei zu helfen, diesen Verlust zu überwinden?
  - Persönlicher Brief eines Vaters aus dem mittleren Westen, 16. März 1993.

Es wäre unfair und schlicht falsch anzunehmen, daß Väter sich um ihre mutterlosen Töchter keine Sorgen machen. Sie wissen, daß es nicht genügt, ihre Liebe mit einem per Post zugesandten Scheck auszudrücken. Doch sie sind sich auch der emotionalen Grenzen bewußt, die die amerikanische Gesellschaft Männern aufzwingt. Trauer fällt ihnen nicht leicht. Wie Therese Rando erklärt, neigen trauernde Männer dazu, sich in sich selbst zurückzuziehen, während Frauen eher aus sich herausgehen.[117] Keiner der beiden Betroffenen kann zufriedengestellt werden, wenn die Tochter das Bedürfnis hat, getröstet zu werden, und der Vater sich zurückziehen möchte.

»*Er* war mein Vater; er hätte sich um *mich* kümmern sollen«, betonen mutterlose Frauen. Das ist das Klagelied der Waise, die von ihrem Vater enttäuscht ist, weil dieser ihre Bedürfnisse nicht erfüllen konnte. Wir alle haben feste Vorstellungen von dem Begriff *Eltern*, die da entstehen, wo sich Gesellschaft und Einzelfamilie überschneiden, und wir haben sogar noch strengere Vorstellungen davon, welche Aufgaben der Mutter und welche dem Vater zufallen. Wenn die Mutter stirbt, überträgt das Kind üblicherweise all seine Erwartungen, was Fürsorge und Betreuung betrifft, auf den hinterbliebenen Elternteil, obwohl nur in seltenen Fällen der Vater alle Erwartungen selbst erfüllen kann.

Also frage ich mich, ob ich vielleicht von meinem Vater zuviel erwartet habe. Vor knapp einem Jahr telefonierte ich einmal mit meiner Schwester und zählte ihre alle meine Beschwerden über ihn auf. Da sagte sie: »Weißt du, wo dein Problem liegt? Du willst, daß er die Mutter ist. Und er wird nie im Leben eine Mutter sein.«

Sie hatte recht – es war richtig, unwiderleglich richtig. Ich weiß, daß meine Enttäuschung zu gleichen Teilen in dem begründet ist, was ich haben wollte und nie hatte, und in dem, was ich tatsächlich habe. Ich weiß, mein Vater hat seine menschlichen Grenzen. Ich habe sie nur nie akzeptieren wollen.

Indem ich von meinem Vater ständig erwarte, mehr zu sein, als ihm möglich ist, kann ich weiterhin an dem Glauben festhalten, daß der fürsorgliche Elternteil meiner Familie nicht mit meiner Mutter gestorben ist, obwohl das in Wirklichkeit so war. Während ich daran arbeite, meine Illusion aufzugeben, muß ich auch den Traum loslassen, jemals den starken, entschlossenen, emotional verfügbaren Beschützer zu haben, von dem ich einst glaubte, er würde jedes Problem für mich lösen. Es ist an der Zeit, daß ich mein Bedürfnis aufgebe, eine Tochter zu sein, und anerkenne, daß ich auch eine Erwachsene bin.

Ich weiß, daß es gar nicht so tief in meiner Psyche vergraben eine Stelle gibt, wo ich mich wertlos und ungeliebt fühle, weil ein Elternteil starb und das andere sich in sein Zimmer zurückzog. Wenn ich eine andere mutterlose Frau treffe, die genauso empfindet, dann erleben wir jenen elektrisierenden Augenblick der Verbundenheit, die spontane Begeisterung darüber, jemanden gefunden zu haben, bei dem ich nicht das Gefühl habe, erklären zu müssen. Jede kennt bereits die Geheimnisse der anderen, wir teilen die gleichen Ängste. Doch wir sprechen über unsere Väter mit zögernder, leiser Stimme, als ob die schwierige Beziehung mit dem ersten Mann in unserem Leben unserem Selbstvertrauen so sehr geschadet hat, daß wir uns das Recht versagen, darüber später mit fester, überzeugter Stimme zu sprechen.

Mein Vater und ich haben es nicht leicht miteinander gehabt. Uns verbinden nicht ein ähnlich gebauter Körper, gemeinsame Regungen oder vergleichbare Träume. Manchmal scheint es so, als ob ein Nachname und die Erinnerung an eine Frau, die vor fast dreizehn Jahren starb, alles wären, was wir teilen. Doch manchmal scheint es auch so, als verstünden wir uns sehr gut, zu gut, um uns weiter hinter dem Vorwand zu verstecken, wir wären Fremde.

Ich schöpfe Hoffnung aus den Geschichten älterer Frauen, die sich im Laufe der Zeit über diesen Punkt hinaus entwickelt haben. Caroline, die heute dreiundfünfzig ist, erzählte mir, daß sie und ihr Vater schließlich die Konflikte beigelegt haben, die nach dem Tod ihrer Mutter, als sie elf Jahre alt war, zwischen ihnen auftraten. Ihr Vater habe eine starke Persönlichkeit, er sei ein herrischer und schwieriger Mann, erklärt Caroline, und während ihrer Kindheit bestand er darauf, die Familie ganz unter seiner Kontrolle zu haben. »Jetzt hat er seine Verteidigungshaltung aufgegeben, und es ist wunderbar, mit ihm zusammenzusein«, sagt sie. »Die Dinge an ihm, unter denen ich gelitten habe, als ich zwanzig, dreißig und vierzig war, sind verschwunden. Zum Teil ist es sein Alter, zum Teil liegt es daran, daß er in seiner neuen Ehe glücklich ist, und zum Teil daran, daß ich heute akzeptiere, wer er ist.«

Ich weiß nicht, ob mein Vater und ich in der Lage sein werden, so weit zu kommen. Obwohl ich ihn ebenso liebe wie er mich, bin ich jetzt diejenige, die *ihn* auf Abstand hält. In diesem selbstbestimmten Leben, das ich mir aufgebaut habe, weiß ich nicht, wie ich für einen Elternteil Platz schaffen soll. Doch wir versuchen es. Er fängt an, über unsere schwierigen Jahre zu sprechen, mir seine Geschichte zu erzählen, und ich fange an, ihm zuzuhören. Ich lerne meinen Vater also langsam als Mann kennen, und es fällt mir zunehmend leichter, das anzunehmen, was er mir wirklich geben kann, ohne trotzig auf mehr zu bestehen. Und mich über eine Geste in der Gegenwart zu freuen, anstatt mich sofort an etwas zu erinnern, das ich vermißt habe. Und Entwicklung und Veränderung wahrzunehmen und dankbar anzuerkennen.

Letztes Jahr begann das Sehvermögen meines Vaters nachzulassen. Grauer Star, sagte der Arzt. An einem eiskalten Februarmorgen, dem Tag, an dem mein Vater dreiundsechzig wurde, gingen wir zusammen in die Klinik, um seine Sehkraft wiederherstellen zu lassen. Er reichte mir die Autoschlüssel und setzte sich auf den Beifahrersitz. Ich fuhr.

Kapitel sechs

Schwester und Bruder, Schwester und Schwester

ZWEI MONATE, NACHDEM ICH WIEDER nach New York zurückgekehrt war, zog meine Schwester nach Los Angeles. Eigentlich war das nicht so geplant gewesen. Monatelang hatten wir darüber geredet, wie ich nach einem Jahrzehnt des rastlosen Umherwanderns endlich wieder nach Manhattan kommen würde, wo wir beide dann nur zwanzig Häuserblocks voneinander entfernt leben und unser schwesterliches Glück miteinander genießen würden. Doch sechs Wochen, nachdem ich meine Kisten ausgepackt hatte, rief mich Michele an und sagte, sie wäre zu einem Einstellungsgespräch nach Los Angeles eingeladen. Also flog sie hin, um sich die Sache anzusehen, und natürlich wollte man sie sofort haben, und das Angebot war zu gut, als daß sie es ablehnen konnte. Innerhalb von drei Wochen war sie weg.

Ich war, gelinde gesagt, wie vor den Kopf gestoßen – die alten Ängste, verlassen zu werden, kamen wieder, doch eigentlich war ich nicht allzu überrascht. Michele war in dem Jahr nach Manhattan gezogen, in dem unser Bruder Glenn aufs College ging; ein stillschweigender Tausch, damit wenigstens immer ein Kind in der Nähe unseres Vaters war (für den Notfall – als ob allein die Anwesenheit einen solchen verhindern könnte). Wie so viele Abmachungen in unserer Familie, blieb auch diese unausgesprochen, und deshalb protestierte ich nicht, als Michele anfing, meine leeren Kisten vollzupacken. Wir wußten beide, worum es sich handelte. Ich war an der Reihe, vor Anker zu gehen, und an ihr war die Reihe, den Hafen zu verlassen.

Mitgefühl und gegenseitiger Beistand sind für uns beide ganz neue Errungenschaften. Wir haben uns erst miteinander vertragen, als wir erwachsen waren. Wie die meisten Schwestern, die drei Jahre auseinander sind – drei Jahre sind zuwenig, um Mutter und Kind miteinander zu spielen, aber zuviel, um ebenbürtig zu sein –, sind auch wir in einem Klima der Rivalität und Reibereien groß geworden, während wir um die Bewunderung unseres Bruders und die begrenzte Zeit unserer Eltern kämpften. Heute leuchtet mir ein, daß Michele und ich, als unsere Mutter starb, uns gegenseitig kaum trösten konnten. Statt dessen vertieften wir den Graben zwischen uns. Vertrautheit täuscht eine falsche Sicherheit vor, wenn Veränderungen in der Familie eintreten, und Konkurrenz war unser vertrauter Umgangskodex.

Wir waren dazu erzogen worden, uns um unseren jüngeren Bruder zu kümmern und ihn zu beschützen, und das taten wir auch weiterhin, so gut wir konnten. Doch füreinander brachten wir dieses Einfühlungsvermögen nicht auf. Spannungen zwischen Geschwistern sind häufig kaum verhaltene, fehlgeleitete Wut, und nach dem Tod unserer Mutter wurde Michele zur Zielscheibe meiner Wut. Sie wiederum verharrte in einer Art Abwehrhaltung. Und während wir uns stritten, wütend anblitzten oder uns gegenseitig ignorierten, entstand zwischen uns ein neuer, seltsamer Wettstreit: Wer hatte mehr gelitten, als Mutter starb; wer konnte mehr für Glenn tun, und wer von uns konnte die meiste Zuneigung von unserem Vater erheischen?

All dies fand in einer verwirrenden Atmosphäre erzwungener Normalität und unausgesprochener Trauer statt, während uns unser Vater regelmäßig kurze Vorträge darüber hielt, daß der einzelne wichtiger sei als die Gemeinschaft und wir alle lernen müßten, für uns selbst zu sorgen. Der Gedanke gefiel mir anfangs recht gut. Mit siebzehn lehnte ich die Verantwortung ab, die ich für meine jüngeren Geschwister empfand, und so suchte ich mir ein College aus, das über tausend Kilometer von New York entfernt lag. Ich war entschlossen zu fliehen. Doch hinter all dem Groll, den ich für Michele hegte, muß ein Beschützerinstinkt und ein Pflichtbewußtsein gesteckt haben, das weder durch Rivalität noch durch Entfernung zerstört werden konnte. In der Nacht, in der mein Vater damit drohte, die Familie zu verlassen, versuchte ich mit ihm am Telefon zu verhandeln und verlegte mich schließlich aufs Drohen: »Wenn du diese Kinder verläßt, dann hole ich sie zu mir. Darauf kannst du dich verlassen.« Und ich begriff in diesem Augenblick, wie ernst ich diese Worte meinte. Und auch Michele wußte das, trotz all unserer vorherigen Zwistigkeiten. Wenn wir heute über diese Nacht sprechen, sagt sie, daß auch sie damals ihre Koffer packte und zu mir kommen wollte.

Ich bin mir nicht sicher, ob ich einen bestimmten Wendepunkt in unserer Beziehung ausmachen kann – vielleicht hat hauptsächlich das Alter für eine Verbesserung gesorgt –, aber ich weiß, daß diese Nacht den Beginn eines neuen Verständnisses zwischen Michele und mir kennzeichnete. In dem Unglück, das wir teilten, fanden wir eine gemeinsame Basis. Indem wir die Mutter verloren, fand letzten Endes jede von uns eine Schwester. Ich weiß nicht, ob wir sonst so enge Freundinnen geworden wären.

Damit diese Geschichte nicht allzu glatt erscheint, muß ich hinzufügen, daß wir wohl kaum ein guter Mutterersatz füreinander sind. Michele ist und bleibt die jüngere Schwester und ist oft enttäuscht, wenn ich nicht auf alles eine Antwort weiß; ich bin und bleibe die Ältere und bin oft überrascht und verärgert, wenn sie mehr weiß als ich. Und auch wenn wir uns bemühen, die Differenzen zu überwinden, verschwinden die kleinen Verletzungen der Vergangenheit nicht einfach durch Willenskraft.

Am Abend, bevor Michele nach Los Angeles aufbrach, hielt ich es schließlich nicht mehr aus, und ich weinte.

»So weine doch nicht«, bat sie mich. »Ich will, daß du stark bist.«

»Ich kann nicht immer die Starke sein«, erwiderte ich. »Verdammt noch mal. Du bist für mich die einzige Sicherheit, die ich in dieser Familie habe. Ich will nicht, daß du weggehst.«

Als ob sie nur auf dieses Stichwort gewartet hätte, schoß sie da plötzlich zurück: »Gut, und was war, als du aufs College gegangen bist, als ich fünfzehn war?« Da begriff ich, wie tief unsere Erinnerungen an den Verrat sitzen; ganz gleich, wie weit wir sie hinter uns lassen, wir kommen doch immer wieder darauf zurück.

Älteste von zwei Töchtern, mittlere von fünf, jüngere Schwester von älteren Brüdern...: Die Kombinationen sind mannigfaltig, und mutterlose Frauen gibt es in allen Kategorien. Fünfundachtzig Prozent der für dieses Buch interviewten Frauen haben Geschwister, die in der Familiengeschichte, die sie erzählen, stets Hauptfiguren sind.[118]

In einem vorangegangenen Kapitel sagte ich, daß die Beziehung einer Tochter zu ihrer Mutter wahrscheinlich eine der dauerhaftesten ihres Lebens ist. Doch diejenigen von uns, die Geschwister haben, und insbesondere diejenigen mit Schwestern können davon ausgehen, daß diese Beziehungen sogar noch länger dauern als die Beziehung zu unseren Eltern. Die Qualität und Intensität dieser Geschwisterbeziehungen ändern sich im Laufe des Lebens ständig; Unwetter und Sonnentage kommen darin häufiger vor als in der Wetterübersicht eines Monats.

Geschwisterbindungen entwickeln sich ab dem Augenblick, da ein zweites Kind geboren wird. Wenn eine Mutter stirbt oder weggeht, werden Stärke und Beschaffenheit dieser Bindungen sehr schnell sichtbar. Die Geschwisterbeziehungen verändern sich nur selten, wenn eine Familie ein Trauma wie etwa den Verlust der Mutter erfährt. Sie nehmen vielmehr, wie in meiner Familie, eine übertriebene Form an.[119] Brüder und Schwestern, die schon zuvor eng und vertraut miteinander waren, neigen dazu, sich nach dem Tod noch enger zusammenzuschließen. Und Geschwister mit einer nur losen Bindung entfernen sich meist sogar noch weiter voneinander – vor allem, wenn die Mutter die Kraft war, die die ungleichen Familienmitglieder zusammenhielt. Während äußere Einflüsse wie Trauerbegleitung oder die Unterstützung durch ein entferntes Familienmitglied extreme Reaktionen verhindern können, hält die Intensivierung früherer Verhaltensmuster üblicherweise an, bis die Wirkung des Traumas nachläßt, und dauert oft bis in das Erwachsenenalter hinein.

Die fünfundzwanzigjährige Margie erinnert sich, wie sie an dem Morgen, nachdem ihre Mutter Selbstmord begangen hatte, mit ihrem jüngeren Bruder ganz ruhig auf dem Sofa ihrer Großmutter saß. Ihre Eltern waren geschieden, und obwohl Margie kaum sieben Jahre alt war, verwandelte sie ihre Angst und Verwirrung in den dringenden und heftigen Wunsch, sich mit ihrem fünfjährigen Bruder zusammenzuschließen, den zu beschützen man sie erzogen hatte. »Es war mir anscheinend klar, daß die Erwachsenen um mich herum alle dem Zusammenbruch nahe waren und keiner die Fähigkeit oder den Wunsch hatte, sich um mich zu kümmern«, sagt sie.

»Also dachte ich sofort daran, mich um meinen Bruder zu kümmern. Ich dachte daran, daß *er* meine Familie war und daß wir das hier gemeinsam erlebten, wie ein Team.« Heute stehen sich die beiden Geschwister »unglaublich nahe«, sagt Margie, und sie bietet ihrem Bruder in der Stadt, in der sie beide leben, weiterhin ihre Fürsorglichkeit und Unterstützung an.

Margies spontane Reaktion, ihren Bruder zu beschützen, war wohl nicht zuletzt auch eine Abwehr der eigenen Trauer, weil es sie von der Verwirrung und dem Zorn ablenkte, den sie über den Selbstmord ihrer Mutter empfand. Das bestätigen auch Untersuchungen, die besagen, daß Geschwister einander Geborgenheit vermitteln können, wenn die Mutter nicht mehr da ist. Es ist erwiesen, daß Kinder bereits mit drei Jahren in der Lage sind, die Ängste eines jüngeren Bruders oder einer jüngeren Schwester zu beschwichtigen.[120] Die einunddreißigjährige Connie, die sieben war, als ihre Mutter starb, erinnert sich, daß sie in der Nacht, in der sie von dem Tod erfuhren, in das Bett ihrer zwölfjährigen Schwester gekrochen ist. »Ich hatte Angst, und sie umarmte mich, während ich weinte«, erinnert sie sich. »Seither ist sie die einzige, bei der ich mich sicher fühle und zu der ich gehe, wenn ich über unsere Mutter reden möchte.«

Wesentlich häufiger jedoch, so habe ich herausgefunden, sind Familien, in denen sich die Geschwister nach dem Tod der Mutter auseinanderleben. Die Töchter dieser Familien beschreiben ihre Mutter oft als »das Bindeglied, das die Familie zusammenhielt«, oder als »die Sonne, um die die Planeten kreisten«, und geben damit zu verstehen, daß der Verlust dieser zentralen Figur zum Zusammenbruch des ganzen Systems führt. Auch wenn das stimmen mag, gab es in diesen Familien wahrscheinlich von Anfang an nie einen besonders engen Zusammenhalt.

Die siebenundzwanzigjährige Leslie, die sechzehn war, als ihre Mutter an Krebs starb, erinnert sich, daß sie als Kind nur wenig mit ihren beiden älteren Brüdern zu tun hatte, und auch heute hat sie kaum Kontakt zu ihnen. »Vielleicht waren wir bereits weiter voneinander entfernt, als uns bewußt war, weil meine Mutter diejenige war, die uns zusammenbrachte, doch nach ihrem Tod wurde es ganz deutlich, daß wir in Wirklichkeit keine Familie waren«, erklärt sie mit leisem, aber offensichtlichem Bedauern. »Wir sind im Grunde an entgegengesetzte Enden der Welt geflohen.« Die einunddreißigjährige Victoria, die mit acht Jahren das jüngste von drei Kindern war, als ihre Mutter starb, drückt es etwas barscher aus: »Meine Familie ist wie die Bahamas: derselbe Name, aber nicht miteinander verbunden.«

Die Zersplitterung der Geschwister hat ihren Ursprung häufig in der Dynamik der Herkunftsfamilie der Mutter, die ihr als unbewußte Richtschnur für die Familie dient, die sie neu gründet. Eine Mutter, die zum Beispiel eifersüchtig auf ihre älteste Schwester war, kann unter Umständen ähnliche Unstimmigkeiten zwischen ihren beiden Töchtern herbeiführen, indem sie die jüngere bevorzugt. Oder sie identifiziert sich vielleicht mit dem Kind, das ihr in charakteristischen Merkmalen wie Größe, Gewicht, Wesen, Position in der Geschwisterfolge besonders ähnlich ist. Da die Mutter durch Bevorzugung und Benachteiligung häufig die Spannungen zwischen Geschwistern herbeiführt, kann ihr Tod ihnen zum ersten Mal die Gelegenheit bieten, sich als gleichwertig anzuerkennen und den Bruch in ihrer Kindheit zu heilen. Es ist jedoch nicht leicht, nach Jahrzehnten des aufgestauten Ärgers zu dieser optimistischen Lösung zu kommen, und für manche Familien ergibt sich diese Chance vielleicht zu spät. Die Mutter ist zwar nicht mehr da, doch ihr Einfluß lebt in den ärgerlichen Telefonaten und Streitereien ihrer Kinder weiter.[121]

Geschwister wenden sich in ihrem Zorn und in ihrer Verwirrung nach dem Tod der Mutter oft gegeneinander, vor allem, wenn sich die älteren Kinder in der Familie von den neuen Verpflichtungen, die auf sie zukommen, überfordert fühlen, und die jüngeren sich übergangen und verloren vorkommen. Die einunddreißigjährige Joy verlagerte ihren Zorn auf ihre ältere Schwester, als ihre krebskranke Mutter im Sterben lag. »Ich bin jeden Tag ins Krankenhaus gegangen«, sagt sie. »Es war nicht leicht, für meinen Vater zu sorgen und gleichzeitig drei Wochen lang jeden Tag zum Krankenhaus und wieder zurück zu fahren. Meine Schwester ist in der ganzen Zeit nur zweimal ins Krankenhaus gegangen, und einmal hat sie sogar einen Freund mitgebracht, der meine Mutter kaum kannte. Ich war so wütend auf sie. Ich bin mit dem Schmerz über den Verlust meiner Mutter fertig geworden – indem ich wütend auf meine Schwester wurde.«

Joy war immer schon die verantwortungsbewußte Tochter gewesen, die zu Hause blieb und keinerlei Scherereien machte, während ihre Schwester gegen ihre Drogensucht kämpfte und zwei uneheliche Kinder hatte. Trotzdem hatte Joy immer geglaubt, ihre Mutter würde ihre Schwester mehr lieben. Während des Krankenhausaufenthaltes der Mutter wollte sie unbedingt die perfekte Tochter werden und endlich das Lob ernten, auf das sie immer gehofft hatte. Nach dem Tod ihrer Mutter tröstete sie sich mit dem Wissen, daß sie – und nicht ihre Schwester – ihrer Mutter die letzten Tage erleichtert hatte.

Geschwister prahlen gerne mit ihren guten Taten und verstricken sich dabei in frustrierende und im Kreis verlaufende Auseinandersetzungen, in denen sie die Opfer der einen Schwester mit denen der anderen vergleichen. *Ich habe mehr verloren als du! Ich leide mehr als du! Ich war schließlich doch die bessere Tochter!*

Therese Rando nennt diese geschwisterlichen Streitereien »Konkurrenz unter Trauernden«. So rivalisierend diese Geschwister auch erscheinen mögen, in Wirklichkeit geht es ihnen eher darum, Beachtung und Anerkennung zu finden, als einen Sieg davonzutragen. »Es ist der Versuch, sich in einer Zeit als etwas Besonderes zu fühlen, in der man sich so benachteiligt fühlt«, erklärt Dr. Rando. »Die Tochter versucht, sich selbst etwas zu geben, an dem sie festhalten kann, wenn sie sich von dem, was sie verloren hat, überwältigt fühlt. Eine andere Art von Konkurrenz entwickelt sich, wenn die erwachsenen Geschwister *weniger* in die Familie eingebunden sein wollen. Das ist der Fall, wenn es etwa heißt: ›Ich will mich nicht um Vater kümmern. *Du* übernimmst das‹, oder: ›Letztes Jahr war Vater Weihnachten bei mir. Nimm *du* ihn dieses Jahr.‹«

Victoria sagt, ihre ältere Schwester Meg, die mit sechsundzwanzig in das Elternhaus zurückkehrte, um nach dem Tod der Mutter für die Familie zu sorgen, bestehe heute, mehr als zwanzig Jahre nach dem Verlust der Mutter, immer noch darauf, als die Märtyrerin der Familie betrachtet zu werden. Megs Festhalten an ihrer Opferrolle hat die Beziehung zwischen den Schwestern in Victorias Kindheit zerstört und macht es ihnen auch heute noch schwer, Freundinnen zu sein. Victoria gibt sich keine Mühe, ihre Bitterkeit zu verbergen, wenn sie über Megs Verhalten nach dem Tod der Mutter spricht.

»Ich hätte ihr ganzes Leben zerstört«, sagt Victoria. »Das hat sie mir immer wieder gesagt. ›Ich mußte zu Hause bleiben und mich um dich kümmern. Du hast mein Leben zerstört.‹« Ärgerlich und verbittert über die neue Verantwortung, die sie nach dem Tod der Mutter übernehmen mußte, hatte Meg ihre ganze Frustration an der achtjährigen Victoria ausgelassen, die mit einem gewaltigen Schuldgefühl aufwuchs, weil sie der älteren Schwester, die sie früher bewundert und verehrt hatte, eine solche Last war. Noch heute hat sie das Gefühl, sie müsse die Unannehmlichkeiten, die sie ihrer Schwester bereitet hat, wiedergutmachen, und verbringt viele Stunden damit, sich am Telefon Megs Probleme anzuhören.»Als meine Psychiaterin zu mir sagte: ›Sie müssen sich die Klagen Ihrer Schwester nicht anhören, wenn Sie das nicht wollen‹, antwortete ich ihr: ›Das verstehen Sie nicht. Ich muß mich um sie kümmern, weil ich ihr Leben zerstört habe‹«, erzählt Victoria. »Und meine Psychiaterin sagte: ›Hören Sie einfach damit auf.‹« Victoria bemüht sich heute um eine Loslösung von Meg, die erwartet, daß sich ihre jüngere Schwester jetzt um sie kümmert.

Victoria und Meg: zwei Schwestern, die den gewaltigen Groll, den sie heute gegeneinander hegen, vielleicht hätten vermeiden können, wenn nicht von der älteren in der Vergangenheit erwartet worden wäre, die jüngere großzuziehen. Ihre Geschichte wirft eine noch gewichtigere Frage auf: Was geschieht, wenn Geschwister zu Ersatzeltern werden?

Minimütter und ihre Fertigkinder

Nach einem Todesfall in der Familie werden an das älteste Kind oder an das Kind, das die elterliche Rolle am ehesten übernehmen kann, meist die größten Erwartungen gestellt.[122] Von Söhnen wird zumeist erwartet, daß sie die Rolle des Familienoberhauptes übernehmen und die finanziellen und organisatorischen Angelegenheiten regeln.[123] Töchtern hingegen wird im allgemeinen die Aufgabe übertragen, sich um ihre jüngeren Geschwister, den hinterbliebenen Elternteil und alternde Großeltern zu kümmern.[124]

Obwohl die frühe Mutterrolle eine Tochter gewöhnlich dazu zwingt, eine Identität anzunehmen, die ihrem Entwicklungsstadium überhaupt nicht entspricht, legen verschiedene Untersuchungen nahe, daß die Fürsorge um jüngere Geschwister einer Tochter auch helfen kann, ihr Selbstvertrauen zu stärken, Widerstandskraft gegen spätere Belastungen zu entwickeln und die Verlustgefühle aufzuarbeiten.[125] Als die Psychologin Mary Ainsworth und ihre Kollegen dreißig junge Mütter befragten, die in ihrer Kindheit den Verlust einer Bezugsperson erfahren hatten, fanden sie heraus, daß diejenigen, die den Verlust am besten bewältigt hatten, zwei Eigenschaften gemeinsam hatten: Sie besaßen ein starkes Gefühl der Familienzusammengehörigkeit, das gegenseitigen Trost, den Austausch von Gefühlen und gemeinsames Trauern ermöglichte, und sie hatten *Gelegenheit, in der Trauerphase Verantwortung für andere Familienmitglieder zu übernehmen.*[126]

Die siebenundzwanzigjährige Robin sagt, daß die Betreuung ihrer jüngeren Geschwister (eine Schwester und ein Bruder) ihr geholfen habe, sich verantwortungsbewußt und kompetent zu fühlen, ihr jedoch auch Verpflichtungen aufgeladen habe, die für eine Sechzehnjährige nur schwer zu bewältigen waren. Als ihre Mutter starb, wurde Robin in den folgenden zwei Jahren, bis ihr Vater wieder heiratete, für ihre dreizehnjährige Schwester und ihren achtjährigen Bruder zum Mutterersatz.

Die größte Verantwortung empfand ich für meinen Bruder, doch ich wußte nicht, wie ich mit ihm fertig werden sollte. Er war ein sehr schwieriges Kind. Er veranstaltete richtige Machtkämpfe. Er wollte zum Beispiel, daß ich mit ihm in ein Spielwarengeschäft ging, und wenn ich sagte, ich hätte keine Zeit, bekam er einen regelrechten Wutanfall. Meine Schuldgefühle ihm gegenüber waren so groß, daß ich ihm dann nachgab. Ich erinnere mich, daß ich kurz vor der Wiederheirat meines Vaters dachte: »Gott sei Dank kommt diese Frau ins Haus.« Sie hing an ihm, genauso wie er an ihr hing. Und das hat mir wirklich sehr geholfen. Da konnte ich ihn dann loslassen und sagen: »Gut, jetzt ist er mein Bruder. Ich trage jetzt nicht länger die Verantwortung für ihn.« Der einzige Grund, warum ich mich nicht schuldig fühlte, daß ich auf ein weit entferntes College ging, war der, daß meine Stiefmutter einen Monat, nachdem ich von zu Hause wegging, einzog.

Natürlich gab es gewaltige Probleme und Kämpfe, nachdem mein Vater wieder geheiratet hatte, besonders zwischen meiner Stiefmutter und meiner Schwester. Meine Schwester rief mich ständig weinend im College an. Und meine Zimmergenossinnen sagten: »Deine Schwester ist wieder am Telefon. Sie weint schon wieder.« Ich war ihr eine große Stütze und bin es heute noch. Ich bin immer die erste, die sie anruft. Sie ist zweifellos sehr auf mich angewiesen.

Indem sie sich um ihre jüngeren Geschwister kümmerte, konnte sich Robin besser mit ihrer Mutter identifizieren und sich nach deren Verlust indirekt selbst bemuttern. Heute weiß sie sehr wohl, wie man sich um sich selbst kümmert, und gibt sich oft die gleichen Ratschläge wie ihren Geschwistern, wenn diese sie um Hilfe bitten.

Auch die zweiunddreißigjährige Kathleen bewältigte ihren Verlust, indem sie aus eigenem Antrieb zur Mutter wurde. Kathleen war das zweite von vier Kindern und das einzige Mädchen in der Familie. Bereits als Kind hatte sie sich um ihre drei Brüder gekümmert, und als sie mit achtzehn das Sorgerecht für ihren dreizehnjährigen Bruder bekam und ihn anschließend ganz allein großzog, übernahm sie diese Rolle mit großem Einsatz.

Kathleen ist hochgewachsen, freundlich, nachdenklich und wirkt sowohl von ihrer Erscheinung als auch von ihrem Verhalten her über ihre Jahre hinaus reif und erwachsen. Sie war sechzehn, als ihre Mutter an Krebs starb. Ihr Vater starb im Jahr darauf an Alkoholismus. Als Paul, ihr jüngster Bruder, sie eines Abends im College anrief, weil er sich im Waisenhaus einsam und unglücklich fühlte, entschloß sie sich, ihn zu sich in die Universitätsstadt zu holen, in der sie lebte. Sobald Kathleen volljährig war, ging sie zum Familiengericht und wurde sein Vormund. »Viele haben zu mir gesagt: ›Du bist selbst noch so jung. Wie kannst du einen Bruder im Teenageralter zu dir nehmen?‹ Doch mir war klar, daß ich mir selbst half, indem ich ihm half«, erinnert sie sich. »Ich hatte kein Zuhause, nur ein Zimmer in einem Wohnheim. Ich gehörte da nicht wirklich hin. Und indem ich Paul zu mir holte und mit ihm zusammenlebte, habe ich auch mir selbst ein Zuhause geschaffen.« Kathleen und Paul fanden an ihrem College einen freundlichen Dekan, der ihnen eine Wohnung in einem Wohnheim für verheiratete Studenten besorgte. Dort wohnten sie zusammen, bis Paul vier Jahre später aufs College ging und zu seinem ältesten Bruder an die Westküste zog. Als Kathleen jedoch vor zwei Jahren geschieden wurde, zogen beide Brüder zurück in die kleine Stadt in Neuengland, wo sie ein Haus besitzt. »Ich weiß nicht, ob sie sich von mir persönlich angezogen fühlen oder von dem, was ich für sie darstelle«, sagt sie. »Ich glaube, ich bin für sie so etwas wie Heimat.« Sie und Paul wohnen wieder zusammen, ihr ältester Bruder lebt ein paar Häuser weiter in der gleichen Straße, und der dritte Bruder kommt gelegentlich aus Kalifornien zu Besuch.

Kathleen wurde de facto zur Mutter ihrer Familie, eine Position, die ihren Status als Geschwisterkind völlig verändert hat. Mutterlose Frauen, die die Fürsorge für ihre Geschwister übernahmen, erleben oft den verwirrenden Zwiespalt, nicht ganz Mutter, aber doch mehr als eine Schwester zu sein. Und sie beschreiben, daß sie sich häufig der einen oder beiden Rollen nicht ganz gewachsen fühlten. Wer bin ich? fragen sie sich. Mutter? Schwester? Keines von beidem? Beides?

»Nachdem ich aufs College gegangen war, glaubte meine Schwester, sie müsse jetzt zur Mutter meines Bruders werden«, sagt Robin. »Aber sie hatte nie das Gefühl, daß sie ihre Sache gut machte. Wie sollte sie auch? Vor nicht allzu langer Zeit gestand sie ihm das ein, und ich glaube, es hat sie ungemein erleichtert, als er zu ihr sagte: ›Melinda, du bist meine *Schwester*. Ich habe von dir nie erwartet, daß du meine Mutter bist.‹«

Obwohl Schwestern sicher die Lücke teilweise füllen können, wenn eine Mutter stirbt oder weggeht, konnte ich doch kaum Belege dafür finden, daß eine Schwester eine adäquate Ersatzmutter werden kann. Von allen Frauen, die sagten, sie hätten nach dem Tod ihrer Mutter einen Mutterersatz gefunden, gaben nur 13 Prozent eine Schwester an – etwa der gleiche Prozentsatz nannte eine »Lehrerin« oder »Freundin«.[127] Sehr häufig übernimmt eine Schwester die körperliche Betreuung eines anderen Geschwisters. Emotional jedoch ist sie in den seltensten Fällen reif genug, den Anforderungen eines jüngeren und abhängigen Kindes gerecht zu werden, solange sie selbst noch ein Kind ist.

»Ernste Probleme tauchen auf, wenn eine Schwester die Mutter ihrer Geschwister werden muß«, sagt Evelyn Bassoff. »Sie kann dieser Aufgabe nicht gerecht werden. Doch sie versucht es, scheitert notgedrungen und fühlt sich dann schuldig. In Situationen, in denen sie mit den Kindern nicht fertig wird, nimmt sie Zuflucht zu körperlicher Bestrafung, was ihre Schuldgefühle noch verstärkt. Es ist nicht so wie bei Wendy und Peter Pan und der Insel der verlorenen Kinder.«

Geschwister gehören der gleichen Generation an und stehen in der Familienhierarchie auf gleicher Stufe. Sie wachsen mit der Bereitschaft auf, sich umeinander zu kümmern, doch handelt es sich nicht um eine ungleichgewichtige und äußerst emotional besetzte Beziehung wie bei der Eltern-Kind-Dyade. In einer Mutter-Kind-Beziehung herrscht ein einseitiges Machtverhältnis. Wenn eine Schwester die Mutterrolle übernimmt und mehr Macht bekommt, als das Geschwisterverhältnis für gewöhnlich zuläßt, gerät das ganze System aus den Fugen. Schwestern und Brüder bewegen sich dann nicht mehr auf versetzten und doch zugleich parallelen Ebenen, sondern einer von ihnen hat sich auf eine ganz andere Ebene begeben. Jahre später stellt diese Schwester vielleicht fest, daß es für sie unmöglich ist, sich mit den Geschwistern, die sie zurückgelassen hat, wieder zu vereinigen.

Die fünfunddreißigjährige Denise, die nach dem Tod ihrer Mutter, als sie selbst zwölf Jahre alt war, für ihre beiden jüngeren Schwestern zur Minimutter wurde, erklärt, daß ihre Gefühle ihnen gegenüber eine mütterliche Färbung annahmen. »Ich habe bis auf den heutigen Tag keine schwesterliche Beziehung zu meinen Schwestern«, sagt sie. »Ich habe eine mütterliche Beziehung zu ihnen. Ich würde mein Leben für sie aufs Spiel setzen. Ich empfinde sehr viel Liebe für sie, aber sie würden mir niemals ihre innersten Geheimnisse mitteilen. Und ich würde ihnen niemals meine sagen.« Als die Mutter starb und Denise die Mutterrolle übernahm, begannen ihre Schwestern, sie als ihre Beschützerin und ihr Oberhaupt zu betrachten und nicht mehr als ihre Verbündete. Als Erwachsene, in einem Alter, in dem ein Unterschied von sechs oder sieben Jahren zwischen Geschwistern normalerweise zunehmend an Bedeutung verliert, stehen diese drei Schwestern immer noch in einem Verhältnis zueinander, das der Rollenzuweisung entspricht, die vor vierundzwanzig Jahren entstand.

Mit zwölf betrachtete Denise das Hineinschlüpfen in die Mutterrolle als Notwendigkeit und nicht als ihre freie Entscheidung. Jemand mußte sich um ihre Schwestern kümmern, und sie hielt sich selbst für die am besten geeignete Kandidatin für diese Aufgabe. Ihre Beteiligung an der Erziehung ihrer Schwester mag für sie selbst vielleicht altersunangemessen gewesen sein, doch das Wissen, daß es zu Hause eine Person gab, auf die sie sich verlassen konnten – so unvollkommen Denise auch manchmal gewesen sein mag –, half den Schwestern, das Gefühl der Sicherheit zu entwickeln, das sie, wie Denise meint, heute haben, das aber ihr heute fehlt.

Jüngere Geschwister profitieren nach dem Verlust der Mutter oft von einer engen Beziehung zu ihren älteren Brüdern oder Schwestern. Eine Studie aus dem Jahr 1983 über sieben Jugendliche, die im Alter zwischen sieben und zehneinhalb Jahren einen Elternteil verloren hatten, stellte fest, daß die vier Kinder, die den Verlust am besten bewältigten, alle einen engen Bezug zu einem älteren Geschwister hatten.[128] Die zweiunddreißigjährige Kim sagt, ihr Bruder, der heute zweiundvierzig ist, habe ihr damals, als ihre Mutter starb und sie selbst zwei Jahre alt war, geholfen, Selbstachtung und ein Selbstwertgefühl zu entwickeln. »Ich erzähle immer allen, ich wäre nur ein Häufchen Elend ohne meinen großen Bruder«, sagt sie und lacht. »Sogar als ich noch ganz klein war, nahm er mich überallhin mit. Und als er sechzehn war und in verschiedenen Bands spielte und eine wirklich wilde Phase durchmachte, da hat er mich trotzdem mitgenommen. Überlegen Sie sich das mal: Wer möchte schon ständig eine sechsjährige Schwester im Schlepptau haben? Doch ihm machte das nichts aus, und das hat mir geholfen, mich zugehörig zu fühlen.«

Es sind allerdings auch ernstliche Risiken damit verbunden, wenn ein Geschwister als vollwertiger Ersatz statt als Behelf für den verlorenen Elternteil angesehen wird. Eine ältere Schwester oder ein älterer Bruder können zur Zielscheibe der verdrängten Wut eines jüngeren Geschwisters auf die Mutter werden, und diese Gefühle können, wenn sie nicht abgelegt werden, in Abneigung und bitteren Haß umschlagen. Das jüngere Geschwister ist vielleicht ärgerlich oder zornig, wenn das ältere weggeht, um ein Leben außerhalb der Familie zu führen. Ein älteres Geschwister entwickelt vielleicht einen übertriebenen Machtanspruch auf das jüngere und weigert sich, das jüngere Geschwister eigene Wege gehen zu lassen. Oder eine jüngere Schwester überträgt ihre Hoffnung auf uneingeschränkte Unterstützung, die sie sich von der Mutter erhofft hatte, auf ein Geschwister, das diese Rolle ebenso heftig ablehnt.

»Als ich auf der High School war, wandte ich mich an meine Schwester, die fünf Jahre älter war als ich«, erinnert sich die zweiunddreißigjährige Roberta, die fünfzehn war, als ihre Mutter starb.

»Und sie sagte zu mir: ›Nein, ich werde mir deine Probleme nicht anhören.‹ Sie sagte mir klipp und klar, daß sie nicht bereit war, sich darauf einzulassen, ganz gleich, wie sehr ich litt. Ich war bestürzt. Ich war total beleidigt und wie betäubt, daß sie so egoistisch war, in meinen Augen. Ich hatte immer geglaubt, sie wüßte auf alles einen Rat. Noch heute sagt sie zu mir: ›Nein. Geh zu einem Psychiater. Ich weiß keine Lösung für deine Probleme.‹ Was im Grunde ja kein schlechter Ratschlag ist, aber es tat mir anfangs sehr weh, das zu hören.«

Roberta gibt jedoch zu, daß die Weigerung ihrer Schwester, die Mutterrolle zu übernehmen, es ihr ermöglichte, Schwester zu bleiben. Auch wenn die beiden sich heute nicht besonders nahestehen, hat Roberta eine klare Vorstellung davon, was ihre geschwisterliche Beziehung beinhaltet und was nicht.

Wenn eine ältere Schwester versucht, einer jüngeren Schwester die Mutter zu ersetzen, können beide in die typischen entwicklungsbedingten Kämpfe verstrickt werden – einschließlich der Loslösung und Rebellion in der Pubertät –, die üblicherweise in einer Mutter-Tochter-Beziehung auftreten. Doch eine ältere Schwester ist zumeist schlecht dafür gerüstet, mit diesen Veränderungen umzugehen, und die jüngere Schwester kann in ihrer Entwicklung eine Störung erfahren, wenn sie in diesen Prozeß einsteigt und dann merkt, daß er ins Stocken gerät.

Die dreiundvierzigjährige Mary Jo war drei Jahre alt und die jüngste von drei Schwestern, als ihre Mutter starb. Sie wurde praktisch von ihrer älteren Schwester Patty großgezogen, die dreizehn war, als sie den Haushalt übernahm und zu Mary Jos wichtigster Bezugsperson wurde. »Ich habe mich an Patty gewandt, als ich meine erste Periode bekam, und überhaupt bei all diesen Sachen«, erinnert sich Mary Jo. »Sie wurde wirklich meine Mutter; für mich war das damals von Vorteil, doch für sie hatte es ernste Nachteile. Sie ist ihr Leben lang sehr depressiv gewesen, und dazu kam das Gefühl, die älteste Frau im Haus zu sein und die ganze Verantwortung tragen zu müssen; das war keine gute Mischung.«

Mary Jo identifizierte sich in ihrer Kindheit mit Patty, die sich wiederum sehr stark mit ihrer Mutter identifizierte. Vor sechs Jahren, als Patty das gleiche Alter erreichte, das ihre Mutter hatte, als man bei ihr Krebs feststellte, unternahm sie einen Selbstmordversuch. Mary Jo besuchte sie im Krankenhaus und bat sie inständig, sich helfen zu lassen. Ein paar Monate danach nahm Patty wieder eine Überdosis. Sie starb noch am gleichen Tag.

Mary Jo macht heute eine Therapie, um diesen Verlust zu verarbeiten und um das Problem gute Mutter/schlechte Mutter aufzuarbeiten, das sich ihr mit ihrer *Schwester* stellt. »Patty hat wirklich versucht, mir als Kind das Leben leichter zu machen, aber sie war selbst so total kaputt, und das drückte sich manchmal in einem sehr negativen und beherrschenden Verhalten aus«, erklärt sie. »Uns verband eine Art Haßliebe. Ich bemühe mich sehr, die Situationen, in denen sie wunderbar war, nicht zu vergessen und in mein Bild von ihr zu vervollständigen, aber ich erkenne doch auch, daß viele meiner negativen Muster von ihr stammen und daher rühren, daß sie aufgrund der Macht, die sie über mich hatte, mein Gefühlsleben bestimmt hat.«

Im Idealfall richtet eine mutterlose Tochter mit älteren Geschwistern den Großteil ihres Bedürfnisses nach Zuwendung auf den Vater und holt sich zusätzliche – aber nicht alle – Sicherheit bei einem oder mehreren Geschwistern, so sie welche hat. Mittlere Kinder, die zusätzlich ein wenig Verantwortung übernehmen können, sich jedoch an andere Familienmitglieder wenden können, die in Zeiten der Anspannung ihre kindlichen Bedürfnisse befriedigen, sind wahrscheinlich am besten dran. Sie können ein Gefühl der Kompetenz entwickeln, haben jedoch gleichzeitig ihren Rückhalt in der Familie, den sie brauchen, um sich emotional sicher zu fühlen. Die zweiunddreißigjährige Samantha, das zweite von fünf Kindern, war zwölf Jahre alt, als ihre Mutter starb, und hatte einen Vater, auf den sie sich stützen konnte, eine jüngere Schwester, die sich auf sie stützte, und eine ältere Schwester, an die sie sich mit ihren Fragen über körperliche Entwicklung, Freunde und Jungen wenden konnte. Die drei ältesten Mädchen in ihrer Familie standen sich bereits sehr nahe, bevor ihre Mutter starb; heute leben sie in benachbarten Städten und telefonieren mehrmals in der Woche miteinander.

Meine Schwestern und ich wachten an den Wochenenden meist früh auf, bereiteten das Frühstück für die Familie vor, krochen dann zurück ins Bett und redeten zwei oder drei Stunden lang über alles mögliche. Manchmal haben wir das auch nachts gemacht. Ich bin mit meinen Problemen also immer zu meinen Schwestern gegangen. Manchmal auch zu meinen Freundinnen, aber meist zuerst zu meinen Schwestern. Wenn eine von uns keinen Rat weiß für ein Problem, dann versuchen wir, es zusammen zu lösen, oder wir fragen andere. Die älteste von uns weiß unglaublich viel über den menschlichen Körper, und sie ist dann unsere Anlaufstelle. Sie ist verheiratet, hat drei Kinder und spricht sehr sachlich über Schwangerschaft und Geburt. Sie wird eine Art Autorität für mich sein, wenn ich heirate und Kinder habe.

Samantha sagt, sie würde eines Tages gerne Kinder haben, hätte es damit aber nicht eilig. Nachdem sie beinahe zwanzig Jahre lang ihre jüngste Schwester bemuttert hat, möchte sie jetzt eine Pause, bevor sie damit wieder anfängt. Viele mutterlose Frauen, die ihre jüngeren Geschwister versorgt haben, denken genauso. »Ich habe bereits drei Kinder großgezogen«, sagen sie. »Jetzt möchte ich mir etwas Zeit für mich gönnen.«

Natürlich ist es etwas ganz anderes, ein Kind großzuziehen, dessen Geburt man geplant und vorbereitet hat, und das als Erwachsene zu erleben. Frauen jedoch, die jüngere Geschwister großgezogen haben und später eigene Kinder hatten, stellen fest, daß die zuvor erworbenen Erfahrungen sie auf einige der Anforderungen der Mutterschaft vorbereitet haben. So meint die sechsunddreißigjährige Bridget, die seit ihrem zwölften Lebensjahr ihre beiden jüngeren Brüder versorgte, bis sie von zu Hause weg und aufs College ging, es sei für sie ganz natürlich gewesen, bei ihrem Sohn die Mutterrolle einzunehmen. Sie habe sich nie Sorgen gemacht, ob sie eine schlechte Mutter sei. »Die fürsorgliche Seite ist überhaupt nicht schwer«, erklärt sie. »Aber ich habe meine Brüder nicht als Babys versorgt, deshalb habe ich auf manchen Gebieten eindeutige Erfahrungen, während ich in anderen Bereichen überhaupt keine Ahnung habe.«

Bridget hat keinen Kontakt mehr zu ihrem Vater und der Stiefmutter, und ihre Großeltern sind alle gestorben. Doch ihre Brüder, sagt sie, sind eingesprungen, um ihrem Sohn die bedingungslose, aber distanzierte Liebe zu geben, die sie einst von ihren Großeltern erfahren hat. »Meine Brüder wissen nicht, wie man mit Babys umgeht, deshalb verhielten sie sich am Anfang nach dem Motto: ›Oh, ist der süß, und wir lieben ihn ja so‹«, sagt sie. »Aber jetzt ist Alex vier Jahre alt, und manchmal telefoniert er mit ihnen und erzählt von einem Kind, das ihn immer ärgert, und fragt, was er tun soll. Meine Brüder müssen richtig nachdenken. Mich fasziniert es, zu sehen, wie sie miteinander umgehen. Dann habe ich das Gefühl, daß wir drei doch eine richtige Familie sind, obwohl meine Mutter nicht mehr da ist und ich meine Brüder großziehen mußte.«

Geschwisterfolge

Im allgemeinen sind wir uns des Einflusses nicht bewußt, den die Geschwisterfolge auf uns ausübt, doch unsere Position bedingt eine Reihe von internalisierten Rollen und Vorstellungen, die sich auf unsere Sichtweise der Welt auswirken.[129] Den Psychologen Margaret M. Hoopes und James M. Harper zufolge verändert der Tod eines Elternteils die Vorzeichen der Rollenzuschreibung unter den Geschwistern, die ein Kind bei seiner Geburt erhält.[130] Ein mittleres Kind, das daran gewöhnt war, sich auf andere zu stützen, muß vielleicht plötzlich den Familienvorstand übernehmen, weil ein älteres Geschwister nicht zur Verfügung steht oder die Familie verläßt. Ein jüngeres Kind, das gewöhnt war, wie ein Baby verhätschelt zu werden, muß vielleicht mehr Verantwortung für sich selbst übernehmen als je zuvor.

Geschwisterrollen können völlig durcheinandergeraten, wenn der Vater wieder heiratet und Stiefgeschwister hinzukommen, die die Familienkonstellation verändern. Wenn eine Stieffamilie zwei älteste Kinder unter dem gleichen Dach vereinigt, liefern diese beiden sich oft ein Kopf-an-Kopf-Rennen um die Position des Anführers der neuen Geschwistergruppe. Wenn auf diese Weise Positionen innerhalb der Geschwisterfolge doppelt vertreten sind, sind Probleme und Auseinandersetzungen an der Tagesordnung, bis sich eine neue Hackordnung in der Familie entwickelt.[131]

Die folgenden charakteristischen Merkmale, die sich aus persönlichen Interviews, statistischen Angaben* und psychologischen Veröf-

---

* Von den 154 mutterlosen Frauen, die für dieses Buch interviewt wurden, waren 28 Prozent älteste Töchter, 25 Prozent mittlere Kinder, 31 Prozent jüngste Töchter, 15 Prozent Einzelkinder und ein Prozent Zwillinge.

fentlichungen ergeben haben, sind typische, durch die Position in der Geschwisterfolge bedingte Reaktionsweisen von Töchtern aus Familien, die eine Mutter verloren haben.

DIE ÄLTESTE TOCHTER

- wird schnell erwachsen und verantwortungsbewußt, wenn sie die Sorge für die Familie übernimmt, doch diese Machtposition in frühen Jahren kann sie als Erwachsene allzu herrschsüchtig werden lassen.
- kann anderen gegenüber eine aufopfernde Haltung einnehmen und eine sehr verständnisvolle und einfühlsame Frau werden.
- verläßt häufig früh das Zuhause, um der Verantwortung zu entfliehen, entwickelt dann Schuldgefühle; oder aber sie bleibt länger zu Hause als eigentlich geplant und opfert ihre eigene Identität.
- fühlt sich abgetrennt von ihrer frühen Kindheit, wenn sie niemanden hat, der ihr von diesen Jahren erzählt, dient jedoch als Familienchronistin, die den jüngeren Geschwistern über deren Kindheit berichten kann.
- hat eventuell mehr Probleme, sich von der abwesenden Mutter zu lösen als ihre Brüder und Schwestern. Eine Studie des Amherst College aus dem Jahr 1989, bei der Studenten beiderlei Geschlechts und jeder Geschwisterposition befragt wurden, ergab, daß erstgeborene Töchter die engste Beziehung zu ihren Müttern hatten und ihr Selbstwertgefühl am geringsten entwickelt war.[132]
- hat am wenigsten Angst, ihren Vater zu verlieren. Nur eine von zehn ältesten Töchtern mit einem noch lebenden Vater sagt, sie fürchte seinen Tod »sehr«, im Vergleich zu einer von vier jüngsten Töchtern.[133] Der Grund dafür ist vielleicht, daß älteste Töchter häufig bereits autonomer und weniger abhängig von ihren Eltern waren, als ihre Mütter starben.

DIE MITTLERE TOCHTER

- ist sowohl eine ältere als auch eine jüngere Schwester und fühlt sich vielleicht unsicher, welche Rolle ihr in der Familie mehr Sicherheit bietet. In ihrem natürlichen Bedürfnis, nach dem Verlust in eine frühere Phase zurückzufallen, identifiziert sie sich vielleicht wesentlich stärker mit der Rolle der jüngeren Schwester und möchte von einem älteren Geschwister Betreuung erfahren. Falls kein älterer Bruder oder keine ältere Schwester sich als Familienoberhaupt anbietet, muß sie eventuell diese Rolle für ihre jüngeren Geschwister übernehmen, sträubt sich aber dagegen, weil das »nicht ihre Aufgabe« sein kann.

● fühlt sich ausgeschlossen und übergangen und geht früher als die anderen Geschwister von zu Hause weg, um eine eigene Identität zu finden und zu entwickeln.[134]

● findet in den seltensten Fällen eine Ersatzmutter – 44 Prozent der befragten mittleren Kinder sagten, sie hätten nie eine Ersatzmutter gehabt.[135]

Die jüngste Tochter

● wird oft als das »Nesthäkchen« der Familie betrachtet und von der Wahrheit über die Krankheit oder den Tod der Mutter verschont, was zu Verwirrung oder Haß auf andere Familienmitglieder führt. Sie wächst mit dem Mißtrauen gegen diejenigen heran, die ihr nicht die ganze Wahrheit gesagt haben, oder lebt in der Furcht, Autoritätsfiguren könnten ihr wieder wichtige Tatsachen vorenthalten.

● stellt vielleicht fest, daß ihr Verlust im Zuge der Bewältigung der Trauer der Erwachsenen zu sehr dramatisiert oder bagatellisiert wird. »Die arme kleine Jenny hat es am schwersten«, lenkt von ihnen ab und verlagert den Schwerpunkt auf das Kind; und »Jenny hatte es am leichtesten, weil sie sich an Mutter kaum erinnert«, ermöglicht es ihnen, sich vor dem Schmerz eines Kindes zu drücken.

● empfindet vielleicht Zorn, weil sie nur sehr kurz eine intakte Familie erlebt hat, und tut sich besonders schwer mit Ferien und Familienfeiern.

● stellt möglicherweise fest, daß ihre Entwicklungsvorbilder plötzlich ungeeignet oder verschwunden sind, wenn ältere Geschwister die Pubertät oder das frühe Erwachsenenalter schnell hinter sich lassen, um mehr Verantwortung zu übernehmen, sich ausleben oder die Familie verlassen.

● ist am ehesten »Papis kleines Mädchen« und leidet am meisten, wenn er krank wird oder stirbt. Von allen für dieses Buch interviewten Frauen, die aussagten, sie würden den Tod ihres Vaters »sehr« fürchten, machten jüngste Kinder – mit 50 Prozent – die größte Gruppe aus.[136]

● betrachtet sich selbst als diejenige, die auf lange Sicht am meisten betroffen ist. 48 Prozent der für dieses Buch befragten jüngsten Kinder sagten, der Verlust der Mutter wäre »das prägendste Ereignis« in ihrem Leben gewesen, verglichen mit 27 Prozent der ältesten, 22 Prozent der mittleren und 23 Prozent der Einzelkinder.[137] Außerdem waren die Hälfte der erwachsenen Frauen, die aussagten, sie könnten keinerlei positive Auswirkungen ihres frühen Verlustes feststellen, jüngste Kinder.[138]

DAS EINZELKIND

● hat meist von der Mutter mehr Zuwendung erhalten als andere Kinder, verliert also in Wirklichkeit mehr.

● ist üblicherweise erfahrener im Umgang mit Erwachsenen, was ihm bei der Suche nach einem Ersatz für die Mutter dienlich sein kann.[139]

● lernt heterosexuelle Beziehungen nur dadurch kennen, daß es seine Eltern beobachtet, und verliert mit dem Tod der Mutter sein Primärmodell. Hat es keine Stiefmutter, oder war die Ehe der Eltern nicht harmonisch, kann es verunsichert sein, wie sich erwachsene Frauen Männern gegenüber verhalten.

● hat Mühe, eine Stiefmutter zu akzeptieren, weil es daran gewöhnt ist, seinen Vater für sich zu haben.

● ist egozentrischer als andere Kinder. Seine Hauptsorge nach einem Verlust gilt ihm selbst – »Was soll nur aus *mir* werden?« –, und das kann zu einer beinahe zwanghaften Angst davor führen, auch den Vater zu verlieren.

● fühlt sich gedrängt, »perfekt« zu werden, damit sein Vater es nicht so verläßt wie die Mutter zuvor und es ganz allein bleibt.

● erlernt das Verhalten gegenüber einem Elternteil, indem es den anderen Elternteil beobachtet, und nicht durch die Beobachtung eines Bruders oder einer Schwester. Deshalb verhält es sich nach dem Tod der Mutter seinem Vater gegenüber so, wie es die Mutter tat, und das kann zu einer Rollenverwirrung führen.

DIE TOCHTER AUS EINER GROSSEN FAMILIE
(MIT FÜNF ODER MEHR KINDERN)
• ist vielleicht schon lange vor dem Verlust von älteren Geschwistern versorgt worden, weil sich die Zuwendung der Mutter auf so viele Kinder verteilte.[140] Wenn die Gefühle einer Tochter bereits teilweise in eine stellvertretende Mutterfigur investiert sind, hat sie vielleicht weniger Schwierigkeiten, sich der veränderten Familiensituation anzupassen, wenn ihre Mutter stirbt.

• kann sich, falls sie schon älter ist, unter Umständen ausgenutzt fühlen und zornig sein, daß sie sich jetzt um mehrere jüngere Geschwister kümmern muß.

• braucht eventuell die Geschwisterschar zur Unterstützung.[141] Eine Familie mit sieben Kindern zum Beispiel teilt sich häufig von allein in zwei altersbedingte Gruppen. Die Geschwister nehmen dann nach dem Tod der Mutter eher Zuflucht bei ihrer Teilgruppe als bei der Familie insgesamt. Da es einem Geschwister gewöhnlich am schwersten fällt, das nächstjüngere zu akzeptieren, bilden oft das erste mit dem dritten oder das dritte mit dem fünften eine Einheit.[142]

• muß mit den anderen Geschwistern um die Aufmerksamkeit und Zuneigung des alleinerziehenden Elternteils stärker als je zuvor konkurrieren. Möglicherweise erhält nicht jedes Kind die nötige Unterstützung, um den Verlust ausreichend kompensieren zu können.

• könnte, wenn sie noch kleiner ist, nach dem Tod der Mutter zu einem älteren Geschwister oder einem anderen Verwandten geschickt werden, um dort zu leben, was zu Minderwertigkeitsgefühlen führen kann, weil sie vom Rest der Familie getrennt ist, oder zu Schuldgefühlen, weil sie sich als Last erlebt.

• kann ein Gefühl von emotionaler Geborgenheit durch die Gruppe bekommen aufgrund der Gruppengröße (was die Chance vergrößert, einen Verbündeten zu finden) oder aufgrund der gemischten Zusammensetzung (so daß sowohl Gleichaltrige als auch Elternfiguren darunter sind).[143] Andererseits stehen große Familien häufig vor wirtschaftlichen Problemen, die bei allen Mitgliedern zu dauerhafter Unsicherheit führen.[144] Wenn ein Elternteil stirbt, hat eine Familie in Bedrängnis – gleich welcher Größe – Schwierigkeiten, eine Einheit zu bilden.

● wird oft anders erzogen als ihre sehr viel älteren oder sehr viel jüngeren Geschwister, weil sich Ansichten und Methoden der Eltern im Laufe der Zeit ändern. Die Mutter wird ihre Elternrolle beim ersten Kind ganz anders wahrnehmen als beispielsweise beim neunten. Ebenso hat die Mutter vielleicht schon die Hochzeit der ältesten Tochter und die Geburt des ersten Enkelkindes erlebt, während die jüngste vielleicht noch nicht einmal die Grundschule abgeschlossen hat. Die beiden Schwestern haben verschiedene Sekundärverluste, was auch bedeutet, daß sie unterschiedlich trauern und leiden.

Deine Realität oder meine?

Meine Mutter und ich standen uns recht nahe. Zum Zeitpunkt ihres Todes hatten wir die meisten Widrigkeiten meiner Pubertät hinter uns. Ich glaube, wir waren gerade an dem Punkt angelangt, wo wir uns als Freundinnen hätten näherkommen können.
 – Eine vierunddreißigjährige Frau, die mit neunzehn ihre Mutter verlor.

Ich glaube, ich war meiner Mutter ein Trost. Was sie für mich war, weiß ich nicht genau. Wir hatten viele gemeinsame Interessen, zum Beispiel klassische Musik und Religion. Ich habe mit ihr, soweit ich mich erinnere, nie über die Dinge gesprochen, die Mädchen sonst gerne mit ihren Müttern besprechen. Wir hatten eine ziemlich oberflächliche, auf praktische Dinge ausgerichtete Beziehung. Ich denke, sie hat in mir eine

Beständigkeit und Verläßlichkeit gefunden, die ihr das Leben leichter machte, und größtenteils war ich zufrieden, einfach diese Erwartung zu erfüllen.
– Eine zweiunddreißigjährige Frau, die mit sechzehn ihre Mutter verlor.

Ich kann mich nicht erinnern, daß ich zu meiner Mutter je ein enges Verhältnis hatte. Sicher, ein paar Dinge haben wir zusammen gemacht; sie hat mich zum Beispiel begleitet, als ich mir Ohrlöcher stechen ließ, und sie hat mir ein Kätzchen geschenkt, als mein Vater auf einer Geschäftsreise war. Ich weiß nicht, inwieweit diese Distanz an unserer Beziehung an sich lag oder einfach an meinem Alter. Ich war ein ziemlich hochnäsiger Teenager. Ich machte gerade eine Phase durch, in der mir alles, was sie tat, unangenehm war. Mit meiner Mutter redete ich nicht. Wenn, dann sprach ich meistens mit meiner Schwester.
– Eine einunddreißigjährige Frau, die mit vierzehn ihre Mutter verlor.

Zwei Töchter, die über drei verschiedene Mütter sprechen? Nicht ganz. Es sind die Lawrence-Schwestern – Caitlin, Brenda und Kelly –, die die gleiche Mutter beschreiben, die im Jahr 1974 an Krebs starb.

Wie ihr Beispiel zeigt, nehmen Geschwister ihre Mütter – und den Verlust der Mutter – nicht in gleicher Weise wahr. Der Tod der Mutter wird ihre Kinder aus verschiedenen Gründen nicht gleichermaßen betreffen: wie beispielsweise unterschiedliche Entwicklungsstadien, die Geschwisterfolge, frühere Erlebnisse mit Krankheit, Tod oder Verlust, individuelle Begleitumstände des Todes und die persönlichen Beziehungen zu beiden Eltern. Auch wenn Kinder miteinander groß werden, wie das oft bei Kindern der Fall ist, die nur wenige Jahre auseinander sind, können sie den Verlust der Mutter zwar in gewisser Hinsicht ganz ähnlich erleben, in anderen Punkten jedoch auch völlig unterschiedlich, so daß ihre Berichte manchmal wie gewisse Sensationsgeschichten über Zwillinge klingen, die von verschiedenen Müttern aufgezogen wurden.

Und in manchen Familien ist das von der Wahrheit gar nicht so weit entfernt. Geschwister, die am Ende ihrer Pubertät oder schon darüber hinaus sind, wenn die Mutter stirbt, sind vor allem unter ihrem Einfluß und außerdem mit zwei Elternteilen aufgewachsen, während ihre jüngeren Brüder oder Schwestern den Großteil ihrer prägenden Jahre vielleicht mit einem alleinerziehenden Vater oder in einer Stieffamilie verbringen. Die fünfundvierzigjährige Eva sagt, daß sie bis zu ihrem letzten Familientreffen, das vor kurzem stattfand, immer gedacht habe, die Persönlichkeit ihres achtunddreißigjährigen Bruders wäre von Einflüssen außerhalb der Familie geprägt worden. »Ich habe Andrew immer für einen konservativen Jugendlichen gehalten, der alles plant und organisiert«, erklärt sie. »Ich weiß, daß ich das auch in mir habe, und ich sehe es auch bei meinem mittleren Bruder, obwohl wir beide viel lockerer sind. Andrew ist der jüngste, doch er ist der erfolgreichste von uns dreien. Er arbeitet hart und riskiert viel. Er ist sehr pragmatisch. Als ich ihn das letzte Mal bei unserer Stiefmutter traf, erkannte ich, daß nicht der Vietnamkrieg Andrew konservativ gemacht hatte, sondern der Unterschied zwischen unseren Müttern. Meine Stiefmutter ist außerordentlich pragmatisch. Sie ist ganz eindeutig ein Kind der Wirtschaftskrise und weniger locker, als meine Mutter es war.« Diese Erkenntnis half Eva, den Ursprung des Unterschiedes zwischen Andrew und ihr zu benennen, und befreite sie von dem moralischen Druck, den sie jedesmal empfand, weil sie einen etwas alternativeren Lebensstil vorzog.

Selbst wenn Geschwister mit denselben Eltern groß werden, können sie den Verlust der Mutter auf völlig unterschiedliche Weise erleben. Caitlin, Brenda und Kelly zum Beispiel lebten alle noch zu Hause, als man bei ihrer Mutter zum erstenmal Krebs feststellte. Doch binnen zwei Jahren war Caitlin aufs College gegangen, Brenda war in einem Internat, das über tausend Kilometer von zu Hause entfernt lag, und nur Kelly lebte noch bei ihren Eltern. In jenem Jahr begann ihre Mutter mit der Bestrahlung, und die dreizehnjährige Kelly war die einzige Tochter, die zu Hause war und die Auswirkungen dieser Behandlung miterlebte. Sie erinnert sich noch lebhaft an die Fahrten mit ihrer Mutter zum Supermarkt, bei denen es ihrer Mutter aufgrund der Bestrahlungen so schlecht ging, daß sie sich erst einmal in dem Gang mit den Brotwaren erbrach und dann noch einmal draußen auf dem Parkplatz. Weil Kelly als einzige der Schwestern die Angst und Hilflosigkeit dieser Augenblicke erlebte, ist es nicht verwunderlich, daß sie diejenige ist, die heute mit großer Angst von Brustkrebs und Krankheiten spricht.

Caitlin, Brenda und Kelly sagen, sie können sich auf die Erinnerungen der jeweils anderen verlassen, um die eigenen Gedächtnislücken zu füllen. Doch in anderen Familien, besonders, wenn Geschwister sich nicht sehr nahestehen, können voneinander abweichende Erinnerungen und unterschiedliche Wahrnehmungen die Kluft zwischen den Geschwistern noch vertiefen. Weil die Tochter einen frühen Verlust meist als das prägende und bestimmende Ereignis ihres Lebens betrachtet und ihre weiteren Erfahrungen im Hinblick darauf interpretiert, werden ihre Erinnerungen an die Mutter und an den Verlust zu grundlegenden Bausteinen ihrer Identität. Sie wird ein anderes Geschwister, das ihre Wahrnehmung der Vergangenheit in Frage stellt, als Bedrohung ihres Selbst erleben. Ein Geschwister, dem emotional so viel daran gelegen ist, seine Erinnerungen zu bewahren, wird die eigene Version der vergangenen Ereignisse auch dann noch verteidigen, wenn klar ist, daß sie mit der Wahrheit nicht übereinstimmt.

»Mein Bruder, meine Schwester und ich sind über die zwei Jahre, in denen unsere Eltern starben, sehr unterschiedlicher Ansicht«, sagt Therese Rando. »Sicher, die Art und Weise, wie Menschen etwas wahrnehmen, ist immer verschieden, und die Wahrnehmung könnte unterschiedlicher nicht sein, wenn wir drei auf diese Zeit zurückblicken. Meine Schwester erinnert sich an Dinge, in denen sie sich irrt – darauf gehe ich jede Wette ein. Sie sagt zum Beispiel: ›Weißt du nicht mehr, wie Onkel Bob und Tante Rhea lange Zeit jedes Wochenende zu uns kamen?‹ Mein Bruder und ich wissen beide, daß sie auf gar keinen Fall jedes Wochenende kamen. Sie kamen vielleicht einmal oder höchstens zweimal. Es gibt auch objektive Beweise dafür. Meine Schwester ist sich aber absolut sicher, daß die beiden jedes Wochenende kamen. Man könnte meinen, wir drei wären nicht am gleichen Ort gewesen.«

Wenn die Erinnerungen von Geschwistern derart voneinander abweichen, dann geht es nicht darum, wessen Gedächtnis trügt und wessen nicht, sondern darum, wer sich an was erinnert und warum. Dr. Rando glaubt, daß ihre Schwester vielleicht deshalb an dem Glauben festhält, ihre Tante und ihr Onkel seien ständig zu Besuch gekommen, weil ihr das erlaubt, sich an einen Schutz zu erinnern zu einer Zeit, in der sich die drei jungen Waisen verletzlich und verlassen fühlten. Diese Erinnerung aufzugeben würde bedeuten, den Schmerz darüber, daß sie so früh schon elternlos und allein dastand, anerkennen zu müssen.

Die dreiundfünfzigjährige Caroline sagt, ihr lang anhaltender Widerstand gegen die Kindheitserinnerungen ihrer Schwester, die mit ihren eigenen nicht übereinstimmen, entsprang sowohl ihrem Überlegenheitsgefühl als ältere Schwester als auch ihren eigenen Schwierigkeiten zu trauern. Caroline war elf und das zweite von vier Kindern, als ihre Mutter starb; sie beschreibt sich selbst als »die Schwester mit dem untrüglichen Gedächtnis, die heute noch sagen kann, welche Speise jeder Nachbar zur Beerdigung mitbrachte«. Als sie und ihre jüngere Schwester Linda begannen, gemeinsam an einem Buch über ihre Kindheit zu arbeiten, erklärte Caroline die Erinnerungen ihrer Schwester jedesmal für falsch, wenn diese nicht ihren eigenen entsprachen. Caroline hatte das Buch jedoch als Teil ihres Trauerprozesses begonnen, und als ihre Heilung Fortschritte machte, spürte sie, daß sie zunehmend bereit war, die Erinnerungen ihrer Schwester zu akzeptieren und in ihre eigenen mit einzubeziehen.

Es hat mir sehr geholfen, mich von der Überzeugung zu lösen, ich wüßte alles. Heute begreife ich, daß ich zwar weiß, was *ich* erlebt habe, daß ich aber nicht weiß, was ein anderer erlebt hat, nicht einmal jemand, der mir so nahe steht wie meine Schwester, weil ihr Leben so völlig anders war als meines. Wir haben den Großteil unserer frühen Kindheit zusammen verbracht, aber sie hat die Zeit mit meiner Mutter ganz anders erlebt. Ich war meistens draußen und habe mit meinem Bruder gespielt, wir waren immer unterwegs und haben Abenteuer erlebt, und Linda war zu Hause bei Mutter und lernte kochen und Norwegisch sprechen. Ich verstehe jetzt, daß sie – ganz gleich, wie ähnlich wir uns heute sind – andere Erinnerungen und ein anderes Bedürfnis zu trauern hat, weil sie etwas ganz anderes verloren hat als ich.

Als Carolines Bereitschaft wuchs, ihre Schwester als einen eigenständigen Menschen zu betrachten, erkannte sie, daß sie zusammen mit Linda trauern konnte, ohne sich mit ihr zu streiten oder anderer Meinung zu sein. Zwei Monate, bevor ich Caroline kennenlernte, hatten die beiden Schwestern einen Tagesausflug in die Berge unternommen, um zusammen um ihre Mutter und ihre erste Stiefmutter zu trauern, die vor drei Jahren starb.

Die Halbinsel von Olympia ist der nordwestlichste Punkt im Bundesstaat Washington, und der Hurricane Ridge ist eine der höchstgelegenen Gegenden dort. Man hat eine phantastische Aussicht von dort oben. Linda und ich fuhren durch einige Wolken hindurch, sahen das Panorama und sind gleichzeitig in Tränen und in Lachen ausgebrochen. Wir waren wie berauscht. Wir konnten unsere Gefühle nicht im Zaum halten. Wir hatten geplant, dort hinauf zu gehen und um unsere Mütter zu trauern, und das haben wir auch getan. Wir haben die Lieder von ihren beiden Beerdigungen gesungen und ihre Namen laut in den Wind gerufen. In unserer Welt stehen meist überall die Namen von Männern. Wir haben nicht immer die Gelegenheit, unsere Mütter zu ehren, ob sie uns geboren haben oder nicht, und Linda und ich waren fähig, die unsrigen gemeinsam zu ehren.

Kapitel sieben

Auf der Suche nach Liebe

Wer immer zu mir mit verwandter Stimme spricht, dem werde ich so sicher folgen wie das Wasser dem Mond, still, mit flüssigem Schritt, über den ganzen Erdball.

– Walt Whitman, »Vocalism«

LETZTES JAHR SCHICKTE MIR MEINE FREUNDIN HEIDI diese Worte, die sie in ihrem kalligraphischen Schriftzug auf einer Postkarte sauber aufgemalt hatte. Heidi kennt mich seit der achten Klasse und hatte folglich reichlich Zeit zu beobachten, welche Muster sich in mir entwickelten und wiederholten. Sie stand mir mit Rat und Tat zur Seite, als die erste Liebesbeziehung meines Erwachsenenlebens in die Brüche ging, dann bei meiner zweiten und meiner dritten. Sie kannte also inzwischen meine Schwächen nur zu gut. Nachdem wir am Tag zuvor über meine neueste Liebesaffäre gesprochen hatten, warnte sie mich also sanft mittels einer Postkarte davor, einem falschen Propheten zu folgen, der mich mit Worten, nach denen ich lechzte, lockte, und schrieb dazu: »Gib acht auf dein Herz, meine Liebe.«

Das ist nicht nur eine Pro-forma-Warnung. Heidi hat des öfteren miterlebt, daß ich mein Herz blind und zu früh verschenkte.

Ich will hier nicht jede Liebesgeschichte, die ich erlebt habe und die schiefgelaufen ist, nacherzählen, aber man kann darauf vertrauen, daß sich der Ablauf nach kürzester Zeit wiederholt. Ich habe einige gute Beziehungen gehabt und einige, die dauerhafter waren, langsam begannen, für eine Weile eine befriedigende Ebene erreichten und schließlich wieder endeten, als die Partner sich auseinanderentwickelten oder eine Veränderung brauchten. Doch dazwischen hat es eine Reihe von Affären gegeben, die zu Ende gingen, bevor sie richtig angefangen hatten. Ich sehe das so: Wenn es einmal passiert, ist es ein Ereignis, wenn es zweimal passiert, ist es Zufall, und wenn es dreimal passiert, Gewohnheit. Jeder hat seine Verhaltensmuster, und das ist eines von meinen.

Wir begegnen uns auf einer Party, bei einem Softball-Spiel oder im Zug. Am nächsten Tag ruft er an. Dann bringt er mir Geschenke, kocht mir Essen, möchte mich jeden Tag sehen. Ich genieße die Aufmerksamkeit. Ich werde bewundert und geliebt. Er will alles über meinen Tagesablauf wissen. Er erzählt all seinen Freunden von mir. »Du bist die Frau, von der ich immer geträumt habe«, sagt er. »Ich werde dein Leben zur Erfüllung bringen.« Er fängt an, eine gemeinsame Zukunft zu planen. Das ist die erste Woche.

In der zweiten Woche stellt sich ein erstes Unbehagen ein. Sollten Beziehungen so schnell voranschreiten? Ich frage eine Freundin und ignoriere ihre klare Antwort. Wenn er so fühlt, dann ist es auch richtig, dann ist es wahr. Wir verbringen unsere erste gemeinsame Nacht, und am nächsten Morgen meldet er sich im Büro krank. Wir geben uns an Straßenecken verrückte Versprechen, lieben uns um Mitternacht und dann wieder im Morgengrauen. Ich weiß, noch während ich unter ihm liege, daß ich Sex als Liebe ausgebe, aber in den Grenzen des Augenblicks erscheinen beide als ein und dasselbe. Im fahlen Licht des frühen Morgens, während er bewundernde Worte in mein Ohr flüstert, kann ich mir einreden, daß wir in dem Moment, da zwei Körper im Liebesakt miteinander verschmelzen, der einen neuen Menschen hervorbringen soll, ein perfektes Ganzes schaffen können: mich.

Die Entwicklung nimmt ihren Lauf, so geht es einen Monat, vielleicht auch etwas länger. Dann kommt die abrupte Enthüllung – es gibt eine andere Frau, ein Hindernis oder irgendwelche Bedenken, aber können wir trotzdem Freunde bleiben? Ich bin wie vor den Kopf gestoßen, jedesmal aufs neue. Ein neuer Verlust. Wieder verbringe ich eine Woche weinend, und einen Monat lang schwöre ich allen Männern ab. Ich trage pro Stunde 60 Dollar zu meinem Therapeuten, um auf seiner Couch sitzend die Warnsignale zu erörtern, die von Anfang an zu sehen waren.

O ja, ich weiß über die Gefahren einer derartigen Hochgeschwindigkeits-Liebschaft Bescheid. Mittlerweile habe ich mir alle Ratschläge angehört, habe zahlreiche Bücher darüber gelesen und mindestens ein halbes Dutzend Talkshows im Fernsehen zu diesem Thema gesehen. Ich habe gelernt, daß ein Mann, der eine Frau in diesem Tempo erobert, einen anderen Zeitplan im Kopf hat, daß echte Nähe Zeit braucht, und so weiter. Doch wenn das Bedürfnis nach Zuneigung so groß ist, werden die Fakten von der Sehnsucht zurückgedrängt. Clarissa Pinkola Estes bemerkt dazu, daß die Frau, die ohne Mutter groß geworden ist, immer wieder ihre Intuition außer Kraft setzt, wenn sie glaubt, Liebe gefunden zu haben.[145] Wenn jemand mir Nähe im Schnellverfahren anbietet, spüre ich den Drang, ohne weitere Fragen zuzugreifen und alles Erlernte beiseite zu schieben, aus Angst, daß mir solche Aufmerksamkeit nie wieder zuteil werden könnte.

Ganz offensichtlich ist das nicht die beste Art und Weise, eine Beziehung aufzubauen. Erstens ist es ermüdend, und zweitens plant man mit einem Menschen die Zukunft, von dem man so gut wie nichts weiß. Ich will die Möglichkeit von Liebe auf den ersten Blick nicht rundweg ausschließen, sondern ich will lediglich darauf hinweisen, daß die treibende Kraft hier eher eine Art narzißtisches Bedürfnis ist. Wenn eine mutterlose Tochter sich so schnell und so umfassend an einen Partner bindet, liegt ihre Faszination fast ausschließlich in dem begründet, was *sie* sich von *ihm* erhofft.

In gewisser Weise ist die mutterlose Frau mit jeder anderen Frau vergleichbar. Ganzheit in einer Beziehung ist etwas, wonach wir alle suchen – ob wir noch eine Mutter haben oder nicht. Als ich Andrea Campbell frage, ob eine solche Suche nicht hoffnungslos fehlgeleitet sei, lacht sie und sagt: »Wenn man diese Suche fehlgeleitet nennt, sagt man damit, daß die ganze Menschheit fehlgeleitet ist. Auch wenn unsere Eltern noch gelebt hätten, hätten sie uns nicht die Erfüllung gegeben, die wir brauchten. Selbst die wunderbarste und perfekteste Mutter kann das nicht. Also sind wir alle in gewisser Weise verletzt, und wir suchen alle nach einem Menschen, der uns heilen kann.« Doch die mutterlose Tochter, fügt sie hinzu, empfindet diesen Mangel stärker als andere Töchter. Im Idealfall findet die Tochter ihre emotionale Festigung in der Familie und orientiert sich dann, im Verlauf des Reifeprozesses, nach außen und bezieht den Partner, Freunde und sich selbst mit ein. Die mutterlose Tochter – besonders die, der auch der zweite Elternteil als emotionale Stütze fehlt – muß in ihrer Entwicklung noch einmal von vorn beginnen. Zunächst muß sie sich eine sichere emotionale Basis schaffen bzw. wiederfinden. John Bowlby analysierte die Daten einer britischen Studie von 1987 über Frauen, die ihre Mütter vor ihrem elften Geburtstag verloren hatten, und stellte fest, daß ein Mädchen ohne eine feste emotionale Basis »verzweifelt nach einem Freund sucht, der sich ihrer annimmt, und das, zusammen mit ihrem negativen Selbstbild, erhöht die Wahrscheinlichkeit, daß sie sich an einen Menschen bindet, der überhaupt nicht zu ihr paßt... Wenn sie ihn heiratet, wird sie aufgrund ihrer schweren Erfahrungen in der Kindheit entweder zu hohe Anforderungen an ihn stellen oder aber ihn schlecht behandeln.«[146]

Bowlby beschreibt eine mögliche Zwangssituation, in die die mutterlose Tochter geraten kann. Die Beziehungstheorie unterscheidet drei Gruppen: Menschen, die als Erwachsene stabile Beziehungen zu anderen aufbauen; solche, die in ihren Beziehungen ängstlich oder ambivalent sind; und solche, die Nähe zu anderen vermeiden.[147] Erwachsene, die sich stabil fühlen, suchen die Befriedigung ihrer Bedürfnisse in verschiedenen Quellen, einschließlich bei sich selbst. Sie geben und empfangen Fürsorge gleichermaßen.[148] Ängstliche und ambivalente Erwachsene erwarten die Befriedigung ihrer Wünsche von einem einzigen Partner und empfinden die Fürsorge für andere als Aufopferung; Sicherheit und Liebe versprechen sie sich in sexuellen Kontakten.[149] Erwachsene, die Beziehungen vermeiden, sind fast ausschließlich auf sich selbst bezogen und unfähig bzw. nicht bereit, sich um die Belange anderer zu kümmern noch Fürsorge entgegenzunehmen; sie lassen keine emotionale Nähe zu und neigen zu Promiskuität.[150]

Die Psychologen Philip R. Shaver und Cindy Hazan zeigten in ihrer Studie aus dem Jahr 1987, die sie mit Menschen durchführten, deren Leben nicht von Verlusten geprägt war, daß 55 Prozent der Untersuchten stabile Beziehungen eingehen konnten, 25 Prozent Bindungen jeglicher Art vermieden und 20 Prozent gegenüber Beziehungen ängstlich und ambivalent waren.[151] Bette Glickfield führte 1993 eine ähnliche Studie mit dreiundachtzig Erwachsenen durch, die einen Elternteil in der Kindheit oder der Pubertät verloren hatten. Sie fand heraus, daß 46 Prozent der Befragten sichere Beziehungen eingehen konnten, 17 Prozent Bindungen vermieden und 37 Prozent eine ängstliche und ambivalente Haltung gegenüber anderen Menschen hatten.[152] Der signifikant höhere Prozentsatz dieser letzten Gruppe deutet ihrer Auffassung nach darauf hin, daß der frühe Verlust eines Elternteils das Kind leichter Gefühle des Verlustes und der Wertlosigkeit empfinden läßt, was dazu führt, daß es sich als Erwachsener Beziehungen wünscht und sie gleichzeitig fürchtet.[153]

Die ängstlich-ambivalente Tochter

Die sechsunddreißigjährige Carol beschreibt die vergangenen sechs Jahre ihres Lebens als eine rasche Abfolge von Liebschaften, die alle mit rascher Zuneigung begannen und nie mehr als ein oder zwei Monate andauerten. Ohne daß dies explizit ausgesprochen wurde, sollten die Männer, mit denen sie sich einließ, ihr dabei helfen, jene emotionale Sicherheit wiederherzustellen, die sie mit siebzehn verloren hatte, als ihre Mutter starb.

Carol sagt, sie sei ihrer Mutter, deren skandinavische Kühle jede Zurschaustellung von Gefühlen ablehnte, nie nahe gewesen, doch habe sie aus dem engen Familienzusammenhang Sicherheit geschöpft. Nach dem Tod ihrer Mutter begann die Familie jedoch auseinanderzufallen. Innerhalb von zwei Jahren starben auch ihre beiden verbliebenen Großeltern, so daß eine sechs Personen umfassende Großfamilie, die die Ferien stets gemeinsam verbracht hatte, auf drei reduziert wurde: ihren Vater, sie selbst und eine ältere Schwester, die in einem anderen Bundesstaat lebte. Seither befrachtet Carol all ihre Liebesbeziehungen, einschließlich der siebenjährigen Ehe, die sie Anfang Zwanzig einging, mit enormen Erwartungen, die kein Mensch allein erfüllen kann.

Meine Beziehungen fangen immer mit einem starken Gefühl der Anziehung an und in der Hoffnung, jetzt ist es soweit. Ich bin nicht mehr allein. Ich suche eine Verbindung, eine Art Familienzusammenhalt. Bei der ersten Verabredung überlege ich mir schon, ob wir auf längere Sicht zusammenbleiben können, statt ihn erst einmal kennenzulernen. Ich habe immer sehr hohe Erwartungen, wenn ich mich mit jemandem einlasse. Einerseits habe ich schreckliche Angst davor, jemandem zu vertrauen, weil ich befürchte, er könne wieder gehen. Ich habe diese innere Überzeugung, daß Menschen, die ich liebe, weggehen oder sterben werden. Also suche ich mir Männer aus, die nicht zuviel Nähe haben wollen, aber dann bekomme ich nicht die nötige Zuneigung und Aufmerksamkeit, weil sie völlig mit sich selbst beschäftigt sind. Ich versuche, etwas von ihnen zu bekommen, das sie mir unmöglich geben können, und wenn sie meine Bedürfnisse nicht erfüllen, werde ich sauer und ziehe mich zurück.

Da sich dieses Muster so oft wiederholt, kann ich inzwischen viel schneller erkennen, wer mir wirklich etwas geben kann und wer nicht. Ich versuche zu lernen, mich auf einen langsamen Prozeß des Kennenlernens einzustellen und mit der Zeit herauszufinden, ob jemand zu mir paßt. Eine Zeitlang habe ich gedacht, ich muß nehmen, was sich mir bietet – nach dem Motto: Hier ist die Liebe, greif zu –, statt mich zu fragen, ob das auch die richtige Liebe für mich ist.

Carols starkes Bedürfnis nach Aufmerksamkeit geht nicht auf den Tod der Mutter zurück, sondern auf die Jahre davor, die sie mit einer gefühlskalten Mutter verbrachte. Die wiederholten Bemühungen, Zuneigung und Wärme von Männern zu erhalten, die allzu distanziert waren, um dieses Bedürfnis befriedigen zu können, ähneln den vergeblichen Versuchen der Tochter, ihrer emotional abweisenden Mutter Gefühle zu entlocken. Töchter, die ihre Mütter verloren haben und danach bei einem emotional distanzierten Vater leben, können auf ähnliche Weise reagieren. Eine Untersuchung aus dem Jahr 1990, die mit 118 Studenten im Alter zwischen siebzehn und vierundzwanzig Jahren an der University of Southern California durchgeführt wurde, hat ergeben, daß diejenigen jungen Erwachsenen, die ihre Eltern als gefühlskalte und unbeständige Bezugspersonen empfunden haben, sich eher verlassen und ungeliebt fühlten, ihre Liebe auf obsessive und auffallend unselbständige Art zeigten und ein geringes Selbstwertgefühl und soziales Selbstvertrauen aufwiesen als solche Erwachsene, die ihre Eltern in der Kindheit als warme und zugängliche Bezugspersonen erlebt haben.[154] Als Erwachsene neigten Töchter von abweisenden Eltern zu Eifersucht in ihrer Beziehung, fürchteten sich davor, verlassen zu werden, und maßen der Herstellung und Erhaltung von Bindungen übermäßig viel Bedeutung zu.

Die ständige Wiederholung des Verlassenwerdens, die Carol in ihrem Erwachsenenleben zugelassen hat, gibt einen Hinweis darauf, daß der Tod ihrer Mutter ihre Beziehungsmuster beeinflußt hat. Statt sich wie eine Tochter, die Bindungen zu vermeiden sucht, in sich selbst zurückzuziehen, hat sie immer wieder denselben Weg beschritten in der Hoffnung, die Erlebnisse ihrer Vergangenheit mit einem glücklichen Ausgang neu zu gestalten. *Diesmal wird er mir alles geben, was ich brauche. Er wird mich nicht verlassen.* Obwohl die ängstlich-ambivalente Partnerin sehr empfindlich reagiert, wenn sie verlassen wird, erkennt sie häufig die Anzeichen der beginnenden Distanzierung nicht. Die Psychologin Martha Wolfenstein wies in ihrem 1969 veröffentlichten Artikel »Loss, Rage, and Repetition« darauf hin, daß die mutterlose Tochter die Warnzeichen einer gestörten Beziehung häufig mißachtet und sich darauf versteift, diesmal sei sie für den Partner so wichtig und einzigartig, daß sie ihn daran hindern könne, sie zu verlassen.[155] An einer leeren Beziehung festzuhalten oder auf einen Sinnes- und Gefühlswandel in letzter Minute zu hoffen ist weniger die Art und Weise, wie eine Erwachsene an eine Aussöhnung herangeht, als vielmehr der Schrei eines Kindes, die Mutter solle nicht weggehen. Doch da sich das Verhalten der Tochter nicht geändert hat, ist auch das Ergebnis dasselbe. Normalerweise geschieht genau das, was sie mit allen Kräften vermeiden wollte – und der Kreislauf beginnt von neuem.

»Wenn der anfängliche Verlust nie durch Trauer verarbeitet wird und es keine Versöhnung gibt, dann wird man diesen Zwang zur Wiederholung beobachten können«, erklärt Evelyn Bassoff. »Wenn man eine aktive Phase der Trauer um die Mutter durchlaufen und seinen Frieden mit dem Verlust geschlossen hat, wird die Wiederholung in derartigen Beziehungen weniger zwanghaft.« Mit anderen

Worten, die Tochter muß ihre Mutter erst loslassen, um das Bedürfnis zu verlieren, andere geliebte Menschen am Fortgehen zu hindern.

Wenn eine Frau von ihrem Vater bemuttert werden will, sieht sie die Beziehung durch die Augen eines Kindes. Sie fällt umgehend zurück in ein Kindheitsstadium und fordert die Erfüllung ihrer Wünsche; wenn sie nicht das bekommt, was sie will, stampft sie mit den Füßen auf, weint oder schmollt. Gewöhnlich will sie ständige Zuwendung und Lob.

Ein übergroßes Verlangen nach Zuwendung entsteht in der Tochter, die sich als Kind ignoriert oder mißachtet fühlte. Wenn die Bezugspersonen nicht emotional auf ihre Tochter reagieren, beginnt diese, an sich selbst zu zweifeln.[156] Als Erwachsene braucht sie dann die ständige Zuwendung ihres Partners sowie die Bestätigung, daß sie für ihn und andere ein wichtiger und wertvoller Mensch sei. Doch wenn ihr Selbstwertgefühl und ihre Selbstachtung allein von dem Partner abhängig sind, wird sie auch die kleinste Komplikation in einer Liebesbeziehung nicht tolerieren können.»Sie wird immer leichter gereizt«, erklärt Nan Birnbaum,»wird immer frustrierter und fühlt sich gekränkt. Es ist für sie als Erwachsene also sehr schwer, Anfechtungen standzuhalten und Bindungen zu bewahren. Der Verlust des Elternteils verletzt ihren Narzißmus und vermittelt ihr das Gefühl, nicht wichtig oder als Mensch nicht gut genug zu sein. Sie trägt diese Verletzbarkeit in die Beziehungen hinein, die sie als Erwachsene eingeht, wo sie nur schwer zu durchbrechen ist.« Jeden schrägen Blick interpretiert sie als Hinweis auf einen Mangel, der ihr anhafte; nur pausenlose Zuwendung gibt ihr das Gefühl von Sicherheit.»Genau so ist es«, sagt eine Dreiundzwanzigjährige, die fünf war, als ihre Mutter Selbstmord beging.»Und sobald er einen Moment aufhört, mir seine ganze Aufmerksamkeit zu schenken, weil er etwas zu tun hat – und zum Beispiel zur Arbeit muß –, denke ich sofort: ›Himmel, er verabscheut mich. Er kommt nie mehr zurück.‹« Für diese Tochter ist Liebe wie ein zweiblättriges Gänseblümchen: Entweder er liebt mich, oder er liebt mich nicht.

Ängstliche Erwachsene, die sich schnell an einen Partner binden und an eine Beziehung zwischen Erwachsenen mit den Erwartungen eines Kindes herangehen, haben große Schwierigkeiten, sich emotional zurückzuziehen, wenn eine Verbindung in die Brüche geht. Einen Partner loszulassen ist besonders schwierig für die Frau, die die Trennung als Wiederholung des Verlusts ihrer Mutter sieht und auch vorübergehende Trennungen als tiefe persönliche Zurückweisung begreift.[157] Von einer Kindheitserfahrung geblendet, die das Kind emotional an diese Phase bindet, glaubt sie wie ein Kind, daß sie die Macht hat, andere zu kontrollieren, und interpretiert jeden Fehlschlag und jeden Verlust als ihr eigenes Versagen.

Obwohl die dreiunddreißigjährige Amanda seit zehn Jahren eine stabile Ehe führt, wird sie zeitweilig von der Furcht heimgesucht, daß sie auf lange Sicht »nicht gut genug« für den Partner ist. Sie war drei Jahre alt, als ihre Mutter von ihr wegging, und sechs, als ihr Vater eine Frau heiratete, die chronisch depressiv war und keinerlei Interesse an dem Kind einer anderen hatte. Schon in der Schulzeit suchte Amanda im Sex Trost und Zuneigung und verliebte sich nach mehreren flüchtigen Begegnungen mit siebzehn zum ersten Mal. »Als dieser Junge mit mir Schluß gemacht hat, brach eine Welt für mich zusammen«, sagt sie. »Keiner kann sich vorstellen, wieviel ich geweint habe. Ich konnte mich nicht wieder fassen. Ich hatte das starke Gefühl, daß dieser Mensch mich nicht leiden mochte, und das hat mich zutiefst getroffen. Lange Zeit stand meine Selbstachtung auf Null, und auch jetzt sinkt sie manchmal in den Keller. Mein Mann ist Entertainer und arbeitet manchmal mit sehr attraktiven und selbstbewußten Frauen zusammen, und dann stürze ich ab und leide, und zwar mehr als andere Frauen, die ich kenne.«

Amanda hat damit begonnen, ihre Gefühle angesichts des Verlusts der Mutter zu erforschen und die Kindheitsängste, die sie mit ins Erwachsenenleben gebracht hat, zu überwinden. Sie erkennt, daß ihre Befürchtungen nichts mit dem Verhalten ihres Mannes zu tun haben, dessen Zuneigung zu ihr außer Frage steht. Für Amanda sind das wichtige Schritte, mit denen sie die Irrungen ihrer Kindheit ausgleicht. In dem Lernprozeß erkennt sie, daß eine Tochter, die der Trauer ausweicht, den emotionalen Reifeprozeß behindert. Als Erwachsene reagiert sie dann auf Situationen, die ihr bedrohlich erscheinen, genauso wie sie als Kind auf das Fortgehen ihrer Mutter reagiert hat. Wenn die Tochter sich beispielsweise in sich selbst zurückgezogen hat, weil sie kein Ventil für ihren Kummer und Zorn fand, sitzt sie möglicherweise zwanzig Jahre später innerlich kochend allein zu Hause, wenn ihr Mann sich Samstag abends mit seinen Freunden trifft. »Nichts«, erwidert sie, wenn er sie fragt, was los ist, denn »nichts« war ja das, was sie damals fühlen durfte, als ein anderer geliebter Mensch sie verließ.

Die Tochter, die Nähe vermeidet

Die fünfundzwanzigjährige Juliet und die vierundzwanzigjährige Irene begegneten sich in einer Gruppe von mutterlosen Frauen, und als sie ihre Geschichten über den jeweiligen Verlust der Mutter austauschten, stellten sie fest, daß sie einander gut verstanden. Sowohl Juliet als auch Irene hatten nach dem Tod ihrer Mütter eine Strategie entwickelt, die sie vor weiteren Verlusten bewahrte, ihnen aber auch den Zugang zu Liebesbeziehungen verwehrte.

Juliet wuchs in einer Alkoholikerfamilie auf und verlor mit siebzehn ihre Mutter. Als Jugendliche berief sie sich auf ihre eigene Stärke, bestand darauf, daß sie allein zurechtkam, und entwickelte sich zu einer jungen Erwachsenen mit einem starken Selbstschutzmechanismus. »›Mir geht es gut, mir fehlt nichts, und ich brauche nichts‹, das war immer mein Ding«, erklärt sie. »Ich mußte mich auf mich selbst verlassen, um zu überleben, und jetzt kann ich niemandem mehr vertrauen. Ich hatte noch nie eine Beziehung zu einem Mann. Es hat eine Reihe von Abenteuern gegeben, als wollte ich mir damit beweisen, daß es mir gutginge, ich niemanden bräuchte und alles unter Kontrolle hätte. Aber gleichzeitig ist es auch schrecklich traurig, denn wenn ich mich wirklich unglücklich und einsam fühle, möchte ich eigentlich um Hilfe bitten können, wenn mir danach zumute ist. Doch ich kann keine Nähe zulassen. Ich mußte mir immer meine Eigenständigkeit beweisen. Ich habe das Gefühl, daß ich mich jetzt erst langsam aus diesem Panzer befreie.«

Irene, die ihre Mutter vor fünf Jahren verlor, erwidert Juliet: »Was du gerade gesagt hast, drückt genau mein Problem aus. Meine Mutter war mir so wichtig, daß ich Angst habe, wieder jemanden zu verlieren. Ich will das nicht noch einmal erleben müssen. Ich möchte mich nie wieder auf jemanden verlassen, denn ich habe das Gefühl, wenn ich mich auf niemanden verlasse und niemanden liebe, dann muß ich auch nie wieder den Schmerz des Verlusts ertragen. Ich halte Abstand, damit ich nicht verletzt werden kann.«

Nähe in einer Beziehung entstehen zu lassen ist für Frauen, die darin den direkten Weg zum Verlust sehen, nicht leicht. Man stelle sich die Ausweglosigkeit vor, wenn man verzweifelt von einem Menschen geliebt werden möchte, sich aber vor den Folgen der eigenen Liebe fürchtet. Töchter lernen oft, sich durch ihre Beziehungen zu definieren, doch die Tochter, die jegliche Nähe vermeidet, definiert sich allein durch ihre Unabhängigkeit. Sich um sich selbst zu kümmern ist ihre Überlebensstrategie, besonders dann, wenn der verbleibende Elternteil unzuverlässig oder gefühlskalt ist. Wenn eine Tochter den Verlust so sehr fürchtet, daß sie ihn für unvermeidlich hält, geht sie keine Beziehung ein, die zu der Nähe führen kann, nach der sie sich so sehr sehnt. Diese Tochter weicht Liebesbeziehungen aus, wählt abweisende Partner oder kneift jedesmal, wenn es in einer Beziehung erste Anzeichen für eine längerfristige Verbindung gibt. Sie weigert sich, Versprechen abzugeben oder auf Forderungen einzugehen, weil sie befürchtet, daß so eine Nähe entstehen könnte, die ihr wieder genommen wird. Sie entwickelt vielleicht ein besonderes Geschick für die abrupte Beendigung von Beziehungen, bevor sie sich emotional richtig eingelassen hat, und übt so eine Kontrolle aus, die sie damals, als ihre Mutter starb, nicht hatte. Wenn sie ihre Partner verläßt, bevor diese sie verlassen können, umgeht sie nicht nur Nähe, sondern versucht auch, sich an ihrer Mutter dafür zu rächen, daß sie sie völlig unvorbereitet verlassen hat. Es ist, als sage sie zu ihrer Mutter: »Siehst du? Ich kann dich auch verlassen.«

Der Psychiater Benjamin Garber erinnert sich an eine Klientin – nennen wir sie Virginia –, die sich aufgrund ihrer Furcht vor Verlust und ihrem Mißtrauen gegenüber Beziehungen jede Möglichkeit versagte, Zuneigung und Liebe zu finden. Virginia war vierzehn, als ihre Mutter starb, und begann ein paar Jahre später, sich mit Männern einzulassen, wobei sie eine so herablassende und zynische Art an den Tag legte, daß sie jede Beziehung noch in ihrer Entstehung zerstörte. »Jedesmal, wenn sie einen Mann kennenlernte, sagte sie mir sofort, daß es nicht von Bestand sein würde«, erzählt Dr. Garber. »Sie hatte immer das Gefühl, sehr vorsichtig sein zu müssen. Sie näherte sich den Partnern immer mit großer Befangenheit, machte sich Sorgen und redete viel darüber, und manchmal führte sie den Verlust auch gezielt herbei. Ihre Art, mit den Jungen umzugehen, vermittelte ihnen den Eindruck, daß sie kein besonderes Interesse hatte.

Sie hatte eine ganze Reihe von Liebschaften. Sie war ein sehr attraktives und kluges Mädchen, aber sie konnte keine Beziehung aufrechterhalten.«

Virginia errichtete mit ihrem Verhalten eine Wand, weil sie Angst hatte, verlassen zu werden. Diese Angst war so allumfassend, daß sie sich auch auf Dr. Garber erstreckte. Als Psychiater hoffte er, daß seine Klientin ihre Beziehung als sichere Basis betrachten würde, von der sie sich entfernen und zu der sie jederzeit zurückkehren konnte und auf der sie schließlich das Selbstvertrauen und die Selbstachtung entwickeln könnte, die sie brauchte, um Beziehungen einzugehen, ohne deren Abbruch zu befürchten. »Wir verstanden uns gut, und die Therapie war in anderer Hinsicht auch erfolgreich«, erinnert sich Dr. Garber. »Virginia war dadurch gefestigt genug, um aufs College zu gehen, und brachte auch gute Leistungen. Doch jedesmal, wenn sie vom College nach Hause kam, rief sie mich an, um zu erfahren, ob ich sie sehen wollte. Ich hatte ihr schon vorher, bevor sie ging, gesagt, daß ihr meine Tür immer offenstehen würde, aber sie rief zu verschiedenen Gelegenheiten an, um sich zu vergewissern, daß ich sie sehen wollte. Sie konnte einfach nicht glauben, daß ich sie wiedersehen wollte.« Dr. Garber ist der Auffassung, daß Virginia in ihren Augen ihren Therapeuten mit ihrem Weggang aus dem Ort verlassen hatte und sich schuldig fühlte, weil sie ihn so verletzte, wie der Tod der Mutter sie verletzt hatte. Außerdem befürchtete sie, sie könne tatsächlich in eine Abhängigkeit von ihm geraten, woraufhin er sie dann emotional im Stich lassen würde. Kurze Zeit nach den Telefongesprächen, die Dr. Garber erwähnte, rief Virginia überhaupt nicht mehr an.

Die Tochter, die Beziehungen vermeidet, fühlt sich erst dann sicher genug, Liebe von anderen zu akzeptieren, wenn sie sich eine sichere Basis geschaffen hat. Die einundvierzigjährige Ivy sagt, sie habe aus diesem Grund nicht geheiratet und keine Familie gegründet, bis sie Mitte Dreißig war. Sie war acht, als ihre Mutter an Nierenversagen starb, und obwohl sie eine vierundzwanzig Jahre alte Schwester hatte, die ihre Ersatzmutter wurde, fühlte Ivy sich als Last in der Familie. Sie war entschlossen, so schnell wie möglich eigenständig zu werden. Obwohl sie während der College-Zeit und danach mehrere Beziehungen mit Männern hatte, wurde ihr Bestreben, keine Abhängigkeit zu anderen entstehen zu lassen – und andere nicht von sich abhängig zu machen –, zu einem zwanghaften Bedürfnis. »Ich empfand es stets als Verpflichtung, für mich selbst geradezustehen«, erklärt sie. »Je älter ich wurde, desto wichtiger wurde es für mich, emotional und wirtschaftlich unabhängig zu sein. Erst als ich das erreicht hatte, konnte ich es mir gestatten, eine stabile Partnerbeziehung zu suchen, als ob ich mir selbst sicher sein wollte, daß mein Leben Stabilität und eine Grundlage hatte, bevor ich mich in Abhängigkeit von einem anderen Menschen begab.« Sie war erst dann bereit, einen neuen Verlust zu riskieren, als sie sicher war, daß dadurch ihr emotionales Gleichgewicht nicht in Gefahr war.

Die stabile Tochter

Viele mutterlose Töchter gehen trotz alledem befriedigende Beziehungen ein. Von den in Bette Glickfields Studie befragten Erwachsenen, die in ihrer Kindheit einen Elternteil verloren hatten, berichteten 46 Prozent, daß sie derzeit in einer festen Beziehung leben; das gleiche gilt für die Mehrheit der Frauen, die für dieses Buch interviewt wurden.[158] Von den 154 mutterlosen Frauen sind 49 Prozent verheiratet gegenüber 32 Prozent, die nicht verheiratet sind (einschließlich der Frauen, die mit einem Partner zusammenleben), und 16 Prozent, die getrennt leben oder geschieden sind.*

Wenn ein Verlust – und die ihn begleitenden Ängste – ein so einschneidendes Ereignis im Leben einer Frau ist, was ermöglicht es ihr dann, als Erwachsene dennoch enge und liebevolle Beziehungen einzugehen? Nach Bette Glickfields Erkenntnissen kann nur eine beständige Bezugsperson, die nach dem Tod des Elternteils emotionale Unterstützung und Zuwendung gibt, als verläßliche Grundlage für die Beziehungsmuster der Tochter im Erwachsenenleben genannt werden.[159] Diejenigen Frauen, die in dem hinterbliebenen Elternteil eine Stütze fanden, entwickelten sich zu Erwachsenen, die sich auf andere stützen konnten. Andere Forschungsergebnisse zeigen, daß gute Schulerfahrungen wie soziale Integration, Erfolg im Sport oder

---

*Vgl. Fragebogen, Frage 2 (siehe Anhang); aufgrund der offenen Fragestellung »Was ist Ihr Familienstand?« können sich unter den Frauen, die mit »gegenwärtig verheiratet« antworteten, auch Frauen befinden, die zum zweiten- bzw. drittenmal verheiratet sind, und unter denen, die mit »gegenwärtig allein lebend« antworteten, können sich solche befinden, die geschieden sind. 3 Prozent der Befragten waren verwitwet.

gute schulische Leistungen die Selbstachtung der Tochter steigerten und die Tendenz reduzierten, einen Lebenspartner zu wählen, der ausschließlich für die Befriedigung der übergroßen unterbewußten Bedürfnisse einstehen sollte.[160]

Auch wenn der Partner emotional stabil ist, gibt das der Tochter ein größeres Gefühl der Sicherheit in ihren Beziehungen. Das Gefühl, sich auf ihren Partner verlassen zu können, hilft ihr, die Angst vor dem Verlassenwerden zu überwinden. Carolyn Pape Cowan, Psychologin und Dozentin an der University of California in Berkeley sowie Mitautorin von *When Parents Become Partners*, führte zwischen 1979 und 1989 eine Langzeitstudie durch mit Frauen aus Problemfamilien (die beispielsweise von Alkoholismus, Mißbrauch oder Verlust gezeichnet waren) und stellte fest, daß diejenigen Frauen, die einen Partner aus einer konfliktarmen Familie heirateten, viel häufiger eine stabile Partnerschaft eingingen und eine entspannte Familiensituation herstellen konnten, als diejenigen, deren Partner aus einer ähnlich konfliktbeladenen Familie stammten.[161]

»Ein Mann, der aus einer fürsorglichen und konfliktarmen Familie stammt, bringt in seine Ehe und seine neue Familie die Fähigkeit ein, sich als liebevoller Partner und Vater zu zeigen«, erklärt Dr. Cowan. »Auch wenn die Frau aus einer Familie kommt, in der es kein Modell der Fürsorglichkeit gab, kann die Fürsorglichkeit des Mannes hilfreich für sie sein, denn durch sie scheint die Grundlage für eine Beziehung gegeben, in der die Frau sich aufgehoben fühlt, ohne daß die Konflikte der Kindheit durchbrechen, die so angsteinflößend sind, daß eine Verbindung zum Partner nicht möglich wäre. Das bedeutet also, daß gewisse Elemente in der Beziehung mit dem Partner eine Art Ausgleich oder einen Puffer bilden und die negativen Auswirkungen der Kindheit in einer schwierigen Familie begrenzen. Wenn wir sie im Umgang mit ihren kleinen Kindern betrachten, ist sie ebenso warmherzig und aufmerksam wie eine Frau, die aus einer stabileren Familie kommt.«

Die fünfundzwanzigjährige Margie sagt, daß sie nach fünf Jahren in einer stabilen Beziehung endlich lernt, Vertrauen und Sicherheit wiederherzustellen, die sie verloren hatte, als ihre Mutter vor achtzehn Jahren Selbstmord beging, und die sie in den darauffolgenden elf Jahren mit einem gefühlskalten Vater und einer Stiefmutter nicht wiedererlangen konnte.

Der Mann, mit dem ich zusammenlebe, kommt aus einer glücklichen Kleinfamilie. Seine Eltern mögen sich immer noch sehr, und die Geschwister stehen sich alle sehr nah. Natürlich haben sie ihre Probleme, wie sie schließlich jede Familie hat, aber im großen und ganzen sind sie sehr zufrieden. Er hat also einen ganz anderen familiären Hintergrund. Was er als gegeben hinnehmen kann, gilt für mich nicht unbedingt auf gleiche Weise. Er nimmt es als gegeben, daß ich ihn liebe und er mich liebt und wir zusammen sein wollen. Er ist überzeugt, daß ich immer da sein werde – daß ich nicht sterben werde oder aufhören werde, ihn zu lieben; daß ich ihn nicht verlassen werde. Ich habe solche Gefühle noch nicht, aber ich komme langsam an den Punkt, an dem ich mich ein wenig mehr öffnen und einige meiner Bedürfnisse artikulieren kann.

Ich glaube, ich kann jetzt Beziehungen zu anderen eingehen. Ich weiß, daß es zwischen Abhängigkeit und Unabhängigkeit noch viele Abstufungen gibt und daß Abhängigkeit nicht immer schlecht sein muß. Vielleicht kann ich ja langsam Vertrauen und Verletzbarkeit auf eine Art zeigen, die für mich nicht zerstörerisch ist. Ich fange an, mich als eine Person zu definieren, die andere Menschen in ihrem Leben haben möchte und auch braucht. Ich weiß, daß ich ohne sie überleben kann, das habe ich mir bewiesen. Ich kann ohne Fürsorge und ohne Liebe leben, aber es ist ein ziemlich kaputtes und armseliges Leben.

Viele Frauen haben wie Margie die Erfahrung, daß die feste, dauerhafte Beziehung mit einem Partner, dem sie vertrauen können, eine stabilisierende Wirkung auf ihre tiefsten Verlustängste hat. Gary Jacobson und Robert G. Ryder vom National Institute of Mental Health haben festgestellt, daß auch der formale Akt der Eheschließung diese Ängste beschwichtigen kann. Am Anfang ihrer Untersuchung von 120 verheirateten Paaren – von denen 90 einen Elternteil vor der Heirat verloren hatten – erwarteten sie, daß diejenigen, die einen Verlust in der Kindheit oder der Pubertät zu beklagen hatten, in den ersten Ehejahren die meisten Probleme haben würden. Sie fanden jedoch heraus, daß weit mehr als ein Drittel der Paare, die sie als besonders miteinander verbunden einstuften – zweimal soviel wie erwartet –, vor der Eheschließung einen Elternteil verloren hatten. Diese Paare standen sich sehr nahe, konnten offen miteinander reden und genossen das Gefühl, den Rückhalt einer stabilen Familie zu haben.[162]

Die dreiundvierzigjährige Mary Jo, die mit acht Jahren ihre Mutter verlor, berichtet, daß sie in ihrer zweiten Ehe Stabilität erreichte, nachdem sie die Lektionen aus dem Scheitern ihrer ersten Ehe gelernt hatte. Als ihr erster Mann sie verließ, war ihr Gefühl des Verlassenseins so stark, daß sie Hilfe in einer Therapie suchte. Mit der Unterstützung eines mitfühlenden Therapeuten begann sie, um ihre Mutter zu trauern. Während sie diese Verlustgefühle verarbeitete, erkannte sie, daß sie in ihren Liebesbeziehungen bisher stets einen Ersatz für die Mutterliebe gesucht hatte, die sie entbehren mußte. Sie lernte, daß sie sich nach einem emotional offenen Partner umsehen mußte, der einige, aber nicht alle ihre Bedürfnisse befriedigen könnte. Heute empfindet sie ihre zweite Ehe als viel stabiler als ihre erste. »Mein Mann ist wirklich ein Fels von Zuverlässigkeit, Stärke und Liebe«, sagt sie. »Zum Glück teilt er nicht meine Angst vor Katastrophen. Er sagt zum Beispiel: ›Deine Angst ist nicht in der Realität begründet, Mary Jo‹, aber wenn ich weinen muß, dann läßt er das auch zu. Es gibt Momente, in denen ich an all die Toten in meinem Leben denken muß, und dann weine ich, allem Anschein nach grundlos. Und er hält mich im Arm und bleibt bei mir. Ich glaube, ihm, meiner eigenen Zähigkeit, guten Freunden sowie einem guten Therapeuten habe ich es zu verdanken, daß ich aus einer sehr gefährlichen Situation hierher gelangt bin.« Sie sagt, ihre Beziehungen, auch ihre Ehe, seien sicherer geworden, als sie anfing, ihre Bedürfnisse auf mehrere Menschen zu verteilen.

Frauen mit Frauen

Mutterlose Frauen, die mit einer Frau eine Partnerschaft eingehen, suchen nach derselben emotionalen Sicherheit wie diejenigen, die einen Mann lieben, und finden denselben Trost bei Partnerinnen, die ihnen Stabilität und Beständigkeit geben können. Ihre Sehnsucht nach der Mutterliebe ist häufig die Ursache für ihre Suche nach einer gleichgeschlechtlichen Verbindung als Ersatz für die verlorene. Die neunundzwanzig Jahre alte Karen, die sich mit fünfzehn als Lesbierin bekannte, sagt, daß sie bei ihren Freundinnen die Fürsorge sucht, die sie von ihrer alkoholkranken Mutter, die vor neun Jahren starb, nicht bekommen konnte. »Nach dem Tod meiner Mutter suchte ich die Bestätigung, die sie mir nicht gegeben hat, bei meinen Freundinnen«, erklärt sie. »Da ich Liebesbeziehungen mit Frauen habe, ist die Situation um einiges komplizierter. Ich meine, ich suche nicht nach Mama und Papa, sondern nach Mama und Mama. Gewöhnlich fühle ich mich zu älteren Frauen hingezogen, und das stimmt mich schon nachdenklich. Ich frage mich, was da in mir vorgeht und ob es mich mißtrauisch machen sollte. Eine frühere Geliebte war zehn Jahre älter als ich, und in gewisser Hinsicht hatte sie mich adoptiert. Als meine Mutter krank war, habe ich sie mit meiner Freundin besucht, und es war ganz klar, daß nicht meine Mutter, sondern meine Freundin mich bemutterte.« Heute lebt Karen in einer Beziehung, die seit drei Jahren andauert. Während unseres Gesprächs weist sie auf die gemütliche Einrichtung der Wohnung hin, in der alles ihrer Freundin gehört. Im wörtlichen wie auch im übertragenen Sinne gibt ihr diese Freundin das Gefühl der Zugehörigkeit, das sie als Kind nie gehabt hat.

In ihrem häufig zitierten Aufsatz »Compulsory Heterosexuality and Lesbian Existence« äußert Adrienne Rich die Vermutung, daß Partnerschaften zweier Frauen weitaus natürlicher seien, als eine überwiegend heterosexuell ausgerichtete Gesellschaft zuzugeben bereit ist. Die erste intime Bindung eines Kindes ist natürlicherweise eine weibliche. Ein Junge wird ermutigt, eine Bindung mit einem Menschen des anderen Geschlechts einzugehen, und erfährt damit eine Kontinuität, während ein Mädchen seine emotionale Zuwendung auf das andere Geschlecht richten soll. »Wenn Frauen die früheste Quelle emotionaler Zuwendung und körperlicher Betreuung für männliche und weibliche Kinder darstellen«, schreibt Rich, »dann ist es nur logisch... die Frage zu stellen, ob die Suche nach Liebe und Zärtlichkeit in Menschen beiderlei Geschlechts nicht ursprünglich auf Frauen gerichtet war [und] warum Frauen diese Ausrichtung überhaupt je ändern.«[163] Die mutterlose Frau, die bei einem Partner nach mütterlicher Liebe sucht, entdeckt vielleicht, daß sie diese Zuwendung am ehesten in den Armen einer Frau findet.

Nachdem Sabrina zehn Jahre lang heterosexuelle Beziehungen

hatte, ist sie jetzt im Begriff, ihre erste lesbische Beziehung einzugehen. Sie habe sich schon immer zu Frauen hingezogen gefühlt, sagt sie, sei sich aber bewußt gewesen, daß sie darin die Verbindung zur Mutter sucht, die vor dreizehn Jahren Selbstmord beging. »Wenn ich mit einer Frau zusammen bin, gibt es immer einen Transfer«, erklärt sie. »Manchmal möchte ich sagen: ›Oh, es tut mir leid. Ich dachte, du seist meine Mutter. Sei mir bitte nicht böse.‹ Seit sieben Monaten arbeite ich jetzt mit einer Frau zusammen, die bisexuell ist, und zwischen uns hat sich eine Art Beziehung entwickelt. Ich habe noch nicht mit ihr geschlafen, aber sie gibt die Art von Zuwendung, nach der ich suche. Ihre Mutter hat sich abgesetzt, als sie noch klein war. Wir sind zwei verlorene Menschen, die sich gegenseitig Halt geben.«

Ungefähr die Hälfte der lesbischen Frauen, die ich für dieses Buch interviewt habe, waren sich schon vor dem Tod der Mutter über ihre lesbische Orientierung im klaren. Sie sagten, daß der Tod der Mutter ihnen die Freiheit gegeben habe, sich dazu zu bekennen, ohne daß dadurch Familienkonflikte heraufbeschworen worden seien. Eine Lesbierin, die seit acht Jahren mit einer Partnerin zusammenlebt, sagte, sie sei sich sicher, daß ihre Mutter mit Entsetzen und Zurückweisung reagiert hätte, so daß sie sicherlich eine heterosexuelle Beziehung gewählt hätte, wenn ihre Mutter nicht gestorben wäre. Manche bisexuelle und lesbische Frauen sagten, sie hätten sich für Frauen als sexuelle und emotionale Partner entschieden, nachdem ihre Beziehungen mit Männern nicht die Wärme und Zuneigung gebracht hätten, die sie sich erhofft hatten. Andere wiederum gaben an, daß sie sich nicht trauten, sich Männern zuzuwenden, solange sie allein mit dem Vater lebten. Obwohl diese Frauen sich vielleicht schon immer zu Frauen hingezogen gefühlt haben, weisen sie auf bestimmte Auslöser hin – abgesehen von dem Tod der Mutter –, die sie an ihre jetzigen lesbischen oder bisexuellen Beziehungen herangeführt hätten.

Liebesersatz

Mutterlose Töchter sprechen von einer Leere und von Lücken, die sie nicht schließen können. Sie sprechen von der Trostlosigkeit da, wo einst eine Familie war, und von dem riesigen Loch, das sie zwischen der Magengrube und den Rippen spüren.

Diese Leere macht aus Töchtern, die die Mutter entbehren mußten, emotionale Hamsterer. Da sie ständig weniger bekommen, als sie brauchen oder wollen, versuchen sie, sich soviel wie möglich zu –sichern, als ob der Überfluß von heute die Vorräte für morgen sichern könnte. »Das Kind, das ohne mütterliche Zuwendung aufwächst, will die Dinge festhalten, denn es befürchtet, daß sie verschwinden werden und nicht mehr da sind, wenn es sie braucht«, erläutert Clarissa Pinkola Estes.[164] Eine nahtlose Aneinanderreihung von Beziehungen, exzessives Essen, Verschwendungssucht, Alkohol- oder Drogenmißbrauch, Ladendiebstahl und Leistungsstreben – all dies sind Versuche, mit denen man die Leere zu füllen und die mütterliche Zuwendung zu ersetzen versucht, mit denen man Gefühle von Trauer und Einsamkeit unterdrückt und einen Ersatz für die Geborgenheit schaffen will, die man verloren oder nie gekannt hat.

Diese Verhaltensweisen entstehen häufig in der Pubertät, wenn die neu erworbene Autonomie dem Mädchen verschiedene Möglichkeiten eröffnet, sich zu trösten. Doch ohne eine Mutterfigur oder eine Bezugsperson, mit der sich die Jugendliche identifizieren kann, wird sie nicht hinreichend umsorgt und ist gleichzeitig noch nicht reif genug, sich auf konstruktive Art Zuwendung zu verschaffen.[165] In dem Versuch, sich selbst die nötige Zuwendung zu geben und den Schmerz zu betäuben, greift sie zu Sex, Essen, Alkohol, Drogen, Ladendiebstahl und anderen zwanghaften Verhaltensweisen, die ihr einen Ersatz für Liebe bieten.

Statt sich von innen her zu heilen, sucht eine mutterlose Tochter im Suchtverhalten Heilung. Alkohol und Drogen werden als Medikamentenersatz benutzt, Nahrung und materielle Güter sollen die Leere füllen, und mit Leistung und Erfolg soll die Umgebung beherrscht werden. Dasselbe Panikgefühl, mit dem sie sich in der Menge nach dem unbekannten Fremden umschaut, der sie von einem Leben in Einsamkeit und Schmerz erlösen soll, läßt sie plötzlich aufspringen und in den nächsten Supermarkt oder ein Kaufhaus stürzen, wo sie ihre wahren Gefühle unter Kaufrausch und Konsum begräbt.

»Zwanghaftes Verhalten steht für Verzweiflung auf der Gefühlsebene«, schreibt Geneen Roth in *When Food ist Love: Exploring the Relationship between Eating and Intimacy.* »Wir verhalten uns zwanghaft gegenüber den Menschen, Tätigkeiten und Mitteln, von denen wir glauben, daß sie uns unsere Verzweiflung nehmen können.«[166] Wir behalten dieses Verhalten bei, weil wir uns überzeugt haben, daß es uns irgendwie hilft. Eine Frau nimmt absichtlich zwanzig Kilo zu, um sich für Männer unattraktiv zu machen und ihre Angst vor Nähe nicht ansprechen zu müssen. Ein Mädchen strebt nach Leistung, damit sie von Fremden das Lob bekommt, das ihr von ihrer Familie vorenthalten wird, oder um ihre Familie zu zwingen, sie anzuerkennen. Eine Jugendliche greift zu Drogen oder Alkohol, um ihre Gefühle zu betäuben.

Seitdem ihre Mutter vor neunzehn Jahren einen tödlichen Herzinfarkt hatte, sucht die zweiunddreißigjährige Francine Trost im Essen. Von den zehn Kindern der Familie war Francine die einzige, die die Angewohnheit der Mutter übernahm, übermäßige Mengen zu essen, so daß Essen für sie ein Ersatz für mütterliche Liebe geworden ist.

> Ich greife zu allem möglichen, das die anderen Dinge in den Hintergrund drängt. So ist es schon immer für mich gewesen. Für mich ist alles oral. Wenn ich es mir gestatten würde, könnte ich leicht zur Alkoholikerin werden. Unmittelbar nachdem meine Mutter ins Krankenhaus kam, fing ich an zu rauchen und habe erst vor kurzem damit aufgehört. Das war enorm schwierig für mich. Was ich in den Jahren seit dem Tod meiner Mutter festgestellt habe, ist, daß ich eine riesige Schwäche für Milchprodukte habe. Immer, wenn es mir schlechtgeht, greife ich dazu. Ich habe Bücher darüber gelesen, und es heißt, daß Muttermilch für Geborgenheit steht und Milchprodukte dafür ein Ersatz sind.

Nach mehreren erfolglosen Versuchen mit Diätprogrammen macht Francine jetzt eine Therapie, in der sie die Probleme anspricht, die der Grund für ihr zwanghaftes Verhalten sind: die Leere und Einsamkeit, die sie seit dem Tod ihrer Mutter und dem darauffolgenden Zerbröckeln der Familie empfunden hat. Statt nach der schnellen Lösung in Form einer Zigarette oder Nahrungsmitteln zu greifen, will sie jetzt ein dauerhafteres Ergebnis erreichen, indem sie genau zu erkennen versucht, was sie tatsächlich braucht und wie sie es auf weniger zerstörerische Art erhalten kann.

Ich greife immer noch zu Alkohol, und manchmal habe ich Heißhunger auf Schokolade, aber ich gebe diesen Schwächen viel seltener nach als früher. Ich werde allmählich stärker. Ich habe viele gute Freunde, zu denen ich gehen kann und die sich um mich kümmern. Ich kümmere mich auch um mich selbst mehr und lerne, mich selbst zu lieben. Ich führe Tagebuch und singe. Und ich mache Bastelarbeiten. Ich bin zu einem sehr aktiven Menschen geworden. Wenn ich über eine Sache unglücklich bin, schreibe ich einen Brief oder tue etwas dagegen. Das ist ein großer Fortschritt, denn früher konnte ich meinen Ärger nie zum Ausdruck bringen. Als Mädchen habe ich gelernt, alles hinunterzuschlucken und zu weinen.

Vor ein paar Jahren hatte ich mich schon gut im Griff. Dann wollte ich unbedingt schwanger werden, und das hat nicht geklappt. Das hat dann Verlustgefühle in mir ausgelöst, und ich habe angefangen, zuviel zu essen. Die letzten anderthalb Jahre waren emotional sehr schwierig. Aber im Unterschied zu vorher betrachte ich das jetzt als etwas, das vorübergeht, und ich habe das Gefühl, daß ich es überstehe. Früher hätte mich dieser Streß einfach zurückgeworfen.

In den meisten Familien trägt die Abwesenheit der Mutter zu dem zwanghaften Verhalten der Tochter bei, ohne es jedoch hervorzurufen. Der Verlust läßt die bereits existierenden Probleme lediglich klarer hervortreten oder fördert ein bereits ansatzweise vorhandenes Suchtverhalten. In Francines Familie war der Grundstein zur Sucht bereits vor dem Tod der Mutter gelegt. Francine hat schon als Kind zuviel gegessen, und der Herzinfarkt ihrer Mutter und das Familienchaos, das daraufhin entstand, gaben ihr noch mehr Gründe, Essen zur Unterdrückung ihrer Gefühle einzusetzen.

Arlene Englander erklärt, daß Frauen, die ihrem Suchtverhalten hilflos gegenüberstehen, häufig den Verlust der Mutter als Begründung vorschieben. »Wenn man darauf besteht, daß B auf A folgt und man zur Alkoholikerin wurde, weil die Mutter gestorben ist, dann wird die Sucht unumkehrbar«, sagt sie. »Die logische Konsequenz ist dann, daß du Alkoholikerin bleiben mußt, weil deine Mutter ja tot bleibt. Die Tochter, die erkennt, daß der Tod der Mutter nur ein Faktor ist und sie selbst die Situation jeden Tag neu schafft, kann sich ein wenig aus ihrer Opferrolle befreien. Wir müssen uns alle klar darüber werden, daß wir als Erwachsene für unsere psychologische Gesundheit selbst verantwortlich sind.«

Carol, die schon zuvor von ihren Beziehungsschwierigkeiten erzählte, hat das auch lernen müssen, als sie sich endlich dazu durchrang, wegen ihrer Bulimie und Kleptomanie einen Therapeuten aufzusuchen. Carol kann den Ursprung ihres Zwangsverhaltens auf die frühe Kindheit mit einer emotional abweisenden Mutter zurückverfolgen und eine Intensivierung ihres Verhaltens nach deren Tod erkennen. »Alles verlief für mich normal, bis ich siebzehn war, und dann war es, als würde mir jemand den Boden unter den Füßen wegziehen«, erklärt sie. »Um das zu kompensieren, habe ich mein Verhalten dem meiner Mutter angepaßt und wurde effizient und distanziert. Sie hat nur selten Gefühle gezeigt, und deshalb war das auch mir fremd. Damals wurden dann meine Eßgewohnheiten schlimmer.«

Zwanghaftes Verhalten wurde für Carol ein Ersatz für Gefühle, und mit Essen und Stehlen flüchtete sie vor ihrer Trauer, die sie nicht bewältigen konnte.

Ich versuchte, den Schmerz durch Essen in den Griff zu bekommen, und dann habe ich Abführmittel genommen oder wie wild Sport getrieben, um mich wieder zu entleeren. Es war fast wie ein Ritual. Danach habe ich immer ein Gefühl der Erleichterung gehabt und gedacht: »Alles ist jetzt wieder gut. Ich habe es nicht mehr in mir.« Ich habe auch zwanghaft gestohlen. Ich wußte, daß eine Menge Zorn dahintersteckte. Ich hatte das Gefühl, daß ich mich an jemandem rächen wollte, auch wenn da eigentlich keiner war. Das zwanghafte Stehlen habe ich bis vor ein paar Jahren noch gemacht. Ich habe nicht mehr in Geschäften gestohlen, sondern auf der Arbeit Sachen mitgenommen oder mich auffällig verhalten, damit sich jemand um mich kümmern mußte. So habe ich gewissermaßen meine Familienprobleme durchgespielt. Durch die Arbeit bekam ich ja nicht, was ich eigentlich wollte, also habe ich Sachen gestohlen.

Als sie an ihrer Arbeitsstelle beim Stehlen ertappt wurde und ihre Stelle verlor, wurde sie Mitglied bei Debtor's Anonymous, die sie als

Selbsthilfegruppe für Menschen mit Geldschulden und mit emotionalen Defiziten beschreibt. Heute versucht sie die Energie, die sie früher in ihr Suchtverhalten gesteckt hat, für die Bewältigung ihrer Verlustgefühle zu nutzen, und hofft, eines Tages frei zu sein, um mit einem Menschen eine befriedigende Beziehung einzugehen.

Darin liegt auch die Paradoxie des Zwangsverhaltens: Es ist zunächst ein Ersatz für Liebe, doch dann wird die Frau derart davon in Anspruch genommen, daß es sie daran hindert – und auch davor bewahrt –, die menschliche Nähe und Wärme zu finden, die sie eigentlich sucht. Um aus dem Muster des Suchtverhaltens auszubrechen, muß sie sich den Emotionen stellen, die ihr den Weg in die Sucht attraktiv gemacht haben: Zorn, Schuld, Trauer. Für die ängstliche Tochter auf der Suche nach Liebe und für die Tochter, die Bindungen vermeidet und sich zurückzieht, liegt die Rettung in denselben Maßnahmen. Nur wenn wir endgültig unsere Mütter loslassen, können wir aufhören, sie in jedem potentiellen Partner zu sehen, dem wir begegnen, und müssen auch nicht mehr mit Bangen darauf warten, daß sie uns wieder verläßt. Die Kraft, die wir gewinnen, wenn wir uns diesen Ängsten stellen, läßt letztlich Selbstwertgefühl und Selbstachtung entstehen, und gibt uns den Mut, zu lieben und geliebt zu werden.

»Die Suche nach dem verlorenen Elternteil oder nach dem, wofür es steht, ist im Leben der Waise vorrangig«, schreibt Rose-Emily Rothenberg in ihrem Artikel »The Orphan Archetype« von 1983. »Aus dem unstillbaren Bedürfnis, die Lücke zu füllen, die der Tod der Mutter hinterlassen hat, sucht das verwaiste Kind überall nach seiner Mutter.«[167] So wie das namenlose Kind in diesem Zitat suche auch ich noch manchmal – im Gesicht eines Fremden in einem Café, zwischen den Zeilen eines Briefes, den ich von einem neuen Geliebten erhalte, in den kleinen spontanen Geschenken, die ich mache und erhalte – die idealisierte Mutter, die ich verloren habe, und eine Art von Nähe, die nicht mehr sein kann.

Doch indem ich das anerkenne – und anfange zu akzeptieren, daß meine Erinnerungen an die tatsächliche Mutterliebe und nicht Versuche, sie zurückzuholen, mir jetzt weiterhelfen müssen –, erfahre ich eine gewisse Erleichterung. Es bedeutet, daß ich sie nicht anderswo zu suchen brauche. Der Gedanke, mir selbst eine Mutter zu sein, hat mir nie besonders zugesagt. Lange Zeit war ich der festen Überzeugung, es handele sich dabei um ein populärpsychologisches Schlagwort, und beharrte darauf, daß es nicht möglich sei. Doch mittlerweile erkenne ich, wie wertvoll es ist, wenn ich mir gegenüber freundlicher und geduldiger bin und mir dieselben Unvollkommenheiten zugestehe, die meine Mutter auch mir zugestanden hat. Und das bringt mich in meinen Augen der Mutterliebe am nächsten.

Kapitel acht

Der Rat der Frauen

MANCHMAL GESCHIEHT FOLGENDES: Ich habe um zehn Uhr morgens eine geschäftliche Besprechung und überlege, was ich anziehen soll. Auf der einen Seite meines Kleiderschrankes liegt ein Stapel ausgefranster Jeans, daneben hängen jede Menge karierte Männerhemden; auf der anderen Seite hängen Kostüme in gedeckten Farben und einfarbige Pullover aufgereiht. Ich probiere verschiedene Kombinationen von Pullovern und Röcken an, aber alles wirkt bieder und langweilig: kein bißchen fetzig, nicht die Spur von Pep. Dann erinnere ich mich an einen Beutel, voll mit den Anstecknadeln, Halstüchern und Halsketten meiner Mutter. Ich leere den Inhalt auf meinem Bett aus, aber ich weiß gar nicht, was ich damit machen soll. Ich kann mich nicht mehr erinnern, wie sie die Sachen kombiniert hat. Ich sitze da, umgeben von den Accessoires, und weiß nicht, wie ich mich damit wirkungsvoll schmücke.

Und manchmal geschieht folgendes: Ich bin bei einer älteren Dame zum Essen eingeladen. Da ich aus einer weit in der Vergangenheit liegenden Unterhaltung mit meiner Mutter weiß, daß man niemals mit leeren Händen zu einer Einladung geht, kaufe ich unterwegs einen Strauß Blumen. Tage später erwähnt eine Frau, die ebenfalls eingeladen war, den Dankesbrief, den sie geschickt hat, und aus dem, was sie sagt, geht hervor, daß die Gastgeberin das Ausbleiben eines Briefes von mir kommentiert hat. Ein Dankesbrief? frage ich. Ein Dankesbrief, wiederholt sie. Ich bin verwirrt. Und dann schäme ich mich. Ich will sofort ans Telefon stürzen und der Gastgeberin alles erklären. Es tut mir sehr leid, würde ich dann sagen, aber ich weiß über diese Dinge nicht Bescheid. Und obwohl es wie eine alberne Entschuldigung klingt und eine für den Anlaß viel zu dramatische Reaktion ist, habe ich das Bedürfnis, mich zu rechtfertigen: Wissen Sie, ich habe das nie gelernt. Meine Mutter starb, als ich siebzehn war.

Und manchmal geschieht folgendes: Ich verbringe den Abend mit einem Freund und den sechs Jahre alten Drillingen seiner Schwester, zwei Mädchen und einem Jungen. Die Mädchen mustern mich, die Fremde, die ihrem Onkel zur Begrüßung einen Kuß gibt, aus sicherer Entfernung. Langsam kommen sie auf mich zu, zeigen mir ihr Spielzeug und erklären mir, wie man damit spielt. Als wir nach dem Abendessen Monopoly spielen wollen, bestehen beide darauf, in meinem Team mitzuspielen. Sie zupfen an meinem Rock, sie wollen meine Hand halten, sie möchten mich kämmen. Ich sehe in ihren Augen das, was ich einst, vor fünfundzwanzig Jahren, auch gefühlt habe: Diese Faszination angesichts einer Frau, die so jung ist, daß man sich ihr nähern kann, doch schon alt genug, daß man in ihr das Bild der Frau erkennen kann, das man einst selbst werden wird. Ich sehe, wie die Sechsjährigen mit ihren Augen an mir hängen, und fühle mich auf einmal verantwortlich. Gleichzeitig empfinde ich die Situation als etwas absurd und komme mir wie eine Hochstaplerin vor, die gar nicht die Absicht hatte, den Menschen etwas vorzumachen, denn in Wirklichkeit bin ich mir gar nicht sicher, ob ich weiß, was es bedeutet, eine Frau zu sein.

Ich möchte meine Mutter nicht auf ein paar häusliche Klischees reduzieren oder mich an sie lediglich als Gastgeberin oder Köchin erinnern: Im Laufe der Zeit und mit zunehmender Reife erscheint sie mir von Jahr zu Jahr komplexer. Doch wie die meisten anderen Frauen habe auch ich schon früh gelernt, daß das äußere Erscheinungsbild und die gesellschaftlichen Umgangsformen einer Frau kulturell bedingt sind und ihr Erfolg an ihrem Partner, ihren Kindern und ihrem Zuhause gemessen wird. Meine Mutter ging in diesem Bereich ganz und gar auf und schrieb stolz »Hausfrau« in die Rubrik »Beruf«, wenn sie ein Umfrageformular für *McCall* ausfüllte. So hatte sie sich definiert, und so habe auch ich sie in meinen ersten siebzehn Lebensjahren definiert.

Ich war zu jung oder vielleicht auch zu desinteressiert, um mich darum zu kümmern, wie sie ihre Tage füllte. Mein Bestreben war es, mich zu trennen, und nicht, mich ihr zu nähern. Doch wenn mir jetzt mein Mangel an gesellschaftlichem und persönlichem Wissen bewußt wird, das anderen Frauen durch ihre Mütter vermittelt wurde, fühle ich mich gewissermaßen unvollständig. Mangelhaft. Falsch.

Meine Freundinnen sagen, das sei Unsinn. »Du hast einfach deinen eigenen Stil«, bestärken sie mich. Aber ich rede ja nicht von der Fassade, sondern von einem inneren Muster. Einst war ich bereit, die Unterschiede auf eine verlängerte Pubertät zurückzuführen oder auf die ständig wechselnden Wohnorte über einen Zeitraum von zehn Jahren oder gar auf eine gewisse Renitenz, die mir zu eigen war. Theorien hatte ich zuhauf, Antworten aber keine – bis ich in einem Raum voller mutterloser Töchter Platz nahm und dort Frauen antraf, die ähnlich fühlten.

Eines Abends sprach die achtunddreißigjährige Janet in meinem Wohnzimmer eine Stunde lang und rief bei den Zuhörern immer wieder Äußerungen der Zustimmung und der Erleichterung hervor; sie erzählte, wie die Tatsache, daß sie vom dreizehnten Lebensjahr an mutterlos war, das Wort *Frau* zu einem bedeutungsschweren Begriff gemacht hatte. »Es gibt so viele kleine Nuancen und Feinheiten im Leben, die ich gar nicht wahrgenommen habe«, erklärte sie. »Weil ich in der Pubertät von einem Mann betreut wurde, der zudem noch Farmer war, habe ich jetzt den Eindruck, ich sollte Arbeitskleidung tragen und bis zu den Knien im Mist herumstapfen. Wenn es BHs gäbe, die so aussähen, daß ein Mann sie tragen könnte, würde ich sie kaufen wollen. Manchmal fühle ich mich einfach nicht weiblich oder wie eine Frau. Das ist mein größtes Problem. Bin ich eine Frau? Und wenn ja, was ist das eigentlich, eine Frau?«

Vor fünfzig Jahren stellte die französische Schriftstellerin Simone de Beauvoir in der Einleitung zu ihrem Buch *Das andere Geschlecht* die gleiche Frage, die sie auf den darauffolgenden siebenhundert Seiten beantwortete.[168] Schwierig wird es, wenn eine mutterlose Tochter das, was ihr fehlt, erkennt und dann *die Frau* als das definiert, was sie nicht hat. Meine Mutter konnte fünfzehn oder zwanzig verschiedene Gerichte kochen, ich schaffe es gerade, mir die Rezepte für fünf zu merken. In meiner Erinnerung wußte meine Mutter genau, wie man Kleider einkauft, während ich mir noch nicht einmal ansatzweise vorstellen kann, welche Unterwäsche man unter einem Cocktailkleid trägt. Mir ist durchaus klar, daß Kochen, Kleidung und Körperpflege längst nicht die Gesamtheit des weiblichen Lebens ausmachen und daß auch viele Frauen mit einer Mutter den Unterschied zwischen einem Pantoffel und einer Riemchensandale nicht kennen und ihn auch nicht unbedingt kennen wollen, aber wenn man das Primärmodell für sein Frausein verloren hat, ist es leicht, einen Irrtum zu begehen. Ohne eine Frau, die uns zeigt, wie man in der Männerwelt weiblich wirkt, und die uns als Maßstab dient, den wir übernehmen, aber auch ablehnen können, müssen wir auf Geschlechterstereotypen und Kulturmythen als Richtlinien zurückgreifen. »Als ich mit meiner Therapie anfing«, erzählt die fünfunddreißigjährige Denise, die ihre Mutter mit zwölf verlor, »begriff ich, daß ich nicht nur keine Ahnung hatte, was es heißt, eine Frau zu sein, weil ich den ganzen Quatsch, wie man einen Kuchen bäckt und sich einen Hüftgürtel anlegt, mit Weiblichkeit verwechselte, sondern daß ich auch wirklich überzeugt war, daß eine Frau durch diese Dinge definiert wird.«

Wie ein Kind, das häufig das *Tun* mit dem *Sein* verwechselt, kann auch die mutterlose Tochter weibliches Verhalten und weibliche Identität nicht immer klar trennen. Auch wenn das eine in dem anderen reflektiert wird, sind die Begriffe doch nicht identisch. Verhalten entsteht durch bewußte Beobachtung und Nachahmung, während die Identität sich durch innere Solidarität mit dem weiblichen Modell bildet. Wenn eine Tochter ihre Mutter dabei beobachtet, wie sie aus der Dusche steigt und sich ein Handtuch um den Kopf wickelt, macht sie es später vielleicht genauso. Doch sie schafft sich auch ein Bild davon, wie ihr Körper sich entwickeln wird. Das gleiche gilt, wenn die Tochter beobachtet, wie die Mutter ein jüngeres Geschwister zum Stillen anlegt: Sie lernt die Grundzüge des Säugens. Und sie erkennt, daß auch sie eines Tages Leben hervorbringen und ernähren kann.

Einem Mädchen, das seine Mutter oder die Mutterfigur verliert, steht kein leicht verfügbares, konkretes Modell des Weiblichen zur Verfügung, an dem es sich orientieren kann. Ihm fehlt sowohl die Anleitung zu geschlechtstypischem Verhalten als auch der direkte Bezug zum eigenen Geschlecht. Da es sich seine weibliche Identität mühsam zusammenbasteln muß, sucht es bei anderen Frauen die Bestätigung, daß es sich nach einem angemessenen weiblichen Muster entwickelt, und bewertet sich nach oberflächlichen Gesichtspunkten: Habe ich das richtige Geschenk zur Party mitgebracht? Entspricht mein Haarschnitt dem der Mädchen in meiner Teen-Zeitschrift?

Bis zu einem gewissen Grade machen das alle Mädchen, aber die Tochter ohne Mutter ist bereits von einem Minderwertigkeitsgefühl und von tiefer Scham geprägt, weil sie den Menschen verloren hat, der für ihr Wohlergehen so zentral ist. Ihr Bedürfnis nach Konformität geht über die Akzeptanz hinaus, die sie in ihrem Freundeskreis anstrebt. Sie sucht nach Anzeichen, die ihr sagen, wie sie als Mädchen sein soll, und versucht, sich durch Beobachtung und Nachahmung eine weibliche Identität zu schaffen, nachdem ihre natürliche Orientierungshilfe in ihrer Entwicklung zur Frau nicht mehr da ist.

»Die Entwicklung der Weiblichkeit ist kompliziert«, erklärt Nan Birnbaum. »Mädchen haben bereits eine Identifikation durch die frühen Erfahrungen mit der Mutter verinnerlicht – es ist also nicht so, daß es da nichts gibt. Doch diese Identifikation kann nicht heranreifen, so daß in manchen Fällen ein heranwachsendes Mädchen auf Kindheitserinnerungen zurückgreifen muß, um sich von ihnen leiten zu lassen. Was würde die Mutter dazu sagen? Was würde sie mir raten? Doch die Erinnerung ist längst nicht so gut wie die Mutter selbst, und sie ist auch nicht so lebendig wie eine Beziehung zu einer anderen Frau.«

Eine der beeindruckendsten Geschichten, die ich gehört habe, ist die von Mary Jo, die mit acht Jahren ihre Mutter verlor. Obwohl sie eine ältere Schwester hatte, die für ihr körperliches Wohlergehen sorgte, sehnte sie sich als Heranwachsende gelegentlich nach der Führung einer reifen, erfahrenen Frau, die ihr – so drückte sie es aus – zeigte, »wie sie sein sollte«.

> Manchmal wollte mein Vater mir Ratschläge geben, aber von *ihm* wollte ich keine. Ich habe ihm einfach das Wort abgeschnitten und gesagt: »Ich weiß schon, du brauchst mir nichts zu sagen.« Aber ich wollte mich unbedingt wie ein ganz normaler Mensch fühlen. Ich ging also in die Bücherei unserer Kleinstadt und holte mir dort ein Buch über Benimm- und Anstandsregeln. Da waren kleine Abbildungen mit Beschreibun-

gen, wie man sich in bestimmten Situationen verhalten sollte. Ich dachte: So verhält man sich also in diesem Fall; denn ich hatte keine Orientierungshilfe. Ich habe diese Bücher immer aus der Bücherei gestohlen und nach Hause geschmuggelt. Dort habe ich versucht, mir die Regeln einzuprägen. Wenn ich sie einigermaßen verstanden hatte, schmuggelte ich die Bücher wieder zurück, denn ich wollte nicht, daß jemand bemerkte, daß ich mit diesen Dingen nicht zurechtkam. Ich dachte, wenn jemand es merken würde, würde er sich voller Mitleid meiner annehmen. Aber ich wollte Informationen, kein Mitleid.

Schon als Kind stellte Mary Jo eine Gleichung zwischen Menschsein und Frausein auf. Sie war sich ihrer Geschlechtsidentität bewußt, konnte sie aber an nichts festmachen. Sie erkannte, daß es ihrem Vater an dem nötigen Wissen mangelte und ihrer älteren Schwester an den entsprechenden Erfahrungen. Mary Jo war der Ansicht, daß sie das Gefühl des Mangels überwinden würde, wenn sie die angemessenen Verhaltensformen erlernte. Indem sie sich die gesellschaftlichen Anstandsregeln aus Büchern beizubringen versuchte, wollte sie in Wahrheit eine Verbindung zu dem, wie Naomi Lowinsky es nennt, »zutiefst Weiblichen«[169] herstellen – dieser subtilen, oftmals unbewußten Quelle der weiblichen Autorität und Macht, die wir irrtümlicherweise in der Art ausgedrückt sehen, wie man ein Tuch dekorativ bindet oder einen Dankesbrief formuliert, die aber aus einem abstrakteren, geschlechtsspezifischen Kern entspringt.

Alle Töchter – und hier sind die mutterlosen keine Ausnahme – erwarten, daß ihre Mütter das Wissen ihrer Generation, das ein Mädchen in eine Frau verwandelt, weitergeben. »Als Kind habe ich mich immer gefragt, ob die Mutter nachts ins Zimmer kommt und den Kindern etwas ins Ohr flüstert«, sagt die siebenunddreißigjährige Jocelyn, deren Mutter in einer Nervenheilanstalt untergebracht war. »Man erinnert sich dann nicht daran, aber es setzt sich trotzdem fest, und da ich keine Mutter hatte, die zu Hause wohnte, ist mir nie eingeflüstert worden, was ich eigentlich hätte wissen müssen.«

Das Bild, das Jocelyn benutzt, veranschaulicht den stummen, fließenden Austausch, in dem die meisten Mütter mit ihren Töchtern wie in einem Duett verbunden sind. Adrienne Rich beschreibt den Inhalt dieses Austauschs als »jenseits der verbal übermittelten Geschichten über das weibliche Überleben – ein Wissen, das unterbewußt, subversiv und vorsprachlich ist: das Wissen, das zwischen zwei gleichgestalteten Körpern fließt, von denen der eine neun Monate in dem anderen verbracht hat«.[170] Und wie Mary Jo erfahren mußte, kann man diese Inhalte nicht aus Büchern lernen.

Wie ich in einem der vorangegangenen Kapitel erläutert habe, wird die Weiblichkeit des Mädchens und seine Fähigkeit, Beziehungen mit Männern einzugehen, bis zu einem gewissen Grad von seiner Beziehung zum Vater beeinflußt, wobei es sich da nicht unbedingt um die Aspekte von Weiblichkeit handelt, die mutterlosen Frauen fehlen. In einem Forschungsbericht über Väter und die Entwicklung der Weiblichkeit der Töchter unterscheidet die Soziologin Miriam Johnson zwischen »heterosexuellen« und »mütterlichen« Komponenten, wodurch die zwei Aspekte der Weiblichkeit des Mädchens deutlich gemacht werden.[171] Der Vater, argumentiert sie, prägt die heterosexuelle Komponente, zu der auch die Intimität einer Liebesbeziehung gehört sowie die Wahl des Sexualpartners und – insoweit die Ehe als eine vom Mann dominierte Institution gesehen wird – die Vorstellung von männlicher Autorität. Die Mutter prägt die mütterliche Komponente, in der die Geschlechtsidentität und die reproduktive Fähigkeit eingeschlossen sind sowie die Mutter-Tochter-Bindung und die Erwartungen an die mütterliche Autorität in der Mutter-Kind-Beziehung.[172] Eine mutterlose Tochter kann sich in männlicher Gesellschaft wohl fühlen – und für viele trifft das auch zu –, aber so lernt sie noch nicht, was es heißt, weiblich zu sein.

Wenn das mütterliche Element in der Entwicklung des Mädchens fehlt, wächst es ohne eine verinnerlichte geschlechtsspezifische Vorstellung von Macht und Autorität auf – nicht nur in bezug auf die gesellschaftliche Rolle der Frau, sondern auch in bezug auf das weibliche Selbst. Für eine mutterlose Frau ist es in einer Gesellschaft, in der Männer ohnehin eine Vorrangstellung einnehmen, um so schwerer, weibliche Macht für sich in Anspruch zu nehmen. Es fällt ihr schwer, sich selbst als Mensch eines bestimmten Geschlechts zu sehen und zu akzeptieren, wenn ein beständiges Vorbild für ihr Rollenverhalten fehlt oder wenn das Modell, das ihr zur Verfügung steht, die Botschaft vermittelt, daß Weiblichsein ein Fehler ist. Wenn das soziale Geschlecht in sich gegenseitig ausschließenden Gegensatzpaaren definiert wird, wo steht dann sie als Frau? Denise sagt dazu: »Ich habe mich immer wie ein Wesen zwischen Mann und Frau empfunden. Wie ein Mutant oder ein Kastrat.« In einer Kultur, die sich auf dualistische Konzepte gründet und die *Frau* als »Nicht-Mann« definiert, fragt sich eine mutterlose Tochter, der die Sprache fehlt, um sich selbst zu beschreiben: »Was bin ich eigentlich?«

»Ich bin eine Überlebende«, sagen viele mutterlose Töchter von sich. Damit drücken sie aus, daß sie aufgrund des frühen Schicksalsschlages eine Zähigkeit, Widerstandskraft und Willensstärke entwickelt haben, die ihnen die Möglichkeit gaben, trotz des Verlustes den Wunsch nach Leben und die Hoffnung auf eine Zukunft zuzulassen. Genaugenommen heißt das, daß sie zäh und unverwüstlich sind und damit Eigenschaften erworben haben, die in unserer Kultur normalerweise Männern zugeschrieben werden.

Das ist nicht unbedingt zu ihrem Nachteil – schließlich ist es ihre geistige Unabhängigkeit, die die mutterlose Nancy Drew seit vierundsechzig Jahren aufrechterhält.[173] Jede dritte mutterlose Frau, die nach der positiven Wirkung des frühen Verlusts gefragt wurde, nannte »Unabhängigkeit« und »Selbstsicherheit« an erster Stelle und schrieb diesen Eigenschaften auch ihren beruflichen Erfolg zu.[174] Eine Frau muß nicht ihre Mutter verlieren, um stark und unabhängig zu werden, doch gibt es zwischen dem Verlust der Mutter und der Unabhängigkeit häufig eine Korrelation. Wenn eine Tochter nach dem Tod der Mutter zunächst von Menschen betreut wird, die selbst von Trauer mitgenommen und den Anforderungen der Kinderbetreuung nicht gewachsen sind, muß sie lernen, sich zu behaupten und die Selbstgenügsamkeit zu entwickeln, um ihre Kindheit und Pubertät allein überstehen zu können. Sie muß lernen, für sich selbst zu sorgen. »Wenn man die Mutter verliert, ist es vorbei mit der Vorstellung, daß man nach Hause zu Mama gehen kann«, erklärt Dr. Lowinsky. »Man wird ins tiefe Wasser geworfen, und dann muß man schwimmen lernen.«

Doch wenn das Kind zu früh auf sich selbst gestellt ist, kann das auch negative Auswirkungen auf seine Entwicklung haben, die dann bei der erwachsenen Frau zu Frustration und Wut führen, weil in einem sehr jungen Alter zuviel von ihr verlangt wurde. Das Mädchen, das mit sechzehn, zwölf oder zehn fast die ganze Verantwortung für sich selbst, seinen Vater und womöglich auch noch für jüngere Geschwister übernehmen mußte, entwickelt häufig eine Unnachgiebigkeit gegenüber anderen und ein falsches Gefühl der eigenen Macht. Ihre hartnäckige Unabhängigkeit und ihre Selbstbehauptung können als Selbstschutz- und Ausschlußmechanismus fungieren, wodurch sie sich von Gleichaltrigen abschottet und von anderen Frauen abgrenzt. Da sie von der Frau, in die sie ihr ganzes Vertrauen gesetzt hat, verlassen wurde, geht sie als Erwachsene Freundschaften mit Frauen nur unter großen Vorbehalten ein. Dazu sagt die achtundzwanzigjährige Leslie:

> Wenn es um Freundschaften mit Frauen geht, denke ich als erstes daran, wachsam zu sein. Ich habe gute Freundinnen, aber nur wenige. Es waren nie viele. Irgendwie mißtraue ich Frauen, glaube ich. Für mich war der Tod meiner Mutter eine Art Betrug, als hätte sie mir etwas angetan, was sie hätte vermeiden können. Und so vieles wurde verschwiegen und verdeckt. Ich glaube, ich habe vor Frauen mehr Angst. Irgendwie strahlen sie Macht aus.

Doch wenn sich vier oder fünf mutterlose Frauen irgendwo treffen, entsteht eine spontane Kameradschaft. *Endlich,* sagen sie. *Endlich treffe ich andere, die mich verstehen.* Wie Veteranen, die im selben Krieg gekämpft haben, fühlen sich Frauen ohne Mütter zueinander hingezogen. Sie können am Gegenüber die kleinste Verhaltensänderung erkennen, jede noch so vage Andeutung im Blick auffangen und die stumme geistige Einstellung erspüren, die ihnen sagt: Ich gehöre zu euch. In den Augen anderer Frauen, die Selbstvertrauen als bedrohlich empfinden, ist die mutterlose Frau oft »zu aggressiv«. Sie wirkt »einschüchternd«. Sie ist – und das habe ich tatsächlich von Kolleginnen zu hören bekommen – »zu sehr wie ein Mann«.

Nachdem ich meine erste Arbeitsstelle angetreten hatte und gerade ein Monat vergangen war, lud eine Kollegin mich zu einem Drink ein und vertraute mir an, daß ich für sie auf den ersten Blick unnahbar gewirkt hätte, weil ich so aussah, »als wüßte ich genau, wo es langginge«. »Du machst einen sehr selbstbewußten Eindruck«, sagte sie. Das war das erste Mal, daß jemand mir gegenüber eine solche Einschätzung meiner Person abgab. Obwohl auch ich sagen würde, daß »Unabhängigkeit« und »Selbstvertrauen« die positiven Ergebnisse meines Verlusts sind, weiß ich noch, wie ich an jenem Abend in mein Bierglas starrte und dachte: »Ist das ihr Ernst? Wenn dies Wasser wäre, würde ich an meinem eigenen Spiegelbild zweifeln.«

So ist es also: Ich sehe aus wie eine Frau, handle wie ein Mann und fühle mich im Innersten wie ein Kind, das ständig auf der Suche nach einem Menschen ist, der ihm sagt, daß es – so wie es ist – kompetent, attraktiv und gut ist.

Die mutterlose Frau ist ein wandelndes Paradoxon. Auch wenn sie den Eindruck von persönlicher Stärke erweckt, hat der Verlust der Mutter ihre Selbstachtung beeinträchtigt, ihr Selbstvertrauen erschüttert und die sichere Basis in ihrem Leben zerstört. *Darin* liegt die eigentliche Verunsicherung, aufgrund deren sie zu dem Schluß kommt, daß sie nicht dazugehört. Andere Frauen haben Mütter, so denkt sie, ich habe nur mich selbst. Da spielt es keine Rolle, daß sie einen Vater, Geschwister, Freunde oder einen Partner hat. In einer Gruppe von Frauen fühlt sie sich als Frau allein. Die allzeit verfochtene Unabhängigkeit und ihre Selbstgenügsamkeit sind ihr Schild, den sie als Beweis für ihre Kompetenz trotz des Verlusts öffentlich vorweist und hinter dem sie Schutz sucht vor der Einsamkeit, die sie sonst erdrücken würde.

Wenn sie sich zu sehr auf einen anderen Menschen verläßt, riskiert sie nur einen weiteren Verlust. »Nein, danke, ich komme schon allein zurecht«, sagt sie, wenn sie eigentlich sagen möchte: »Ich möchte deine Hilfe annehmen, aber ich habe Angst, daß du gehen wirst, wenn ich mich auf dich verlasse.« Nachdem der Mensch, auf den sie sich am meisten gestützt hat, weggegangen ist, kann sie sich nur noch auf sich selbst verlassen. Für die mutterlose Tochter ist es überhaupt nicht widersprüchlich, wenn sie sich einzig und allein von ihrer Unabhängigkeit abhängig macht.

Wie man sich für eine Einladung bedankt, den Tisch richtig deckt oder eine Perlenkette vorteilhaft trägt – nicht, daß ich das nicht alles schon längst wüßte oder herausfinden könnte, wenn ich wollte. Gelegentlich schreibe ich meinem Bruder, er möge doch an den Dankesbrief an Tante Rosalie denken, oder ich empfehle meiner Schwester, ihre Bratpfanne in kaltem Wasser einzuweichen, um angebratenes Ei zu lösen. Doch ich versage es mir, diese Informationen für mich selbst herauszufinden, denn damit würde ich mir auf einer tiefen, emotionalen Ebene eingestehen, daß meine Mutter nie zurückkommt. Und wie kann ich mir da sicher sein? In meinen Träumen kommt sie zurück. Ihr Tod ist ein schrecklicher Irrtum, aber sie ist fern und stumm, ein Schattenwesen, ohne Wissen von dem, was in der Zwischenzeit geschehen ist. In diesem Bereich des Unterbewußten, in dem widersprüchliche Gedanken nebeneinander existieren können, ist meine Mutter tot und doch nicht tot, und ich bin immer noch die Tochter, die darauf wartet, daß die Mutter sie führt. Ich kann sie nicht ersetzen, noch nicht einmal durch mich selbst.

Dadurch halte ich sie in Ehren: indem ich darauf bestehe, daß nur sie allein die kleinen Schwierigkeiten des Alltags für mich lösen könnte. Vielleicht ist es mir deshalb nicht gelungen, einen Mutterersatz in einer Person zu finden. Obwohl ich mich nach der Gegenwart einer reiferen, erfahreneren Frau in meinem Leben sehne, weiß ich nie, wieviel ich von ihr fordern kann oder was ich mir von ihr überhaupt verspreche, sollte ich je einer solchen Frau begegnen. Die Mutter eines meiner früheren Freunde beschwerte sich, daß ich ihr nicht genügend Respekt erwies, und heute überlege ich, ob das vielleicht stimmte. Ich weiß, daß ich keinerlei Respektlosigkeit beabsichtigte, aber meine emotionale Reserviertheit und mein Beharren auf Eigenständigkeit mögen wohl als solche verstanden worden sein. Ich hatte einfach keine Ahnung, wie ich... nun ja, wie ich mich in der Gegenwart einer älteren Frau verhalten sollte. Es war schon so lange her, daß ich ein vertrauensvolles Verhältnis mit einer solchen hatte. Über wieviel Wissen verfügt man mit sechzig? Wieviel Autorität gesteht man der älteren, wieviel der jüngeren Frau zu? Eine ältere Frau als ebenbürtig zu behandeln, erscheint mir als Mißachtung ihrer Erfahrung und Erkenntnisse; mich zu unterwerfen bedeutet eine Mißachtung meiner eigenen Erfahrungen. Wenn die andere Frau nicht als erste handelt und unsere Positionen bestimmt, bin ich verunsichert und verlegen. Dann weiß ich nie, was ich mit meinen Händen machen soll.

Die Vorstellung, daß eine Frau Mutterstelle an mir vertreten und sich wirklich und wahrhaftig um mich kümmern könnte, ist attraktiv und abschreckend zugleich. Sosehr ich auch die zarte und dennoch kräftige Umarmung einer Frau vermisse, wenn ich krank oder einsam bin, befürchte ich, daß ich die tatsächliche Gegenwart einer mütterlichen Frau als aufdringlich empfinden würde. Vielleicht haben all die Jahre, die ich ohne Mutter verbracht habe und in denen ich gehofft habe, daß eine Ersatzmutter wunderbarerweise erscheinen würde, meine Eigenständigkeit so weit gefördert und meinen Selbstschutz so undurchdringlich gemacht, daß ich jetzt keine mehr an mich heranlassen könnte. Vielleicht ist es für mich jetzt einfach zu spät.

Jocelyn, die einundzwanzig Jahre lang nach einer Frau gesucht hatte, die ihr als Vorbild dienen konnte, versichert mir, daß es nicht zu spät ist. Sie war fünf, als ihre Mutter in eine Anstalt eingewiesen wurde. Der Aufenthalt war der erste einer Reihe von Klinikaufenthalten im Verlauf der nächsten zwölf Jahre. Wenn die Mutter zu Hause war, trank sie so viel, daß dies den Familienkonflikt zusätzlich anheizte. Ohne stabile Mutterfigur, die ihr als Leitbild und Identifikationsmodell dienen konnte, fühlte sich Jocelyn als weibliches Wesen wertlos. Als sie schon Mitte Zwanzig war, lernte sie eine Frau in ihrer Kirchengemeinde kennen.

> Kaye ist dreizehn Jahre älter als ich, hat zwei Kinder und ist geschieden. Wir haben uns angefreundet. Wenn man es auf den Punkt bringen wollte, könnte man sagen, daß sie jemanden suchte, der ihrem Leben einen Sinn gab, und ich nach einer Mutter suchte. Ich glaube, am Anfang wußte sie gar nicht, wieviel sie mir bedeutete. Es war nur eine Freundschaft – ich bin heterosexuell und sie auch –, aber ich habe sie die ganze Zeit beobachtet. Ich erinnere mich sogar, daß ich ihr ins Bad gefolgt bin und zugesehen habe, wie sie ihr Make-up auflegte. Das machte sie richtig nervös, und sie sagte:»Kannst du bitte rausgehen? Warum guckst du mir die ganze Zeit zu?« Damals wußte ich nicht, warum ich dieses Bedürfnis hatte, ihr zuzuschauen, aber dann begriff ich, daß ich wie ein kleines Mädchen war, das der Mutter zuschaut. Das hatte ich nie tun können. Nachdem wir uns ein paar Jahre kannten, hatte ich

das Gefühl, daß ich in einem Zimmer voller Bauklötze gewesen war, die über den Boden verstreut lagen, und als sie hereinkam, sagte zum ersten Mal in meinem Leben eine Stimme zu mir: »Also, jetzt setz mal den blauen Baustein auf den gelben, und den roten daneben.« Meine Freunde sagten: »Was ist los mit dir? Du hast dich ja verändert.« Ich hatte einfach ein enorm großes Bedürfnis, das endlich befriedigt wurde. Kaye und ich sind seit zehn Jahren miteinander befreundet, und obwohl wir nicht mehr in derselben Stadt wohnen, glaube ich, daß es eine richtig feste Freundschaft ist. Wenn ich den Rat einer Frau brauche, kann ich jederzeit zu ihr gehen.

Ich bin heterosexuell und sie auch, fügt Jocelyn schnell hinzu, um Klarheit zu schaffen. Schließlich haben wir keine andere Erklärung, außer der, daß eine Frau lesbisch ist, wenn sie sich – wie die mutterlose Tochter – nach der Nähe einer anderen Frau sehnt. Viele Frauen, mit denen ich gesprochen habe, seufzten erleichtert, wenn ich dieses Thema ansprach, und gaben zu, daß sie aufgrund dieser Sehnsucht nach einer Frau ihre Sexualität in Frage gestellt hätten. Wenn ich manchmal mehr als Mann denn als Frau fühle, denken sie, wenn ich mich nach einer Frau sehne, um die herum ich mein Leben aufbauen kann, heißt das dann, daß ich lesbisch bin?
»Ich habe mich mit Jungen und Männern immer sehr wohl gefühlt«, sagt die sechsunddreißigjährige Jane, »aber es gab eine Phase, da habe ich wirklich überlegt, ob ich lesbisch sei, weil ich mich nach der Berührung einer Frau gesehnt habe. Wenn eine Frau mich umarmte, dachte ich: ›Eine Frau hat mich berührt!‹ Manchmal wünschte ich mir, ich könnte mir eine Mutterfigur mieten und mich auf dem Sofa an sie kuscheln. Ich kenne ein paar Frauen, die sehr mütterlich sind, und ich fühle mich richtig in ihren Bann gezogen. Es ist wie ein körperloses Erlebnis. Ich möchte mich in die Kindheit zurückversetzen und kuscheln und nie wieder damit aufhören.«
Janes Phantasien haben mehr mit dem emotionalen und körperlichen Trost zu tun, den sie sich von einer älteren weiblichen Schutzfigur erhofft, als mit sexuellem Interesse. Die zweiunddreißigjährige Amanda sagt, daß sie in ihrer Collegezeit eine ähnliche

Entdeckung machte, als sie eine Beziehung mit einer Frau anfing, um zu sehen, ob ihre emotionalen Bedürfnisse auch mit ihren sexuellen Wünschen übereinstimmten. Sie fand heraus, daß sie den sozialen und emotionalen Umgang mit Frauen vorzog, daß aber ihr sexuelles Interesse auf Männer gerichtet war. Heute werden ihre Beziehungswünsche von ihrem Mann und einer Gruppe enger Freundinnen abgedeckt. »Meine Freundinnen sind mir sehr wichtig«, beteuert sie. »Mit einer Frau habe ich viel mehr Spaß. Ich erinnere mich, daß ich mit Jungen Freundschaft schließen wollte, aber das war überhaupt nicht möglich. Erst vor kurzem habe ich mich mit einer Gruppe von Frauen angefreundet, die Schmuck aus Ton machen. Da ich mit älteren Frauen besser zurechtkomme, habe ich jetzt einige gute Freundinnen in der Gruppe, die älter sind als ich.« Von diesen Freundinnen bezieht Amanda ihre weibliche Energie und die emotionale Unterstützung, die sie bei Männern nicht so leicht findet. Wenn sie eine erfahrene Frau braucht, auf die sie sich verlassen kann, wendet sie sich an ihre Großmutter, bei der sie aufgewachsen ist und bei der sie sich immer noch zu Hause fühlt.

Eine Ersatzmutter kann ein Mädchen durch die Kindheit, die Pubertät und bis ins Erwachsenenalter hinein begleiten. Der wichtigste Faktor, der es einem Kind ermöglicht, unter widrigen Familienverhältnissen oder schlechten sozialen Bedingungen dennoch zu einem tüchtigen Erwachsenen heranzuwachsen, ist die aktive Beteiligung wenigstens einer erwachsenen Bezugsperson.[175] Eine Mentorin, die ein emotionales Interesse am Wohlergehen eines mutterlosen Mädchens hat, kann ihm helfen, sowohl als Frau wie auch als Individuum Selbstachtung und Selbstvertrauen zu entwickeln. »Das Kind erfährt von seiner Mentorin, daß es wichtig ist, daß es zählt in der Welt«, erklärt Phyllis Klaus. »Darauf baut es sein Selbstgefühl auf. Es erfährt, daß es kompetent ist und entwickelt Kompetenz. So wird es unabhängig und fühlt sich sicher, statt sich zu einem ängstlichen, abhängigen und depressiven Menschen zu entwickeln.« Eine gesunde Entwicklung hängt stark davon ab, ob das Mädchen die Überzeugung gewinnt, es sei liebenswert, wichtig und akzeptabel. Dieselbe Sicherheit braucht es, um eine stabile sexuelle Orientierung zu entwickeln. »Das Kind identifiziert sich natürlicherweise mit dem Elternteil seines Geschlechts. Dieses versteckte, doch vorhandene geschlechtliche Selbstgefühl verleiht ihm enorme Sicherheit in seiner Entwicklung«, sagt Klaus. »Ich versuche also herauszufinden, wo die mutterlose Tochter dieses Element gefunden hat. Häufig ist da eine Tante oder eine Freundin der Mutter, die einen Einfluß auf das Selbstgefühl des Mädchens gehabt hat.«

Wo finden Mädchen nach dem Tod der Mutter eine weibliche Stütze und Trost? Von den 97 Frauen, die sagten, sie hätten eine Ersatzfigur gefunden, nannten 33 Prozent eine Tante, 30 Prozent eine Großmutter, 13 Prozent eine Schwester, 13 Prozent eine Lehrerin, 12 Prozent Freundinnen, 10 Prozent eine Kollegin. Der Rest nannte in dieser Reihenfolge eine Nachbarin, Mütter von Freunden, die Schwiegermutter, die Stiefmutter, den Ehemann, den Geliebten und Kusinen (Mehrfachnennungen waren möglich; vgl. Anhang, Frage 15). Die größte Gruppe (37 Prozent) sagte, sie hätte keinerlei Ersatz gefunden und müsse sich auf sich selbst verlassen. Wieder andere fanden Anleitung in einer selbst zusammengestellten Collage, in die Einflüsse aus Religion, Büchern, Fernsehen und Film eingingen sowie die Erinnerung an die Mutter, die von Jahr zu Jahr mehr verblaßte.

Zunächst wird die mutterlose Tochter einen Mutterersatz im weiteren Umkreis ihrer Familie suchen. Der Psychologe Walter Toman sagt, der beste Ersatz für einen geliebten Menschen ist jemand, der dem Verlorenen so ähnlich wie möglich ist. Das erklärt vermutlich, warum Tanten mütterlicherseits und Großmütter zu den am häufigsten genannten Ersatzpersonen gehören.

Solche »besonders ähnlichen« Menschen sind in der Regel schwer zu finden. Wenn ein Mensch, der dem verstorbenen Menschen – beispielsweise einem Elternteil – in jeder Hinsicht ähnlich ist, so daß er praktisch mit ihm identisch ist, gefunden werden könnte..., könnte er für den Betroffenen als Ersatz schon kurz nach dem Verlust akzeptabel sein. Doch in den meisten Fällen erfordert der Verlust eine lange Phase der Trauer und des Wartens. Diese Phase dauert um so länger, je länger der Betroffene mit dem Verstorbenen gelebt hat und je weniger die Ersatzperson mit dem Verstorbenen gemeinsam hat.[176]

Aus diesem Grunde – zusätzlich zu denen, die in Kapitel 6 erläutert wurden – ist die Stiefmutter in den seltensten Fällen eine spontan akzeptierte Ersatzfigur. Möglicherweise tritt sie in die Familie ein, bevor die Tochter Zeit hatte, den Verlust der Mutter zu betrauern oder sich von ihr zu lösen. Oder die Tochter durchläuft gerade eine Phase, in der sie eine starke Bindung zum Vater entwickelt oder aber sich von allen elterlichen Autoritätspersonen lossagt. In mehr als der Hälfte der dreiundachtzig Familien, die an der Umfrage über mutterlose Töchter teilnahmen, wurde die neue Mutter innerhalb von zwei Jahren nach dem Verlust eingeführt.[177] Die Gefühle von Ärger und Betrug, die dadurch in der Tochter hervorgerufen wurden, verhinderten, daß das Mädchen die Stiefmutter als weibliches Vorbild akzeptieren konnte.

Wenn die Tochter in ihrer Jugend eine erwachsene Frau als Bedrohung empfindet, überträgt sie möglicherweise das Konkurrenzdenken, das ihr Verhältnis zur Stiefmutter prägte oder immer noch prägt, auf andere Beziehungen mit Frauen. Erhält beispielsweise eine Kollegin die Beförderung, die auch von der mutterlosen Tochter angestrebt wurde, kann das die alten Gefühle von Zurückweisung und Verstoßensein wieder hervorrufen, die die Frau in der Kindheit empfand, als sie glaubte, der Vater habe die Stiefmutter ihr vorgezogen. In diesem Falle wird die Tochter ihren Zorn auf die Kollegin richten, obwohl die Stiefmutter der Grund für diese Gefühle ist.

Doch selbst die Zornesgefühle gegen die Stiefmutter haben ihren Ursprung woanders, nämlich im Tod der Mutter. Wenn die Tochter ihren geballten, aufgestauten Zorn, der der Mutter gilt, weil die sie verlassen hat, auf die neue Frau des Vaters richtet, projiziert sie alle Vorstellungen von der »bösen Mutter« auf die Stiefmutter – daher der Archetypus der »bösen Stiefmutter« – und behält der verlorenen Mutter alle Vorstellungen von der »guten Mutter« vor. Rose-Emily Rothenberg erklärt das in ihrem Artikel »The Orphan Archetype« folgendermaßen:

> Da die wirkliche Mutter nicht da ist, schafft die Waise häufig ein Bild von der leiblichen Mutter als perfekter, idealer und grenzenlos liebevoller Mutter. Dadurch werden der lebenden »Mutter« dunkle und dämonische Aspekte zugeschrieben. Da

die Stiefmutter nicht die »wahre Mutter« ist und das Kind nicht »das leibliche Kind«, müssen beide sich psychisch damit abfinden, in der Mutter-Kind-Konstellation die »zweite Wahl« zu sein.[178]

Die zornige Anklage des Kindes: »Du bist ja nicht meine richtige Mutter!« provoziert die Stiefmutter häufig zu der stummen, aber deswegen nicht weniger zornigen Replik: »Und du nicht mein richtiges Kind!« Wie viele Frauen erzählen Geschichten, in denen sie das Märchen von der bösen Stiefmutter bestätigen? Weit mehr als solche, die es widerlegen; und das zeigt die Schwierigkeiten auf, die zwischen Stiefmutter und Stieftochter entstehen, wenn die leibliche Mutter gestorben ist oder die Familie verlassen hat. Die Idealisierung der Mutter, unrealistische Forderungen an die Stiefmutter, die Existenz von Halbgeschwistern: All dies kann zu Konflikten zwischen der mutterlosen Tochter und der neuen Frau im Haus führen.

Amanda verbrachte zwölf Jahre mit einer Stiefmutter, die – so hoffte sie – zu ihrer Ersatzmutter werden würde. Sie war drei, als ihr Vater bei der Scheidung das Sorgerecht für sie zugesprochen bekam, das ihrer Mutter den Kontakt zu ihr verwehrte. Daraufhin lebte Amanda vier Jahre lang bei ihren Großeltern und betete allabendlich darum, daß sie eine neue Mutter bekommen würde. Schließlich erfüllte sich ihr Wunsch, doch die neue Mutter wurde ihren Vorstellungen nicht gerecht.

> Ich wollte unbedingt eine neue Mutter haben. Als mein Vater Ellen heiraten wollte, war ich richtig glücklich. Ich fand, sie war die schönste Frau der Welt. Das war Mitte der sechziger Jahre, und sie war früher eine preisgekrönte Schönheit gewesen. Ihre Kleider waren perfekt, alles an ihr war perfekt. Aber schon im ersten Jahr merkte ich, daß sie eine merkwürdige Frau war. Ich nannte sie die Eisprinzessin. Nach zehn Monaten bekam sie ein Kind, meine Halbschwester Callie, und danach war sie, bis ich mit achtzehn das Haus verließ, depressiv. Ich war praktisch Callies Mutter, denn meine Stiefmutter verbrachte ihre Zeit auf dem Sofa mit der Fernbedienung des Fernsehgeräts, beim Shopping, bei der Maniküre oder mit Groschenromanen.

Natürlich fühlte ich mich im Laufe der Jahre von allen wichtigen Menschen verlassen. Und ich war so enttäuscht. Keiner kümmerte sich um mich oder fragte, wie es mir ging. Ich hatte mich völlig in mich vergraben und war voller Selbstmitleid.

Es stimmt, daß die meisten Geschichten von der »bösen Stiefmutter«, die ich gehört habe, einseitig waren, aber wenn nur die grundlegendsten Fakten stimmen, dann wurden viele mutterlose Töchter von Stiefmüttern aufgezogen, die – wenn sie das Mädchen nicht mißhandelten – zumindest sehr distanziert mit ihnen umgingen, was sich darin äußern konnte, daß sie ihre eigenen Kinder der Stieftochter vorzogen und letztere zu ihrem Haussklaven machten oder daß sie den Kontakt der Stieftochter zum Vater einschränkten und die Sachen der verstorbenen Mutter an sich nahmen. Aus Eifersucht auf die Nähe zwischen Vater und Stieftochter, aus mangelnder Bereitschaft, die Tochter »der anderen« in die Familie aufzunehmen, oder aus mangelnder Erfahrung mit der Mutterrolle kann die Stiefmutter scheitern, aufgeben oder Aggressionen gegen die Stieftochter entwickeln. Wenn eine Frau in eine Familie hineinkommt, die die Mutter verloren hat, sitzt sie gewissermaßen auf dem Schleudersitz. Eine tote Mutter, die idealisiert wird, kann sie weit mehr verunsichern als die Anwesenheit einer geschiedenen Mutter: Mit einer lebendigen Frau kann sie es aufnehmen, eine Heilige – das weiß sie – kann sie nicht sein. Ihre Frustration und ihren Zorn läßt sie womöglich an der Stieftochter aus, die für sie eine Art Stellvertreterin für die Verstorbene in der neuen Familie darstellt.

Für ältere Kinder, deren Bindung an die Familie bereits gelockert ist, kann eine Stiefmutter eher ein Ärgernis als ein Trauma sein, doch für jüngere Kinder können die Auswirkungen einer schlechten Ersatzmutter auf Dauer verheerend sein. In einer Studie mit 160 Frauen in psychiatrischer Behandlung, die ihre Mutter vor dem elften Lebensjahr verloren hatten, stellte John Birtchnell fest, daß 82 Prozent von denen, die eine schlechte Beziehung zu ihrer Ersatzmutter hatten, später depressiv wurden.[179] Anscheinend ist es die unzureichende Betreuung einer Tochter *nach* dem Tod der Mutter und nicht der Tod an sich, die das fehlende Glied zwischen dem Verlust der Mutter und der späteren Neigung zu Depressionen darstellt.

Von über einem Dutzend Frauen habe ich gehört, daß ihrer Meinung nach ihr mangelndes Selbstvertrauen, ihre fehlende Selbstachtung und ihre allzeit spürbare Einsamkeit nicht von dem Verlust der Mutter herrührten, sondern daher, daß sie bei einer kritischen und fordernden Stiefmutter aufwuchsen, die sie ihrem Gefühl nach nie zufriedenstellen konnten. Eine vierunddreißigjährige Frau beschreibt den Schmerz, den sie immer noch spürt, wenn sie an ihre Kindheit denkt, folgendermaßen: »Meine Probleme und Bedürfnisse sind zum Teil darauf zurückzuführen, daß ich als Kind eine Bindung verloren habe, die ein Kind eigentlich nicht verlieren sollte, doch zum Teil gehen sie auf die kranke Situation zurück, die durch eine regelrechte Hexe von Stiefmutter entstand. Ich weiß nicht, ob ich es je schaffen werde, den Schmerz über den Verlust meiner Mutter von dem Schmerz zu trennen, den ich durch das Auftauchen meiner Stiefmutter empfand.«

Caroline hingegen sagt, daß sie ihre Stiefmutter, die vor drei Jahren starb, sehr vermißt. Diese Frau, die Caroline als ihre »zweite Mutter« bezeichnet, kam ein halbes Jahr, nachdem Carolines leibliche Mutter starb und als Caroline elf Jahre alt war, in die Familie. »Mutter Jean hat sich unserer Familie gerne angenommen. Sie übernahm einen Teenager und drei Mädchen, die beinahe ebenfalls schon im Teenager-Alter waren, und ein paar Jahre danach bekam sie ein eigenes Kind, meine Halbschwester«, sagt Caroline. »Meine zweite Mutter mochte uns sehr, und sie hat uns den Freiraum zugebilligt, wir selbst zu sein. Sie hat sich nicht in unsere Persönlichkeiten eingemischt, aber wir wußten, daß sie für uns da war, wenn wir sie brauchten. Wir haben sie alle sehr geliebt und schätzten uns sehr glücklich, daß wir sie hatten. Sie zu verlieren war sicher nicht einfach, vielleicht sogar schwieriger als bei meiner ersten Mutter.«

Caroline, die jetzt dreiundfünfzig ist, fand als Jugendliche und Erwachsene eine angemessene Ersatzmutter. Dennoch vermißte sie an den Marksteinen des Frauenlebens – Menstruation, Geburt eigener Kinder und Menopause – die Unterstützung und Ermutigung ihrer leiblichen Mutter. Wie viele andere mutterlose Töchter auch spürte Caroline, daß trotz der wesentlichen körperlichen und emotionalen Versorgung, die gewährleistet war, ein wichtiges Glied fehlt. Es ist der Mangel, den auch Adoptivkinder fühlen, der Wunsch, die Verbindung zu dem Menschen herzustellen, der sie geboren hat. »Man hat das Gefühl, daß die leibliche Mutter ein Geheimnis kennt und die Quelle für ein bestimmtes Wissen ist, zu dem kein anderer Zugang hat«, erklärt Evelyn Bassoff. »Selbst wenn die mutterlose Tochter über Menstruation, Geburtenregelung und Geburten hinreichend aufgeklärt ist, wird sie vermutlich trotzdem das Gefühl haben, daß etwas fehlt, etwas, das die leibliche Mutter ihr hätte geben können. Es ist das Gefühl der Kontinuität zwischen Mutter und Tochter.« Irgendeine Frau zu finden reicht einfach nicht aus, wenn man *die eine* Frau braucht.

Was genau suchen wir denn? Warum kann keine andere Frau uns das geben? In den Interviews haben Frauen immer wieder das beschrieben, was sie am meisten vermissen. Die Kochkünste der Mutter, sagten sie. Wenn sie selbst ein Zitronenbaiser machen, schmeckt es einfach nicht so gut. Oder die Hilfe der Mutter, wenn sie Kleidung einkaufen. Es fällt ihnen schwer, allein einkaufen zu müssen.

Nahrung und Kleidung, und die Sicherheit, die daraus entspringt, daß man beides hat: Um das Überleben zu sichern, müssen diese Bedürfnisse gestillt werden, und die Mutter übernimmt das für das Kind. Ganz allmählich gibt sie, mit zunehmender Reife des Kindes, die Verantwortung dafür ab. Nehmen wir das Beispiel Nahrung. Im Laufe der Jahre wird die Brust durch die Flasche und diese durch Babynahrung abgelöst. Nach einer Weile bekommt das Kind selbstgekochte Gerichte, dann wärmt man ihm Essen auf, und schließlich gibt man ihm Geld, damit es sich mit Freunden etwas zu essen im Schnellrestaurant holen kann. Die Versorgung beschränkt sich dann darauf, daß jemand darauf achtet, daß die Tochter drei Mahlzeiten pro Tag zu sich nimmt. Wenn eine Tochter sagt, sie vermisse die Kochkünste ihrer Mutter, dann meint sie nicht, daß sie sich nach einem Stück Kuchen sehnt, der von ihrer Mutter gebacken wurde, sondern sie sehnt sich danach, versorgt zu werden. Sie sehnt sich nach liebevoller, beständiger Fürsorge, nach Wärme und Geborgenheit.

Diese tiefen Verlustgefühle drängen nach oben, wenn die Tochter ihre Pubertät mutterlos durchläuft und dramatische körperliche und emotionale Veränderungen an sich feststellt. Auch wenn die Tochter ihre Mutter als Betreuerin ablehnt und darauf besteht, daß sie allein zurechtkommt, ist die Mutter dennoch die Quelle weiblichen Wissens und bietet einen Fixpunkt in Zeiten körperlicher Umwälzungen. Wenn eine Tochter die rituellen Stadien der ersten Periode, des Verlusts der Jungfräulichkeit und später des Gebärens und der Menopause erlebt, ist sie sich bewußt, daß ihre Mutter diese Stadien vor ihr auch durchlaufen hat. Da sie sich allein in ihrem Körper fühlt, braucht sie den Beistand eines Menschen, der mit der Wandelbarkeit des weiblichen Körpers vertraut ist.

Die zweiunddreißigjährige Roberta sagt, daß der Tod ihrer Mutter vor siebzehn Jahren sie des Echolots für ihre weiblichen Belange beraubt habe. Zuvor hatte sie sich mit Fragen über Masturbation und Menstruation an ihre Mutter gewandt, doch als sie mit sechzehn mehr über die körperliche Entwicklung wissen wollte, wußte sie nicht, wohin sie sich wenden konnte. Da der Gedanke, zu ihrem Vater zu gehen, sie abschreckte, und die Bindung zu ihrer Schwester eher distanziert war, stand sie allein mit ihren Fragen, die sich schnell zu übertriebenen Sorgen auswuchsen. »Ich quälte mich, weil ich flachbrüstig war, und ich wußte nicht, wie man einen Tampon richtig benutzt«, sagt sie. »Ich hatte riesige Angst, daß ich nicht weiblich genug war. Ich dachte: ›Ich habe keine Brüste, und meine Vagina ist zu eng, um einen Tampon einzuführen. Wo bin ich denn eine Frau?‹ Es sind ja nicht so oberflächliche Sachen wie Kochen, die dich zur Frau machen, sondern es ist dein Körper, der dich dem einen oder dem anderen Geschlecht zuordnet. Und ich war entsetzt über meinen Körper und wie er sich entwickelte. Ohne meine Mutter schienen mir das unüberwindbare Hürden. Ich habe mich mindestens fünf Jahre damit gequält.«

Robertas Gefühl sagte ihr, daß der Vater in der Pubertät der Tochter selten der richtige Ansprechpartner für besorgte Fragen ist. Dazu kommt noch ihr plötzliches Bewußtsein, daß er ein sexuelles Wesen ist. Zwar übermittelt der Vater seiner Tochter durchaus sexuelle Werte und Richtlinien, indem er ein Beispiel vorlebt und seine Haltung deutlich macht, dennoch wendet sich die Tochter auf der Suche nach Informationen nicht an ihn.[180] Eine Umfrage der Widener University, in der vierundzwanzig normale Familien mit heranwachsenden Töchtern befragt wurden, hat ergeben, daß die Hälfte der Mädchen mit Aufklärungsfragen zu ihren Müttern gingen und keine zu ihrem Vater. Dieser Umfrage zufolge, die mit Familien der Mittelschicht und der gehobenen Mittelschicht durchgeführt wurde, fanden Gespräche zwischen Vätern und Töchtern über Sex und Sexualität – wenn überhaupt – nur auf einer unpersönlichen Ebene statt, ohne daß Informationen weitergegeben wurden.[181]

Wenn die Mutter nicht da ist, kann der Tag der ersten Periode des Mädchens sehr einsam und enttäuschend sein. Naomi Lowinsky bezeichnet die Menstruation – neben Gebären und Stillen – als eines der weiblichen Geheimnisse und eine tiefe, essentiell weibliche Erfahrung, die die Bindung zwischen Mutter und Tochter stärkt. Zweitausend Jahre lang, bis 396 vor Christi Geburt, feierten die Griechen diese Verbindung zwischen Mutter und Tochter jedes Jahr zu Eleusis in einer heiligen religiösen Zeremonie.[182] Die Eleusinischen Mysterien, wie sie genannt wurden, basierten auf dem Mythos der Göttin Demeter und deren Tochter Persephone, die getrennt wurden, als Pluto, der Gott des Todes, Persephone als seine Braut in die Unterwelt holte. Die trauernde Demeter ist untröstlich und gebietet, um sich zu rächen, dem Wachstum des Getreides auf der Erde Einhalt, bis Pluto sich bereit erklärt, Persephone neun Monate im Jahr zu ihrer Mutter zurückkehren zu lassen. Die Mysterien, ein in hohen Ehren gehaltener Ritus, zu dem sich die Teilnehmer einer umständlichen Reinigungsprozedur unterziehen mußten, erinnerten an die Rückkehr Persephones zu ihrer Mutter und an die Wiedervereinigung zweier verlorener Seelen; gleichzeitig feierten sie den natürlichen Zyklus von Geburt, Tod und Wiedergeburt. »In unserer heutigen Kultur ist es für eine Frau schwierig, eine Verbindung zu den Mysterien herzustellen«, sagt Dr. Lowinsky. »Ohne Mutter ist die erste Periode einfach eine Frage der Hygiene, oder sie wird übergangen. Wenn die Mutter da ist, stellt sie gewissermaßen die weibliche Energie dar, auf die das Mädchen sich beziehen kann und die ihr hilft, die Größe des Ereignisses zu ermessen und es auf weibliche Art zu feiern.«

»Die meisten Mütter teilen mit ihren Töchtern ein geheimes Verständnis in diesen Dingen«, fährt sie fort. »Es wird nicht immer verbal zum Ausdruck gebracht, doch sie haben ein gemeinsames Wissen darüber, was es heißt, eine Frau zu sein. Wir wissen, daß wir jeden Monat bluten und daß wir Erfahrungen teilen, die in der Welt der Männer einfach nicht erwähnt werden. Außerdem haben wir unsere kleinen Geheimnisse, auch wenn es nur um das Kochen oder Anziehen geht. Wenn keiner da ist, mit dem das Mädchen das teilen kann, trägt es das gesamte Gewicht der unbekannten Geheimnisse, die ihm auch Furcht einjagen können, wenn es niemanden hat, der es führt. In unserer Kultur bleibt diese Führung häufig unausgesprochen, doch auf einer unbewußten Ebene bewegt die Mutter den Gedanken, daß ihre Tochter Menstruation hat und Kinder gebären kann. So nimmt sie die Bedeutung des Ereignisses wahr, auch wenn sie es nicht ausspricht. Wenn niemand ihr diese Aufmerksamkeit entgegenbringt, wird das Mädchen emotional vernachlässigt.«

Also, für meine Mutter war meine erste Periode kein großes Fest – als ich es ihr erzählte, gab sie mir eine Ohrfeige und nahm mich dann in die Arme, so wie es ihre Mutter einst mit ihr gemacht hatte, eine osteuropäische Tradition, erklärte sie später, der zufolge das Kind fortgetrieben und die Frau willkommen geheißen wird –, dennoch bin ich dankbar, daß sie da war. Auch wenn sie an jenem Tag nicht ihre Periode hatte, war die Menstruation ein weiblicher Ritus, den wir nun teilten, und durch den Klaps und die Umarmung war ich in die Generationen von Frauen in ihrer Familie aufgenommen, die vor mir auch ihre Blutungen hatten.

Die neunundvierzigjährige Helen erinnert sich an ihre erste Menstruation als ein Ereignis, bei dem sie aus sich heraustreten und eine Verbindung mit anderen Frauen herstellten wollte. Sie hatte einen älteren Bruder, aber keine Schwester, und sie war zehn, als ihre Mutter starb. Drei Jahre später war sie allein zu Hause, als ihre Periode einsetzte. »Ich war aufgeregt und hatte Angst, aber gleichzeitig fühlte ich mich so einsam«, erinnert sie sich. »Ich ging raus und sah eine Nachbarin auf der Straße. Ich hatte das starke Bedürfnis, sie anzuhalten und ihr zu erzählen, was gerade passiert war, obwohl ich sie nicht besonders gut kannte, und eigentlich war das Ereignis zu intim, angesichts unserer flüchtigen Bekanntschaft. Aber zumindest konnte ich einer Frau von diesem Markstein in meinem Leben erzählen. Es war eine merkwürdige Mischung aus Einsamkeit, Versagen und Triumph, die ich spürte.«

Helen stellt sich vor, daß ihre eigene Mutter in dem Ereignis einen Grund zum Feiern gesehen hätte. Ähnlich stelle ich mir wohl vor, daß meine Mutter mir meine Ängste vor der Heirat und dem Kinderkriegen hätte nehmen können. Natürlich idealisieren wir. Natürlich. Und wir verklären. Es ist tröstlicher, uns an die Mutter als eine Frau zu erinnern, die uns die Geheimnisse der Fortpflanzung und die Verwendung von Tampons erklärt hätte, und von ihrer verlorenen Macht zu träumen, als daran zu zweifeln, daß sie uns den Beistand hätte geben können, den wir brauchten. Indem wir unsere Mütter posthum mit dieser Macht ausstatten, können wir ihre Töchter bleiben. In gewisser Weise gibt uns das die Mutter-Tochter-Beziehung, nach der wir uns sehnen.

Wir trösten uns mit dem »hätte« und »wäre«, obwohl es eine Tatsache ist, daß viele Mütter ihren Töchtern nur minimalen weiblichen Beistand leisten. Eine Frau, die mit ihrer eigenen Geschlechtsidentität nicht im reinen ist, kann der Entwicklung der Geschlechtsidentität ihrer Tochter schaden, Minderwertigkeitsgefühle fördern und die Tochter in eine ähnliche untergeordnete Position zwingen, aus der sie selbst sich nicht befreien kann. Die Periode ist kaum ein Fest, wenn das frische Blut der Tochter die Mutter an ihr eigenes älter werdendes erinnert, noch ist die Hochzeit der Tochter ein großes Ereignis, wenn die Mutter bitter und vereinsamt ist, weil ihre eigene Ehe gescheitert ist.

Und meine Mutter? Bei der wäre das ganz anders. Meine Mutter wäre parallel zu mir gewachsen, sie wäre nie neidisch, nie wütend geworden. Sie wäre die essentielle Quelle alles Weiblichen gewesen, sie hätte aus einem unerschöpflichen Vorrat an Wissenswertem über die Ehe, die Geburt und das Älterwerden schöpfen können. An jedem dieser Scheidepunkte wäre sie vorgetreten, um mich in meiner Geschlechtsidentität zu bestätigen. In meiner Vorstellung ist sie alles, was ich brauchte und immer noch brauche. Und solange ich darauf beharre, sie so zu sehen, kann ich ihrer Abwesenheit die Schuld dafür geben, daß ich mich auf der Ebene des sozialen Verhaltens so inkompetent fühle und auf der Ebene der weiblichen Identität betrogen und beraubt.

Die fünfundzwanzigjährige Ronnie, die ihre Mutter vor acht Jahren verlor, sagt: »Ohne Mutter fühle ich mich wie ein Krüppel. Als könne ich ohne Mutter nie so gut sein wie eine Frau mit Mutter; als könne ich die Dinge, die sie weiß, nie wissen und als könne ich nie Selbstvertrauen erwerben.« Und obwohl ich diese Gefühle verstehe, weil ich sie selbst auch habe, betrachte ich Ronnie – eine schöne, erfolgreiche Frau, die so selbstbewußt und beherrscht erscheint – und denke, wenn ich sie in einem Raum sehen würde oder auf der Straße, würde ich sie bewundern, und ich wäre mir sicher, daß sie eine der

Frauen ist, die genau die Sicherheit und das Wissen hat, das mir – so fühle ich oft – fehlt.

Wir können unsere wunden Punkte so geschickt verbergen. Und wir kompensieren nach Kräften. Konventionelle Weiblichkeit kann nicht unser Leitfaden sein. Wir müssen das Weibliche neu erfinden. Und die meisten von uns sind sich der Wichtigkeit dieser Aufgabe noch nicht bewußt.

III
Wachstum

Sie erinnern sich, daß sie viel von sich gab. Was sie machte. Was sie tat. *Was wir einander bedeuteten.* Was sie mich lehrte. Was ich an ihrer Brust lernte. Daß sie Dinge tat. Daß sie Wörter machte. Daß sie mich fütterte. Mich säugte. Mich anzog. Mich wiegte. Mich wusch. *Wir erinnern uns an ihre Wehen.* Sie hat uns erzählt, wie sie fast gestorben wäre. Wie erschöpft sie war. Wie ihr die Haut weh tat. Wie wund sie sich fühlte. Wie ihre Mutter hieß. Wie ihre Mutter Dinge machte. Was ihre Mutter zu ihr sagte. Wie sie weggestoßen wurde. Wie sie gehaßt wurde. Wie ihre Milch sauer wurde. Was sie bei ihrer Hochzeit trug. Wo sie geträumt hatte hinzugehen. *Was unsere ersten Worte waren.* Wie sie mit ihrer Schwester stritt. Wie sie um eine Puppe kämpften. Wie die andere hübscher war. Wie sie mich wegstieß. Wie sie mich haßte. Wie ihre Milch sauer wurde. *Wie wir sie haßten. Ihren Körper. Wir erinnern uns an unsere Angst, wie sie zu werden. Was wir einander bedeuteten. Was wir lernten.*

– Susan Griffin, *Frau und Natur*

Kapitel neun

Wer sie war, wer ich bin

NACH DEM ORKAN FUHR ICH NACH SÜDFLORIDA zu der besten Freundin meiner Mutter. Ich mußte einiges herausfinden. Kleinigkeiten hauptsächlich, und ein paar episodische Einzelheiten – zum Beispiel, worüber meine Mutter bei Abendgesellschaften geplaudert hat und worüber sie gelacht hat, wenn wir Kinder nicht im Zimmer waren. Doch ich hatte auch ein paar größere Fragen, auf die ich die Antwort suchte, zum Beispiel, warum sie meinen Vater gewählt hatte und warum die Frauenbewegung scheinbar spurlos an ihr vorübergegangen war. Hinter der Mutter stand ja eine Frau, und die hatte ich nie gekannt. Sandy war all die Jahre ihre Freundin gewesen, und ich hoffte, von ihr ein paar Hinweise zu bekommen.

An einem Nachmittag im September saßen wir an ihrem runden Eßtisch in Boca Raton, der Kassettenrekorder genau zwischen uns. Die Küche schien mir ein durchaus angemessener Ort für ein Gespräch mit der Jugendfreundin meiner Mutter. Wie meine Mutter und deren Mutter und Großmutter aus Polen war auch ich in einem Haus aufgewachsen, in dem die Küche gleichzeitig der soziale Mittelpunkt war, wo die Töchter am Küchenschrank lehnten, während die Mutter nach den Rezepten ihrer eigenen Mutter kochte, und wo sich die Nachbarsfrauen zu einem ausgedehnten Plausch einfanden, während das Essen auf dem Herd langsam garte. Die Familienhistörchen und -anekdoten hörte ich in der Küche meiner Großmutter mit der Eßecke in blauem Vinyl und dem klobigen weißen Herd- und in der meiner Mutter, dem Gegenstück dazu aus den siebziger Jahren, mit den apfelgrünen Schränken und den gelben, handflächengroßen Tapetenblumen, wo die Geschichten der Vorfahren die Luft schwängerten wie Zigarettenrauch nach einem Abendessen. Wenn ich den Geruch von Kartoffelpuffern wahrnehme, die in heißem Öl brutzeln, oder von Rindereintopf, der in einem hohen Stahltopf vor sich hin schmurgelt, warte ich auch heute noch darauf, daß eine Geschichte erzählt wird.

Jetzt lebe ich in einer Großstadt, wo die meisten Küchen die Größe eines begehbaren Kleiderschranks haben. In meine passen noch nicht einmal drei Leute stehend hinein. Ich weiß schon, warum das Wohnzimmer der Mittelpunkt meiner Wohnung ist. Weil die Küche dafür nicht in Frage kommt. Es ist der einzige Raum, in dem sich mehrere Leute aufhalten können, aber hier werden keine Geschichten erzählt. Hier hören wir Musik oder sehen fern. Geschichten gehören an den Küchentisch, nicht aufs Sofa. Vielleicht sprudeln Sandys Erinnerungen an meine Mutter an dem Tisch mit den Platzdecken aus Plastik deshalb so spontan hervor, und vielleicht sauge ich sie deshalb so gierig auf, nach dreizehn Jahren der Entbehrung.

Den meisten von uns sind die Umstände des Todes unserer Mütter bekannt, doch wieviel wissen wir über ihr Leben? Von den 154 Frauen, die ich interviewt habe, sagten 30 Prozent: »eine ganze Menge«, 44 Prozent: »einiges« und 26 Prozent: »sehr wenig«.*

Großmütter, Tanten, Schwestern, Väter und Freunde stellen die Verbindung her und reichen Informationen über die verstorbene Mutter an die älter werdende Tochter weiter. Jedoch ist die Mutter selbst die wertvollste Quelle. Diejenigen Töchter, die am längsten mit ihrer Mutter gelebt haben, wissen auch mehr als die anderen.[183] So sagte über die Hälfte der Frauen, die beim Tod der Mutter bereits zwanzig Jahre oder älter waren, daß sie eine Menge über das Leben der Mutter wissen, verglichen mit nur zwei Prozent, die zum Zeitpunkt des Todes der Mutter zwölf Jahre oder jünger waren.[184] Umgekehrt sagten nur 13 Prozent der Frauen, die zum Zeitpunkt des Verlusts der Mutter über zwanzig waren, daß sie wenig über das Leben der Mutter wüßten, während 53 Prozent der Frauen, die erst

---

*Nicht eine Frau wählte die Antwort »nichts« (vgl. Fragebogen, Frage 17 im Anhang). Anscheinend trägt auch die Tochter, die nur kurze Zeit mit der Mutter verbracht hat, einige Informationen über sie zusammen oder bringt sie mit gewissen Ereignissen in Verbindung, so daß sie das Gefühl hat, etwas über das Leben der Mutter zu wissen.

zwölf Jahre und jünger waren, diese Aussage machten.[185] Die Töchter, die mitten in der Pubertät steckten, als die Mutter starb, fallen genau zwischen diese beiden Gruppen: Die Hälfte derjenigen, die zwischen zwölf und neunzehn waren, als sie ihre Mutter verloren, sagte, sie wüßten einiges über das Leben der Mutter.[186] Das mag daran liegen, daß jüngere Töchter weniger über das Leben der Mutter erfragen oder daß die Mütter ihre Lebensgeschichte aufteilen und über einen längeren Zeitraum verteilt erzählen, wobei sie von Mal zu Mal entscheiden, was dem jeweiligen Entwicklungsstand der Tochter angemessen ist.

Wenn die Mutter stirbt, nimmt sie ihre Geschichten mit und überläßt ihrer Tochter die Aufgabe, sie nach bestem Vermögen zu rekonstruieren. Die dreiundvierzig Jahre alte Rita, die fünfzehn war, als ihre Mutter starb, betrieb die Suche nach Fakten per Post. Sie war so unglücklich darüber, daß sie nur wenig über die Mutter wußte, daß sie ein sechsunddreißig Seiten starkes Heft mit dem Titel »Was ich schon immer wissen wollte« zusammenstellte und es an die noch lebenden Verwandten und Freunde der Mutter schickte. Sie schrieb die 108 Fragen ohne Pause nieder – eine lange aufgestaute Flut: Welches Körpergefühl hatte Louise? Warum hat sie sich von ihrem ersten Mann scheiden lassen? Wie verliefen Schwangerschaft und Geburt mit Rita? In einer kurzen Einleitung schrieb sie: »Erzählt alles so, wie ihr es erlebt habt. Der Zweck dieser Fragen ist es, Fakten und Erinnerungen aufzuzeichnen, bevor sie verlorengehen. Ich würde mich freuen, wenn ihr mitmacht.«

»Ich fühlte mich wie das Kind, das von der Mutter verlassen wurde und jetzt etwas über sie erfahren möchte«, erinnert sich Rita. Sie verschickte ungefähr ein Dutzend Fragebögen, wartete auf die Antworten und hoffte, auf diese Weise etwas über die Kindheit ihrer Mutter herauszufinden, über ihre erste Ehe und ihre Mitgliedschaft in der kommunistischen Partei, doch das Echo war enttäuschend. Nur wenige der Befragten waren bereit, ihre Erinnerungen mitzuteilen, die meisten konnten sich entweder nicht erinnern oder wollten ihr Wissen nicht weitergeben. »Ich hatte jetzt zwar ein paar bruchstückhafte Informationen«, sagt Rita, »aber für mich war es wichtig, daß ich alles herausbekam. Viele reagierten mit Befremden und fragten: ›Warum mußt du das denn wissen? Warum *willst* du es überhaupt wissen?‹ Sie waren der Ansicht, daß ich zwanghaft nachforschte und etwas mit mir nicht stimmte. Auch mein Bruder. Er war gar nicht einverstanden mit mir und meinen Fragen. Ich glaube, er versteht mein Bedürfnis jetzt besser, denn er und seine Frau haben vor kurzem einen kleinen Jungen adoptiert und helfen ihm jetzt, ein Buch über seine Familie zusammenzustellen, aber damals fand er das gar nicht gut.«

Ritas Kritiker stellten eine wichtige Frage: Warum will die Tochter das Leben der Mutter ausgraben? Warum haben Rita, ich und praktisch alle mutterlosen Frauen, denen ich je begegnet bin, das dringende Bedürfnis, die Vergangenheit zu durchforsten wie Goldsucher den Sand? Warum erstellen wir Fragebögen und packen überall unsere Kassettenrekorder aus, als ob wir wertvolle Juwelen zu entdecken hofften?

»Einerseits bin ich von Natur aus neugierig«, sagt Rita. »Ich weiß gerne genau Bescheid über Menschen. Aber andererseits habe ich das Gefühl, daß ich meine Mutter als Freundin gar nicht kennengelernt habe – ich meine, als meinesgleichen, einfach als Mensch, nicht nur als Mutter. Ich wollte wissen, wer sie war. Ich dachte, ich wüßte ungefähr, wer sie war, aber je mehr ich über mich selbst herausfand, desto mehr wollte ich ihre Geschichten kennen und wissen, was für ein Mensch sie war.«

Geschichten aus dem Leben der Mutter haben eine ganz wichtige Funktion in der Entwicklung der Tochter, denn sie helfen ihr, die Vergangenheit zu verstehen und eine stabile Identität für die Zukunft zu entwickeln. Wenn die mutterlose Tochter versucht, Lebenserfahrungen der Mutter zusammenzutragen, um ein sinnvolles, vollständiges Bild zu erhalten, stößt sie häufig auf ein Stück, das fehlt. »Die Kinder haben das Gefühl, daß ihnen etwas fehlt, und die Vorgeschichte gehört auch dazu«, erklärt Benjamin Garber. »Es fehlt ja nicht alles, aber wenn sie eine zusammenhängende Geschichte für sich konstruieren können, haben sie eher das Gefühl, daß Kontinuität herrscht und sie vollständig sind.«[187]

Um zu diesem vollständigen Bild zu gelangen, muß die Tochter nicht nur die Einzelheiten über das Leben der Mutter in Erfahrung bringen, sondern auch die Fakten ihres eigenen Lebens zusammentragen. Die persönlichen Mythen, mit deren Hilfe sich eine Frau definiert, hängen von ihren frühesten Erinnerungen ab und von den Geschichten, die man ihr erzählt hat, und schließlich ist ja gewöhnlich die Mutter die Chronistin der Familie. Wenn sie stirbt oder fortgeht, geraten viele Einzelheiten in Vergessenheit. Mein Vater wartete ebenso aufgeregt wie meine Mutter auf meine »ersten Errungenschaften«, aber meine Mutter war diejenige, die sie in mein Babybuch eintrug, ihren Freunden davon erzählte und später mir darüber berichtete. Als das älteste Kind in der Familie erinnere ich mich an die ersten Worte meiner Schwester und meines Bruders, aber es gibt keinen lebenden Menschen, der sich an meine ersten Worte erinnert. Ich weiß nicht, wie viele meiner Erinnerungen an meine früheste Kindheit wahr sind, wie viele falsche Erinnerungen darunter sind, und was nur ein Traum war. Wie kann ich mir meiner Vergangenheit sicher sein, wenn sich keiner an mein erstes Wort, mein erstes Lächeln, meine ersten Schritte erinnert?

Wenn die Tochter ihre eigenen Erfahrungen und deren Verbindung zu den Erfahrungen der Mutter verloren hat, ist sie von der Kette abgeschnitten, die die Generationen von Frauen in ihrer Familie verbindet, von der weiblichen Linie, die Naomi Lowinsky die »Mutterlinie« nennt. Sie erklärt, daß eine Frau ihre psychische Verbindung zu den vorangegangenen Generationen weiblicher Weisheit herstellt, indem sie den Erzählungen ihrer Mutter und Großmutter über die körperlichen, psychischen und geschichtlichen Veränderungen zuhört, die da sind Blutung, Gebären, Stillen, Altern und Sterben:

> Wenn eine Frau heute ihre Lebensgeschichte im Rahmen der Mutterlinie begreifen kann, erwirbt sie in verschiedenen Bereichen weibliche Autorität. Zunächst verankert die Mutterlinie sie fest in ihrer weiblichen Natur, während sie zwischen den verschiedenen Möglichkeiten, die einer Frau heute offenstehen, entscheiden muß. Zweitens erfährt sie etwas über ihren eigenen Körper, seine geheimnisvollen Blutungen und deren Macht. Drittens beggenen ihr auf der Reise zu ihren weiblichen Wurzeln Ahnen, die zu unterschiedlichen Zeiten mit ähnlichen Schwierigkeiten zu kämpfen hatten wie sie heute. Die so vermittelte Perspektive vom Leben als einem Zyklus erleichtert ihr die eigene Situation, da sie daran erinnert wird, daß alle Dinge im Lauf der Zeit Veränderungen durchlaufen: Säuglinge werden zu Schulkindern. Jede Generation

hat ihre eigenen Vorstellungen von dem, was für Kinder am besten ist, und kein Kind wächst in einer perfekten Situation auf. Viertens entdeckt sie ihre Verbindung zu dem Archetypus der Mutter und der Weisheit des alten Weltbildes, wonach Körper und Seele eins sind und alles Leben miteinander verbunden ist. Und letztlich versichert sie sich ihrer weiblichen Perspektive, die es ihr ermöglicht zu erkennen, inwieweit Männer ähnlich und inwieweit sie anders sind.[188]

Die Geschichten der Mutterlinie geben der mutterlosen Tochter Halt in ihrem Geschlecht, ihrer Familie und ihrer weiblichen Geschichte. Sie formen die Erfahrungen ihrer Vorfahren um zu Wegweisern, die sie warnen oder ermutigen. Um diese Verbindung herzustellen, muß sie auch die Geschichten ihrer Mutter kennen. »Viele Frauen heute sagen: ›Ich soll etwas über meine Mutter herausfinden? Quatsch! Sie versteht mich nicht. Und ich bin sauer auf sie. Sie ist schrecklich. Ich möchte auf keinen Fall so werden wie meine Mutter‹«, sagt Lowinsky. »Diese Frauen erschweren sich ihre Suche. Eine Frau, die ihre Mutter bereits verloren hat, weiß, daß sie sie auf andere Weise finden muß. Da sie die Geschichten ihrer Mutter nicht von ihr selbst hören kann, muß sie andere Verwandte dazu befragen. Und sie muß mit ihrer Trauer darüber zurechtkommen. Eine Frau, die ihre Mutter verloren hat und nach der Mutterlinie sucht, erlebt starke Trauer- und Verlustgefühle und muß dann die Bereitschaft haben, damit umzugehen.«

Eine Tochter weiß über ihre Mutter nur soviel, wie Mutter und Tochter bereit sind, miteinander zu teilen. In meinem Fall war das im Alter von siebzehn Jahren nicht sehr viel. Wer konnte schon ahnen, daß unsere Zeit so knapp bemessen war? Wenn meine Mutter mir Geschichten aus ihrer Kindheit erzählte, entnahm ich ihnen nur das, was für mich unmittelbar nützlich war – *sie wäre mit sieben fast ertrunken, also war es sinnvoll, schwimmen zu lernen* –, und vergaß den Rest. Sie wiederum erzählte Geschichten, die zu dem entsprechenden Entwicklungsstadium in meinem Leben paßten. Ich weiß also etwas über ihre erste Menstruation, ihre erste Verabredung mit einem Jungen und ihren ersten Kuß, doch über ihre Hochzeit, ihre erste Schwangerschaft und über die Abtreibung, die sie vornehmen ließ, als ich neun Jahre alt war, weiß ich überhaupt nichts.

Wie Rita kannte ich meine Mutter als Mutter und nicht als Frau oder Freundin. Meine Erinnerungen an sie beginnen mit dem langsamen Erwachen meiner kognitiven Fähigkeiten, als ich ungefähr drei war und sie achtundzwanzig, und enden mit ihrem Tod, als sie zweiundvierzig war. Vierzehn Jahre – nur über diesen Zeitraum weiß ich etwas, und selbst dieses Wissen ist durch die Perspektive des Kindes oder des Teenagers gefärbt. Mit siebzehn war ich noch nicht reif genug, um meine Mutter als eigenständigen Menschen mit eigenen Träumen und Enttäuschungen zu sehen, die nichts mit mir zu tun hatten. Ihre Versuche, mich in Gespräche von Frau zu Frau einzubeziehen, waren in den meisten Fällen verfrüht. Ich wollte ihre Ansichten zur Ehe und zu ihrem Sexualleben damals nicht hören – ich bin mir nicht sicher, ob ich sie heute hören wollte – und hörte entweder voller Unbehagen zu oder verließ das Zimmer.

Ich war schon fünfundzwanzig, als ich mehr über meine Mutter als junge Erwachsene und Ehefrau erfahren wollte. Dieser Wunsch führte mich nach Pennsylvania und Florida und dann in die Gegend, in der ich aufgewachsen war, wo ich Fragen an Frauen stellte, die meine Mutter gut gekannt hatten, und ihre Geschichten sammelte. Sandy erzählte mir von meiner Mutter als College-Studentin und junge Braut. Eine andere Freundin berichtete mir davon, wie meine Mutter ihre Jungfräulichkeit verlor. Als ich sie mit vierzehn darüber befragte, hatte sie mir nur verlegen geantwortet: »In der Hochzeitsnacht natürlich.«

Das Alter von fünfundzwanzig Jahren war nicht ein willkürlicher Zeitpunkt, sondern der Punkt in meinem Leben, an dem ich zwei wichtige Schwellen überschreiten mußte. Erstens hatte ich endlich angefangen, um meine Mutter zu trauern, zweitens war ich über alle Maßen eifersüchtig, als ich sah, daß meine Freundinnen sich ihren Müttern zum ersten Mal als ihresgleichen näherten. Die alten Mutter-Kind-Strukturen existierten zwar noch, aber meine Freundinnen fingen an, die Stärken und Schwächen ihrer Mütter zu bewerten, sie benannten die Eigenschaften, die sie übernehmen wollten, und mußten sich darüber klarwerden, wie weit sie sich von dem, was ihre Mütter sie gelehrt hatten, entfernen wollten.

Ob die Mutter nun Geschäftsführerin einer Firma ist oder Hausfrau, ob sie alleinerziehend oder Ehefrau ist, sie ist die Frau, deren Bild die Tochter verinnerlicht hat und mit dem sie sich ihr Leben lang vergleicht, sie gibt das Maß vor, an dem die Tochter sich mißt. Eine zwanzigjährige Tochter, deren Mutter fünfundvierzig ist, vergleicht sich mit zwei Versionen ihrer Mutter: einmal mit der Zwanzigjährigen, deren Bild sie sich aufgrund der Schilderungen in ihrer Phantasie zusammengesetzt hat, und einmal mit der Fünfundvierzigjährigen, die sie vor sich sieht. Wenn die Tochter selbst fünfundvierzig wird, vergleicht sie sich mit der Mutter, an die sie sich in diesem Alter noch erinnert, und der Siebzigjährigen, die sie vor sich sieht.

Doch die Mutter, die früh stirbt, stellt einen Bruch dar, und das Bild, das sich die Tochter von ihr bewahrt, bleibt an diesem Punkt stehen. Wenn ich die Unterschiede und Ähnlichkeiten zwischen mir und meiner Mutter festzustellen versuche, steht mir nur ein begrenztes Material zur Verfügung. Auf der einen Seite vergleiche ich mich mit der neunundzwanzig Jahre alten Marcia, über die ich herzlich wenig weiß, und auf der anderen Seite mit einer Frau, die niemals älter wird. Als ich siebzehn wurde, war sie zweiundvierzig. Jetzt bin ich neunundzwanzig, und sie ist immer noch zweiundvierzig. Meine Mutter wird nur noch die nächsten dreizehn Jahre älter und erfahrener sein als ich. Was dann, frage ich mich.

Die neunundzwanzig Jahre alte Karen ist darüber beunruhigt, daß sie ihre Mutter als psychische Begleiterin verloren hat. Obwohl sie das Alter ihrer Mutter zum Todeszeitpunkt erst in dreißig Jahren erreichen wird, läßt Karen ihre Mutter bereits heute in anderer Hinsicht hinter sich.

Während Karens Kindheit hatte ihre beherrschende Mutter stets ihre Überlegenheit demonstriert. Nach dem Tode der Mutter sah Karen sich auch weiterhin als die schwache Tochter einer mächtigen Mutter. Doch jetzt, da sie ihrem Collegeabschluß entgegenstrebt, sieht Karen sich als intelligente und tüchtige Frau und überlegt, welchen Platz die Mutter, die sie von dem Gegenteil überzeugen wollte, in ihrem Leben einnehmen kann.

> Es fällt mir sehr schwer, die Tatsache zu akzeptieren, daß ich eine bessere Bildung haben werde als sie. Meine Mutter in einem Bereich, in dem sie erfolgreich war, zu überflügeln, zerstört meinen Muttermythos. Sie wird nicht immer älter als ich sein oder gebildeter oder besser. Eines Tages ist sie nicht

mehr die große, mächtige Zauberin. Eines Tages ist sie nur noch die kleine Frau hinter dem Vorhang. Eigentlich wird sie jetzt schon dazu. Und das tut mir sehr weh.
Es ist wie bei einem Sportler, der der beste sein möchte. Solange er noch nicht an der Spitze ist, hat er immer noch jemanden, an dem er sich messen kann. Doch wenn er erst einmal Weltspitze ist, gibt es keinen mehr, den er ausstechen kann. Ich messe mich immer an meiner Mutter. Wenn ich sie erst einmal in den Bereichen überholt habe, in denen sie maßgeblich war – sie wollte unbedingt ihren Collegeabschluß machen und schaffte es nicht, weil sie schwanger wurde –, wenn ich das erreicht habe, dann verschwindet dieses überragende Bild, das ich von ihr habe. Was macht man denn, wenn man die Archetypen, die man im Kopf hat, hinter sich läßt? Wem eifert man dann nach?
In gewisser Weise ist das so wie eine Existenz ohne Gott. Wenn es keinen gibt, der die guten und schlechten Taten überwacht, der einen mit dem Paradies belohnt und mit der Hölle bestraft, wächst man anders auf. Dann muß man seine eigenen moralischen Grundsätze überwachen, weil das Universum vom Zufall bestimmt wird. Wenn es keinen Herrn und Gebieter im Weltall gibt, stellt man fest, daß man allein ist.

Karen hat recht: Ohne eine Mutter, mit der sie sich vergleichen kann, muß die Tochter ihre Identität zum größten Teil selbst erfinden. Theoretisch kann sie ihre eigenen Entscheidungen treffen und aus ihren Fehlern lernen. Im praktischen Leben fürchtet sie sich aber vor der damit verbundenen Einsamkeit. In der Hoffnung, doch noch eine Anleitung zu finden, sucht sie soviel Informationen über ihre Mutter zusammen wie möglich. Gewöhnlicherweise geschieht das, wenn die Tochter zwischen zwanzig und dreißig ist und den Drang verspürt, zu ihrer Mutter zurückzukehren. Das Bedürfnis der Tochter, sich mit ihrer Mutter wieder zu vereinen, verschwindet nicht, bloß weil die Mutter nicht mehr da ist. Indem sie Informationen zusammenträgt, mit deren Hilfe sie sich die Mutter vorstellt, wie sie war – nicht nur als Elternteil, sondern auch als Frau –, strebt sie danach, ein reiferes Bild von der Mutter zu gewinnen, sich die Beziehung vorzustellen, die zwischen ihnen hätte bestehen können, und etwas zu erreichen, das einer Wiedervereinigung so nahe wie möglich kommt. Außerdem forscht sie nach Ähnlichkeiten zwischen sich und der Mutter und sichert sich so ihren Platz in der Mutterlinie.

Bevor Margie, die jetzt fünfundzwanzig Jahre alt ist, damit begann, Informationen über ihre Mutter zu sammeln, erinnerte sie sich an sie nur als die ernste und depressive Frau, die vor achtzehn Jahren Selbstmord beging. Doch als Margie Anfang Zwanzig war, verspürte sie das Bedürfnis, eine Verbindung zu einer Frau in der Familie herzustellen, und sie fragte ihre Großeltern mütterlicherseits zum ersten Mal nach Geschichten über ihre Mutter als junge Frau.

> Ich hatte immer gedacht, meine Mutter sei schüchtern und zurückgezogen gewesen, doch dann hörte ich von meinen Großeltern, daß das ganz und gar nicht stimmte. Sie war sehr offen und extravertiert, warmherzig und großzügig, ein sehr lebhafter Mensch. Deswegen waren ihre Depressionen um so schlimmer, denn sie haben sie grundlegend verändert. Ich betrachte mich selbst ebenfalls als extravertierten Menschen und nicht als introvertiert, wie ich glaubte, daß meine Mutter war. Meine Mutter war auch musikalisch, sie konnte sich sehr gut ausdrücken und war gut in der Schule. Das sind auch Eigenschaften, mit denen ich mich identifizieren kann, und dann denke ich: »Ja, genau wie ich.« Ich bin nicht einfach wie eine Pflanze entstanden, sondern ich habe eine biologische Verbindung zu einem anderen Menschen. Ich sehe nicht nur aus wie sie und neige vielleicht zu Depressionen, sondern ich habe auch gute, positive Eigenschaften, die von ihr kommen.

Statt sich vor der Verbindung zur Mutter zu fürchten, weil damit Depressionen und Tod assoziiert sind, stellt Margie einen Kontakt her mit der Mutter, die sie noch kennenlernen möchte. Doch sie hat erst den ersten Teil der Reise zurückgelegt. Die Wiederentdeckung der Mutter ist ein Prozeß, der in zwei Phasen verläuft, da die Tochter zunächst die Mutter kennenlernt und sie dann in ihrer Vorstellung bis zum gegenwärtigen Zeitpunkt altern läßt. Das ist der schwierigere Teil. Um ein Gefühl dafür zu bekommen, wie meine Mutter und ich miteinander an meinem dreißigsten Geburtstag ausgekommen wären, und mich mit beiden Müttern – der Dreißigjährigen, an die ich mich kaum erinnere, und der Fünfundfünfzigjährigen, die sie heute wäre – zu vergleichen, muß ich die Zeit in meinem Kopf nach vorne spulen. Ich muß mir eine Theorie darüber zurechtlegen, wie die kulturellen Strömungen der achtziger und neunziger Jahre sie beeinflußt hätten, mir ein Bild davon machen, wie sie sich verändert hätte, wenn der Krebs ihrer Entwicklung nicht Einhalt geboten hätte, und sie mir an den Orten vorstellen, die sie bereist hätte, wenn sie nicht gestorben wäre.

Ich dachte, ich wüßte, was meine Mutter sich für mich gewünscht hat. Ich habe mir das Gespräch am Totenbett vorgestellt, das wir nie geführt haben. Sie hätte meine Hand gehalten und ihren letzten Wunsch geäußert. »Ich möchte, daß du groß wirst und glücklich bist«, hätte sie gesagt. »Geh aufs College und suche dir einen guten Mann. Am besten einen jüdischen Arzt, der dir ein Haus auf Long Island kauft. Aber nicht in Great Neck oder Five Towns. Dann schon eher ein bißchen weiter weg, zum Beispiel in Massapequa. Versprichst du mir das?«

Man könnte denken, ich mache Witze, aber dem ist nicht so. Meine Mutter wuchs in dem jüdischen Bezirk von New York auf, wo die Töchter aufs College geschickt wurden, um sich einen klugen Mann zu suchen, und wo der Erfolg einer Frau an dem Karatgehalt ihres diamantenen Verlobungsrings gemessen wurde. Ich würde mir gerne vorstellen, daß meine Mutter ihre Träume für ihre Töchter weiter gefaßt hätte, wenn sie erlebt hätte, daß wir auf anderen Gebieten erfolgreich waren, oder wenn sie gesehen hätte, daß die Berufstätigkeit der Frau in der Ehe zu einer wirtschaftlichen Notwendigkeit geworden ist – aber meiner Erinnerung nach hat sie mich lediglich auf eine Zukunft vorbereitet, in der ein weißes Brautkleid, eine große Hochzeit und einer dieser guten Ehemänner vorrangig waren, die so schwer zu bekommen sind. So sah ihre Vision von weiblichem Erfolg aus, und sie wünschte mir ein gutes Leben. Meinen ersten Freund, einen wiedereingegliederten jugendlichen Straftäter, der sein Haar kinnlang trug, fand sie abscheulich. Natürlich hatte ich ihn zum Teil gerade deswegen ausgewählt, weil ich wußte, wie stark sie ihn ablehnen würde. Wir befanden uns im Stadium der Mutter-Tochter-Rebellion. Und zehn Jahre später waren wir immer noch in demselben Stadium, weil ich darin steckenblieb, als sie starb.

Da die Persönlichkeitsentwicklung der Tochter durch den Tod der Mutter ins Stocken geraten kann, kann sie zu einer Erwachsenen heranwachsen, die einige Charakterzüge aus jenem Entwicklungsstadium beibehält, in dem sie sich zum Zeitpunkt des Verlusts der Mutter befunden hatte. Das Kind wächst zu einer Frau heran, die von der verstorbenen Mutter weiterhin abhängig ist. Die Jugendliche in der erwachsenen Frau begehrt dann auch weiterhin auf und widersetzt sich der Mutter.

Während der ersten neun Jahre nach dem Tod meiner Mutter traf das auch auf mich zu, und es war eine bequeme Art, die Mutter-Tochter-Beziehung lebendig zu erhalten. Der Tod ließ die Forderungen meiner Mutter nicht verstummen. In meinem Kopf gab sie mir auch weiterhin gute Ratschläge, die ich nicht hören wollte und die anzunehmen ich mich weigerte. Mit achtzehn ließ ich New York hinter mir und hatte nicht die geringste Absicht, je wieder in einem Umkreis von hundert Meilen von Long Island zu leben, und jüdische Männer mied ich, als wären sie die achte Plage der Menschheit. Ich war fest entschlossen, nicht das Leben zu leben, das meine Mutter sich für mich vorgestellt hatte, und meine Unabhängigkeit unter Beweis zu stellen, indem ich meinen eigenen Lebensentwurf verwirklichte.

Vielleicht hätte ich mich nicht so vehement gegen diese Zukunftsvision gestemmt, wenn ich nicht gleichzeitig eine gewisse Anziehungskraft durch eben diese Zukunft gespürt hätte. Darin bestand das persönliche Drama, über das ich mit niemandem sprach: meine tiefen Schuldgefühle, weil ich von dem Pfad abwich, den meine Mutter für mich vorgesehen hatte, und eine geheime Sehnsucht nach der Sicherheit, die eine solche Zukunft – so hatte meine Mutter mir versichert – bieten würde. Ich widersetzte mich also den Wünschen meiner Mutter und versuchte gleichzeitig, mein Leben so einzurichten, daß auch sie damit einverstanden gewesen wäre. Mit dreiundzwanzig gab ich meinem College-Freund das Versprechen, mit ihm die Zukunft zu gestalten. Weder war er Jude, noch kam er aus New York, aber er wollte Jura studieren, und das schien mir ein gelungener Kompromiß. Während ich auf eine Heirat drängte, war ich überzeugt, daß meine Mutter stolz auf mich gewesen wäre, weil ich in den Ehestand eintreten würde.

Erst nachdem ich das Verlöbnis gelöst hatte und mehrere Jahre verstrichen waren, verstand ich, daß ich nicht nur versucht hatte, das Leben zu führen, das meine Mutter für mich ausgesucht hatte. Nein, ich wollte auch das Leben haben, das sie nie gehabt hatte. Sie hatte nie außerhalb von New York gelebt. Vor meiner Geburt hatte sie ein paar Jahre lang Musik unterrichtet, aber sie hatte keine ernsten beruflichen Absichten verfolgt. Und sie hat auch nie einen Arzt oder Anwalt geheiratet und in dem großen Haus gewohnt, in dem sie ihre Mutter so gern gesehen hätte.

Ich habe noch nie eine Tochter kennengelernt, die bereit gewesen wäre, ihre eigene Identität aufzugeben, um stellvertretend durch ihr Leben die Wünsche der Mutter zu befriedigen, doch mutterlose Töchter tun das ständig – aus Schuldgefühlen heraus, aus einem Gefühl der Verpflichtung, aus Trauer, aus Liebe. Wir versuchen, die unerfüllten Wünsche unserer Mütter in Ehren zu halten, als ob wir ihnen dadurch die Jahre geben könnten, die sie nie gehabt haben. Wir bilden uns ein, daß wir zu der perfekten Tochter werden könnten, die wir gerne gewesen wären, wenn wir unsere Träume selbstlos aufgeben. Fast ist es so, als glaubten wir, indem wir zu der Tochter werden, die unsere Mutter sich immer gewünscht hat, oder indem wir das Leben, das unsere Mutter für uns vorgesehen hat, auch leben – indem wir also *sie werden* –, könnten wir unsere Mütter bei uns behalten und verhindern, daß sie uns je wieder verlassen.

Das eigene Leben zu meistern ist schon eine Herausforderung, und es kann zu kompletter Verwirrung führen, wenn man versucht, die Träume zweier Menschen zu verwirklichen. Gayle, die jetzt zweiunddreißig ist, hat sich mit diesem Identitätsproblem vierzehn Jahre lang geplagt. Sie hatte während ihrer Kindheit und Pubertät eine sehr enge Beziehung zu ihrer Mutter, und seit dem Tod der Mutter hat Gayle zwischen dem Wunsch, wie ihre Mutter zu sein, und dem Bedürfnis geschwankt, die Tochter ihrer Mutter zu bleiben – wobei beide Konstellationen verhindern, daß sie ihre eigene Identität entwickelt.

> Wäre meine Mutter am Leben geblieben, hätte ich vielleicht gelernt, daß ich auch mein eigenes Leben haben kann. Aber als sie starb, war das auf einmal unmöglich. Ich konnte mir nicht gestatten, Dinge zu tun, die sie nicht gern gesehen hätte,

und da sie nicht mehr da war, um ihre Zustimmung zu geben, bestanden meine Richtlinien nur in dem, was sie mir früher erlaubt hatte und was sie früher selbst getan hat. Es war kein Problem für mich, aus dem College auszuscheiden, denn meine Mutter hatte das auch getan. Dann habe ich mich mit einem Mann eingelassen, der mir überhaupt nicht gutgetan hat, aber ich weiß, daß meine Mutter ihn toll gefunden hätte. Wahrscheinlich wollte ich ihr Leben wiederholen und dann weiterführen. Ich fing an, mich körperlich und emotional zu vernachlässigen. Das hat sie auch getan, und deshalb ist sie krank geworden. Sie hatte das Gefühl, daß sie nicht wichtig genug sei, um ihrer Familie zu sagen, wie schlecht es ihr ging oder was ihr fehlte. Nächste Woche muß ich zur Untersuchung, um zu sehen, ob ich eine Veranlagung zu Krebs habe oder Krebs. Aber ich sage lieber Veranlagung. Auch das gibt mir das Gefühl, daß ich ihr Leben weiterlebe, denn das Lymphom, das sie hatte, ist vererbbar. Es wäre schon ziemlich ironisch, wenn ich auf diese Weise zeigen würde, daß ich mich um sie kümmern möchte.

Als Gayles Mutter starb, war Gayle gerade in der schwierigen Phase der psychischen Ablösung. Wie jedes andere Mädchen in der Pubertät stand auch sie vor dem Problem, sich von der Frau zu lösen, mit der sie sich gleichzeitig identifizieren sollte, und eine eigene Identität zu entwickeln. Der Tod ihrer Mutter brachte diesen Prozeß an einem kritischen Punkt ins Stocken, so daß sie halb losgelöst von der Mutter und halb an sie gebunden blieb. Wie andere mutterlose Frauen auch ist Gayle gefangen zwischen ihrer Angst, das Leben der Mutter zu wiederholen (daher die Vorsicht, mit der sie das Wort *Krebs* benutzt), und dem starken Bedürfnis, die Bindung an ihre Mutter aufrechtzuerhalten (und das Leben ihrer Mutter zu Ende zu führen). Die verinnerlichte mütterliche Kontrollinstanz, die Lob und Tadel für eine Achtzehnjährige aussprach, ist immer noch in Funktion und macht es Gayle, die mittlerweile über dreißig ist, unmöglich, sich gegen den Einfluß ihrer Mutter durchzusetzen, die doch schon so lange tot ist.

Gayle ist das Beispiel einer Frau, die sich zwischen den konkurrierenden Kräften der Matrophobie und Matridentität aufreibt. Matrophobie, erklärt Adrienne Rich in *Von Frauen geboren,* ist die Angst der Tochter, wie ihre Mutter zu werden.[189] Sie erkennt die Schwächen der Mutter und fühlt sich angesichts der Erbkräfte hilflos dagegen. Während sie ihrer Mutter noch Vorwürfe macht wegen der begangenen Fehler, hofft sie, daß sie diese Fehler selbst vermeiden kann. (»Hilfe!« schreit eine Frau mit angstverzerrtem Gesicht auf dem T-Shirt. »Ich werde wie meine Mutter!«) Matrophobie kann bei einer mutterlosen Tochter ernste psychische Probleme hervorrufen, da sie häufig die Angst hat, wie die Mutter zu werden, die die Kontrolle über ihren Körper oder ihren Verstand verlor, die ihre Kinder verließ, als sie noch klein waren, die ein verkürztes Leben hatte und viele Träume, die sie niemals verwirklichen konnte, weil sie keine Zeit hatte.

Es würde uns viel leichter fallen, uns von diesen Ängsten zu lösen und unsere Matrophobie aufzugeben, wenn da nicht der Gegenpart wäre, der uns ebenso geschickt umgarnt.

Matridentität – die Tatsache, daß die Tochter sich unvermeidbar mit einigen Eigenschaften ihrer Mutter identifizieren wird – macht es uns unmöglich, eine saubere Trennung von jemandem zu vollziehen, wenn Körper, Verhaltensweisen und Eigenheiten uns immer an sie erinnern. Jedesmal, wenn ich sage: »Dieser George Bush war aber ein übler Bursche«, dann schrillt eine Alarmglocke. Meine Mutter benutzte diese Redewendung ständig. Sie gefällt mir nicht einmal besonders, aber manchmal schlüpft sie mir einfach heraus. Da wir siebzehn Jahre zusammengelebt haben und 50 Prozent meiner Gene von ihr sind, ist das wahrscheinlich nicht weiter verwunderlich. Aber mir stellt sich die Frage, wieviel ich von ihr verinnerlicht habe, dessen ich mir nicht bewußt bin, und wie sehr ich ihr, trotz meiner bewußten Bemühungen, mich von ihr abzusetzen, ähnle.

»Ich frage mich, ob ich in meinem Kampf, ich selbst zu werden, so geworden bin, wie sie als Kind war«, schreibt Kim Chernin in ihren Aufzeichnungen über die Mutter-Tochter-Identität, *Rote Schatten.* Der Gedanke, daß mein Leben parallel zum Leben meiner Mutter verlaufen soll, ist mir unvorstellbar. Wir unterscheiden uns grundlegend. Auf der anderen Seite ist es ein sehr sinnvoller Gedanke. Sind meine Mutter und ich nicht schon insgeheim ein und derselbe Mensch?

Die folgende Geschichte, ein Märchen, habe ich gehört:
Eine frisch vermählte Frau bereitet ihre erste Mahlzeit vor, gebratenes Fleisch. Ihr Mann beobachtet sie, während sie vom einen Ende des Bratens ein Stückchen abschneidet, bevor sie das Fleisch in die Pfanne legt.
»Warum machst du das so?« fragt er.
Sie schaut ihn überrascht an und antwortet: »Ich weiß nicht. Meine Mutter hat es immer so gemacht. Vielleicht wird dadurch der Geschmack besser. Ich muß sie mal fragen.«
Am nächsten Tag besucht sie ihre Mutter. »Mutter«, sagt sie, »als ich gestern abend beim Kochen war, habe ich ein Stückchen Fleisch abgeschnitten, bevor ich es in die Pfanne gelegt habe. Ich habe das gemacht, weil du es auch immer so machst. Kannst du mir sagen, warum?«
»Ich weiß es nicht«, sagt die Mutter erstaunt. »Meine Mutter hat es immer so gemacht. Vielleicht wird davon das Fleisch zarter. Ich werde sie fragen.«
Am nächsten Tag geht sie zum Haus der Großmutter. »Mutter«, sagt sie, »als meine Tochter vor zwei Tagen Fleisch gebraten hat, schnitt sie ein Ende ab, bevor sie das Fleisch in die Pfanne legte. Sie hat es so gemacht, weil ich es immer so gemacht habe, und ich habe es immer so gemacht, weil du es immer so gemacht hast. Kannst du mir sagen, warum?«
Die Großmutter lacht. »Ich habe es immer so gemacht, weil meine Mutter es so gemacht hat«, sagt sie. »Eines Tages habe ich gefragt, warum sie es immer so macht. Und da hat sie mir erklärt, daß wir, als ich klein war, sehr arm waren und uns nur eine Pfanne leisten konnten. Und da mußte sie ein Stückchen Fleisch abschneiden, damit es hineinpaßte.«
Hier sind es drei Generationen von Frauen, die sich nach dem Beispiel der Mutter richten. Das ist ein einflußreiches, unbewußtes Vorbild. Auch wenn ich nicht dasselbe College besuchen oder drei Kinder haben will, wenn ich nicht jeden Dienstag Fleisch braten will oder überhaupt nicht kochen möchte, so ist die Mutter in unserem Bewußtsein doch sehr mächtig und führt uns zu den Entscheidungen, die ihren ähnlich sind.
Mütter und Töchter dienen einander als Spiegel. Indem die eine in der anderen ein Bild ihres Selbst sieht, projiziert die Mutter eine

jüngere Version von sich selbst auf die Tochter. Bis zu einem gewissen Grad verinnerlicht die Tochter dieses Bild und verarbeitet es in ihrer Identität. Das ist kein bewußter Prozeß, wie Donna kürzlich erkennen mußte. Mit fünfundzwanzig Jahren stellte sie überrascht fest, daß ihr Leben dem ähnelte, das ihre Mutter im gleichen Alter geführt hatte. Bis zu diesem Zeitpunkt hatte die Mutter, die alkoholkrank war und Selbstmord beging, als Donna zweiundzwanzig war, ihrer Tochter eher ein Negativ-Vorbild gegeben, dem Donna keinesfalls nacheifern wollte. Als Teenager und junge Erwachsene hatte Donna sich alle Mühe gegeben, sich von ihrer Mutter abzusetzen: Mit siebzehn verließ sie das Elternhaus, ging aufs College und trat ins Berufsleben ein – alles Erfahrungen, die ihre Mutter nicht gemacht hatte. Doch als Donna entdeckte, daß sie sich die ganze Zeit mit der Mutter identifizierte, fühlte sie sich dadurch angeregt, die Vergangenheit ihrer Mutter zu erforschen und nach Ähnlichkeiten zwischen ihnen zu suchen.

> Meine Mutter kam mit fünfundzwanzig Jahren aus Deutschland nach New York, fand eine Stelle und lernte meinen Vater in einem Waschsalon kennen. Ein Jahr später heirateten sie. Und hier bin ich, ich bin gerade nach New York gezogen, will mein Leben in Angriff nehmen und hoffe, den richtigen Mann kennenzulernen. Es ist so, als gäbe es zwei Schichten – hier die Mutter und da die Tochter, und wenn man beide übereinanderlegt, sieht man, daß die Schritte, die beide gemacht haben, im Grunde genommen dieselben sind. Wie auch immer mein Leben geprägt wird, es wird hier geschehen, wo auch ihres vor dreißig Jahren geprägt wurde. Das ist schon ganz erstaunlich. Wenn ich mich in der Zeit zurückversetzen könnte, würde ich gerne meiner Mutter begegnen, als sie jünger war, mit ihr umherreisen und ihre Gedanken erfahren. Als ich im Flugzeug nach New York saß, sah ich eine Frau aus Deutschland. Sie hatte dieselben Wangenknochen, dieselben Augen und Haare wie meine Mutter. Ihre Aussprache und ihr Verhalten ließen mich auch an die Frau denken, die meine Mutter in ihrer Jugend gewesen sein könnte. Zum ersten Mal überlegte ich, wie es wäre, wenn ich die Frau kennenlernen könnte, die sie war, bevor sie nach New York kam.

Unser Gespräch wurde von einem Anruf unterbrochen. Es war Paul, den Donna einen Monat zuvor kennengelernt hatte. Er rief vom Flughafen in New York an und war im Begriff, eine dreiwöchige Reise anzutreten; er sagte ihr, daß er sie sehr vermissen würde. Sechs Monate später rief Donna mich an, um mir die gute Nachricht mitzuteilen, daß sie sich mit Paul verlobt hätte. Ob die Parallele zu ihren Eltern nicht ganz verblüffend sei, fragte sie. Trotz Donnas anfänglicher Ablehnung des mütterlichen Vorbilds akzeptierte sie nun, daß sie sich mit einigen Aspekten im Leben ihrer Mutter identifizieren konnte, während sie solche, die ihr mißfielen oder Angst machten, ablehnte. Entgegen allen ihren Erwartungen ließ sie sich in ihren Entscheidungen, die zu ihrem Wohl waren, vom Vorbild der Mutter leiten.

Jede Tochter durchläuft diese Prozesse, in denen sie sich mit der Mutter identifiziert und von der Mutter abgrenzt; beide Prozesse sind gleich wichtig. Wie Naomi Lowinsky erklärt, stellt die Identifikation eine Verbindung zu unseren Wurzeln her, während die Abgrenzung es uns ermöglicht, unseren eigenen Lebensweg zu finden und nicht das Schicksal der Mutter blind wiederholen zu müssen.[190] Wenn die Tochter den Drang verspürt, entweder alle Aspekte ihrer Mutter rundweg abzulehnen oder aber völlig identisch mit ihr zu werden – womit Matrophobie bzw. Matridentität ins Extrem getrieben wird –, fällt es ihr schwer, das »Ich« von dem »Sie« zu trennen und eine eigene Identität zu entwickeln.

»Ich betreue seit einigen Jahren eine Frau«, erzählt Therese Rando, »die für sich ein Lebensmuster entwickelt hatte, das in Opposition zu dem ihrer Mutter stand. Ihre Mutter war keine gute Mutter, denn sie hatte die Familie entzweit und ihren Töchtern beigebracht, sich selbst negativ zu sehen. Diese Frau versucht nun, sich nicht von der Familie zurückzuziehen, ihren Kindern ein gesundes Selbstachtungsgefühl zu vermitteln und sich selbst und ihren Körper sorgfältig zu behandeln, da ihre Mutter an Brustkrebs starb, der so lange unentdeckt blieb, bis es zu spät war. Das sind ja alles positive Entscheidungen, doch meine Sorge ist, daß diese Frau so bemüht ist, nicht wie ihre Mutter zu werden, daß sie keine Freiheit hat, das zu tun, was sie wirklich will. Man kann sich mit der Mutter so sehr identifizieren, daß man daraus alles entnimmt, was man tun muß. Man kann sich aber auch so sehr mit ihr identifizieren, daß man weiß, was man alles nicht tun soll. Ich habe beide Trends beobachtet. Meiner Ansicht nach ist weder das eine noch das andere gesund, solange eine Frau nicht ihre eigenen Entscheidungen trifft.«

Die sechsunddreißigjährige Carol beschreibt einen ähnlichen Konflikt. Carol hatte nie eine enge Beziehung zu ihrer Mutter, aber seit deren Tod hat sie den Zwang gespürt, Verhaltensweisen anzunehmen, die nur wenig mit ihrer eigenen Lebensphilosophie oder ihren Wünschen zu tun haben. »Mir fallen ständig Dinge an mir auf, die ich von meiner Mutter übernommen habe«, sagt sie. »So behalte ich sie bei mir. Zum Beispiel meine Knauserigkeit mit Geld. Wenn ich mir sage, daß ich mir kein Mineralwasser leisten kann und Leitungswasser trinken muß, dann höre ich ihre Stimme. Wenn es darum ging, praktisch zu sein und möglichst viel für einen Dollar zu bekommen, war sie vorbildlich. Ich habe einige dieser Eigenschaften übernommen und messe ihnen eine übertriebene Bedeutung bei, um sie festzuhalten. Jetzt versuche ich, diese abzulegen und herauszufinden, was für mich das Richtige ist.«

Sich von der posthumen Kontrolle der Mutter zu lösen, kann schwierig, schmerzlich und langwierig sein, aber es ist ein wesentlicher Schritt in dem Trauerprozeß, den die Tochter durchlaufen muß. Wenn eine Tochter wie Carol das Verhalten der Mutter annimmt als Ersatz für deren Anwesenheit, dann muß sie die Mutter mit jeder Verhaltensweise, die sie ablegt, ein bißchen loslassen. Doch gleichzeitig ermöglicht das der Tochter, Eigenschaften zu entwickeln, die ihr eine unverwechselbare Identität geben.

Sheilas Geschichte veranschaulicht dies sehr gut. Während wir in ihrer Wohnung miteinander sprechen, zeigt sie mir ein paar Gegenstände, die ihrer Mutter gehörten, deren Tod eintrat, als Sheila vierzehn war. Sie zeigt auf einen Schaukelstuhl in der Ecke, deutet auf ein Relief an der Wand und auf den Schmuck, den sie trägt. Doch am wertvollsten ist für Sheila ein grüner Plastikkasten mit Rezepten in der Handschrift der Großmutter und Mutter für Gerichte, die sie noch aus ihrer Kindheit kennt. »Dieser Kasten ist wie eine weibliche Geschichte für mich«, erklärt sie. »In gewisser Weise lebt meine Mutter darin weiter.«

Als ihre Mutter plötzlich starb, hatte Sheila kaum das Stadium der Ablösung und Individuation erreicht. Der Prozeß der Identitätsbildung kam fast völlig zum Erliegen, bis sie Anfang Zwanzig war und für sich herausfand, wie sie sich auf einer symbolischen Ebene von ihrer Mutter lösen und auf eine ihr angemessene Art sich ihr wieder nähern konnte. Sheila vollzog diesen Prozeß mit Hilfe der Gegenstände, die ihrer Mutter gehörten.

> Als ich aufs College kam, war mein Zimmer wie eine Kultstätte. Es stand voll mit den Sachen meiner Mutter, mein Zimmer hatte mit mir nichts, mit ihr aber alles zu tun. Ich fühlte mich so beraubt und vermißte unser gemeinsames Leben, daß ich es auf diese Weise wiederherzustellen versuchte. Ich hatte also all ihre Sachen bei mir. Das nahm schon lächerliche und obsessive Züge an. Da waren Sachen, die nicht mehr funktionierten, Dinge, die ich nicht mochte, die ich aber aufhob, weil sie ihr gehört hatten. Sie hatte grüne Vorratsdosen in der Form von Äpfeln, die es in den siebziger Jahren gab und von ausgesuchter Scheußlichkeit waren. Als ich aus der Stadt wegzog, warf ich sie weg. Damals fing ich an, mich von ihr zu trennen und zu erkennen, in welchen Punkten ich meiner Mutter ähnelte und in welchen wir uns unterschieden. Als ich erkannte, daß sie in mir war, und ich mir meiner selbst als Individuum bewußt wurde, brauchte ich mich nicht mehr mit all diesen Dingen zu umgeben. Als ich umzog, habe ich mir alle Sachen in der Wohnung angesehen und eine Entscheidung getroffen, welche davon ich behalten wollte. Was ich jetzt bei mir habe, ist bewußt ausgewählt. Ich habe den Schaukelstuhl aufgehoben, in dem sie mich als Baby geschaukelt hatte, und ihn nach dem Umzug neu gestrichen. Das war ein wichtiger Moment für mich. Ich war gerade in eine neue Stadt gezogen und wollte ein neues Leben beginnen. Eines Abends saß ich allein in meiner neuen Küche und habe den Schaukelstuhl meiner Mutter in einem tollen Grün neu gestrichen.

Wir können nicht wissen, wie sich unser Leben entwickelt hätte, wenn unsere Mütter nicht gestorben wären. Ist es möglich, daß wir trotz des Verlusts an demselben Punkt angelangt wären, an dem wir uns jetzt befinden? Manche Psychologen sind der Ansicht, daß die Identität des Individuums in den ersten drei Lebensjahren geformt wird und danach im Grunde genommen intakt bleibt.[191] Andere betrachten die Identität als formbar und fließend, als ein Selbstkonzept, das sich ständig weiterentwickelt.[192] Andere wiederum vertreten die Auffassung, Identität sei die Lebensgeschichte, die sich die Menschen in ihrer Pubertät bewußt oder unbewußt zu konstruieren beginnen.[193] Der Tod oder die Abwesenheit der Mutter nimmt in dieser Geschichte einen zentralen Platz ein – häufig ist es das Ereignis, an dem die ganze Geschichte festgemacht ist –, so daß die Geschichte der Tochter mit dem Verlust der Mutter unentwirrbar verwoben ist.

So wie ich zum einen Teil aus den Erbanlagen meiner Mutter und zum anderen aus denen meines Vaters bestehe, bin ich seit dem Tod meiner Mutter zum Teil die Tochter meiner Mutter und zum Teil eine mutterlose Tochter. Beide Aspekte sind mittlerweile feste Bestandteile meiner Persönlichkeit. In den siebzehn Jahren mit meiner Mutter habe ich gelernt, aufmerksam, verständnisvoll und fürsorglich zu sein. In den dreizehn Jahren seit ihrem Tod habe ich gelernt, unabhängig, stark und tüchtig zu sein. Sheila und ich sitzen am Tisch – der grüne Rezeptkasten ihrer Mutter zwischen uns – und bewegen Fragen, die wir uns beide schon oft gestellt haben: Bin ich die, die ich bin – wer ich bin, wie ich bin, was ich bin –, weil meine Mutter gelebt hat oder weil sie gestorben ist? Die Antwort, zu diesem Schluß kommen wir, umfaßt beides.

Kapitel zehn

Tödliche Lektionen

DIE MEDIZINISCHEN UNTERLAGEN über meine Mutter bewahre ich in einem Ordner mit der Beschriftung »Dokumente« auf; zu einer genaueren Bezeichnung konnte ich mich nicht durchringen. Präzisere Worte geben nur ein Spiegelbild und verstecken geschickt die Wahrheit. Wenn das nicht so wäre, dann könnte ich vielleicht die Seite zwölf des Berichts über die Brustamputation lesen, ohne daß die Emotionen der letzten dreizehn Jahre wieder an die Oberfläche drängen. Es ist nur ein einzelner Satz, der mich jedesmal wieder erschüttert. Eine Schwester hat ihn handschriftlich am Tag vor der Operation zwischen dem Alter meiner Mutter und einer Bemerkung über ihre überkronten Zähne eingefügt: »Wirbelsäulen- und Epiduralanästhesie beim letzten Eingriff, befürchtet Zähneklappern nach der Narkose.«

Es handelt sich hier um eine Frau, die ins Krankenhaus ging, um sich die linke Brust abnehmen zu lassen; die wußte, daß die Krebszellen bereits in die Lymphdrüsen eingedrungen waren; die zu Hause drei Kinder unter achtzehn Jahren hatte und nicht wissen konnte, was der Chirurg vorfinden würde – und sie hatte Angst, daß ihre Zähne klappern könnten, wenn sie aus der Narkose erwachte. Das macht mich fertig.

Es macht mich fertig, weil das einfach typisch für meine Mutter ist. Es ist einfach typisch, daß sie sich im voraus Gedanken über die Patientin im Nebenbett macht, sich um meinen Vater sorgt und Angst davor hat, ihre Würde vor anderen zu verlieren. Es ist so typisch für sie, daß sie sich an die Einzelheiten ihrer drei Geburten erinnerte einschließlich des Moments, als sie darum bat, das Neugeborene zu halten, und ihr Unterkiefer dabei unkontrollierbar zitterte. Ich kann mir vorstellen, daß sie der Schwester von ihrer letzten Narkose erzählte, davon, wie ihr Körper davonschwebte und bei seiner Rückkehr sich zuallererst im Mund bemerkbar machte. Ich höre förmlich, wie sie das Wort *Angst* benutzt.

Auf sechsundfünfzig Seiten war das das einzige Gefühl, das sie ausdrückte. Wo war ihre Wut? Wo ihre Trauer? Wahrscheinlich ist es leichter, sich auf die bekannten Dinge zu konzentrieren, auf die medizinischen Aufgaben, die reguliert und kontrolliert werden können. »Ich habe Angst, meine Zähne könnten klappern«, sagte sie zur Krankenschwester. Vielleicht war das eine verschlüsselte Form für: »Ich habe Angst, daß der Krebs überall ist. Ich habe Angst, daß ich nicht mehr aufwache.«

Wenn ich die Worte lese, die meine Mutter am Morgen vor der Operation sprach, verringert sich der sichere Abstand zwischen uns mit atemberaubender Geschwindigkeit. Dann ist sie nicht mehr die mythische Mutter meiner Phantasie, auch nicht die tragische Heldin eines Dramas mit einem falschen Ende. Sie ist einfach eine Frau, die einen Knoten in ihrer Brust bemerkt und dann zu lange gewartet hat. Sie ist menschlich, fehlbar und real. Und wenn sie zu einem wirklichen Menschen zusammenschrumpft, ist sie mir plötzlich sehr ähnlich.

Ich habe einmal in einer Zeitschrift gelesen, daß eine Frau einen ersten Anflug ihrer eigenen Sterblichkeit spürt, wenn sie über die Schulter in den Spiegel blickt und den Hintern ihrer Mutter sieht. Was spürt dann die Frau – einen Schlag, einen Tritt? –, die im Spiegel viel mehr entdeckt? In meinem Spiegelbild sehe ich die Hüften, Hände und Augen meiner Mutter. Wenn ich spreche, höre ich ihre Stimme, manchmal sogar die Sätze, von denen ich mir geschworen hatte, ich würde sie als Erwachsene nie sagen. Von dort scheint es nur ein kurzer Weg bis in das Behandlungszimmer eines Arztes, der fast zufällig meine Achselhöhle berührt, einen geschwollenen Lymphknoten spürt und, plötzlich besorgt, fragt: »Was haben wir denn da?« Das kann passieren, ich weiß es.

Im Roulette der Gene habe ich ein ganz eigenes Gesicht gewonnen, aber von meiner Mutter habe ich die äußere Gestalt geerbt – kleine Brüste, hohe Taille, breite Hüften, schlanke Fußgelenke, große Füße. Sie bemerkte diese Ähnlichkeiten, lange bevor ich verstand, daß mein Körper auch etwas anderes sein konnte als mein eigener. Als ich mit fünf auf dem Klavierhocker saß, nahm sie meine rechte Hand in ihre Hände. »Du hast Pianistinnenhände, genau wie ich«, sagte sie und zeigte mir, wie sie mit ihren langen dünnen Fingern eine Oktave auf den elfenbeinüberzogenen Tasten umspannen konnte.

Als ich in der sechsten Klasse einen Meter fünfundsechzig groß war und meine Beine keinerlei Anstalten machten, das Wachsen einzustellen, wollte meine Mutter mir die jugendliche Scham ersparen, die sie damals als größtes Mädchen in ihrer Klasse gespürt hatte. In ihrem Ankleidezimmer zeigte sie mir die Tricks, mit denen sie ihre körperlichen Mängel kaschierte: Um ein Kleid sollte man einen Gürtel tragen, damit es nicht an den Hüften haftet. Mit Schulterpolstern kann man kleine Brüste ausgleichen. Weiße Schuhe sollte man tunlichst vermeiden.

Wie mag sie sich wohl gefühlt haben, als sie beobachtete, daß der Körper ihrer Tochter sich zu einer exakten Kopie ihres eigenen entwickelte? War es für sie ein narzißtischer Triumph, die Chance, noch einmal dreizehn zu sein, mit einer Mutter, die modische Tips weitergeben konnte? Oder nährte es einen nur schlecht versteckten Neid, weil sie sich an ihre eigene, in Einsamkeit verbrachte Jugend erinnerte, während ich kaum schnell genug aus dem Haus kam, um den Nachmittag mit meinen Freunden zu verbringen? Oder betrachtete sie, nachdem in ihrer linken Brust ein Krebsgeschwür festgestellt wurde, meine Brüste mit Sorge und überlegte, ob auch dort ein Knoten wachsen könnte – ob die Unfähigkeit, das Wachstum böser Zellen zu verhindern, ihre letzte Gabe an mich war?

Vielleicht bewegten diese Gedanken sie, aber vielleicht hielt sie sie auch sorgfältig in Schach. Ich weiß es nicht. Obwohl Krebs sich wie eine giftige Substanz auf beiden Seiten unseres Familienstammbaums ausgebreitet hat, haben wir nie darüber gesprochen, daß er sich auch in mir äußern könnte. Meine Mutter stellte keine Überlegungen hinsichtlich der zukünftigen Auswirkungen der Krankheit an. Bei ihrem Vater wurde mit vierzig Dickdarmkrebs festgestellt, und er lebte noch zwanzig Jahre damit. Das war ihr Vorbild für schwere Krankheiten. Vielleicht vertraute sie darauf, daß sich dieses Muster auch bei ihr wiederholen würde.

In den medizinischen Berichten über ihre Brustamputation kann ich erkennen, daß sie sich alle Mühe gab, die Auswirkungen der Krankheit auf ihr Leben zu leugnen. Oder wollte sie nur ihre Angst mit derselben unbegründeten Hoffnung überdecken, die sie auch in mir zu wecken versuchte? Drei Tage bevor der Laborbericht bestätigte, daß alle sechsundzwanzig entfernten Lymphknoten befallen waren, erhielt meine Mutter am Krankenbett Besuch von einer Sozialarbeiterin. Aus den Notizen geht hervor, daß die Sozialarbeiterin schon über das Ausmaß der Krankheit Bescheid wußte: »Die Patientin ist eine emotional stabile Frau, die zu diesem Zeitpunkt zu einer optimistischen Haltung gegenüber ihrer Krankheit und deren Auswirkungen kommen muß«, schrieb sie. »Sie möchte ihr früheres Leben so schnell wie möglich wiederaufnehmen. Sie hat das Gefühl, daß die zwei Wochen Vorbereitungszeit vor der Operation ihr Zeit gegeben haben, ihre Prioritäten zu überdenken – ›wieder ins Leben einsteigen‹ – und die Unruhe, die durch die Operation in ihr Leben getreten ist, wieder in den Griff zu bekommen. Ihre hoffnungsvolle Haltung scheint ihr in dieser Phase zu helfen. Ihre Schwester hingegen ist über den medizinischen Bericht und die Verbreitung der Krebszellen beunruhigt und macht sich Sorgen, weil die Patientin sich einer Chemotherapie unterziehen muß. Habe lange mit ihr gesprochen, damit sie die Verteidigungsstrategien der Patientin, also Leugnen der längerfristigen Implikationen, mittragen kann.«

Ich weiß nicht, ob meine Mutter je die Möglichkeit akzeptiert hat, daß der Krebs über sie siegen könnte. Der Gedanke mußte sie aber bewegt haben – etwas anderes war doch gar nicht möglich! Nach dem pathologischen Befund waren ihre Überlebenschancen gering. Sechsundzwanzig Lymphknoten mit Krebsbefall – eine schlechtere Diagnose kann sich eine Frau wohl kaum vorstellen. Dennoch erinnere ich mich, daß sie mir nach der Operation sagte, als ich im Krankenhaus am Fußende ihres Bettes saß: »Einige der Lymphknoten waren befallen und andere nicht, also hat der Arzt jetzt alles rausgeholt.« Zwölf Jahre später fand ich heraus, daß das nicht stimmte. Daraus schließe ich, daß sie entweder den Pathologiebefund nicht kannte oder daß sie aus dem Wunsch heraus, mich vor einer Wahrheit zu bewahren, die für sie selbst ganz unfaßbar war, gelogen hat.

Natürlich hatte ich bis zu dem Zeitpunkt, da ich zu dieser Sichtweise gelangte, über zehn Jahre lang wunderbare Metaphern konstruiert über heldenhafte, schöne Frauen, die würdelos sterben mußten, weil sie manipulativen Männern ausgeliefert waren. Das Bild von meiner Mutter als der Königin, die ohne Vorwarnung ihres Königreiches beraubt wurde, wechselte mit dem des Soldaten, der ohne ausreichendes Training und ohne angemessene Waffen in den Krieg ziehen muß. Diese Phantasien waren in mir lebendig, sie rechtfertigten und vermehrten meine Wut, und ich hatte meine feste Meinung über den Ärztestand, über Krankheit und Tod, die sich an deren romantischer Seite orientierten. Bis zu dem Moment, da ich den Ernst ihres Gesundheitszustandes schwarz auf weiß vor mir sah, hatte ich niemals den Gedanken erwogen, daß meine Mutter von Anfang an die Wahrheit wußte.

Hat sie vielleicht schon früher einen Verdacht gehabt? Ich erinnere mich an ihre Begründung dafür, daß die Biopsie nicht stattfand, die den Krebsbefund ein Jahr vor jener Biopsie festgestellt hätte, in der die Diagnose letztendlich gestellt wurde. »Operationen sind teuer«, hatte sie gesagt, »und dieses Jahr ist das Geld etwas knapp.« Damals akzeptierte ich diese Erklärung, doch jetzt weiß ich es besser. Die ganze Familie war voll krankenversichert, was hieß, daß achtzig Prozent der Rechnung übernommen worden wären. Geldmangel war einfach nur eine Ausrede.

Nach diesem Gespräch erwähnten wir den Knoten erst wieder, als sie eines Abends eine Mammographie machen ließ, die einen, wie sie sagte, »verdächtigen Schatten« aufwies, aber über den Tod direkt haben wir nie gesprochen. Das einzige Mal, daß sie über die Möglichkeit zu sterben sprach, war eines Nachmittags einen Moment lang, vielleicht drei Minuten lang, ungefähr vier Monate vor ihrem Tod. Ich wollte gerade das Badezimmer betreten, als sie herauskam. Ihre Augen waren gerötet, die Lippen fest zusammengepreßt – mit diesem Gesichtsausdruck bewegte sie sich immer zwischen Toilette und Bett, wenn sie am Morgen zur Chemotherapie gegangen war. Als sie sich langsam hinlegte, fragte ich sie aufgebracht und hilflos: »Warum tust du das, Mom? Warum nimmst du diese Höllenqualen auf dich?«

Sie sah mich an, mit einer Miene, die Erstaunen und Schmerz zugleich ausdrückte. »Hope«, sagte sie, »ich tue das, weil ich leben will.«

Und genau das ist nicht geschehen, ganz und gar nicht, denn vier

Monate darauf war sie tot. Und dreizehn Jahre später bin ich in die Stadt ihrer Kindheit zurückgekehrt, mit meinen Erinnerungen, ihrem Schmuck und der Figur, die der ihren so ähnlich ist. Bei manchen Dingen fällt es leichter, sie ihrem Eigentümer zurückzugeben. Jedesmal, wenn ich an einem Schaufenster vorbeigehe und einen Blick zur Seite werfe, sehe ich mein Kinn, das vorspringt, und mein Haar, das über meinen Rücken hängt, aber es ist ihre Brust, die sich abzeichnet, und ihr Hintern, der sich wölbt. Ihr Hintern. Nichts ist da leichter, als seine Gedanken zu spinnen, wobei ein Gedanke übergangslos auf den nächsten folgt: Ihr Hintern, ihre Brüste, ihr Schicksal.

Seit dreizehn Jahren gehen mir diese Gedanken im Kopf herum, und mittlerweile habe ich mir mit meinen dramatischen Einlagen beinahe eine Nominierung für den Oscar verdient. Ich gerate auf der Stelle in Panik, wenn eine neue Brustkrebs-Statistik in der *New York Times* erscheint. Ich kann jede Sprechstundenhilfe davon überzeugen, daß es sich bei mir um einen Notfall handelt und der Arzt mich sofort und unverzüglich untersuchen muß, sobald ein Lymphknoten eine leichte Schwellung aufweist. Und jede harmlose Bindegewebsentzündung der Brust verwandelt sich in meiner Phantasie innerhalb weniger Minuten zu einem Tumor im Endstadium. In meinem Kopf schwirren die Risikofaktoren, und in meinem Arzneischränkchen stapeln sich die Vitaminpräparate, deren Namen ich nicht aussprechen kann. Wahrscheinlich könnte man mit der Energie, die ich in den letzten dreizehn Jahren darauf verwendet habe, mich um meine Gesundheit zu sorgen, den Strombedarf einer kleinen Ortschaft decken. Es ist ganz schön anstrengend, eine Krebsphobie zu haben.

Brustkrebs, Herzinfarkt, Aneurysma, Depressionen – die Einzelheiten sind gar nicht so wichtig. Über drei Viertel der mutterlosen Frauen, die ich interviewt habe, haben Angst davor, das Schicksal ihrer Mütter zu wiederholen, selbst wenn die Todesursache nicht auf vererbbare oder genetische Faktoren zurückzuführen ist.[194] 92 Prozent der Frauen, deren Mütter an Krebs starben, haben »große« oder »beträchtliche« Angst davor, daß dasselbe Schicksal auch sie ereilen wird.[195] Das gilt auch für 90 Prozent der Frauen, deren Mütter Selbstmord begingen, für 87 Prozent der Frauen, deren Mütter an Herzkrankheiten gestorben sind, für 86 Prozent der Frauen, deren Mütter einem Gehirnschlag erlegen sind, und für 50 Prozent der Frauen, deren Mütter Opfer eines Unfalls wurden.[196]

Meine Wachsamkeit stammt nicht nur daher, daß ich Zeuge des Sterbens meiner Mutter war, sondern auch daher – und da ähnele ich vielen anderen Frauen –, daß der Familienstammbaum einen etwas bedrohlichen Schatten auf mich wirft. Drei meiner vier Großeltern hatten Krebs, ebenso meine Urgroßmutter mütterlicherseits. Bei einer jüngeren Schwester meiner Mutter wurde sechs Jahre nach dem Tod meiner Mutter Brustkrebs festgestellt, und obwohl wir über Krebs nur wenig mit Sicherheit wissen, ist bekannt, daß die Erbanlagen eine Rolle spielen. Ich lebe mit dem Wissen, daß ich zu einer Risikogruppe gehöre und daß meine Chancen, Krebs zu bekommen, laut dem Genforscher, der die Krankengeschichte meiner Familiengeschichte letztes Jahr untersuchte, eins zu drei stehen.[197] Ich stehe also vor der Herausforderung, einen Lebensmodus zu finden, in dem zwar eine gewisse Sorge ihren Platz hat, der mich aber auch von dem obsessiven Gedanken befreit, daß ich jederzeit den Knoten finden kann, der meinen Tod vorprogrammiert. Das ist ein schwieriger Balanceakt, der mir noch nicht so recht gelingen will. An guten Tagen halte ich die Chance, Krebs zu bekommen, für so gering, daß ich gar nicht darüber nachdenke, an schlechten Tagen setze ich das Risiko bei 101 Prozent an. So bin ich.

Für eine hochgradig gefährdete Tochter gibt es Statistiken und Prozentzahlen. Und im Fall von Herzkrankheiten und bestimmten Krebsarten auch Früherkennungsmaßnahmen, die – wie zum Beispiel die Mammographie – auch für Frauen unter fünfzig nützlich sein können. Doch Statistiken und die Ergebnisse medizinischer Tests können die Ängste einer Frau niemals vollständig ausräumen. Sie beschwichtigen lediglich ihre Vernunft, die ja dem Optimismus nicht abgeneigt ist. Der Tod meiner Mutter durch Brustkrebs hat sich in meine Gefühle eingeprägt, und meine Gefühle sind es, die mich daran hindern zu glauben, daß mir dasselbe nicht auch zustoßen wird.

Wenn eine Tochter Zeugin wird, wie ihre Mutter stirbt, besonders dann, wenn dem eine Krankheit vorausging, dann wird sie sich ihrer eigenen Gefährdung bewußt. Irgendwo hat sie bereits begriffen, daß die weibliche Lebenserfahrung bedeutet, die Kontrolle über den

Körper abzugeben. Menstruation, Schwangerschaft und Menopause verlaufen nach einem eigenen Muster, wenn medizinische Eingriffe ihren Lauf nicht verändern. Doch zu sehen, wie eine Krankheit Besitz vom Körper der Mutter ergreift, bestätigt die Angst der Tochter und flößt ihr neue ein: Der Körper hat die Mutter im Stich gelassen, und ihr, der Tochter, kann dasselbe zustoßen.

Der kognitive Sprung von dem Schrecken des Todes der Mutter zu der Angst vor dem eigenen Tod ist zwar groß, aber er fällt der Tochter nicht schwer. Die psychophysiologische Verbindung zwischen Mutter und Tochter beginnt in dem Moment, da die Nabelschnur durchtrennt wird und zwei weibliche Körper einander begegnen – getrennt, aber doch gleich. Die Mutter betrachtet den Körper ihrer Tochter und sieht sich selbst als jungen Menschen. Die Tochter betrachtet den Körper der Mutter und sucht nach Anhaltspunkten für ihre Zukunft. In dieser symbiotischen Identifikation sind Mutter und Tochter Spiegel füreinander und zeigen sich zeitversetzte Versionen ihrer selbst.

Alison Milburn, Gesundheitspsychologin an der University of Iowa Hospital and Clinics in Iowa City, Iowa, die häufig mutterlose Frauen durch die Phase der Trauer begleitet, hat beobachtet, daß die Frauen, bei denen die Angst, dieselbe Krankheit wie die Mutter zu bekommen, besonders ausgeprägt ist, sich in der Kindheit ungewöhnlich stark mit der Mutter identifiziert haben. »Noch als Erwachsene betrachten sie sich als ihren Müttern sehr, sehr ähnlich«, erklärt sie, »und häufig haben ihre Mütter dieses Gefühl noch verstärkt. Während ihre Töchter heranwuchsen, sagten sie: ›Du siehst genauso aus wie ich‹, oder ›Das ist genau wie bei mir‹, oder aber sie reagierten auf Ereignisse im Leben der Tochter, als würden sie ihnen selbst zustoßen.« Wenn die Grenzen zwischen Mutter und Tochter so verschwommen und unklar sind, kann die Tochter auch nicht klar zwischen ihren Erfahrungen und denen der Mutter unterscheiden. Wenn Krebs oder Herzversagen das Leben der Mutter gefordert haben, reagiert die Tochter auf die Krankheit, als würde sie selbst von ihr bedroht.

In Zusammenarbeit mit der Entbindungsabteilung und der Gynäkologie des Krankenhauses hat Dr. Milburn beobachten können, welche extremen Auswüchse diese Furcht haben kann. Sie beriet eine College-Studentin, die mit fünfundzwanzig eine Totaloperation vornehmen lassen wollte, weil ihre Mutter an Gebärmutterkrebs gestorben war; eine Geschäftsführerin, die zu einer Brustuntersuchung in die Klinik kam und auf ihrer Brust die Knötchen, die sie seit Monaten täglich beobachtete, mit Filzstift markiert hatte; ferner mehrere Mütter, die zwischen dreißig und vierzig eine prophylaktische Brustamputation vornehmen lassen wollten, weil sie glaubten, so das Krebsrisiko zu verringern. Mit Hilfe von Entspannungsübungen und autogenem Training, kontrollierter Medikamentengabe, einem Gespräch über Risikofaktoren und Familienhintergründe versucht Dr. Milburn, die Vorstellung dieser Frauen, daß das Schicksal von Mutter und Tochter identisch sein muß, zu entkräften. »Wenn die Frauen sich weniger stark mit ihren Müttern identifizieren«, sagt sie, »können sie sich am ehesten aus diesem Risikodenken befreien.«

Das ist gar nicht so leicht, besonders dann nicht, wenn die Tochter eine stark ausgeprägte körperliche Ähnlichkeit mit ihrer Mutter hat. Da sich diese Tochter sehr gut vorstellen kann, daß ihr Körper von derselben Krankheit heimgesucht wird, identifiziert sie sich auch besonders stark mit der Erfahrung der Mutter. »Wenn man die Körperform der Mutter geerbt hat, sagt das natürlich noch gar nichts darüber aus, was einem zustoßen wird, aber das Gefühl der Verbindung ist sehr tief verwurzelt«, sagt Naomi Lowinsky. »Für die mutterlose Tochter entsteht so eine fast ausweglose Situation. Um sich mit ihrer Weiblichkeit vollständig identifizieren zu können, muß sie in ihrem Körper sein. Doch das bedeutet auch eine Identifikation mit dem Körper ihrer Mutter, und wenn sie den Körper der Mutter mit Krankheit und einem frühen Tod assoziiert, dann möchte sie nicht in ihrem Körper sein.«

Und doch scheint der Körper sie ganz fest an sich zu ketten. Dies ist das Geheimnis der mutterlosen Töchter: Sie befürchten, jung sterben zu müssen. Nicht zu einem noch offenen Zeitpunkt in der Zukunft – nein, wir befürchten, daß wir in dem Alter sterben werden, in dem unsere Mütter gestorben sind.

»Die magische Zahl«, nannte es eine Frau. »Oh, diese unsichtbare Linie im Sand«, sagte eine andere. »Ich weiß nicht, ob die anderen Frauen das auch gesagt haben«, sagten ungefähr zwei Dutzend Frauen, »aber ich habe Angst, nicht älter als neununddreißig zu werden (oder fünfundvierzig, oder dreiundfünfzig).«

Meine letzte Mathematikstunde hatte ich in der High School, und ich muß meine Finger zu Hilfe nehmen, um über neun hinaus zu rechnen. Aber ich kann, ohne auch nur einen Moment nachrechnen zu müssen, sagen, wie viele Jahre noch zwischen meinem Alter und zweiundvierzig liegen. Und seit Jahren weiß ich, daß ich, wenn ich dreißig werde, zum ersten Mal näher an dem Alter meiner Mutter zum Zeitpunkt ihres Todes bin als an dem Alter, in dem ich damals war.

Das ist das Sterblichkeits-Einmaleins, in dem das Alter der Mutter die bekannte Größe ist, und die einzige Entfernung, die eine Bedeutung hat, ist die zwischen hier und da. Wir halten uns an Additionen und Subtraktionen fest, nähern uns dem gefürchteten Alter mit Angst – was ist, wenn auch wir sterben? – und lassen es freudig, wenn auch nicht gänzlich frei von Angst, hinter uns.

Das Sterbedatum der Mutter zu überleben, führt der Tochter auf wunderbare Weise ihre Eigenständigkeit vor Augen. Sie hat das Schicksal ihrer Mutter nicht wiederholt – und kann es jetzt nicht mehr exakt wiederholen. Diese Erkenntnis, so Therese Rando, kann eine Reaktion hervorrufen, die den Schuldgefühlen Überlebender nicht unähnlich ist. »Einige Frauen fühlen sich sehr unbehaglich, wenn sie das Alter ihrer Mutter überschreiten«, erklärt sie. »Sie haben das Gefühl, daß sie ein zusätzliches Maß an Zeit zugeteilt bekommen, das ihren Müttern versagt blieb. Fast glauben sie, sie seien schlechte Menschen, weil sie entkommen sind. Wenn ihre Mütter nicht diese Zeit hatten, so denken sie, sollten sie sie auch nicht haben.« Sie ist der Überzeugung, daß Menschen deshalb manchmal zu dem Zeitpunkt sterben, den sie vorausgesagt haben, besonders dann, wenn sie überzeugt sind, sie werden in dem Alter sterben, in dem auch ein Elternteil gestorben ist.

Zwei Drittel der Frauen unter fünfundfünfzig, die für dieses Buch befragt wurden, gaben zu, daß sie entweder »große« oder »beträchtliche« Angst davor hatten, das Alter zu erreichen, in dem ihre Mutter gestorben war.[198] Einige sind sich dessen so sicher, daß sie dann sterben werden, daß sie ihren Lebensplan entsprechend ausgerichtet haben. Da ist das Beispiel von Janine. Sie war noch nicht ganz zwei, als ihre dreiunddreißig Jahre alte Mutter bei einem Autounfall ums Leben kam. Obwohl Janine auf der Rückbank saß, hat sie keine bewußte Erinnerung an den Unfall. Dennoch hat sie die darauffolgenden einunddreißig Jahre in der unbewußten Erwartung gelebt, daß sich dieser Unfall wiederholen wird, diesmal mit ihr auf dem Fahrersitz. »Ich hatte immer geglaubt, ich würde nicht älter als dreiunddreißig«, sagt sie, »und das ist mir erst bewußt geworden, als ich vierunddreißig wurde. Ich habe nie Pläne für die Zukunft gemacht. Ich habe einfach so vor mich hin gelebt und irgendwo in meinem Unterbewußten gedacht, daß ich mit dreiunddreißig sowieso bei einem Unfall sterben würde, warum sollte ich also Pläne machen? Ich hatte keinerlei Perspektive für die Zukunft. Das College habe ich ohne Abschluß verlassen. Ich hatte eine Stelle, arbeitete aber nur dreißig Stunden in der Woche, damit ich reichlich Zeit für Aktivitäten hatte, statt vierzig Stunden, was mir die Möglichkeit gegeben hätte, Geld zu sparen, eine Ausbildung zu machen oder in die Rentenkasse einzuzahlen.«

Und was geschah, als sie vierunddreißig wurde?

»Na ja«, sagt sie, »zunächst einmal habe ich angefangen, richtig an meine Mutter zu denken. Davor konnte ich über sie sprechen, ohne zu weinen. Ich habe einfach ganz sachlich die Fakten runtergeleiert. Doch als ich mit vierunddreißig immer noch nicht tot war, kamen plötzlich meine Gefühle hoch, wenn ich an sie dachte.« Nachdem Janine das Sterbealter ihrer Mutter überschritten hatte, konnte sie ihre Aufmerksamkeit von der eigenen Sterblichkeit ablenken und Trauer für ihre Mutter empfinden. Gleichzeitig trat sie in ein Lebensalter ein, für das sie keinerlei Pläne gemacht hatte. Mit trockenem Humor schildert sie ihre Situation: »Als ich vierunddreißig wurde, war plötzlich die Zukunft da. Was ich aber damit anfangen sollte, war eine ganz andere Sache. Ich habe fünf Jahre gebraucht, um einen Plan auszuarbeiten. Jetzt, mit neununddreißig, bin ich soweit, daß ich ihn umsetzen kann. Aber die verlorenen Jahre machen mir Sorgen. Wenn ich mein Leben nicht bald in den Griff bekomme, dann mache ich mit sechzig bestimmt Platte.«

Janines Vorstellung von einem verkürzten Leben ist bei mutterlosen Frauen häufig anzutreffen. Da der gleichgeschlechtliche Elternteil als eine Art Puffer zwischen dem Kind und seiner Sterblichkeit fungiert, bedeutet die Zukunft für das Kind Leben, solange die Mutter noch lebt. Wenn dieser Puffer nicht mehr da ist, rückt auch der Tod für das Kind näher. Ein Mädchen, das seine Mutter früh verliert, verliert auch die Fähigkeit, sich selbst als alternde Frau zu sehen. Wenn die Mutter mit sechsundvierzig stirbt oder weggeht, kann sie der Tochter nur bis zu diesem Alter als Vorbild dienen. Statt sich als Großmutter von dreiundsiebzig vorstellen zu können, betrachtet die Tochter ihren frühen Tod als konkrete, vielleicht sogar unvermeidbare Möglichkeit.

Die Psychologen Veronika Denes-Raj und Howard Erlichman untersuchten 1991 diese Hypothese in einer vergleichenden Studie einer Gruppe von College-Studenten aus New York City, die einen Elternteil früh verloren hatten, und einer Gruppe, deren Eltern noch lebten.[199] Als sie die beiden Gruppen baten, ihr Sterbealter anhand objektiver Kriterien wie genetische Erbanlagen, medizinische Vorgeschichte sowie vergangene und derzeitige Gesundheit vorherzusagen, schätzten die Mitglieder der Gruppe, deren Eltern noch lebten, ihr Sterbealter auf durchschnittlich neunundsiebzig. Die Mitglieder der Gruppe, die einen Elternteil verloren hatte, schätzten ihr Sterbealter auf nur zweiundsiebzig.

Noch aufschlußreicher war die Diskrepanz zwischen den beiden Gruppen, als sie gefragt wurden, dieselbe Einschätzung auf der Grundlage ihrer inneren Gefühle zu geben, also ihrer Hoffnungen, Ängste und Träume. Diesmal schätzte die Gruppe mit lebenden Eltern ihre Lebenserwartung auf optimistische dreiundachtzig Jahre, während die geschätzte Lebenserwartung bei den Befragten, die einen Elternteil verloren hatten, fünfzehn Jahre darunter lag, nämlich bei achtundsechzig. Auch hier setzte das Gefühl die verstandesmäßige Beurteilung außer Kraft. Selbst diejenigen, deren Eltern durch Unfälle zu Tode gekommen waren, die also keinerlei genetische Gründe für einen frühen Tod hatten, erwarteten, früh zu sterben. Das sagt etwas über die Macht des elterlichen Vorbilds aus.

Die meisten von uns haben sich in der Kindheit nicht besonders intensiv mit Gedanken über den Tod der Mutter befaßt. Gelegentlich haben wir vielleicht über unseren eigenen Tod nachgedacht – Wer kommt wohl zur Beerdigung? Werden die Leute weinen? –, aber vermutlich geschah auch das nicht allzu häufig. Permanent in der Angst vor dem bevorstehenden Tod zu leben, würde eine Anspannung bedeuten, die uns letztlich auffressen würde. Schon ganz früh setzt unser Verstand einen Schutzmechanismus ein, der verhindert, daß wir uns ständig mit dem Gedanken an die Grenzen des Lebens tragen.

Da die Vorstellung vom eigenen Tod zu überwältigend ist, zu unfaßbar, als daß wir sie mit dem Verstand vollständig begreifen könnten, leben wir statt dessen in einem ständigen Hin und Her zwischen der Angst vor dem Tod, die zu unserem Selbsterhaltungstrieb gehört, und der Illusion der Unsterblichkeit, die es uns ermöglicht, das Leben zu genießen.[200]

Der Verlust eines Elternteils – der auch noch dasselbe Geschlecht hat – kann diese Balance gefährden. Der Tod der Mutter konfrontiert eine Tochter mit ihrem eigenen Tod, und sie geht mit dem plötzlichen Bewußtsein ihrer Verletzbarkeit und Gefährdung daraus hervor.[201] Als meine Mutter starb, hatte ich das Gefühl, daß ein Wirbelwind durch unsere Stadt gezogen war und das Dach über mir weggerissen hatte. Obwohl ich mich schon einige Jahre zuvor vom Glauben abgewandt hatte, war ich in der jüdisch-christlichen Tradition aufgewachsen, nach der Gott in seinem himmlischen Reich wohnt, und diese frühen Bilder sind nie vollständig aus meinem Bewußtsein geschwunden. Eine Woche nach dem Tod meiner Mutter bekam ich sehr merkwürdige (und wahrscheinlich psychosomatische) Magenschmerzen; ich ging jeden Abend mit der Erwartung ins Bett, daß die Hand Gottes in der Nacht nach mir greifen und mich hinwegraffen würde, bevor ich erwachte. Auch in meinen Ohren klingt das heute lächerlich dramatisch, aber ich erinnere mich genau an das Gefühl – ich war die nächste, mein Tod stand kurz bevor.

Eigentlich hatte ich mir nicht vorgestellt, mit siebzehn solche Gedanken wälzen zu müssen. Als ich der achtundzwanzig Jahre alten Sheila, die mit vierzehn ihre Mutter verlor, davon erzähle, gesteht sie, daß sie in ihrer Jugend ähnliche Phantasien gehabt hat. In den ersten fünf Jahren ihres Lebens hatte ihre alkoholkranke Mutter wenig Zeit und Energie für ihre Kinder, doch als sie aufhörte zu trinken, kamen sie und Sheila sich sehr nah. Als Sheila ihre Mutter nach einem Herzschlag tot auffand, war sie überzeugt, daß ihr jeden Moment dasselbe passieren konnte.

> Als meine Mutter starb, zerriß das Sicherheitsnetz, das mich bis dahin schützte. Von da an hatte ich das Gefühl, wenn etwas Schlimmes passiert, dann stößt es bestimmt mir zu. In meinem Beruf arbeite ich mit Jugendlichen und sehe tagtäglich, wie sicher sie sich fühlen. Bei mir war das ganz anders. Ich

habe immer Vorsichtsmaßnahmen getroffen, weil ich ständig Angst hatte. Verhütungsmaßnahmen zum Beispiel habe ich sehr ernst genommen, weil ich dachte, wenn jemand schwanger wird, dann ich. Gleichzeitig habe ich aber ein paar richtig dumme Sachen gemacht. Ich bin in Autos eingestiegen mit Leuten, die nicht hätten fahren dürfen. In der High School habe ich viel getrunken, und auf dem College habe ich Drogen genommen. Aber ich war mir die ganze Zeit bewußt, daß ich ein Risiko einging und die Chance bestand, daß es mich erwischen könnte. Lange Zeit hatte ich das Gefühl, daß mein Ende kurz bevorstand.

In diesen Jahren umwarb Sheila den Tod wie eine unentschlossene Geliebte: Sie forderte ihn heraus, sorgte aber gleichzeitig dafür, daß er ihr fernblieb. Dieses Spiel habe auch ich häufig gespielt. Ich fahre nachts allein mit der U-Bahn, mache mit einem Freund, der nur wenig Bergerfahrung hat, in einer entlegenen Schlucht eine Bergtour und lasse mich im Auto von Leuten mitnehmen, die ich gar nicht kenne. Wie eine widerborstige Jugendliche gehe ich bis an die Grenzen. Innerlich bin ich vielleicht für Krebs anfällig, aber äußerlich bin ich gegen alles gefeit. »*Mir* wird schon nichts Schlimmes passieren«, sage ich mir und beharre darauf, daß ich gegen Gefahren immun bin, daß das Unglück an mir vorübergeht, daß ich Risiken eingehen kann, ohne Schaden zu nehmen. Damit will ich mir selber zeigen, daß ich nicht meine Mutter bin, während ich in meinem tiefsten Inneren die Angst habe, daß ich doch sie bin.

Gefühlen der Verletzbarkeit mit Handlungen zu begegnen, die Unverletzbarkeit demonstrieren sollen, ist eine so häufige Erscheinung, daß die Experten ihr einen Namen gegeben haben. Sie nennen dieses Verhalten »kontraphobische Mechanismen«. Ähnlich wie jemand, der seine Höhenangst zu überwinden versucht, indem er Flugstunden nimmt, wollen mutterlose Töchter ihre Todesfurcht in den Griff bekommen, indem sie Risiken eingehen, die ihnen das Gefühl vermitteln, sie könnten ihr Schicksal beherrschen. Um den Kick und die Bestätigung zu erhalten, die daraus resultieren, daß man das Schicksal herausfordert und gewinnt, neigen sie gerade zu den Handlungen, mit denen sie das größtmögliche Risiko eingehen, die Krankheit der Mutter zu bekommen.

»Manche Frauen bewegen sich wirklich hart an der Grenze«, sagt Dr. Milburn. »Frauen fahren weniger häufig riskant Auto oder springen aus Flugzeugen. Sie verlagern das Risiko eher in ihre zwischenmenschlichen Beziehungen und tun Dinge, mit denen sie sich in Gefahr bringen. Ich kenne eine Menge Frauen, die auf ihre Angst vor Krankheit oder Tod damit reagieren, daß sie sich völlig unpassende Sexualpartner aussuchen oder zahlreiche Affären eingehen.«

Denes-Raj und Erlichman fanden in ihrer Studie heraus, daß die College-Studenten, die Angst hatten, an denselben Ursachen früh zu sterben, die auch bei ihren Eltern zum Tode geführt hatten, am ehesten gesundheitsschädliche Angewohnheiten hatten und beispielsweise rauchten oder sich schlecht ernährten.[202] Als Begründung für diese Tendenz vermuten die Autoren, daß Kinder ihr Gesundheitsbewußtsein an dem der Eltern ausrichten oder daß eine anfällige Gesundheit die Folge eines Verlusts sein kann. Doch Dr. Denes-Raj neigt eher zu der Annahme, daß der Verlust eines Elternteils bei den Kindern einen gewissen Fatalismus hervorruft, der dann zu der Einstellung führt: »Wenn ich sowieso jung sterbe oder wenn die Krankheit bereits in meinen Erbanlagen vorprogrammiert ist, warum sollte ich dann auf meine Gesundheit achten?«[203]

Untersuchungen bestätigen dies. Als Kathryn Kash, Leiterin der Psychologischen Abteilung am Strang Cancer Prevention Center in New York City, anfing, Frauen mit erhöhtem Krebsrisiko zu untersuchen, erwartete sie, daß diejenigen unter ihnen, die sich für besonders gefährdet hielten, auch mit besonderer Regelmäßigkeit zu den Vorsorgeuntersuchungen kommen würden. Sie stellte aber fest, daß genau das Gegenteil der Fall war. Die Frauen, die am meisten Angst davor hatten, daß sie Krebs bekommen könnten, sagten häufig ihre Termine ab oder versäumten sie. »Diese Frauen sagen sich, solange es ihnen gutgeht, kommen sie nicht zur Untersuchung und führen auch keine Selbstuntersuchung durch«, erläutert Dr. Kash. »Der Gedanke ist verlockend, daß nichts Beunruhigendes vorhanden ist, denn wenn man keine Untersuchung machen läßt, kann man auch nichts finden.«

Die zweiunddreißigjährige Brenda, die sechzehn war, als ihre Mutter an Brustkrebs starb, sieht sich als besonders gefährdet, weil ihre Großmutter mütterlicherseits an derselben Krankheit starb. Die Erinnerung an die zwei Jahre dauernde Krankheit ihrer Mutter hält

Brenda jedoch davon ab, die angeratenen Vorsorgemaßnahmen an sich selbst durchzuführen.

> Man würde denken, ich würde auf meine Gesundheit achten, aber ich tue es nicht. Ich kann mich nicht dazu überwinden, die Selbstuntersuchung durchzuführen. Die Anleitung dazu hängt bei mir im Badezimmer, aber ich schaff' es einfach nicht. Meine ältere Schwester hat bereits eine Mammographie machen lassen. Ich bin dazu vielleicht noch ein bißchen zu jung, aber ich weiß natürlich, daß Frühentdeckung das A und O ist. Ich muß mich darauf einstellen und es mir zu Herzen nehmen, denn bei drei Frauen in der Familie sind die Chancen ziemlich groß, daß eine von uns betroffen sein wird. Jedes Jahr zu Silvester nehme ich mir vor, im neuen Jahr mit den Untersuchungen anzufangen, doch dann überwältigt mich die Angst. Ich komme nicht damit zurecht, also vermeide ich es.

Vermeidung wird selbst zu einem Risikofaktor, wenn daraus folgt, daß die Frau ihre Gesundheit nicht ernst nimmt. Wenn schon die Mutter es vermieden hatte, einen Arzt aufzusuchen und sich in Behandlung zu begeben, kann das Verhalten der Tochter ein weiterer Versuch sein, sich mit der Mutter zu identifizieren. Ich will damit nicht sagen, daß mutterlose Töchter unterbewußt den Wunsch haben zu sterben – ich kenne keine, die sich wirklich eine lebensbedrohliche Krankheit herbeisehnt. Doch ich habe Töchter kennengelernt, die sich nach einer Verbindung – egal welcher Art – mit der Mutter sehnen, die sie in der Kindheit oder Jugend verloren haben. So kann eine Frau, deren übergewichtige Mutter an Herzversagen starb, in den Jahren darauf soviel zunehmen, daß sie selbst gefährdet ist. Oder eine Frau, deren Mutter Selbstmord beging, kann sich weigern, sich wegen ihrer wiederkehrenden Depressionen in Behandlung zu begeben.

Die zweiundzwanzig Jahre alte Stacey, deren Mutter vor drei Jahren an AIDS starb, hat große Angst davor, der Krankheit zum Opfer zu fallen, machte aber nach dem Tod der Mutter keine Anstrengungen, sich dagegen zu schützen. Sie hat sich mehrere Male testen lassen und negative Ergebnisse gehabt. »Es ist schon beängstigend, daß der Tod meiner Mutter aufgrund von AIDS mich nicht zu einer überzeugten Jungfrau gemacht oder mich zu einem vorsichtigen

Umgang mit Männern gebracht hat«, sagt sie. »Nach ihrem Tod hatte ich sogar eine Phase wahlloser sexueller Abenteuer. Ein Teil von mir wollte geliebt werden und entfliehen, und ich habe versucht, das durch Männer zu erreichen. Ich war gar nicht richtig beteiligt an diesen Begegnungen, aber irgendwie hatte ich das Bedürfnis, es zu tun und mir dadurch Schmerz zuzufügen. Es war eigenartig, denn in gewisser Weise wünschte ich mir die Krankheit, um den Schmerz zu fühlen, den meine Mutter gefühlt hat. Damals hatte ich den Gedanken, ich hätte es verdient, den Schmerz zu spüren, weil es nicht fair war, daß sie das allein durchgemacht hat, und manchmal denke ich heute auch noch so.«

Staceys Mutter hatte sich durch heterosexuelle Kontakte mit dem AIDS-Virus infiziert, und ihre Tochter spürte den Zwang, sich immer wieder derselben Gefahr auszusetzen. Ein ähnliches Wechselspiel von Identifikation und Risiko bedeutete auch Sheilas Drogen- und Alkoholkonsum während ihrer High-School- und College-Zeit, durch den sie sich ihrer Mutter nahe fühlen konnte, weil die im gleichen Alter auch viel getrunken hatte. »Ich habe mit fünfzehn zum ersten Mal Alkohol getrunken, im gleichen Alter wie meine Mutter«, erzählt sie. »Ich wollte fliehen und übernahm ihre Methode. Meine Tante wies mich darauf hin, daß ich, indem ich Gin trank, wiederum meiner Mutter glich.« Erst als Sheila sich im Alter von zwanzig Jahren von ihrer Mutter zu lösen und um sie zu trauern begann, konnte sie auch ihr selbstzerstörerisches Verhalten – und ihre Erwartungen eines frühen Todes – aufgeben.

> Nachdem ich das College abgeschlossen, eine Weile gearbeitet und auch Anerkennung dafür erhalten hatte, wuchs mein Selbstvertrauen. Zum ersten Mal setzte ich mich mit meiner Trauer um meine Mutter und dem Zorn gegen meinen Vater auseinander. Als ich mich den Gefühlen stellte, die ich lange Zeit mit viel Energie unterdrückt hatte, und sie endlich nicht mehr zurückhalten mußte, konnte ich mich selbst als Individuum sehen und nicht nur als Tochter meiner Mutter.
> Weder treffe ich übertriebene Vorsichtsmaßnahmen, noch gehe ich Risiken ein wie früher. Ich habe beide Extreme normalisiert. Ich nehme sozusagen bei schönem Wetter nicht unbedingt immer einen Schirm mit, aber ich weiß heute besser,

was für mich schmerzlich oder schwierig ist, und achte darauf, es zu vermeiden. Da ich mich nicht ständig ängstige, kann ich die tatsächlichen Gefahren gut erkennen. Ich lerne, selbst zu entscheiden, was gut für mich ist, sowohl emotional als auch körperlich, und meiner Einschätzung zu trauen. Ich bin gerade in eine neue Wohnung gezogen, wo ich nicht die Einwegspritzen wegräumen muß, um die Tür öffnen zu können. Ich kann mir meine Angst eingestehen und trotzdem in einer Stadt wohnen, ohne ständig zu befürchten, daß alles Schlechte, was ich in den Nachrichten sehe, mir zustoßen wird.

Indem Sheila sich von der Mutter löst und sie gleichzeitig in Ehren hält, tut sie das, was Naomi Lowinsky »sich mit dem Geist befassen« nennt. »Wenn unsere Beziehung mit den Geistern nicht ausreichend ist, holen sie uns ein«, erklärt Dr. Lowinsky. »Wenn man eine Beziehung zu der verlorenen Mutter eingeht, werden die Ängste realistischer. Dann kann man beurteilen, was das Schicksal der Mutter und was das eigene ist, und sich eingestehen, daß wir alle ein Schicksal haben, das außerhalb unserer Kontrolle liegt. In unserer Kultur tun wir oft so, als könnten wir unser Schicksal umgehen, wenn wir jeden Tag Jogging machen, uns gesund ernähren und regelmäßig zum Arzt gehen. Aber schlimme Dinge geschehen jeden Tag und können jedermann treffen, und das liegt nicht daran, daß wir uns nicht richtig ernähren.«

Sie fährt fort: »Ich glaube, daß viele mutterlose Töchter die ganze Verantwortung für ihr Schicksal ihren Müttern übertragen. Damit werden sie diese Last los. Dann müssen sie nur noch darauf achten, daß sie nicht in demselben Alter wie ihre Mutter Krebs bekommen oder daß sie dann nicht Selbstmord begehen. Es ist wichtig zu verstehen, daß die Mutter ihr Schicksal hatte und daß die Tochter ihr eigenes haben wird, das voller Ereignisse sein wird, die sie nicht alle vorhersehen kann.« Solange eine Frau ihre Furcht nicht von den Fakten trennen kann, bleibt sie in dem Gedanken verhaftet, daß das Schicksal ihrer Mutter sich bei ihr wiederholen wird.

Als ich Rochelle zum erstenmal begegnete, war ich von ihrer Lebhaftigkeit fasziniert. Ihre Absätze hallten auf dem Holzfußboden, während sie mit erhobenen Armen auf mich zueilte und mich bei unserer ersten Begegnung mit einem Kuß begrüßte. Sie ist schlank und zierlich, eilte durch die Zimmer und warf lachend den Kopf in den Nacken; ihr Gesicht wird von einem wilden Schopf wallender Locken umrahmt. Sie ist dreiundfünfzig und damit ungefähr so alt, wie meine Mutter wäre, wenn sie noch lebte. Aber sie ist viel, viel jünger, als ich mir meine Mutter heute vorstelle. Hätte sie mir nicht davon erzählt, dann hätte ich nie – wirklich nie – erahnt, daß Rochelle zwei Krebserkrankungen überstanden hat, nämlich Dickdarm- und Brustkrebs.

Das liegt daran, daß in meiner Vorstellung Krebs keine Krankheit ist, die man überleben kann. (Da ist es ganz egal, daß meine Tante sieben Jahre nach einer Krebsdiagnose noch lebt und ihr Leben genießt. Und es ist auch egal, daß eine meiner besten Freundinnen vor ein paar Jahren im Alter von vierundzwanzig wegen Eierstockkrebs operiert wurde und sich heute bester Gesundheit erfreut.) Der Tod meiner Mutter hat meine Vorstellungen von Krankheiten so dramatisch reduziert, daß in meinen Augen Krebs nicht vom Tod zu unterscheiden ist. Ich werde mir dieser Verkürzung bewußt, wenn ich mit meinen Freundinnen spreche, deren Mütter sich vor zehn oder zwanzig Jahren einer Brustamputation unterzogen haben und heute mit ihren Ehemännern am Wochenende Golf spielen. Die Töchter machen sich zwar Sorgen, selbst Brustkrebs zu bekommen, aber diese Furcht diktiert nicht ihr Leben. Sie betrachten die Krankheit mit den Augen der Überlebenden. »Natürlich gehe ich zur Vorsorge«, sagt meine Freundin Cindy. »Und wenn ich es kriege, dann kriege ich es eben. Und wenn es soweit ist, was ich dann tun würde? Wahrscheinlich dasselbe wie meine Mutter – ich würde mich operieren lassen, eine paar Monate lang Chemotherapie machen und dann mein normales Leben wiederaufnehmen.«

Unsere Mütter bringen uns bei, wie wir mit Krankheiten umgehen, indem sie uns ein Vorbild sind. »Wir lernen von unseren Müttern, wie wir uns im Krankheitsfalle verhalten sollen«, erklärt Dr. Milburn. »Sie lehren uns unseren Körper betrachten und Krankheitssymptome erkennen. Viele Frauen kommen aus Familien, in denen körperliche Symptome sozusagen zum Lebensstil gehörten. Viele Töchter, die ihre Mütter früh verloren haben, schenken körperlichen Veränderungen große Aufmerksamkeit. Während eine

Frau, die keinerlei Erfahrung mit Krankheit und frühem Tod gemacht hat, ein bestimmtes Symptom einfach ignoriert, ist es für die mutterlose Tochter unmöglich, darüber hinwegzusehen. Ich versuche, das Gesundheitsverhalten der Frauen zu entschlüsseln und ihnen so eine Chance zu geben, es zu verändern. Es fängt damit an, daß ich frage: »Was haben Sie aus der Krankheit Ihrer Mutter gelernt? Welche Haltung hatte Ihre Mutter dazu?«

»Und wenn es passiert, was ich dann tue«, hatte Cindy gefragt. »Wahrscheinlich dasselbe wie meine Mutter.« Wenn ich das sagen würde, würde das unter anderem bedeuten, daß ich mit zweiundvierzig sterben würde. Und das will ich auf gar keinen Fall! Deswegen suche ich jetzt nach anderen Vorbildern, nach Frauen, die im Gegensatz zu meiner Mutter ihren Krebs früh genug entdeckt und in den Griff bekommen haben. Rochelle, deren pragmatische Haltung der absolute Gegensatz zu meiner Hypochondrie zu sein scheint, sagte, daß Krebs für sie vor ihrer eigenen Diagnose dieselbe Bedeutung gehabt hätte. Sie war dreiundzwanzig, als ihre Mutter an Lungenkrebs starb, der im ganzen Körper und im Gehirn Metastasen gebildet hatte, und nachdem sie ihre Mutter durch vier entsetzliche Jahre der Chemotherapie begleitet hatte, ging sie nach der Beerdigung mit dem sicheren Gefühl nach Hause, daß ihr dasselbe Schicksal bevorstand. »Ich wußte, daß ich Krebs bekommen würde, aber ich dachte immer, es würde ›später‹ auf mich zukommen«, sagte sie. »Deswegen war meine medizinische Vorsorge katastrophal. Meine Mutter war sechzig, und ich dachte, so würde es bei mir auch sein. Später. Alle meine Verwandten mütterlicherseits hatten auch Krebs, also nahm ich an, daß ich auch Krebs bekommen würde. Aber ich hatte nicht damit gerechnet, daß ich schon mit neunundvierzig krank werden würde.« Sechsundzwanzig Jahre nach dem Tod ihrer Mutter ermutigte die erste Krebsdiagnose Rochelle, sich von ihrer Mutter zu lösen und ihre eigenen Entscheidungen zu treffen.

> Ich weiß bis heute nicht, wie ich von der Praxis nach Hause gekommen bin, nachdem ich gehört hatte, daß ich Dickdarmkrebs hatte. Ich weiß nicht, ob ich gelaufen bin oder ein Taxi genommen habe oder den Bus. Für mich war mein Leben zu Ende. Ich war mir sicher, daß ich wie meine Mutter enden

würde, und das hatte ich nie gewollt. Als erstes habe ich dann ein Patiententestament aufgesetzt. Ich machte zwölf Kopien davon, klebte eine an mein Bett und eine an meine Zimmertür im Krankenhaus. Jeder, der den Raum betrat, bekam ein Exemplar. Zu meinem Arzt sagte ich: »Wenn Sie operieren und sehen überall Krebsgeschwüre, dann nähen Sie mich einfach wieder zu.« Wenn es für eine Heilung zu spät war, sollte keiner ein Versuchskaninchen aus mir machen. Meine vierzehnjährige Tochter sollte nicht erleben müssen, wie ich litt und bewußtlos im Bett lag. Auf keinen Fall, auf gar keinen Fall. Nach der Operation war der Arzt sehr optimistisch, und sein Optimismus übertrug sich auf mich. Die abschließenden Biopsien waren alle negativ, also ging ich sehr frohgestimmt nach Hause, schätzte mich glücklich und dachte nicht einen Moment lang daran, daß an einer anderen Stelle in meinem Körper Krebs lauern könnte. Dann, ein Jahr später, wurde in einer Zyste, die man meiner Brust entnommen hatte, ein Tumor entdeckt.
Es gibt für mich gar keinen Zweifel, daß auch jetzt wieder ein Krebsgeschwür in meinem Körper sitzt. Es ist bisher einfach noch nicht entdeckt worden. Mein Onkologe meint, ich sei wahrscheinlich einer seiner klassischen, chronischen Krebspatienten. Mein Mann redet von seiner Pensionierung, und ich höre ihm zu und denke: ›Hhmm. Freut mich, daß du so denkst.‹ Ich mache keine Pläne. Meine Tochter ist der Grund, warum ich mich nicht unter der Bettdecke verkrieche. Ich will einfach nicht, daß die dritte Frau meines Mannes mein Kind großzieht. Das ist das eine. Der zweite Punkt ist der, daß das Leben so interessant ist. Warum sollte ich es aufgeben?

Ich sagte zu Rochelle, daß ich mir nicht vorstellen kann, zweimal mit Krebs konfrontiert zu werden, mich den monatlichen Tests zu unterziehen, wie sie es tut, und trotzdem die Geschichte in einem dermaßen fröhlichen Ton zu erzählen. Mir fehlt das Vorbild für diese Methode, damit umzugehen, und außerdem bezweifle ich, daß ich mit soviel Optimismus ausgestattet bin. »Woher nehmen Sie den Mut?« frage ich sie. »Wo finden Sie Ihre Kraft?«

Sie lehnt sich am Tisch nach vorn und stützt das Kinn in die rechte Hand. Sie ist ernst geworden, sie blickt mir in die Augen. »Ich weiß nicht, ob ich etwas leugne, aber ich kann hier sitzen und über meine Krebserkrankung sprechen, und dabei habe ich nicht das Gefühl, daß es um mich geht«, sagt sie. »Oder es ist zumindest nicht mein ganzes Ich. Wenn ich Ihnen die vollständige Geschichte der letzten vierzehn Monate erzählen würde, so würden Sie sich wahrscheinlich fragen, wie ich noch aufrecht gehen kann. Aber ich mag mich, ehrlich gesagt, nicht damit aufhalten. Ich denke nur dann daran, wenn ich wieder einen Knoten in meiner Brust finde, was in regelmäßigen Abständen geschieht, aber es sind gewöhnlich Zysten. Aber das ist auch alles. Depressionen gehören einfach nicht zu meiner Persönlichkeitsstruktur. Wenn ich mich, wie jetzt, wohl fühle und gesund bin, dann will ich einfach mein Leben weiterleben.«

Zehn Minuten nachdem meine Mutter gestorben war, ging ich allein in das Zimmer, in dem sie lag. Ich wollte mich richtig verabschieden. Ich hatte Angst, meine Lippen auf ihre Stirn zu drücken, also küßte ich meine Finger und strich mit ihnen über ihre Wange. Sie war noch warm.

Meine Mutter glaubte an den Himmel, aber nicht an die Hölle. Sie sagte einmal zu mir, daß keine Sünde der Welt so unverzeihlich sein könne, um einen Menschen von Gott zu trennen. Wenn es so etwas wie eine Seele gibt, dann muß ich glauben, daß ihre bereits entwichen war in eine andere Sphäre. Aus ihrem Körper war alles Leben verschwunden, er war leblos.

Der Tod verliert seine romantische Verbrämung, wenn man so früh mit ihm konfrontiert wird. Er ist dann nicht mehr der unheimliche Besucher, der in der Dunkelheit herbeigeritten kommt, um einen geliebten Menschen mit sich zu nehmen. Nein, er ist wirklich und tatsächlich vorhanden, ein Ereignis und keine Abstraktion. Die fünfundzwanzigjährige Margie erfuhr das mit sieben, als ihre Mutter Selbstmord beging. »Wenn ein geliebter Mensch stirbt, ist der Tod nicht mehr unwirklich«, sagt sie. »Für mich ist er sehr wirklich. So wirklich wie die Verdauung. Ich habe nie versucht, Selbstmord zu begehen, doch der Tod war für mich nie so weit weg. Er schien mir nicht eine groteske Erscheinung zu sein. Er war einfach eine Alternative zum Leben. Wozu meine Mutter fähig war, dachte ich mir, bin ich auch fähig.«

Kinder, die eine traumatische Erfahrung mit dem Tod gemacht haben, sehen nicht mehr seine geheimnisvolle Schönheit, erklärt Andrea Campbell. Für die Tochter, die in ihrer Kindheit oder Jugend die erste Erfahrung mit dem Tod gemacht hat, ist er ein abruptes Ende und nicht ein Kreislauf der Vollendung und der Wiedergeburt. Zudem verliert sie ihre psychische Verbindung zu dem natürlichen weiblichen Kreislauf, der das Leben einer Frau strukturiert. »Die weibliche Erfahrung schließt die Schaffung neuen Lebens und die Teilnahme am Geheimnis des Lebens mit ein«, sagt Dr. Campbell. »Das bedeutet auch, daß sie an dem Geheimnis des Todes teilhat und ihn als Übergang und Wiedergeburt sieht. Die junge Frau ist die Spenderin neuen Lebens und die alte Frau die Pforte zum Tode. Die weibliche Weisheit sollte sie weiterreichen, wenn sie das Greisenalter erreicht hat, und nicht, wenn sie zwischen dreißig und fünfzig ist.«

Der tragische Aspekt im Leben meiner Mutter besteht nicht darin, daß es endete, sondern daß es so früh endete. Die meisten von uns, die die Mutter verloren haben, fürchten sich weniger vor dem Tod an sich als vielmehr vor einem *frühen* Tod. Das ist die Angst der jungen Frau, nicht die der Greisin. Und das ist der Grund, warum mutterlose Töchter, die angaben, immer oder häufig an ihre eigene Sterblichkeit zu denken, derzeit zwischen achtzehn und neununddreißig sind.[204]

Ich schreibe dies im Alter von neunundzwanzig Jahren. Ich bin die Tochter einer Mutter, deren Krebs zu wachsen begann, als sie über dreißig war, einer Mutter von drei Kindern, die entsetzlich früh starb. In meiner linken Brust – der Brust, die meiner Mutter amputiert wurde, der Brust, die in Größe und Form der ihren fast identisch ist – habe ich einen kleinen Knoten, der betastet, mammographiert, mit Ultraschall untersucht und dreimal für gutartig befunden wurde. Und dieses Jahr werde ich ihn wieder untersuchen lassen. Ich brauche diese Sicherheit einfach.

Dieser Knoten ist ein Element der Identifikation mit meiner Mutter. Doch gleichzeitig liegt darin auch mein Vorstoß zur Ablösung von ihr. An dem Morgen, als ich ihn bei einer Selbstuntersuchung entdeckte – zu der ich mich mindestens jeden zweiten Monat zwinge, ganz im Gegensatz zu meiner Mutter –, setzte ich mich sofort mit einem Chirurgen in Verbindung, der mich schon am nächsten Tag untersuchte. Ich habe mich der Überwachungsgruppe für krebsgefährdete Frauen am Strang Cancer Prevention Center angeschlossen, wo ich jedes Jahr zwei medizinische Untersuchungen durchführen und eine Mammographie machen lassen kann. Früherkennung ist keine Garantie, aber etwas Besseres gibt es nicht.

»Jeder, der geboren wird, besitzt zwei Staatsbürgerschaften, eine im Reich der Gesunden und eine im Reich der Kranken«, schreibt Susan Sontag in *Krankheit als Metapher*. »Und wenn wir alle es auch vorziehen, nur den guten Paß zu benutzen, früher oder später ist doch jeder von uns gezwungen, wenigstens für eine Weile, sich als Bürger jenes anderen Ortes auszuweisen.«[205] Die Krankheit meiner Mutter hat mir ein Visum für das zweite Reich gegeben, und ich habe für mein Gefühl genug Zeit dort verbracht. Doch sollte sich jemals ein Knoten zeigen, der meine schlimmsten Befürchtungen bestätigt, oder sollte ich eines Tages mit einer anderen Krankheit erwachen, die es erforderlich macht, daß ich dieses Reich erneut besuche, dann hoffe ich, daß die Entscheidungen, die ich auf dieser Reise zu fällen habe, meine eigenen sind und nicht von der Vergangenheit meiner Mutter diktiert werden. Wie meine Mutter und viele andere Frauen in ihrer Situation hoffe ich, daß es mein Bestreben sein wird, »mein Leben wieder aufzunehmen«. Doch ich hoffe auch, daß ich – als kranker wie als gesunder Mensch – Entscheidungen treffen kann, die meine Mutter nicht getroffen hat und die ihr Leben hätten retten können. Am deutlichsten löse ich mich von dem Schicksal meiner Mutter, indem ich überlebe.

Kapitel elf

Die Tochter wird selbst Mutter

MEINE MUTTER BEKAM SO LANGE KINDER, bis sie einen Jungen auf die Welt brachte. Es war kein Geheimnis, daß sie fest entschlossen war, einen Sohn zu haben. Da, wo sie herkam, waren Söhne eine Seltenheit. Von den vierzehn Kindern, die in ihrer Familie zwischen 1935 und 1960 geboren wurden, waren zehn Mädchen. Die Eltern machten ihre Witze über die siegreichen x-Chromosomen, doch hinter ihren lächelnden Mienen verbarg sich die unmißverständliche Sorge: Wer würde den Familienbetrieb übernehmen? Wer würde den Familiennamen weitertragen? »Schon bevor deine Mutter versuchte, schwanger zu werden, hatte ich davon gehört, daß in eurer Familie ein solcher Mangel an Jungen herrschte«, erzählte mir Sandy, eine Freundin meiner Mutter. »Für deine Mutter war es immer so wichtig, Jungen zu haben. Jungen, Jungen, Jungen, Jungen.«

Nun, darin unterscheiden sich meine Mutter und ich: Ich habe nicht das Gefühl, unbedingt einen Sohn haben zu müssen. Nicht, daß ich eine besondere Abneigung gegen Jungen hätte; ich kann mir nur nicht vorstellen, einen Jungen großzuziehen. Seit dem Tod meiner Mutter haben sich all meine Vorstellungen von künftiger Mutterschaft darauf erstreckt, Mutter eines drolligen braunäugigen Mädchens mit braunen Haaren zu sein. Ich kann mir die Kleider vorstellen, die es trägt, und die Spiele, die wir zusammen spielen. Wir bauen zusammen Lego-Schlösser. Im Kino teilen wir uns eine Tüte Gummibärchen. Und wenn sie aufs College geht, werden wir jeden Sonntagmorgen eine Stunde lang miteinander telefonieren.

Wir tun im wesentlichen all das, was meine Mutter nie mit mir machen konnte.

Für meine Mutter, die mit einundzwanzig heiratete und mit achtundzwanzig schon zwei Kinder hatte, war Erwachsensein gleichbedeutend mit Mutterschaft. Ich stehe der ganzen Sache der Elternschaft viel ambivalenter gegenüber. Mit neunundzwanzig bin ich immer noch nicht bereit, die Unabhängigkeit und Freiheit eines kinderlosen Junggesellinnenlebens aufzugeben. Mutterschaft würde von mir einen Wechsel der Identität verlangen: von einer Frau, die ihren Platz in der Arbeitswelt hat, zu einer Hausfrau und Mutter, eine Rolle, die für mich ganz neu wäre.[206] Ein Kind zu haben, stärkte die Identität meiner Mutter. Meine Identität würde dadurch so dramatisch verändert, daß ich ein Baby als eine Bedrohung empfinde. Später, sage ich mir. Vielleicht.

Das ist die ruhige, vernunftmäßige Erklärung, die ich abgebe. Doch sie ist nur die halbe Wahrheit. Emotional ist meine Unsicherheit in bezug auf eine Mutterschaft in ganz bestimmten Selbstzweifeln und Ängsten begründet. Woher soll ich wissen, wie man sich als Mutter verhält, wenn ich die ganze Zeit meine Mutter nicht neben mir gehabt habe? Wer würde mir helfen, wenn das Baby da ist? Woher soll ich wissen, wie man ein Kind über siebzehn erzieht? Und die schwere Frage: Was geschieht, wenn ich meine Kinder verlassen muß, so wie meine Mutter mich verließ? Der Gedanke, früh zu sterben und ein Kind mutterlos zurückzulassen, ist für mich so schrecklich, daß es beinahe schon eine Rechtfertigung dafür ist, überhaupt keines zu haben. Wenn ich Mutterschaft mit der Verpflichtung zur Unsterblichkeit gleichsetze, dann ist das eine Auflage, die ich eindeutig nicht erfüllen kann.

Ich habe nicht immer so empfunden. Als ich zwanzig war, wollte ich unbedingt ein Kind. Ich studierte und war verliebt, und von der sicheren Warte einer Studentin aus hielt ich die Supermütter, die in den öffentlichen Verkehrsmitteln neben mir standen, für ein Muster an Tüchtigkeit und Ausgeglichenheit. Ehe, Karriere und Familie miteinander in Einklang zu bringen, erschien mir gar nicht so schwierig. Als jemand, der mehr leistet als erwartet, war ich geradezu erpicht darauf, alle drei anzugehen.

Damals hatte ich noch nicht um meine Mutter getrauert oder mir auch nur eingestanden, daß ihr Fehlen mich in irgendeiner Weise betraf, doch ich muß den Verlust mehr oder weniger durchgearbeitet haben, wenn ich zu solch einer ungünstigen Zeit in meinem Leben das dringende Bedürfnis nach Mutterschaft empfand. Sexualität, Schwangerschaft und Mutterschaft waren für mich eine lebensbejahende Dreieinigkeit, und als ich Anfang Zwanzig war, widmete ich mich vor allem der einen Sache und träumte von den anderen beiden. Wenn ich schon keine Mutter haben konnte, dann wollte ich unbedingt selbst eine werden.

Ich wollte – und will es immer noch – einer Tochter die Mutter-Tochter-Beziehung geben, die mir selbst versagt geblieben ist. Doch ich kann unmöglich behaupten, es wäre ein rein altruistischer Wunsch. Wenn eine Mutter sich danach sehnt, selbst bemuttert zu werden, dann wird die Elternrolle schnell zu einer Doppelrolle, in der die Mutter sich selbst die Eltern ersetzt. Ich kann die kleine braunhaarige Tochter meiner Phantasie deshalb so genau beschreiben, weil ich ihr Bild gesehen habe. Es ist in meinem Fotoalbum. Ich bin es selbst.

Das ist gar nicht so seltsam, wie es vielleicht klingen mag. Jede junge Mutter identifiziert sich bis zu einem gewissen Grad mit ihrem Kind. Sie bleibt zwar erwachsen und lebt weiterhin in der Gegenwart, doch gleichzeitig entwickelt sie sich psychisch in ein frühes Säuglingsstadium zurück, was, der Psychoanalytikerin Nancy Chodorow zufolge, ihre frühesten Erinnerungen an eine Mutter oder Mutterfigur wachruft.[207] Wenn ihr Baby lacht oder weint, weiß sie intuitiv, warum, und kann entsprechend reagieren.

Gleichzeitig identifiziert sich jede junge Mutter auch mit ihrer eigenen Mutter – oder der Mutter, die sie gerne gehabt hätte –, wenn sie ihr Baby im Arm hält, füttert und versorgt.[208] Unsere frühesten Erinnerungen aus der Säuglingszeit haben sich unserer Psyche dauerhaft eingeprägt, und wir nehmen sie zum Vorbild für unser eigenes mütterliches Handeln. Auf diese Weise wiederholt eine Frau unbewußt das fürsorgliche Verhalten, das sie als Kind erfahren hat, es sei denn, sie hat zuvor erkannt, daß diese Verhaltensweisen schlecht waren, und sich bewußt um ein anderes Verhalten bemüht.

Jede Tochter bezieht ihre Identifikation zu gleichen Teilen von ihrer Mutter und ihrem Kind-Ich und entwickelt daraus ein drittes Bild von sich als Mutter. Das Problem einer mutterlosen Tochter liegt darin, sich möglichst nicht *zu sehr* in eine Richtung zu identifizieren. Die Psychologinnen Sol Altschul und Helen Beiser vom Barr-Harris Center in Chicago haben an ihren Klienten die Beobachtung gemacht, daß Frauen, die sehr früh ihre Mutter verloren haben, häufig zu Müttern werden, die verworrene Identifikationen mit ihrem verlorenen Elternteil und ihrem Kind haben, und ganz besonders mit ihren Töchtern.[209] Eine mutterlose Frau, die beim Anblick ihres Kindes nur sich selbst sieht, projiziert auf dieses Kind eine künstliche Identität, und in dem Versuch, sich selbst zu heilen, wird sie eventuell überfürsorglich und erdrückend. Im anderen Extrem wird eine mutterlose Frau, die sich stark mit ihrer eigenen Mutter identifiziert, Angst haben, jung zu sterben, und sich entweder von ihren Kindern emotional distanzieren oder erst gar keine Kinder bekommen.

In ihren Beratungen hilft Therese Rando Frauen, ein ausgewogenes Gleichgewicht zu finden. »Identifikation kann heilsam sein, solange sie anderen Dingen, die man tut, angemessen ist, und mit anderen Rollen, die man beibehalten muß, vereinbar ist«, sagt Dr. Rando, die ihr erstes Kind vor zwei Jahren zur Welt brachte und aus erster Hand erfuhr, daß das Mutterwerden eine Frau auf natürliche Weise wieder mit ihrer Mutter vereinigt. Um diese Wiedervereinigung zwischen Erwachsenen geschehen zu lassen, ermutigt Dr. Rando eine mutterlose Tochter, zu ihrer verlorenen Mutter eine neue Beziehung aufzubauen. »Die eigene Mutter kann weiterhin als eine Person gesehen werden, die die Tochter beschützte, als sie ein Kind war«, erklärt sie, »jedoch nicht als eine Person, die sie heute noch beschützt. Diese Unterscheidung mag vielleicht nicht bedeutend klingen, ist jedoch ausschlaggebend. Als Therapeutin muß ich sagen: ›So war deine Mutter einmal, aber sie ist es nicht mehr.‹ Ich versuche nicht, die frühere Identifikation aufzulösen, oder sage: ›Du mußt sie aufgeben‹; aber ich versuche, der Tochter dabei zu helfen, als Erwachsene eine neue, innerliche Beziehung zu ihrer Mutter zu finden, die ihr heute angemessen ist. Als meine Tochter geboren wurde und die Krankenschwester sie ein paar Stunden später zu mir brachte, habe ich ihr als erstes ein Lied vorgesungen, das mir meine Mutter immer vorgesungen hat. Das war eine schöne Verbindung zu meiner Mutter. Jetzt, da ich selbst Mutter bin, fühle ich mich meiner Mutter sogar noch näher.«

Angst und Verlangen

Der Befürchtung einer mutterlosen Tochter, daß sie ein Kind mutterlos zurücklassen könnte, steht oft ein ebenso heftiger Drang gegenüber, einem Sohn oder einer Tochter die Kindheit – mit der Mutter – zu gewähren, die sie selbst nie hatte. Angst und Verlangen sind die heimlichen Partner in diesem Tanz der Unentschlossenheit. Es überrascht nicht, daß in meiner Umfrage unter den fünfundsechzig mutterlosen Frauen im Alter von achtzehn bis fünfundvierzig Jahren, die keine Kinder haben, am häufigsten der Satz fiel: »Ich möchte irgendwann ein Kind haben, aber ich habe Angst davor.«[210] Angst davor, die Krankheit der Mutter zu bekommen; Angst davor, zu wenig über Geburt und Erziehung von Kindern zu wissen; Angst davor, niemals eine so gute Mutter zu sein – oder eine genauso schlechte zu sein – wie die, die gestorben ist.

Die Hälfte aller befragten mutterlosen Frauen sagten, sie hätten Angst oder hätten Angst davor gehabt, Kinder zu bekommen.[211] So auch die siebenundzwanzigjährige Paula, deren Mutter vor zwölf Jahren an einer seltenen Blutkrankheit starb. Als Paula, die Afroamerikanerin ist, zum erstenmal ihrem Ehemann begegnete, der Weißer ist, verbrachten die beiden lange Nachmittage damit, sich Namen für ihre zukünftigen Kinder auszudenken. Nach ihrer Hochzeit änderten sie jedoch ihre Meinung, sie wollten in dem gegenwärtigen gesellschaftlichen Klima kein farbiges Kind großziehen. Durch diese verstandesmäßige Entscheidung war Paula insgeheim erleichtert; ihr wahrer Grund jedoch, eine Schwangerschaft zu vermeiden, sei, so sagt sie, eher gefühlsbedingter Natur:

> Ich hatte immer zwei Befürchtungen. Die eine ist, daß ich rückwärts eine Treppe herunterfalle und mir den Rücken breche. Ich weiß nicht, warum, aber davor habe ich einfach immer Angst gehabt. Die zweite ist, daß ich während der Geburt oder kurz darauf sterbe und meinen Mann mit einem Kind zurücklasse, das er allein aufziehen muß. Hin und wieder kommen diese Ängste in mir hoch. Ich will ihn doch nicht zurücklassen, er ist schließlich kein US-Bürger, wie könnte ich ihm das antun? Ich denke immer wieder daran, ein Kind zu bekommen und dann nicht da zu sein; ich denke daran, daß ich

vor meinem Mann sterben könnte und ein mutterloses Kind zurücklassen würde, und drehe mich in Gedanken im Kreis. Wenn ich mich hinsetze und darüber nachdenke, denke ich: »Was für eine irrationale Angst.« Aber wer weiß? Wer weiß schon, was passieren wird?

Paulas Angst, jung zu sterben, beruht sowohl auf ihrer verständlichen Verletzbarkeit als mutterlose Tochter wie auch auf einer zu starken Identifikation mit ihrer Mutter. Ihre Angst, daß ein so seltenes Ereignis wie die Krankheit ihrer Mutter sie ihrem eigenen Kind entreißen könnte, beherrscht ihre Vorstellung von Mutterschaft. Sie hat den Gedanken an Kinder aufgeschoben, obwohl sie zugibt, daß sie sich immer noch nach der Art der Mutter-Kind-Beziehung sehnt, die sie verloren hat.

Die dreiundvierzigjährige Darlene dagegen hat sich wegen ihrer Endometritis dreimal erfolglos operieren lassen, weil sie unbedingt ein Kind haben wollte. Der Gedanke, kinderlos zu bleiben, erfüllte sie mit Verzweiflung. »Ich fühlte mich so hoffnungslos und leer«, erinnert sich Darlene, die zehn Jahre alt war, als ihre Mutter starb. »Ich habe meine Mutter nicht sehr lange gehabt, und dann konnte ich keine sein. Ich wünschte mir so sehr, einem anderen etwas zurückzugeben.« Als sie und ihr Mann einen kleinen Jungen im Säuglingsalter adoptierten, »war das Gefühl der Leere von einem Tag zum anderen weg«, sagt sie. »Ich hatte geglaubt, daß ich niemals ein Kind haben würde, aber mit der Adoption sind alle meine Träume in Erfüllung gegangen.«

Zu sehen, wie ein Leben endet, kann den starken Drang auslösen, ein anderes zu umhegen – vor allem, wenn eine Geburt oder eine Adoption eine Bindung wecken kann, die der verlorenen ähnlich ist.[212] Die Psychotherapeutin Selma Fraiberg hat festgestellt, daß »die Mehrzahl der Frauen und Männer, die Leid erfahren haben, durch das Erlebnis, ein Kind zur Welt zu bringen, eine Umwandlung und eine Heilung ihrer eigenen Kindheitstraumen feststellen. In einfachen Worten – die wir oft von Eltern gehört haben – ausgedrückt, sagt das Elternteil: ›Ich möchte, daß es mein Kind einmal besser hat als ich‹«.[213] Für die mutterlose Tochter bedeutet das, daß sie einem Kind ein sicheres, liebevolles Zuhause bietet und eine Mutter ist, die bis weit in das Erwachsenenalter dieses Kindes hinein lebt.

Mutterlose Töchter sagen oft, sie fühlten sich wieder heil, wenn sie selbst ein Kind haben. Sie sagen, daß die Art von Nähe, die sie verloren haben, als ihre Mutter-Kind-Bindung zerbrach, wiederkehrt, wenn sie die Beziehung von der anderen Seite her wieder aufnehmen. Und sie sagen, daß sie, wenn sie selbst Mutter werden, wieder eine Verbindung mit ihren Müttern herstellen können und dadurch einen kleinen Teil der ursprünglichen Mutter-Kind-Beziehung zurückgewinnen.

Die Mutterschaft verschaffte der heute siebenundfünfzigjährigen Mitzi die Befriedigung, ihren Töchtern ganz bestimmte Faktoren der Mutter-Tochter-Beziehung vermitteln zu können, die sie selbst im Alter von zwanzig Jahren verloren hat, als ihre Mutter starb.

> Ich weiß nicht viel über die Beziehung zwischen meinen Eltern oder über die Meinung meiner Mutter zu diesem oder jenem. Also habe ich meine Töchter immer dazu ermutigt, mich ganz offen zu fragen. Wenn sie verstehen wollen, warum ihr Vater und ich uns getrennt haben, oder wissen wollen, wie ich über irgendeine Sache denke, dann, glaube ich, ist es für sie wichtig, diese Anlaufstelle zu haben. Und ich möchte diese Anlaufstelle sein, weil es für mich sehr enttäuschend war, diesen Zugang nicht zu haben. Ich hätte auch gerne gewußt, wie meine Mutter über mich dachte, weil ich heute so viel für meine Töchter empfinde. Sie sind natürlich auch nur Menschen und haben ihre Schwächen und Fehler, aber ich bin sehr stolz auf sie und hätte gerne gewußt, ob meine Mutter auf mich auch stolz war. Dieses Wissen hätte mir, glaube ich, geholfen, mich selbst besser zu verstehen und zu erkennen, was mich geprägt hat.

Durch die Mutterschaft konnte Mitzi als reife Frau mit Erfahrungen in der Erziehung von Töchtern, die mehr über ihre Mutter wußten, als sie über ihre wußte, wieder in die Mutter-Tochter-Dyade eintreten. Weil Mitzi glaubt, daß die Ausformung ihrer Identität durch die Abwesenheit ihrer Mutter gelitten hat, förderte sie diesen Prozeß bei ihren Töchtern ganz bewußt.

Im Idealfall bleibt eine mutterlose Mutter in der Position des Elternteils – und läßt ihr Kind, so wie Mitzi, Kind sein. Doch wenn die Mutter in ihrer Kindheit oder Pubertät unter einem Mangel an Elternliebe gelitten hat und deshalb als Erwachsene eine übermäßige Sehnsucht nach Liebe hat, erwartet sie vielleicht, daß ihr Kind ihr diese gibt, vor allem natürlich, wenn der Ehemann oder Partner emotional nicht zur Verfügung steht.[214]

Wenn eine Frau ein Kind bekommt, um die Lücke in sich selbst zu füllen, dann kann dieses Kind niemals eine eigene Identität erwerben. Die Mutter wird jeden Versuch des Kindes, seine Individualität zu entwickeln, als Verrat und jeden Widerstand als Bedrohung der sicheren Basis auffassen, für deren Zustandekommen sie neun Monate gebraucht hat. In der Angst, das Kind könnte sie genauso verlassen wie einst ihre Mutter, versucht sie vielleicht mit aller Macht, die sich entwickelnde Autonomie des Kindes zu unterdrücken.[215] Infolgedessen wächst das Kind mit Angst- und Schuldgefühlen heran oder, im günstigeren Fall, mit Haßgefühlen gegen die Mutter.[216]

»Wenn eine Frau ihre Mutter sehr früh verliert und den Verlust nie betrauert, versucht sie oft unbewußt, die Nähe zu ihrer Mutter durch ein eigenes Baby wiederherzustellen«, erklärt Phyllis Klaus. »Wenn sie sich dieses Elements in ihrem Verhalten als Mutter nicht bewußt ist, wird ihre Beziehung zu dem Kind extrem überspannt. Sie wird als Mutter danach streben, all die Liebe und Fürsorge, die sie selbst nie erfahren hat, von ihrem Baby zu bekommen. Und damit tut sie dem Kind wirklich keinen Gefallen. Ein Kind ist nicht dazu da, einem das zu geben, was man nicht erhalten hat; man bekommt ein Baby, um ihm das zu geben, was es zum Heranwachsen braucht.«

Eine solche Frau hat den Verlust nie betrauert. Frauen, die früh einen geliebten Menschen verlieren und ihr Gefühl von Einsamkeit oder Verlassensein niemals abstreifen, werden in der Folge wahrscheinlich äußerst problematische Bindungen zu ihren Kindern eingehen. Als Mary Ainsworth und ihre Kollegen von der University of Virginia bei dreißig Müttern, die in ihrer Kindheit oder der Pubertät eine Bezugsperson verloren hatten, das Bindungsmuster zwischen Mutter und Kind untersuchten, stellten sie fest, daß *100 Prozent* der Mütter, deren Trauer als »nicht bewältigt«* eingestuft wurde, Kinder

---

*Die Forscher definierten »bewältigt« – einen Begriff, den ich lieber vermeiden möchte – anhand des Wertes, den die Befragten auf einer Skala erreichten; diese Skala beruht auf der Basis von John Bowlbys Erörterung der normalen und der pathologischen Trauer. Die Forscher bezogen auch das Verhalten der Mutter zur Zeit des Verlustes mit in ihre Überlegungen ein, ebenso wie auch deren gedankliche Auseinandersetzung als Erwachsene mit früheren Bindungen.

hatten, die ängstlich und gestört wirkten. Anstatt Beistand und Trost bei ihren Müttern zu suchen, verhielten sich diese Kinder so, als ob die Mütter für sie eine Belastung wären. Im Vergleich dazu hatten nur 10 Prozent der Mütter, deren Trauer als »bewältigt« eingestuft wurde, und 20 Prozent der Mütter in einer Kontrollgruppe, die keinen Verlust erlitten hatten, Kinder mit ähnlichen Bindungsproblemen. Aus diesen Erkenntnissen schlossen die Forscher, daß es der nicht bewältigte frühe Verlust einer Mutter sei – und nicht der frühe Verlust an sich –, der zu einer gestörten Bindung zu ihrem eigenen Kind führt.[217]

Andrea Campbell, die zehn war, als ihre Mutter starb, und zwölf, als ihr Vater Selbstmord beging, fühlte sich als Heranwachsende nie sicher oder stabil genug zu trauern. Sie heiratete und bekam noch als Teenager ein Kind. »Ich bekam eine Tochter, und diese Tochter war mir sehr wichtig«, erklärt sie. »Irgendwie erhielt ich meine Mutter zurück, indem ich selbst Mutter wurde und meiner Tochter diese Liebe schenkte. Doch in Wirklichkeit versuchte ich, mich zu heilen, und wenn wir unbewußt versuchen, uns durch einen anderen Menschen zu heilen, dann bürden wir diesem Menschen unsere Wunden auf. Obwohl ich also eine liebevolle Mutter war und Liebe geben konnte, weil ich in meinen ersten zehn Lebensjahren viel Zuwendung erfahren hatte, fügte mein eigener Verlust dennoch meiner Tochter eine Verletzung zu.« Nachdem sie als Erwachsene um ihre Mutter getrauert hatte, war Dr. Campbell besser in der Lage zu erkennen, wie sehr sie ihre Tochter als Ersatzfigur betrachtet hatte, und die beiden haben seitdem gemeinsam daran gearbeitet, ihre Beziehung zu verändern und zu heilen.

»Es ist mir egal, welches Geschlecht mein Kind hat, solange es nur gesund ist«, sagt beinahe jede schwangere Frau. Das ist die logische Reaktion einer Mutter, und sie entspricht auch meist ihrem wahren Empfinden. Doch, so räumt Dr. Campbell ein, bietet ein gleichgeschlechtliches Kind einem Elternteil zusätzlich die Möglichkeit, sich selbst durch das Kind zu erleben, und das kann ein gegengeschlechtliches Kind nicht. Viele mutterlose Frauen werden zugeben, daß sie sich insgeheim ein Mädchen wünschen.

Für die Frau, die unter fehlender Mutterliebe gelitten hat, ist eine Tochter der direkteste Weg, mit der Mutter wieder in Verbindung zu treten. Wenn sich, wie C. G. Jung meinte, jede Frau nach rückwärts in die Mutter und nach vorwärts in die Tochter erweitert,[218] dann sichert die Mutterschaft die Unsterblichkeit ihrer weiblichen Linie. Ein weiblicher Säugling im Kinderzimmer läßt auch die verlorene Mutter einer Frau wieder zurückkehren. Und da Töchter meist die klassische Rolle der Versorgerin der Gesellschaft einnehmen, sieht eine Mutter in ihrer Tochter die Chance, noch einmal eine enge, einfühlsame weibliche Beziehung zu erleben.

Ist das verwirrend? Stellen Sie sich einmal vor, was das für eine neugeborene Tochter bedeutet. Sie wächst häufig als Vertreterin ihrer verlorenen Großmutter, ihrer eigenen Mutter und, wenn dafür noch Platz ist, ihrer selbst auf. Kein Wunder, daß Töchter mutterloser Frauen – in einem Abstand von zwei Generationen zum Tod ihrer Großmütter, die sie nie kannten – sagen, sie spürten noch die Last dieses Verlustes.

So eng die Mutter-Sohn-Bindung auch sein mag, ein Sohn wird dennoch wesentlich seltener als eine Tochter zum Objekt der Eigenprojektionen seiner Mutter werden. Mütter neigen dazu, ihre Töchter als mit sich selbst verbunden zu betrachten und ihre Söhne als männliches Gegenstück. Physiologisch gesehen ist ein Sohn ein unvollkommener Spiegel. Er weist Körperteile auf, die seine Mutter nicht besitzt, und kann niemals eine vollständige Projektion ihrer selbst sein. Auf der gesellschaftlichen Ebene schreitet er durch Gefilde, in denen seine Mutter traditionell keine Macht besaß – Straßenspiele, Vereine, Krieg.[219] »Das Überraschende an Söhnen ist, daß sie aus uns hervorgegangen sind, uns so vertraut und doch so anders sind«, erklärt Naomi Lowinsky, die einen Sohn und zwei Töchter hat.[220] Aus eben diesem Grund kann ein Sohn seiner mutterlosen Mutter die Gelegenheit zu einer unerwarteten und außergewöhnlichen persönlichen Entwicklung geben.

Annie: Über die Mutter hinaus

In ihrem Büro im elften Stock lehnt sich Annie zurück und legt die Füße auf einen vor ihr stehenden Stuhl. Ihre Hände hat sie sanft über dem Bauch gefaltet, um die ungeduldigen Bewegungen ihres ersten Kindes zu spüren. Mit siebenunddreißig hat sie alles erreicht, was sie sich immer erträumt hat: Erfolg im Beruf, eine glückliche Ehe und ein Kind, das bald geboren werden würde. Das mit dem Kind ist wichtig. Seitdem sie ihre Mutter mit acht Jahren durch Krebs verlor, hat Annie immer darauf gewartet, die Mutter-Tochter-Beziehung wiederaufleben zu lassen. Die Sache hat allerdings einen kleinen Haken: Annie erwartet einen Sohn.

»Einen *Sohn*?« ging es ihr durch den Kopf, als man es ihr sagte. »Für mich war ein eigenes Kind immer gleichbedeutend mit einer Tochter«, sagt sie. »Ich war völlig geschockt, daß dieser kleine Mensch ein Junge war. Es war wie ein Schlag in die Magengrube. Wirklich! Als ich das Ergebnis der Amnioskopie hörte, wollte ich eigentlich sagen: ›Was soll das heißen, es ist ein Junge? Das muß ein Irrtum sein.‹ In den Tagen darauf fühlte ich mich regelrecht hintergangen. Ich fühlte mich beraubt. Man hatte mir meinen großen Traum, der mich nährte, zerstört.«

Neunundzwanzig Jahre lang hatte Annie sich zum Ziel gesetzt, ihre Kindheit neu zu erschaffen und ihr das verdiente glückliche Ende zu verleihen. Als Einzelkind hatte sie nach dem Tod ihrer Mutter schrecklich unter ihrer Einsamkeit gelitten und sich mit dem Vorsatz getröstet, eines Tages mit einer Tochter all das zu teilen, was ihre Mutter mit ihr geteilt hatte – Kunstunterricht zu nehmen, Musik zu hören, zu lesen, von der Terrasse aus ein Gewitter zu betrachten –, und dann die mit dem Tod ihrer Mutter unterbrochene Beziehung weiterzuführen. Als Annie und ihr Mann sich entschieden, nur ein Kind zu bekommen, war Annie um so entschlossener, die idealisierte Mutter zu werden, die, wie sie glaubte, ihre eigene Mutter ihrer Vorstellung nach gewesen wäre. Das Drehbuch lag bereits vor, und Annie kannte ihre Rolle. Alles, was sie noch brauchte, war das kleine Mädchen, das die Rolle des Kindes spielen würde.

Das Ergebnis der Amnioskopie, sagt Annie, hat ihren Traum der perfekten Wiedervereinigung auf einen Schlag zerstört. Doch das Wissen, daß das Kind in ihr ein Junge ist, hat sie zu einer realistischeren Auffassung von Mutterschaft geführt. »Zuerst bekam ich schreckliche Angst, weil ich auf einmal begriff, welche Verantwortung eine Mutterschaft mit sich bringt«, erinnert sie sich. »Es war nicht mehr nur ein schönes Märchen. Es war plötzlich Wirklichkeit geworden. Ich dachte: ›Ach du lieber Gott! Dieser Mensch wird jemand anders sein.‹ Ich weiß nicht, ob ich einer Tochter erlaubt hätte, sich von mir zu lösen. Weil *ich* dieses Mädchen war. Sie sollte sich genauso verhalten, wie ich mich verhalten hatte. Wenn sie sich zu einem Wildfang entwickelt und, zum Beispiel, nicht gerne gelesen hätte, wäre ich schrecklich verzweifelt gewesen. Ich hätte mich so verraten gefühlt.«

Anstatt ihre Kindheit neu zu schreiben, entschloß sich Annie, ihr Drehbuch von der Mutterschaft neu zu schreiben. Als erstes schrieb sie sich ihre Vorurteile gegen Jungen auf – *sie sind aggressiv, verschlossen, sind kleine Monster, die mit Stöcken auf Leute einschlagen* – und arbeitete daran, sie abzubauen. Sie sprach mit Müttern von Jungen, die ihr erzählten, wie sehr Söhne ihre Mütter lieben. Und sie dachte noch einmal über all die Dinge nach, die sie sich zusammen mit einer Tochter vorgestellt hatte – Kunstunterricht zu nehmen, Musik zu hören, zu lesen, von der Terrasse aus ein Gewitter zu betrachten –, und erkannte, daß sie diese Unternehmungen ganz genauso mit einem Sohn teilen konnte.

»Der wahre Grund, warum ich eine Tochter haben wollte, war der, daß ich mir den Schutzkokon erschaffen wollte, nach dem ich mich immer noch sehne, diesen Ort, der mir allein gehört«, sagt sie. »Was ich nicht erkannt habe, war, daß auch ein Sohn diesen Platz einnehmen konnte.« Sie und ihr Mann haben vor kurzem einen Namen für das Kind ausgesucht, das für sie, wie sie sagt, von Tag zu Tag wirklicher wird. »Ich habe das Gefühl, daß mit diesem kleinen Jungen etwas ganz Neues anfängt«, erklärt sie. »Anstatt den Blick darauf zu heften, was ich verliere, nämlich die verpaßte Gelegenheit, mein Leben vollkommen zu machen, kann ich das sehen, was ich habe, und das ist die Gelegenheit, Mutter zu sein.«

Während sich Annie mit ihrer Mutter identifiziert, indem sie selbst Mutter wird, löst sie sich gleichzeitig auch von ihr. Annie ist ein Einzelkind, weil ihre Mutter während der Schwangerschaft einen bösartigen Knoten in der Brust entdeckte, dessen Behandlung aber auf die Zeit nach der Geburt verschoben werden mußte. Als Annie geboren wurde, sagte man ihrer Mutter, sie habe nur noch sechs Monate zu leben. Zwar lebte sie noch weitere acht Jahre, starb aber im Alter von vierunddreißig Jahren, und die Botschaft, die Annie verinnerlichte, war, daß Schwangerschaft gleichbedeutend ist mit einem frühen Tod.

Die Freude darüber, die ersten drei Monate hinter sich zu haben, vermischte sich zwangsläufig mit dieser Angst. »Doch an einem bestimmten Punkt«, sagt Annie, »traf ich die ganz bewußte Entscheidung, keine Angst mehr zu haben. Ich werde nur einmal schwanger sein, und ich möchte es genießen. Um das zu erreichen, mußte ich die negative Assoziation und den Bezug zu meiner Mutter aufgeben. Ich bin in meiner Schwangerschaft über den Zeitpunkt hinaus, bei dem bei meiner Mutter der Krebs festgestellt wurde, und es ging mir damit gut.«

»Mein Mann war geschockt, als ich ihm letztes Wochenende sagte, ich wolle das Grab meiner Mutter besuchen«, fährt sie fort. »Ich möchte mit diesem Kind im Bauch hingehen und sagen: ›Ich bin nicht zum gleichen Schicksal verurteilt, das dich ereilt hat.‹ Weil ihr Tod identisch war mit meiner Geburt, bedeutet das für mich sogar mehr, als älter zu werden als sie. Es bedeutet, ihr Todesurteil hinter mir zu lassen.«

Ihre problemlos verlaufende Schwangerschaft und ihre neue Einstellung zur Mutterschaft haben Annie geholfen, ihren Verlust wieder ein Stück weiter zu betrauern. Indem sie sich sowohl von der Phantasievorstellung wie auch der Angst freimacht, die Geschichte ihrer Mutter zu wiederholen, kann sie die Endgültigkeit des Todes ihrer Mutter eher akzeptieren. »Zum ersten Mal unterscheidet sich meine Vergangenheit wirklich von der meiner Mutter«, erklärt Annie. »Sie hatte eine Tochter. Ich bekomme einen Sohn. Das ist ein gewaltiger Unterschied. Zum ersten Mal in meinem Leben habe ich wirklich das Gefühl, daß ich über meine Mutter hinauswachse. Und dabei erlebe ich ein ungeheures Gefühl der Freiheit.«

Schwangerschaft und Geburt

»Mitten in meiner Schwangerschaft bekam ich plötzlich Panik, weil ich das Gefühl hatte, ohne Rückendeckung dazustehen«, sagt die sechsunddreißigjährige Bridget, die vor drei Jahren ihr erstes Kind bekam. »Ich mochte den Arzt nicht, zu dem ich ging, deshalb habe ich mir eine Hebamme gesucht. Sie war Mitte Sechzig und sehr mütterlich. Sie war wunderbar. Aber als dann mein Sohn geboren war, war es so, als wäre meine Mutter erst vor einem Jahr gestorben. Das Gefühl des Verlustes war wieder ganz frisch. Und es hat mich umgehauen. Es hat mich völlig fertiggemacht.«

Im Verlauf der Schwangerschaft und der Geburt, wenn der Generationenwechsel kurz bevorsteht, spielt die biologische Mutter im Bewußtsein der zukünftigen Mutter eine große Rolle. Ein Ehemann kann emotionalen Rückhalt bieten, und ein Vater ein Familiengefühl vermitteln, aber Gebären ist Frauensache. Wie viele Männer kennen die spezifischen Unregelmäßigkeiten des Monatszyklus einer Frau, die Dauer der Wehen oder die schmerzstillenden Mittel, die sie bekommen hat? Das ist das mündliche Vermächtnis, das eine Mutter an ihre Tochter weitergibt und auf das Töchter zum Vergleich und zu ihrer Orientierung angewiesen sind. Wenn die Mutter-Tochter-Beziehung gut verläuft, verläßt sich die Tochter darauf, daß ihre Mutter ihr hilft, Selbstvertrauen aufzubauen, wenn sie nach Geschichten über ihre Geburt und ihre frühe Kindheit fragt und nach Bestätigung sucht, daß sie mit den Anforderungen der Mutterschaft umgehen kann.[221]

Schwiegermütter, ältere Schwestern, Tanten und enge Freundinnen können diese Lücke im Leben einer mutterlosen Frau füllen. Doch eine schwangere Frau ohne eine starke mütterliche Ersatzfigur, und ganz besonders eine Frau, die um ihre Mutter nicht getrauert hat, fühlt sich oft allein gelassen und hilflos. Die Schwangerschaft gehört zu den schwierigsten Zeiten im Leben einer Frau, weil sie sich da schnell allein fühlt. Es ist naturgegeben eine Zeit der Abhängigkeit – auch die unabhängigste Frau kann die emotionalen und physischen Beanspruchungen nicht ganz allein durchstehen –, und eine werdende Mutter hat ein starkes Bedürfnis nach Sicherheit und Unterstützung.

»Sogar Frauen, die zu ihren Müttern ein äußerst schwieriges Verhältnis haben und der Anwesenheit ihrer Mütter mit gemischten Gefühlen entgegensehen, möchten sie doch bei sich haben, wenn das Baby auf der Welt ist«, sagt Naomi Lowinsky. »Schwangerschaft und Geburt machen einen so mitteilungsbedürftig. Es ist eine so umwälzende Erfahrung, und man ist so überwältigt davon. In dieser Zeit braucht eine Frau wirklich die Mutter.«

Die Schwangerschaft und die Zeit nach der Geburt können bittersüße Zeiten für die mutterlose Tochter sein, weil sie sich, während sie selbst Mutter wird, ihrer Mutter näher fühlt, gleichzeitig jedoch auch eine große Traurigkeit angesichts ihres Verlustes empfindet. Die Geburt eines Kindes – vor allem die Geburt des ersten Kindes –

ist ein Meilenstein im Leben einer Frau und löst üblicherweise einen neuen Trauerzyklus um die verlorene Mutter aus, der intensive Gefühle der Trauer, Wut und Verzweiflung mit sich bringt. Die Frau trauert nicht nur um den Verlust der mütterlichen Ratschläge und Unterstützung, sondern auch um den Verlust einer Großmutter für ihr Kind. Als zukünftige Mutter sieht sie ihre Mutter außerdem mit den Augen einer werdenden Mutter. Wenn sie sie als eine Frau mit Kindern vor sich sieht, als eine Frau, die *der Frau so sehr ähnelt, die sie bald sein wird,* wird sie noch besser verstehen können, was ihre Mutter verloren hat. Anstatt ausschließlich als Tochter zu trauern, trauert sie auch als Mutter.

Die dreiunddreißigjährige Amanda, die drei Jahre alt war, als ihre Mutter sie verließ, sagt, daß ihr langgehegter Wunsch, ihre Mutter wiederzufinden, in dem Moment verflog, als sie ihren neugeborenen Sohn im Arm hielt. Während sie im Wochenbett lag, spürte sie eine neue Gemeinsamkeit mit der Frau, die sie drei Jahre lang aufgezogen hatte und dann aus ihrem Leben verschwunden war. »Es muß für sie das Schlimmste auf der Welt gewesen sein, mich zu verlassen«, sagt Amanda. »Als ich meinen Sohn bekam, dachte ich, ich würde *sterben,* wirklich sterben, wenn mein Mann ihn mir wegnehmen würde. Ich würde die Wände hochgehen. Meine Mutter muß schwer daran gearbeitet haben, um nicht mehr an mich zu denken. Ich finde, ich habe nicht das Recht, mich da einzumischen.« In der Zeit nach der Geburt erlebte Amanda das Glück, eine neue Familie zu gründen, jedoch zugleich auch den Schmerz, den Traum von einer physischen Wiedervereinigung mit ihrer Mutter aufzugeben.

Wenn eine Frau ihren Verlust nicht vor einer Schwangerschaft betrauert hat, braucht sie die Sicherheit, alle Gefühle, die in dieser Zeit in ihr aufsteigen, herauslassen zu können, ohne daß sie sich dabei zu bedürftig oder zu schwach vorkommen muß. Häufig kann ein einfühlsamer, liebevoller Ehemann oder Partner ihr die Unterstützung geben, die sie braucht. Da sich jedoch auch Ehemänner und Liebhaber vor der bevorstehenden Elternschaft fürchten, betont Phyllis Klaus nachdrücklich, wie wichtig es ist, daß beide Partner ihre Ängste einander mitteilen, damit sich nicht jeder von den Bedürfnissen des anderen überfordert fühlt.

Eine schwangere Frau verteilt im allgemeinen ihr Bedürfnis nach

Zuwendung auf ihre Mutter und ihren Partner, dessen Bedeutung als Mitglied ihrer neuen Familieneinheit wächst. Eine Frau, die keine Mutter oder Mutterfigur in ihrer Nähe hat, verlangt jedoch die Erfüllung ihrer Bedürfnisse größtenteils von ihrem Partner. Beinahe jede schwangere Frau hat Angst davor, ihren Partner zu verlieren und das Kind dann allein großziehen zu müssen, doch diese Angst kann bei einer mutterlosen Frau besonders stark ausgeprägt sein. Sie weiß nur allzu gut, daß Menschen, die sie liebt, weggehen können, und sie erinnert sich daran, was mit dem letzten Menschen, an dem sie in ähnlicher Weise gehangen hat, geschah.

Ihr Bedürfnis, sich aufgehoben und unterstützt zu fühlen, erreicht zum Zeitpunkt der Geburt seinen Höhepunkt, wenn sie sich innerhalb von wenigen Minuten von einer hilfsbedürftigen Frau, die in den Wehen liegt, zur Hauptbezugsperson eines vollkommen abhängigen Säuglings verwandelt. Mutterlose Frauen vermissen in dieser Zeit ihre Mütter zutiefst.[222] Sie trauern um den Verlust von Ratschlag und Hilfe und verherrlichen häufig die Geburtserfahrungen ihrer Mütter, wobei sie vergessen, daß die Frauen vorangegangener Generationen ihre Kinder oft in einem medikamentös herbeigeführten »Dämmerschlaf« gebaren, während ihre Partner draußen im Gang auf und ab gingen.[223]

Die Geburtshilfe bedient sich heute zunehmend natürlicherer Methoden, und dabei haben Ärzte festgestellt, daß die Anwesenheit und der Beistand einer fürsorglichen, erfahrenen Frau den in Wehen liegenden Frauen und frisch entbundenen Müttern guttut. In ihren Untersuchungen über 1500 schwangere Frauen fanden Phyllis Klaus und Marshall Klaus heraus, daß Frauen, denen während des Geburtsvorganges eine geschulte weibliche Geburtshelferin zur Seite stand, seltener eines Kaiserschnitts bedurften, kaum Narkotika brauchten, ein stärkeres Interesse an ihren Neugeborenen hatten und sich mit ihren Babys mehr beschäftigten als Frauen, die ohne diese Hilfe entbanden.[224]

Phyllis und Marshall Klaus nennen diese Geburtshelferinnen *doulas*; das ist das griechische Wort für eine erfahrene Frau, die anderen Frauen beisteht. Eine *doula* trifft sich idealerweise bereits während der letzten drei Monate der Schwangerschaft ein paarmal mit den werdenden Eltern, kommt dann, wenn bei der Frau die Wehen einsetzen, und bleibt die ganze Zeit während der Wehen und der Entbindung bei ihr. Sie nimmt die Mutter in den Arm, wenn diese physische Unterstützung braucht, massiert ihr den Rücken und hilft beim Atmen. »Sie läßt die Mutter nie allein, und das ist das eigentlich Wesentliche dabei«, erklärt Phyllis Klaus. »Sie sagt zu ihr: ›Ich weiche nicht von deiner Seite.‹ Und genau diese Versicherung ist unglaublich wichtig für die schwangere Frau. Wenn sie keine Mutter mehr hat oder ihre eigene Mutter bei der Geburt nicht zugegen sein kann, wird diese *doula* für sie zur mütterlichen Figur. Sie hilft der Gebärenden dabei, ihren Körper für sie arbeiten zu lassen, und ermöglicht es ihr, sich auf sie zu stützen und gleichzeitig neue Kraft in sich zu finden. Sie fühlt sich einerseits geborgen und andererseits gestärkt. Viele Frauen haben mir danach berichtet: ›Ich war mir nie bewußt, wieviel Fürsorglichkeit ich brauchte, bis ich diese Erfahrung machte. Ich hatte mein Bedürfnis nach Zuwendung und Fürsorglichkeit einfach weggesteckt.‹ Andere Frauen haben ihren *doulas* gesagt: ›Dein Vertrauen in mich und deine Unterstützung in diesem Augenblick haben mir bewußtgemacht, daß ich in meinem Leben alles erreichen kann, was ich will.‹«

»Wir haben festgestellt, daß die Mutter das fürsorgliche Verhalten der *doula* offensichtlich verinnerlicht«, fährt sie fort. »Die Phase der Wehen ist eine Zeit, in der die Mutter besonders empfindlich auf ihre Umgebung reagiert und offen ist für neue Erfahrungen und Entwicklung. Wenn sie in dieser Zeit eine solche emotionale Unterstützung erfährt und sich liebevoll betreut fühlt, ist sie danach eher imstande, die gleiche Fürsorge ihrem Kind zukommen zu lassen.« Dem Ehepaar Klaus zufolge hat die Frau, die die Unterstützung einer *doula* erfahren hat, eine höhere Selbstachtung, und auch die typische Wochenbettdepression sechs Wochen nach der Entbindung tritt seltener auf als bei Frauen, die ohne diese Unterstützung entbunden haben. Die Mütter, die *doulas* hatten, fühlten sich bei der Pflege ihrer Neugeborenen sicherer und kompetenter und profitierten von den wiederholten Besuchen und Ratschlägen ihrer *doulas* noch über einen Zeitraum von anderthalb Jahren nach der Geburt.

Die Unterstützung in der Zeit nach der Geburt ist für alle jungen Mütter von entscheidender Bedeutung, doch ist sie noch lange keine Selbstverständlichkeit in unserem Gesundheitssystem. Eine begleitende Hilfe käme vor allem mutterlosen Frauen zugute, die sich von der neuen Mutterschaft überfordert fühlen. Wie die Erkenntnisse des Home-Start-Hilfsprogrammes zeigen, das 1981 in England ins Leben gerufen wurde, profitieren junge Mütter, die sich isoliert fühlen oder kaum positive Vorbilder für ihre Mutterschaft haben, nach der Geburt ihrer Babys von den Hausbesuchen, die geschulte Freiwillige leisten. Die Freiwilligen dieses Programms waren Mütter im Alter zwischen dreißig und fünfundvierzig Jahren, die die jungen Familien durchschnittlich sechs Stunden pro Woche aufsuchten. John Bowlby schrieb:

> Die Hausbesuche beginnen häufig schon während der Schwangerschaft. Die meisten dieser werdenden Mütter sind jung und schrecklich isoliert; sie haben niemals Zuneigung, Fürsorglichkeit oder Sicherheit erfahren. In diesen Fällen besteht die Hauptaufgabe der freiwilligen Helferin darin, die Mutter zu bemuttern und sie durch ihr Beispiel darin zu bestärken, ihr eigenes Kind zu bemuttern. Sie wird außerdem mit den Kindern reden und spielen und auch damit der Mutter ein Beispiel geben, das diese selbst nie hatte. Später, wenn sich ein Vertrauensverhältnis entwickelt hat, wird die freiwillige Helferin der jungen Mutter vielleicht auch einige grundlegende Haushaltskenntnisse vermitteln, die sie nie gelernt hat. Das Wichtigste an dieser Beziehung ist, daß die freiwillige Helferin selbst eine Mutter ist, die all diese Schwierigkeiten aus eigener Erfahrung kennt.[225]

Nachdem dieses englische Hilfsprogramm jungen Familien geholfen hatte, in denen Probleme wie zum Beispiel Mißhandlung vorlagen oder sehr wahrscheinlich waren, sagten 85 Prozent der teilnehmenden Familien aus, daß sie eine neue Betrachtungsweise und Einstellung gewonnen hätten, und mehr als die Hälfte der Sozialarbeiter, die die Fälle an die Organisation überwiesen hatten, stimmten dem zu.[226] Diese Ergebnisse legen nahe, daß Frauen, die selbst nicht genügend bemuttert worden sind, mütterliche Fähigkeiten von einer erfahrenen Mutter erlernen und sich aneignen können.

Was bedeutet das für die mutterlose Frau? Unterstützung, Ratschläge und die Versicherung, daß sie nicht allein ist. Im Gegensatz zu Frauen, die sich eines Rückhalts sicher sind, muß die mutterlose

Frau sich erst einen verschaffen und fürchtet das Scheitern – und auch ihr Versagen als Mutter – wesentlich mehr als die meisten jungen Mütter. Die in ihrer Kindheit begründeten Ängste, allein gelassen und unversorgt zu sein, werden genau zu einer Zeit reaktiviert, in der sie die gleichen Ängste in ihrem Kind beschwichtigen muß. Alle frischgebackenen Eltern haben hin und wieder Selbstzweifel, doch eine mutterlose Mutter leidet zusätzlich noch unter der Ungewißheit, an wen sie sich wenden könnte, wenn ein echtes Problem auftaucht. Sie blättert wie wild in Ratgebern herum und speichert die Nummer des Rettungsdienstes gleich zweimal in ihr Telefon ein.

»Du machst dir beinahe in die Hose vor Angst, wenn du mit deinem ersten Baby aus dem Krankenhaus nach Hause kommst und überhaupt nicht weißt, was du tun sollst«, sagt Alice, die zwei Töchter und einen Enkel hat. Die Gegenwart einer unterstützenden, erfahrenen Frau in der ersten Zeit nach ihrer Entbindung half ihr, das Selbstvertrauen zu erlangen, das sie als junge Mutter brauchte.

Alice: Weiterführung der mütterlichen Linie

1957 galt Alice in doppelter Weise als Ausnahme von der Regel: Sie gebar ihr erstes Kind mit sechsunddreißig, und sie wußte praktisch nichts über Babys. Über die Entbindung hatte sie sich keine allzu großen Sorgen gemacht, da ihr ihre Mutter oft davon erzählt hatte, was für eine schöne Erfahrung das gewesen sei. Das Gebären war der leichteste Teil der Angelegenheit. Die Pflege und Versorgung des Säuglings machten ihr Kopfzerbrechen.

Die Ratschläge in medizinischen Heften und Büchern waren ihr recht unkompliziert vorgekommen, als sie noch schwanger war. Doch kaum saß sie mit dem schreienden Baby allein im Kinderzimmer, war sie entsetzt über ihren Mangel an Erfahrung. Sie merkte, daß sie sich nach den Ratschlägen, dem Beistand und der Bestätigung ihrer Mutter sehnte, die kurz vor Alices vierundzwanzigstem Geburtstag gestorben war.

»Ich hatte vorher noch nie etwas mit einem Baby zu tun und machte mir über alles und jedes Sorgen«, erinnert sie sich. »Soll ich es weinen lassen? Oder soll ich es hochnehmen? Warum wollte es zum Frühstück Orangensaft und als kleine Zwischenmahlzeit Milch, anstatt anders herum, wie es das Buch vorschrieb? Jedes Buch und jede Broschüre, die ich hatte, begann mit einer Beschreibung, wie man das Baby badet, aber meine kleine Tochter schrie jedesmal wie am Spieß, wenn ich sie baden wollte, und ich wußte nicht, warum.«

Als die Cousine ihrer Mutter ihren Besuch ankündigte, fing Alice an, sich Sorgen zu machen. Sie freute sich darauf, die Frau zu sehen, die sie als Kind »Tante« Elaine genannt hatte, doch sie fürchtete, eine erfahrene Mutter würde sie ungeschickt und unfähig nennen. Doch die Not überwand sehr schnell ihren Stolz, und als Elaine ankam, erzählte ihr Alice von ihren Selbstzweifeln und Ängsten. Anstatt ihr ihre Unfähigkeit zu bestätigen, sprach ihr die ältere Frau den Trost zu, den sie so dringend nötig hatte.

»Elaine war wunderbar«, erinnert sich Alice. »Wenn das Baby schrie, ging sie einfach hin und holte es, hielt es auf ihrem Schoß, wiegte es hin und her und murmelte: ›Na, hast du jetzt, was du willst?‹ Als ich ihr meine Probleme mit dem Baden gestand, sagte sie: ›Sie ist ja auch nicht wirklich schmutzig. Warum nimmst du jetzt nicht erst mal einfach Öl?‹

Ich sagte ihr, wie dankbar ich ihr sei, und sie erzählte mir von ihren Erfahrungen mit ihrem ersten Kind. ›Alle haben mich kritisiert‹, meinte sie. ›Ich war so beschäftigt, daß das Haus der reinste Schweinestall war. Wenn ich mich hinsetzte, habe ich die Unordnung und die Staubflusen unter den Möbeln gesehen. Und dann kam eines Tages deine Großmutter vorbei. Sie machte mir überhaupt keine Vorwürfe. Sie sagte, ich würde das alles recht gut machen. Anstatt herumzustehen und zu fragen, wie sie denn helfen könne, ging sie einfach hin und holte einen Besen. Das werde ich nie vergessen.‹«

Nur drei Tage mit einer praktischen, fürsorglichen und in der Kinderpflege erfahrenen Frau ließen Alices Ängste schwinden. Elaines Besuch half ihr auch – und das war ebenso wichtig –, wieder Kontakt zu ihrer mütterlichen Linie aufzunehmen. Elaines und Alices Mütter hatten ihre Kinder zusammen großgezogen, und Alices Großmutter hatte beiden mit Rat und Tat zur Seite gestanden. »Dadurch, daß Elaine bei mir war, habe ich wieder ein Gefühl dafür bekommen, daß mein Leben in einen Zusammenhang eingebunden ist«, erklärt Alice.

»Ich hatte das Gefühl, wieder zu meiner Familie zu gehören, und war zuversichtlich, daß alles *wieder gut* würde.«

1962 bekam Alice ihr zweites Kind. Diesmal fühlte sie sich mit den Grundlagen der Kinderpflege vertraut, spürte jedoch von neuem, wie sehr ihr ihre Mutter fehlte. »Meine zweite Tochter war schwierig«, erklärt sie. »Und ich auch. Ich hätte mir wirklich sehr gewünscht, daß meine Mutter dagewesen wäre und mir gesagt hätte, ich würde es schon richtig machen, und mich darin bestärkt hätte, daß aus meiner Tochter noch etwas Rechtes wird.« Heute lacht Alice, wenn sie über diesen Abschnitt ihrer Lebensgeschichte spricht. Nicht nur, daß ihre Tochter ohne ernstere Zwischenfälle aufwuchs, sondern sie wurde auch vor vier Jahren selbst Mutter, und Alice war im Geburtszimmer dabei, als ihr Enkelkind das Licht der Welt erblickte.

So wie Alices Mutter ihrer Tochter von den Freuden der Geburt erzählt hatte, so erzählte jetzt Alice ihrer Tochter das gleiche. Von allen Frauen in ihrer Gruppe war Alices Tochter die einzige, die sagte, sie fürchte sich nicht vor den Schmerzen. Ihre Hauptangst – wie einst die ihrer Mutter – bestand darin, das Baby nach Hause zu bringen und nicht zu wissen, wie sie es allein versorgen sollte. Diesmal wußte Alice genau, was zu tun war. »Ich habe meiner Tochter immer wieder gesagt: ›Du schaffst das‹«, erzählt sie. »Ich habe ihr meine Unterstützung zugesichert.« Und die gab sie dann auch. Alice war sehr stolz darauf, ihrer Tochter den mütterlichen Zuspruch, Beistand und Rat zukommen zu lassen, der ihr einst erst nach einigen bangen Monaten zuteil wurde.

Kindererziehung

»Ich habe jedes Buch über Kindererziehung gelesen, dessen ich habhaft werden konnte«, erinnert sich Sarah, die zwei Kinder und drei Enkelkinder hat. »Ich habe alles durchforstet, weil ich mit meiner Tochter ziemliche Schwierigkeiten hatte, als sie klein war, und ich konnte rein gar nichts über erstgeborene Töchter oder Erstgeborene überhaupt finden. Ich hatte kein Vorbild. Einiges habe ich wohl einfach durch meinen gesunden Menschenverstand herausgefunden. Ich war der Meinung, daß wir die Verantwortung für uns selbst übernehmen müssen. Und ich hielt nicht viel von Strafen, weil ich selbst nie bestraft worden bin. Meine Kinder haben manchmal gesagt: ›Komm, hör schon auf und knall uns eine‹, weil ich endlos auf sie einredete und alles rational erklärte. Ich glaube, auf diese Weise habe ich schließlich den Tod meiner Mutter akzeptieren gelernt, indem ich herausfand, wie ich meine Kinder selbst erziehe.«

Obwohl viele mutterlose Töchter in ihrer Kindheit und als Heranwachsende ihre Mütter bei der Erziehung ihrer jüngeren Geschwister beobachtet haben oder nach ihrem Tod diese Geschwister sogar selbst erzogen haben, fehlt ihnen dennoch ein lebendiges Mutter-Vorbild. Die meisten von ihnen sagen, sie hätten die Elternrolle ohne fremde Hilfe erlernt. So individuell ihre Vorgehensweisen auch gewesen sind, die Interviews mit 102 mutterlosen Frauen ließen doch die gemeinsamen Probleme erkennen, die sich ihnen stellen.

Die Mutter mit dem Heiligenschein

Wenn eine Tochter der Überzeugung ist, sie hätte eine gute Mutter gehabt, versucht sie häufig, bestimmte elterliche Verhaltensweisen, an die sie sich aus ihrer Vergangenheit erinnert, zu wiederholen. Dadurch kann sie sich auf positive Weise mit ihrer Mutter identifizieren und gleichzeitig glückliche Momente ihrer Kindheit noch einmal durchleben und sich bewahren. Für viele Frauen, insbesondere für die, die um ihre Mütter getrauert haben, kann dieser Ansatz nicht nur erfolgversprechend, sondern auch sehr erfüllend sein.

Töchter jedoch, die ihre verlorene Mutter idealisiert haben, legen an die Elternrolle einen Maßstab an, den sie nur schwer erfüllen können. Wenn sie sich mit der idealisierten »guten Mutter« vergleichen, deuten diese Töchter ihre eigenen »Unzulänglichkeiten« oft als Beweis dafür, daß sie »schlechte Mütter« sind. Mütter sind jedoch nur in unserer geistigen Vorstellung perfekt. Oft ist das Bestreben, die Mutter in allem genau nachzuahmen, ohne ihre Mängel wahrhaben zu wollen, der Versuch der Tochter, die Mutter über den Tod hinaus zu ehren. Und dabei läßt sie häufig die besonderen Umstände ihres Mutterseins außer acht, die keinen Vergleich zulassen.

Als Bridget für ihren Sohn einen Kindergarten aussuchen mußte, überlegte sie, wie ihre Mutter diese Aufgabe wohl angegangen wäre: methodisch, gewissenhaft und mit den Kenntnissen, die sie in ihrer Ausbildung zur Vorschulerzieherin erworben hatte. Was Bridget dabei nicht berücksichtigte, war, daß ihre Mutter Hausfrau gewesen war, während sie selbst eine Mutter mit einer Ganztagsanstellung war und dazu noch jeden Tag zur Heilgymnastik gehen mußte, weil sie Probleme mit den Handgelenken hatte. Heute erklärt sie es so: »Es hat mich völlig aus der Fassung gebracht, daß ich mich mit etwas herumschlagen mußte, das meine Mutter so rasch erledigt hätte. Ich hatte das Gefühl, ihrem Vorbild nicht zu genügen.«

Ihrer Mutter zuliebe wählte Bridget für ihren Sohn einen teuren Privatkindergarten, doch sie traf diese Entscheidung vorschnell, ohne die finanzielle Belastung einzuberechnen, die der monatliche Beitrag für den ehelichen Haushalt bedeutete. Sechs Monate später stellten sie fest, daß sie einen weniger teuren Kindergarten mit flexibleren Öffnungszeiten für berufstätige Eltern suchen mußten. Heute besucht ihr Sohn eine Kindertagesstätte, die Bridget ursprünglich verworfen hatte, weil sie glaubte, ihre Mutter wäre dagegen gewesen. In Wirklichkeit geht ihr Sohn gern in diesen Kindergarten, und sie und ihr Mann sind mit seinen Öffnungszeiten weitaus zufriedener. Jetzt, da sie auf der Suche nach einer Grundschule für ihren Sohn ist – und sich auf die Geburt ihres zweiten Kindes vorbereitet –, sagt Bridget, sie habe vor, sich auf ihr eigenes Gefühl und ihre Erfahrung statt auf die idealisierte Erinnerung an ihre Mutter zu verlassen.

Noch eine bedeutungsschwere Zahl

Genauso wie Frauen sich davor fürchten, das Alter zu erreichen, in dem ihre Mütter starben, betrachten sie auch das Heranreifen ihrer Kinder mit einer gewissen Besorgnis. Zu beobachten, wie ein Kind die verschiedenen Phasen durchläuft, läßt in einer Mutter die eigenen Entwicklungsprobleme wiederaufleben.[227] Sie projiziert nicht einfach nur ihre einstigen Erfahrungen auf ihr Kind, in gewissem Grade durchlebt sie sie noch einmal. Wenn eine mutterlose Tochter sieht, wie ihr Kind, und vor allem ihre Tochter, in das Alter kommt, in dem sie war, als ihre eigene Mutter starb, erlebt sie die Ängste und Befürchtungen, die sie in jener Zeit empfunden hat, noch einmal. Die Erinnerung an den Verlust ist ihr Wegweiser, und so identifiziert sie sich doppelt: mit ihrem Kind und mit ihrer Mutter. *Werde ich jetzt sterben?* fragt sie sich. *Wie soll mein Kind ohne mich zurechtkommen?*

»Viele mutterlose Frauen bekommen Depressionen, wenn ihr Kind sich dem Alter nähert, in dem sie selbst waren, als ihre Mütter starben«, sagt Phyllis Klaus. »Ich habe Klientinnen, die über das fünfte Lebensjahr ihres Kindes sprechen und erzählen, wie schrecklich diese Zeit für sie war. Sie haben die Erinnerung vollkommen verdrängt. Sie wurden krank oder bekamen Depressionen. Wenn ich mir dann ihre Lebensgeschichte ansehe, kommt heraus, daß sie selbst fünf Jahre alt waren, als ihre Mütter starben. Ihre Angst vor einer möglichen Wiederholung dieser Geschichte überträgt sich auf ihre Kinder und spiegelt sich in deren Verhalten wider.«

Wenn Kinder die näheren Umstände des frühen Verlustes ihrer Mütter kennen, identifizieren sie sich häufig mit dem Kind, das sie, die Mutter, einst war. Alice, die vierundzwanzig war, als ihre Mutter starb, sagt, ihre beiden Töchter wären auf sie zugekommen, als sie das vierundzwanzigste Lebensjahr erreichten. Sie wollten mit ihr über ihre Sterblichkeit sprechen, und es war ihnen besonders wichtig, ihr zu sagen, wie schlimm es für sie wäre, wenn sie ihre Mutter in diesem Alter verlieren würden. Ein dramatischeres Beispiel schildert die achtunddreißigjährige Emily, die vierzehn war, als ihre Mutter Selbstmord beging. Als ihre Tochter in die Pubertät kam, geriet Emily in Panik, weil ihr bewußt wurde, daß sie sich als Mutter eines Kindes von über vierzehn Jahren auf keinerlei persönliche Erfahrungen beziehen konnte. Ihre älteste Tochter übernahm ihre Angst und drehte ebenfalls durch. »Das Jahr, in dem sie vierzehn wurde, war grauenvoll«, sagt Emily. »Sie trug sich mit Selbstmordabsichten, sie tobte sich in jeder erdenklichen Art und Weise aus und bestand darauf, daß ich sie bei ihrem Vater leben lasse. Als sie ging, hatte ich wieder das Gefühl, als würde ein Teil von mir sterben, und in gewisser Hinsicht mußte ich unsere Beziehung in meinem Herzen sterben lassen.« Obwohl vierzehn vielleicht eher zufällig das gleiche Alter war, scheint es doch möglich, daß sich Emilys Tochter mit der Erfahrung ihrer Mutter identifizierte und darauf bestand, sie zu verlassen, bevor ihre Mutter sie verlassen konnte. Als Emily den inneren Kampf ihrer Tochter beobachtete, versetzte sie sich selbst in ihr eigenes vierzehntes Lebensjahr zurück, das für sie eine Zeit der Verwirrung und der Ohnmacht gewesen war. Sie fühlte sich außerstande, ihre Tochter zu halten, und so ereignete sich noch einmal eine Mutter-Tochter-Trennung nach vierzehn Jahren.

Der Unabhängigkeitsfaktor

Eine der häufigsten Konsequenzen, die mutterlose Frauen ihrem frühen Verlust zuschreiben, ist die Unabhängigkeit. Es ist nicht verwunderlich, daß dies eine der Eigenschaften ist, die sie ihren Kindern und ganz besonders ihren Töchtern am häufigsten mitgeben wollen.[228] Weil sie, um psychisch zu überleben, Selbstsicherheit entwickeln mußten, hoffen diese Frauen, ihren Kindern den Schmerz jener Neuorientierung zu ersparen. Die dreiundfünfzigjährige Gloria, Mutter von zwei Töchtern um die Zwanzig, erklärt es so:

> Ich habe mich, als unsere Kinder heranwuchsen, um die typischen »Pflichten einer Mutter« wie Betten machen oder Pausenbrote schmieren nicht gerade viel gekümmert. Ich wollte, daß sie selbständig werden, im Leben und auch im Denken, damit sie auch allein gut zurechtkommen würden, wenn mir je etwas zustoßen sollte. Ich hatte nicht das Gefühl, ihnen viel »Mütterliches« geben zu können, weil ich selbst so sehr nach Mütterlichkeit hungerte. Als sie Teenager waren, empfand ich mein Verhalten oft eher väterlich als mütterlich. Aber offensichtlich ist aus ihnen trotz alledem etwas geworden. Zu meiner Überraschung bemuttern meine Töchter manchmal mich, was ich sehr genieße.

Gloria ist zwar verheiratet, hat aber ihre Töchter dennoch dazu erzogen, »auch allein gut zurechtzukommen«, für den Fall, daß ihr etwas zustoßen sollte. Gloria war dreizehn Jahre alt, als ihre Mutter an Krebs starb, und damals fühlte sie sich trotz der Anwesenheit ihres Vaters und ihrer beiden älteren Schwestern allein gelassen. Als sie selbst Mutter wurde, identifizierte sie sich sowohl mit ihrer Mutter als auch mit ihren Kindern und ergriff die ihr notwendig erscheinenden Maßnahmen, um ihre Töchter zu schützen, falls sie, wie ihre Mutter, jung sterben sollte.

Die siebenunddreißigjährige Yvonne, die zwölf war, als ihre Mutter starb, sagt, ihre gleichzeitige Identifikation mit ihrer Mutter und ihrer Tochter habe dazu geführt, daß sie ihren Sohn und ihre Tochter ganz unterschiedlich erzogen habe, auch wenn die beiden nur knapp zwei Jahre auseinander sind. »Meiner Meinung nach bin ich eine sehr gute Mutter gewesen. Aber bei meiner Tochter habe ich etwas Seltsames gemacht, was ich bei meinem Sohn nicht gemacht habe«, erklärt sie.»Ich betrachte jedes Jahr, das vorübergeht, als einen Sieg. Da! Sie ist wieder ein Jahr älter – falls ich sterbe. Als sie das Alter überschritt, in dem ich war, als meine Mutter starb, war ich sehr erleichtert. Jetzt, da sie sechzehn und überaus unabhängig ist, habe ich das Gefühl, ich hätte das Schlimmste hinter mir. Ich weiß, daß diese meine Sichtweise sich wahrscheinlich auf meine Tochter auswirkt, aber so sehe ich eben die Welt. Eines Tages werde ich es ihr erklären, aber über meine Sterblichkeit kann ich jetzt mit ihr noch nicht sprechen.«

Selbstvertrauen ist sicherlich eine positive Eigenschaft, die man Kindern mitgeben kann, doch können sich, wie Yvonne vermutet, die dahinterliegenden Beweggründe und die Herangehensweise der Mutter nachhaltig auswirken. Wenn eine Mutter ihre Kinder zu einer frühreifen Unabhängigkeit erzieht, die eher in ihrer alten Erfahrung *mit* einer Mutter als in ihrer gegenwärtigen Erfahrung *als* Mutter begründet ist, dann übersieht sie die Dynamik der augenblicklichen Beziehung. Indem sie die Bedeutung, die sie im Leben eines Sohnes oder einer Tochter hat, auf ein Minimum reduziert, weil sie ihnen das Leid ihrer eigenen Kindheit ersparen will, bereitet sie sie in Wirklichkeit auf ein Ereignis vor, das höchstwahrscheinlich gar nicht eintreten wird, und die Kinder wachsen in der unbewußten Vorahnung eines Traumas auf, das niemals eintrifft. Indem sie sich emotional aus dem Leben ihrer Kinder zurückzieht, tut sie genau das, was sie zu vermeiden versucht: sie nimmt ihren Kindern die Mutter.

Der generationsüberspringende Effekt

Tausende von Kindern in Amerika weisen die Symptome mutterloser Kinder auf, obschon ihre Mütter noch leben. Warum? Weil sie von mutterlosen Töchtern großgezogen wurden. Wenn in die Persönlichkeitsentwicklung eines Kindes ein früher Verlust eingeht, werden die Überlebensstrategien, die es in jener Zeit entwickelt, auch bei späteren Aufgaben – einschließlich der Elternrolle – von ihm eingesetzt. Weil mutterlose Töchter, wie alle anderen Töchter auch, das elterliche Verhalten kopieren, das sie selbst erfahren haben, können ihre Kinder schließlich aus dem Verlust einer Großmutter, die sie nie kannten, einen Nutzen ziehen beziehungsweise darunter leiden. Und diese Kinder werden dann wahrscheinlich wiederum *ihre* Kinder in ähnlicher Weise großziehen. Die sechsundvierzig Jahre alte Emma weiß genau, wie das gehen kann. In ihrer Familie, sagt sie, leiden vier Generationen von Frauen unter den Nachwirkungen des Todes ihrer Großmutter mütterlicherseits, der mehr als siebzig Jahre zurückliegt.

Emma: Die Kette sprengen

Emmas Mutter war erst drei Jahre alt, als ihre Mutter im Kindbett starb. Oder war sie vier? Emma kann es nicht genau sagen. Ihre Mutter spricht nicht viel über den Verlust, und Emma kennt nur vage Einzelheiten. Sie weiß, daß ihre Mutter in ihrer Kindheit von einem zum anderen geschickt und von Verwandten und Freunden aufgezogen wurde, doch das ist auch schon so gut wie alles, was sie weiß. Wenn sich Emma an ihre Kindheit zurückerinnert, sind es nicht Gespräche, die ihr einfallen. Es sind Aktivitäten.

»Wir sind ständig dazu ermuntert worden, etwas zu tun, Reisen zu machen und etwas zu erreichen«, sagt sie. »Von außen sah es so aus, als wären meine Geschwister und ich tolle Erfolgstypen. Wir waren immer sehr beschäftigt. Meine Mutter auch. Sie war Lehrerin und hat überall freiwillig mitgearbeitet. Alle halten sie für wunderbar. Doch mir ist inzwischen klargeworden, daß dieser ständige Übereifer ihre Methode war, Gefühle zu vermeiden.«

Emmas Mutter hatte ein Jahr vor ihrer Mutter auch ihren jüngeren Bruder verloren, und ihr Vater verschwand kurz nach dem Tod seiner Frau. »Sie war drei Jahre alt, und niemand war mehr da«, sagt Emma. »Ich habe immer geglaubt, daß das der Grund war, warum sie so stark war. Sie mußte stark sein.« Die Bewältigungsstrategien, die Emmas Mutter während ihrer Jugend und als junge Erwachsene schützten, wurden die gleichen, die sie bei ihren Kindern förderte: Werde nicht krank! Weine nicht! Sei stark!

Als Emma neun war und ihr Elternhaus abbrannte, nahm ihre Mutter das ohne sichtbare Trauer oder Verlustgefühle auf. »Es geschah in der Woche vor Weihnachten, und wir haben alles, auch unsere Katzen und Hunde, verloren«, erinnert sich Emma. »Doch es veränderte sich nichts. Wir machten einfach weiter. Wir gingen damit um, als wäre es keine große Sache, was auf eine gewisse Art auch eine gute Seite hat, nehme ich an. Für meine Mutter war es wahrscheinlich wirklich keine große Sache, da ja niemand dabei ums Leben gekommen war. Aber sich als Kind so verhalten zu müssen, bereitet einen nicht darauf vor, sich selbst zu verstehen. Es nimmt einem die Möglichkeit, menschlich zu reagieren. Man muß sich wie ein Roboter verhalten. Und dann wird man erwachsen und fragt sich: ›Ja, was *ist* denn dann eine große Sache?‹«

Während ihrer ganzen Kindheit und Pubertät mußte Emma nie um Erlaubnis fragen. Immer traf ihre Mutter für sie die Entscheidungen. Als mutterlose Tochter, die die bittere Notwendigkeit der Unabhängigkeit kannte, förderte sie diese auch bei ihren Töchtern, doch als Mutter, die ihren Kindern unbedingt das geben wollte, was sie selbst nicht bekommen hatte, wurde sie im Alltag übereifrig und sehr kontrollierend. »Verstehen Sie den Widerspruch?«, fragt Emma. »Sie sagte das eine und tat das andere. Es war ihr so wichtig, daß meine Schwester und ich für uns selbst verantwortlich waren. Das wurde das Motto unseres Lebens. Doch ich dachte auch, ich würde gar nicht wissen, was ich tun soll oder wie ich mich verhalten soll, wenn meine Mutter sterben würde, weil sie immer alles für mich erledigte. Sie bestimmte, was wichtig war und was nicht. Und ich weiß, daß ich das gleiche bei meinen Kindern gemacht habe, wenn ich zu ihnen, bevor sie noch die Chance hatten, sich selbst zu entscheiden, gesagt habe: ›Darüber brauchst du doch nicht traurig zu sein.‹«

Als Emma eine junge Mutter mit einer Tochter und einem Sohn war, wiederholte sie genau das Verhaltensmuster, das ihre Mutter als Elternteil gezeigt hatte. Sie behielt ihre Kinder bei sich zu Hause und hatte nur wenige Freunde außerhalb. Sie bestimmte und regelte all ihre täglichen Aktivitäten. Sie nahm es für selbstverständlich, daß ihr Sohn unabhängig werden würde, trieb ihre Tochter jedoch besonders dazu an. Und sie wahrte eine emotionale Distanz zu ihnen, im Vertrauen darauf, daß sie mit Herzensangelegenheiten selbst fertig werden würden.

Sie glaubte, es wäre alles ganz gut gelaufen, bis sie eines Tages vor ein paar Jahren ihre Tochter besuchte. Als sie das Verhalten ihrer kleinen Enkeltochter beobachtete, erkannte Emma, daß da etwas gewaltig im argen lag.

»Ich begriff, daß wir drei zusammen uns einfach überhaupt nicht vertragen«, erklärt sie. »Jeweils zu zweit ist alles in Ordnung. Meine Enkelin und ich verstehen uns prima, und meine Tochter und ich verstehen uns prima. Doch kaum sind wir alle drei zusammen, fährt der Teufel in das kleine Mädchen. Sie wird dann einfach schrecklich. Es ist grauenvoll mitanzusehen. Meine Tochter und ich scheinen irgend etwas in ihr auszulösen. Ich weiß noch nicht, was es ist. Keine von uns scheint zu wissen, wie sie sein kann oder soll. Ich kann mir nicht helfen, aber ich glaube, es kommt von meiner Mutter, die niemanden hatte, der ihr beibrachte, wie man zuerst ein Individuum, dann eine Ehefrau und schließlich eine Mutter wird.«

Kurze Zeit nach diesem Nachmittag im Haus ihrer Tochter begann Emma eine Therapie, um die Beziehung sowohl zu ihrer Mutter als auch zu ihrer Tochter zu ergründen. Sie brauchte beinahe drei Jahre dazu, um das idealisierte Bild ihrer Mutter zu überwinden. »Beinahe das erste, das ich in der Therapie sagte, war, daß meine Mutter vollkommen war«, sagt sie. »Im Laufe der Zeit entdeckte ich, daß man fast an allem, was sie tat, etwas aussetzen konnte. Ich wurde sehr wütend auf sie. Wie konnte sie sich nur so verhalten, wie sie es getan hat? Warum wußte sie nicht, daß wir mehr brauchten als nur einen Fels, der niemals zu etwas anderem fähig war, als stark zu sein. Das erlaubt es einem Kind nicht, auch nur im geringsten schwach zu sein.« Mit der Hilfe ihrer Therapeutin überwindet Emma ihre Scham und ihre Wut, indem sie ihre Mutter von neuem als ein mutterloses Kind betrachtet, um einige ihrer Verhaltensweisen zu verstehen. »Ich befinde mich jetzt an einem Punkt, wo ich die Stärke meiner Mutter wieder als etwas Wunderbares begreifen kann«, erklärt sie. »Und ich kann auch sehen, daß das, was ablief, nicht ihre Schuld war. Sie konnte mir nicht etwas geben, was sie selbst nicht hatte. Doch das hat es weder für mich noch für meine Tochter oder meine Enkeltochter weniger schmerzlich gemacht.«

Emmas Tochter ist vor kurzem mit in die Therapie gegangen, und jetzt arbeiten sie gemeinsam daran, ihre Mutter-Tochter-Beziehung zu überprüfen und neue elterliche Verhaltensweisen für ihre Enkeltochter zu entwickeln. Emma hat auch ihre Mutter, die heute sechsundsiebzig ist, dazu ermuntert, mit in die Therapiesitzungen zu kommen. Sie rechnet nicht mit einem radikalen Umschwung, aber sie ist voller Hoffnung. Wenn mehrere Generationen von Frauen in der Familie lernen, ist es für die Tochter niemals zu spät, die Vergangenheit neu zu betrachten und selbst heil zu werden.

Kapitel zwölf

Der weibliche Phönix

DIE ERINNERUNGEN AN IHRE MUTTER VERFOLGTEN Virginia Woolf von ihrem dreizehnten bis zu ihrem vierundvierzigsten Lebensjahr. Julia Stephen starb an einem akuten Gelenkrheumatismus, als ihre jüngste Tochter dreizehn Jahre alt war, und lebte als »unsichtbare Erscheinung« im Leben von Virginia Woolf weiter, die sich zunächst als Literaturkritikerin und dann als Romanschriftstellerin einen Namen machte. »Als ich dann eines Tages um den Tavistock Square ging, entwarf ich in einem großen, offensichtlich unwillkürlichen Ausbruch – so wie ich manchmal meine Bücher entwerfe – *Die Fahrt zum Leuchtturm*«, schrieb sie in dem Essay »A Sketch of the Past«.[229]

> Eine Sache ergab die nächste ... Ich schrieb das Buch sehr schnell; und als es fertig war, verfolgte mich meine Mutter nicht mehr. Ich höre ihre Stimme nicht mehr; ich sehe sie nicht mehr vor mir.
> Ich nehme an, daß ich das gemacht habe, was Psychoanalytiker mit ihren Patienten machen. Ich habe ein sehr lang empfundenes und tief empfundenes Gefühl ausgedrückt. Und indem ich es ausdrückte, habe ich es erklärt und damit erledigt. Aber was bedeutet, es »erklärt« zu haben? Warum sollte, nur weil ich in diesem Buch sie und mein Gefühl zu ihr beschrieben habe, mein Bild von ihr und mein Gefühl zu ihr plötzlich viel besser und schwächer werden? Vielleicht werde ich eines Tages auf den Grund dafür stoßen.

Seitdem Freud Kreativität als einen Versuch der Kompensation für eine unbefriedigende und unerfüllte Kindheit bezeichnet hat – wie etwa auch der Versuch der Tochter, die Leere und Einsamkeit, die sie empfindet, zu lindern –, haben Psychologen und Künstler verschiedene Theorien über die Beziehungen zwischen frühem Verlust, Kreativität und Erfolg aufgestellt.[230] »Wenn wir von dem Verlust eines Elternteils sprechen, sprechen wir meist über das Pathologische und das Leid«, sagt Phyllis Klaus. »Doch kann jegliche denkbare Tragödie im Leben eines Menschen zum Sprungbrett für Kreativität und Wachstum werden oder zum Anlaß, diese Tragödie auf gesunde Weise aufzuarbeiten. Es ist interessant zu sehen, wodurch die Menschen an diesen Punkt gelangen. Manchmal ist es ihr Vermögen, in sich zu gehen und sich zu dem zu entwickeln, der sie wirklich sein wollen, das eigene Leben lebenswert zu machen und es nicht zu vergeuden.«

Der frühe Verlust der Mutter hat schon immer als ein Auslöser für den späteren Erfolg einer Tochter gewirkt. So wie Tuberkulose die Krankheit der Künstlerin war, war der Verlust der Mutter ihre frühe Leidenserfahrung. Dutzende von bedeutenden Frauen in der Geschichte haben ihre Mütter in ihrer Kindheit oder Pubertät verloren, zum Beispiel Dorothy Wordsworth (bei der Geburt); Harriet Beecher Stowe (mit 5 Jahren); Charlotte, Emily und Anne Brontë (mit 5, 3 und 1 Jahr); George Eliot (mit 16); Jane Adams (mit 2); Marie Curie (mit 11); Gertrude Stein (mit 14); Eleanor Roosevelt (mit 8); Dorothy Parker (mit 5) und Margaret Mitchell (mit 19).

Die Geschichtsbücher sind voll von Männern, die früh ihre Mütter verloren haben, darunter Staatsmänner (Thomas Jefferson, Abraham Lincoln); Künstler (Michelangelo, Ludwig van Beethoven); Gelehrte (Charles Darwin, Georg Wilhelm Friedrich Hegel, Immanuel Kant) und Schriftsteller (Joseph Conrad, John Keats, Edgar Allan Poe).[231] Als der Psychologe Marvin Eisenstadt eine historische Untersuchung über 573 berühmte Persönlichkeiten – von Homer bis John F. Kennedy – durchführte, stellte er fest, daß unter »herausragenden« oder »genialen Menschen der Geschichte« in den Bereichen der Kunst, Geisteswissenschaften, Naturwissenschaften und Militärführung die Quote derjenigen, die ihre Mutter verloren hatten, dreimal so hoch ist wie in der Allgemeinbevölkerung, sogar wenn dabei die Sterblichkeitsrate früherer Jahrhunderte berücksichtigt wird.[232]

Andere Untersuchungen haben jedoch ähnlich hohe Quoten des Mutterverlusts bei jugendlichen Straftätern und Häftlingen aufgedeckt.[233] Es scheint, daß Kinder, die einen Elternteil verlieren, im allgemeinen zwei typische Reaktionsmuster zeigen: Entweder sie entwickeln ein Gefühl des Fatalismus, indem sie das Eintreffen unglücklicher Ereignisse in der Zukunft erwarten oder sogar begünstigen, oder sie reißen sich zusammen, schütteln alle Widrigkeiten ab und gelangen zu Entschlossenheit und zur Bereitschaft, den Blick nach vorn zu richten.

Was bewirkt, daß das eine Mädchen, das seine Mutter verliert, mit dem Gesetz in Konflikt gerät, und ein anderes persönlich und kreativ erfolgreich ist? Bei jeder einzelnen mutterlosen Tochter sind das Alter zum Zeitpunkt des Verlustes, die Todesursache der Mutter und die Art der Unterstützung, die ihr danach zur Verfügung steht, ausschlaggebend dafür, wie sie zurechtkommt. Und zwei weitere Voraussetzungen scheinen notwendig zu sein: eine ausgeprägte Zielstrebigkeit und Anzeichen eines bereits vorhandenen künstlerischen oder intellektuellen Talents.

Veronika Denes-Raj, die die Beziehung zwischen dem frühen Verlust eines Elternteils und den Vorstellungen von der eigenen Lebenserwartung untersucht hat, geht davon aus, daß eine frühe Konfrontation mit dem Tod manche Kinder dazu anregt, sich eine existentiellere Lebensanschauung zu eigen zu machen, die sie wiederum dazu anspornt, erfolgreich zu sein. »Freud sagte, wir können unserem eigenen Tod nicht ins Auge sehen«, erklärt Dr. Denes-Raj, »Existentialisten aber glauben, daß man sich seiner eigenen Grenzen bewußt sein muß, um erfolgreich zu sein. Nur wenn man glaubt, daß das Leben aus der kurzen Spanne zwischen den Fixpunkten Geburt und Tod besteht, kann man das erreichen, was man will. Existentialisten wissen, daß Leben nicht unendlich ist. Nach dem Tod eines Elternteils sehen sie sich um und fragen: ›Was bleibt zu tun?‹ und gehen es dann an.«

Weil der Tod der Mutter für eine Tochter die Erfahrung ist, die der eigenen Todeserfahrung am nächsten kommt, lehrt sie dieser Verlust, daß das Leben – und insbesondere ihr eigenes – Grenzen hat und ganz plötzlich, ohne Vorwarnung, enden kann.[234] Auch wenn sie im allgemeinen die Welt für weniger berechenbar hält als andere Frauen, steckt sie sich eindeutige Ziele und ist fest entschlossen, diese zu erreichen, bevor ihre Zeit abgelaufen ist. Dr. Denes-Raj erklärt: »Diese Menschen werden sagen: ›Gut, vielleicht lebe ich ja nur, bis ich fünfundzwanzig oder sechzig bin, aber ich möchte dies oder jenes noch erreichen. Also muß ich mich beeilen. Und wenn ich doch länger lebe, werde ich auch noch andere Dinge machen.‹« Ihre Mutter ist vielleicht mit Träumen gestorben, die sich nie erfüllt haben, doch die Tochter ist fest entschlossen, daß ihr das gleiche nicht passieren wird. Den Tod kann sie nicht beherrschen, aber ihr persönliches Handeln schon.

Die Zeitungskolumnistin und Pulitzer-Preisträgerin Anna Quindlen wollte das Schreiben zu ihrem Lebensinhalt machen, noch bevor ihre Mutter an Eierstockkrebs starb, als Anna neunzehn war; diese Erfahrung, meint sie, habe sie in ihrer Entschlossenheit bestärkt, noch mehr in noch kürzerer Zeit zu erreichen. »Als ich noch eine junge Reporterin war – ich wurde mit neunzehn Reporterin und bin mit vierundzwanzig zur *New York Times* gegangen –, fragten mich manchmal Leute: ›Warum hast du es so eilig? Du hast doch dein ganzes Leben noch vor dir‹«, erinnert sie sich. »Und ich dachte: ›Das kannst du deiner Großmutter erzählen, mein Freund. Der ganze Rest meines Lebens könnte aus fünf oder zehn Jahren bestehen.‹ Ich hatte das Gefühl, als ginge alles viel zu schnell.«

Wie bei Anna Quindlen zeichnete sich auch bei den meisten anderen mutterlosen Töchtern, die in ihrem Leben erfolgreich waren, ihre intellektuelle oder künstlerische Begabung bereits ab, bevor ihre Mütter starben. Ein Verlust verleiht einer Tochter keine Fähigkeiten, die sie nicht schon zuvor besaß. Statt dessen wirkt er als ein auslösendes Ereignis, das ein verborgenes Talent freisetzt, oder er weckt in ihr den Geist und den Willen, den sie braucht, um ihre Fähigkeiten über den sicheren und vorhersehbaren Rahmen hinaus zu verfolgen.[235]

Wenn ein früher Verlust zu einem bestimmenden Faktor für die Identität einer Tochter wird, dann kann er auch bewußt oder unbewußt ihre spezifischen Pläne für eine berufliche Laufbahn steuern. Eine einundvierzigjährige Romanautorin, die acht Jahre alt war, als ihre Mutter starb, schreibt zum Beispiel Geschichten über Mutter-Tochter-Beziehungen, weil die ihr erlauben, aus einer sicheren Distanz heraus zu trauern. Eine neunundvierzigjährige Rechtsanwältin, die mit sechzehn ihre Mutter verloren hat, kämpft heute für die

Rechte der Frauen, weil sie sich daran erinnert, wie sich ihre Mutter in den fünfziger Jahren gegen die traditionellen Geschlechterrollen gewehrt hat. Und eine vierundfünfzigjährige Professorin der Tumorbiologie, deren Mutter 1953 an Brustkrebs starb, entschloß sich im Alter von dreizehn Jahren, dazu beizutragen, daß solche Krankheiten in Zukunft nicht mehr auftreten.

> Ich erinnere mich, daß ich, ein dürres, ungelenkes Mädchen am Beginn der Pubertät, meine Mutter einmal, als ich wie so oft um ihr Bett herumstrich, betrachtete, wie sie nach einer Morphiumspritze friedlich schlafend dalag. Ich gab mir selbst das feste Versprechen: Eines Tages, wenn ich erwachsen bin, werde ich dagegen etwas tun. In den darauffolgenden Jahren tauchte dieses Versprechen immer wieder auf und bestimmte meinen beruflichen Weg. Auf der High School und am College gab ich Biologie den Vorzug vor Musik, weil Musik kaum dazu beitragen würde, das Problem des Todes meiner Mutter zu lösen. Ich entschied mich für einen Graduiertenkurs in Genetik und Mikrobiologie statt für die medizinische Fakultät, weil Ärzte es nicht geschafft hatten, das Leben meiner Mutter zu retten. Es mußte noch mehr Forschung betrieben werden, um die Ärzte mit dem richtigen Rüstzeug für ihre Arbeit auszustatten. Heute bin ich Universitätsprofessorin mit einem Forschungsauftrag für Brustkrebs. Mein Ziel ist es, die Ursache der Krankheit zu finden, damit man ihr vorbeugen kann und nie wieder Frauen daran sterben müssen, so wie meine Mutter.

Heutzutage brauchen wir nur den Fernseher einzuschalten, die Zeitung aufzuschlagen oder eine Buchhandlung aufzusuchen, um mutterlose Frauen zu entdecken, die trotz ihrer frühen Verlusterfahrung zu Ruhm und Ehren gelangt sind. Jane Fonda war 15 und Deborah Norville 20 Jahre alt, als ihre Mütter starben; die Schauspielerin Susan Dey war 8; die Schauspielerin Rita Rudner 13 und die Schriftstellerin Susan Minot 21 Jahre alt. Carol Burnett wurde von ihrer Großmutter aufgezogen, während ihre alkoholkranke Mutter in einer anderen Wohnung auf der gleichen Etage lebte. Liza Minelli war 23, als Judy Garland an einer Überdosis von Medikamenten starb.

Von ihrem dritten Lebensjahr an wurde Maya Angelou hauptsächlich von ihrer Großmutter in Stamps im Staat Arkansas erzogen. Und auch zwei der einflußreichsten Frauen der amerikanischen Unterhaltungsindustrie – Oprah Winfrey und Madonna – wuchsen ohne Mütter auf. Oprah verbrachte ihre ersten sechs Lebensjahre bei ihrer Großmutter mütterlicherseits und lebte danach, bis sie zwanzig wurde, hauptsächlich bei ihrem Vater. Madonna wurde im Alter von fünf Jahren mutterlos.

Kim Campbell, die frühere kanadische Premierministerin, war zwölf, als die Ehe ihrer Eltern scheiterte und ihre Mutter mit einem anderen Mann das Land verließ. Sowohl Prinzessin Diana als auch Sarah Ferguson, die Herzogin von York, wuchsen ohne Mütter auf.

Die Schauspielerin Meg Ryan war 14, als sich ihre Eltern scheiden ließen und sie zu ihrem Vater zog. Die Miss Teen der USA des Jahres 1993, Charlotte Anne Lopez, war seit ihrem dritten Lebensjahr bei sechs verschiedenen Familien in Pflege. Und Rosie O'Donnell, die Komödienschauspielerin, deren Karriere 1992 mit dem Film »A League of Their Own« begann, war 10 Jahre alt, als ihre Mutter starb. Gleich am ersten Tag, an dem sie Madonna auf dem Filmgelände begegnete, erzählte sie ihr dieses Detail aus ihrer persönlichen Geschichte. Die beiden schlossen sich schnell zusammen und sind bis zum heutigen Tag Freundinnen geblieben.

Die Wurzeln des Erfolgs einer mutterlosen Frau

Es ist kein Zufall, daß mutterlose Frauen an die Spitze ihrer jeweiligen Fachgebiete aufsteigen. Viele der Voraussetzungen, die für große Leistungen von Vorteil sind – Voraussetzungen, die andere Frauen meist nur unter großen Anstrengungen herstellen können –, sind im Leben einer mutterlosen Tochter bereits vorgegeben, und das läßt sie zu einer geborenen Kandidatin für überragende Kreativität und überragende Erfolge werden.

Autonomie und persönliche Macht

In ihrer Kindheit und Pubertät sind Mädchen im allgemeinen ihren Eltern gegenüber angepaßter und folgsamer als Jungen.[236] Das trifft ganz besonders auf Töchter zu, die sehr unter dem Einfluß ihrer Mütter stehen. Doch wenn die Mutter oder Mutterfigur in der Familie nicht mehr da ist, kann ein Mädchen mit einer distanzierten oder nicht existierenden Vater-Tochter-Beziehung oder einer solchen, in der die Rollen vertauscht sind, plötzlich allein handeln und entscheiden. Obwohl das Fehlen sozialer Kontrolle manche Töchter beinahe überfordert, bietet ein Umfeld ohne Einschränkungen anderen die Möglichkeit von Unabhängigkeit und Freiheit, die für die persönliche Entwicklung unerläßlich sind.

Die Schriftstellerin und Aktivistin Letty Cottin Pogrebin sagt, sie sei vor dem Tod ihrer Mutter, als sie fünfzehn Jahre alt war, auf dem besten Weg gewesen, »ein typisches Kind der fünfziger Jahre, eine sittsame, zurückhaltende, männerorientierte, auf Ehe und Versorgung durch den Ehemann ausgerichtete Frau zu werden«. Ihre Mutter war derjenige Elternteil, der ihr beständige Fürsorge und Wärme geboten hatte, und nach der schnellen Wiederheirat ihres Vaters und seinem Rückzug aus ihrem Leben wurde es Letty Pogrebin ganz deutlich, daß sie sich um sich selbst kümmern mußte. Um sich vor ihren Gefühlen des Verlassenseins und der Wut und Verbitterung zu schützen, beschloß sie, von nun an ein unerschrockener, unabhängiger Mensch zu sein. Anstatt zu heiraten oder zu Verwandten zu ziehen, wie es die meisten anderen Frauen in ihrem College taten, wenn sie ihren Abschluß gemacht hatten, suchte sie sich mit zwanzig eine Stelle in einem Verlag in New York City und nahm sich eine eigene Wohnung in Greenwich Village.

> Das war im Jahr 1959, als Frauen eigentlich nicht allein lebten. Sie wohnten in Pensionen, in denen sich die Besucher bei einem Portier im Erdgeschoß anmelden mußten. Frauen, die alleine lebten, galten immer noch als ein wenig verdächtig. Bis ich in meine Wohnung einziehen konnte, wohnte ich ein paar Monate in einem Hotel am Times Square. Mein Vater wußte, wo ich lebte, es schien ihn aber nicht zu kümmern. In diesem Hotel gab es alle möglichen Leute, die man sich nur vorstellen kann. Obwohl die Verhältnisse dort damals nicht so locker waren wie heute, waren sie doch, gemessen an den Normen jener Zeit, ziemlich anrüchig. Ich bin mir sicher, wenn meine Mutter noch gelebt hätte, wäre ich niemals

dort gewesen. Nachts lag ich manchmal im Bett und sagte mir: Ich wäre nie hier, nicht einmal eine Millisekunde lang, wenn sie noch lebte.

Unterdessen hatte ich wirklich begonnen, das verbotene Leben zu genießen, den Gedanken, daß ich eine Rebellin war. Ich lebte ein Künstlerleben, was ich sicherlich niemals getan hätte, keine Minute lang, wenn meine Mutter noch gelebt hätte.

Als *Frühstück bei Tiffany's* herauskam, identifizierte ich mich so stark damit, daß ich richtig erschüttert war, als Audrey Hepburn starb. Sie war in diesem Film so etwas wie mein filmisches alter ego gewesen. Ich hatte einen Motorroller, ich hatte einen Hund, ich hatte eine Ente, ich hatte ein Kaninchen. Ich machte alle möglichen verrückten Sachen. Ich lebte ganz nach meinen Launen. Ich nahm Drogen, ich ging mit jedem Mann aus, der mich interessierte. Es war keine destruktive Art zu leben, aber sicherlich ein in jeglicher Hinsicht zügelloses Leben und für die späten fünfziger und frühen sechziger Jahre nicht gerade das, was brave jüdische Mädchen taten.

Ich glaube nicht, daß ich zu solch einer Kämpferin geworden wäre, zu der Sorte Mensch, der gegen den Strom schwimmt und der Gefahr trotzt, und ich glaube nicht, daß ich zu jener Zeit dieses unkonventionelle und ungebundene Leben geführt hätte, wenn meine Mutter nicht gestorben wäre. Nach meiner Heirat, als ich politisch aktiv war und mich für den Feminismus einsetzte, habe ich jedoch ein sehr konventionelles Leben geführt.

Es entbehrt nicht einer gewissen Ironie, daß ich das Leben meiner Mutter wiederholt habe. Ich lebe monogam, ich bin glücklich verheiratet und habe drei Kinder. Der einzige Unterschied ist, daß meine Mutter in ihrer Ehe nicht glücklich war, doch sie war ein sehr auf Ehe und Familie bezogener Mensch, und das bin ich auch geworden. Mein Bedürfnis, politisch aktiv zu sein, und meine Anstrengungen, für die Werte öffentlich einzutreten, die mir wichtig sind ... Ich glaube nicht, daß ich diese Chuzpe gehabt hätte, wenn ich nicht jene Jahre für mich allein gehabt hätte.

Lockerung der Rollenzuweisung

Väter, die sich im allgemeinen für weniger geeignet halten, sich um die emotionalen Bedürfnisse ihrer Töchter zu kümmern, richten ihr Augenmerk vielleicht statt dessen auf deren intellektuelle Interessen. Sowohl Marie Curie (mutterlos ab dem 11. Lebensjahr) als auch Dorothy Parker (mutterlos ab ihrem 5. Lebensjahr) hatten eine enge Beziehung zu ihren verwitweten Vätern, die ihre frühen Neigungen förderten. Marie Curies Vater, der vier Kinder allein großziehen mußte, lenkte seine Töchter in die akademische Laufbahn, indem er sie dazu anhielt, Chemie und Physik zu lernen und fünf Sprachen zu sprechen.[237] Wenn Dorothy Parker in den Sommerferien verreist war, schickten sie und ihr Vater sich gegenseitig in ihren Briefen lustige Gedichte zu, die praktisch als Vorübung für ihr späteres literarisches Schaffen dienten.[238] Wenn ein Mädchen nicht, wie in einer intakten Familie üblich, in die typischen sozialen und kulturellen Rollen eingewiesen wird, weigert es sich als Erwachsene häufig, diese Rollenzuweisung zu akzeptieren oder anzuerkennen. Diese Einstellung ist vielen berühmten Frauen gemeinsam, wie Barbara Kerr, Autorin des Buches *Smart Girls, Gifted Women*, festgestellt hat.[239]

Die Notwendigkeit, Trauerarbeit zu leisten

Trauer braucht ein Ventil; Kreativität bietet es. Manche Psychiater halten Trauer und Kreativität für eine ideale Verbindung, weil die gedanklichen Prozesse des einen die des anderen gut ergänzen. Die sich widersprechenden Impulse eines Kindes, den Tod eines Elternteils gleichzeitig anzuerkennen und zu leugnen, stellen genau jenes zwiespältige Potential dar, das den künstlerischen Ausdruck fördert.[240] Das kreative Werk einer mutterlosen Tochter kann in hohem Maße von ihrer Trauerarbeit beeinflußt sein, und sein Stil, Inhalt oder Zweck zeugen davon.[241] Margaret Mitchell, die neunzehn Jahre alt war, als ihre Mutter starb, wußte genau, wie Scarlett O'Hara den Verlust der Mutter erleben würde. Susan Minot konnte in ihrem ersten Roman *Kinder* die Reaktion der sieben Geschwister auf die Folgen des Todes ihrer Mutter, die bei einem Autounfall starb, deshalb so realistisch darstellen, weil sie selbst einundzwanzig und eines von sieben Geschwistern war, als ihre Mutter ums Leben kam.

Wie schon Virgina Woolf nach der Vollendung ihres Romans *Die Fahrt zum Leuchtturm* feststellte, kann der Abschluß eines Trauerzyklus in einen Ausbruch kreativer Energie münden. Andere Töchter stützen sich auf schöpferische Tätigkeiten, die ihnen bei ihrer Trauerarbeit helfen. Kleine Kinder drücken ihr emotionales Leid oft in kreativen Spielen aus.[242] Ältere Töchter wenden sich vielleicht dem Schreiben, der Malerei, der Musik, der Schauspielerei oder anderen Formen des Selbstausdrucks zu. Sogar bei Töchtern ohne ausgeprägtes künstlerisches Talent haben Psychologen kreative Reaktionen auf den Verlust der Mutter beobachtet – in der Anbahnung einer neuen Beziehung, in der Fähigkeit, Freude zu empfinden, oder in einem neuen Gefühl der Zufriedenheit mit sich selbst, das die Tochter empfindet.[243]

Mary Swander, Dichterin, Dramatikerin, Essayistin und Anglistikdozentin an der Iowa State University, sagt, die Seminare für kreatives Schreiben, die sie Anfang Zwanzig an der Universität belegt hatte, als ihre Mutter an Krebs dahinsiechte, hätten sie aufrechtgehalten. Ihrem Vater entfremdet und von ihren beiden älteren Brüdern räumlich getrennt, kümmerte sich Mary Swander allein um ihre Mutter, während sie gleichzeitig ihren Studienabschluß machte. »Wenn ich auf diese Jahre zurückblicke, frage ich mich: ›Was habe ich eigentlich *gemacht*? Warum habe ich versucht, auf die Universität zu gehen?‹« erzählt sie. »Andererseits, wenn ich nicht geschrieben hätte, wäre ich verrückt geworden. Es hat mich abgelenkt, und in den Geschichten, die ich schrieb, habe ich meine Trauer aufgearbeitet.« Auch nach dem Tod ihrer Mutter gaben ihre Geschichten ihr die Möglichkeit, um die Mutter zu trauern. Ihr erstes Buch, *Succession*, hatte die Familiengeschichte ihrer Mutter zum Thema, und in ihrem zweiten, *Driving the Body Back*, verewigte sie die fünfstündige Fahrt quer durch Iowa, die sie zusammen mit einem Bestattungsunternehmer und ihrer Großtante unternahm, um den Leichnam ihrer Mutter zur Beisetzung im Familiengrab zu überführen.

Patricia Heaton, die in verschiedenen amerikanischen Fernsehserien mitspielte, erhielt eine einmalige Gelegenheit, ihre Trauer auszuagieren – im wörtlichen Sinne. Sie war zwölf Jahre alt, als ihre Mutter überraschend an einer Gehirnblutung starb, und neunzehn Jahre später erhielt sie die Hauptrolle in einem Theaterstück, in dem es um eine Frau ging, die als Kind ihre Mutter verliert.

Die Hauptfigur ist schwanger und möchte abtreiben, und als ihre Schwester und ihr Freund versuchen, ihr das auszureden, kommt heraus, daß es um den Tod ihrer Mutter geht. Sie möchte das gleiche nicht ihrem Kind antun. Eigentlich möchte sie das Kind behalten, doch sie gibt sich selbst die Schuld am Tod ihrer Mutter und ist völlig durcheinander. Zum Schluß hat sie einen großen Auftritt, in dem sie über das Sterben ihrer Mutter spricht, über ihren Zorn auf die Ärzte und die Art und Weise, wie alles ablief. Sie bricht zusammen, fängt an zu weinen und erinnert sich an all die schönen Situationen mit ihrer Mutter und daran, wie sehr sie sie liebt und vermißt. Ursprünglich sollte eine andere Schauspielerin die Rolle spielen, aber sie fiel in letzter Minute aus, weil es ihr zu schwer fiel. Ich dachte mir: Puh. Ich kann mir vorstellen, daß es der Schauspielerin, die die Rolle spielt, vor dieser Schlußszene jeden Abend graut, weil man so viel Seelenarbeit dabei leisten muß. Doch für mich war es anders; ich mußte nur die Worte sagen, und sie drückten all das aus, was ich immer empfunden hatte. Ich habe das Stück sechs Wochen lang an fünf Abenden pro Woche gespielt und es als wahres Geschenk empfunden. Ich hatte bei meinem Einstieg ja nur noch vier Tage Zeit zu proben, und es war die Hauptrolle. Aber ich war sofort mittendrin. Es hat mir wirklich geholfen, das, was ich beim Tod meiner Mutter alles empfunden habe, auszuagieren und zu durchleben. Ich finde, Schauspieler haben in dieser Hinsicht Glück. Wenn sie gut sind, können sie ihren Ballast wirklich aufarbeiten und erhalten am Ende Applaus dafür. Und es war so einfach. Ich mußte nur die Worte sagen, und die Tränen kamen mir von allein. Es hat der ganzen Situation damals ein wenig das Alptraumartige genommen, obwohl mich die Gespenster seitdem noch ein paarmal heimgesucht haben.

Das Verlangen nach Ablenkung

Innerer Rückzug und konzentrierte Beschäftigung werden zu willkommenen Fluchtmöglichkeiten aus dem Chaos, das nach einem Todesfall in einer Familie herrscht, und manche Töchter ziehen daraus einen hohen persönlichen Gewinn. Linda Shostak, eine der ersten weiblichen Mitarbeiter in der Anwaltskanzlei Morrison und Foerster in San Francisco und eine hochgeachtete Prozeßanwältin in Kalifornien, erinnert sich, wie sie sich in dem Sommer, in dem ihre Mutter an Krebs starb, in Betriebsamkeit stürzte. Damals war sie dreizehn Jahre alt.

> Die Taktik meines Vaters bestand darin, sich nicht damit auseinanderzusetzen und nicht darüber zu sprechen. Ich erinnere mich, daß ich in jenem Sommer sehr unglücklich war, aber ich erinnere mich nicht, große Anpassungsschwierigkeiten gehabt zu haben. Kurz nach dem Tod meiner Mutter sagte mein Vater zu mir: »Warum machst du nicht die Ehrenabzeichen, die du noch brauchst, um deine Anstecknadel zu bekommen?« Diese Anstecknadel war das höchste Abzeichen, das man als Pfadfinderin bekommen konnte. In jenem Sommer las ich auch *Vom Winde verweht* und malte. Ich wollte einfach beschäftigt sein.
> Wenn es sehr heiß war, gingen wir ins Kino, weil das Kino eine Klimaanlage hatte. Wenn ich nach Hause kam und mir klar wurde, daß meine Mutter nicht da war, um mit ihr über den Film zu reden, wurde ich sehr traurig. Um möglichst keinen Leerlauf zu haben, versuchte ich, mich ständig zu beschäftigen. Ich lernte also, mir immer etwas vorzunehmen, um nicht nachdenken zu müssen. Denn wenn ich an meine Mutter dachte, wurde ich jedesmal furchtbar traurig, und ich lernte, das alles von mir fernzuhalten.
> Nachdem ich die High School beendet hatte, ging ich zuerst nach Vassar aufs College und studierte dann Jura in Harvard. Ich arbeitete etwa anderthalb Jahre in New York und zog dann hierher, um für Morrison und Foerster zu arbeiten. Und seitdem lebe ich hier. Das ist in gewisser Weise ein recht altmodischer Werdegang. Am Montag hatte ich einen Termin mit einem Klienten, einem sehr erfolgreichen Versicherungskaufmann. In der Schilderung seines Lebenslaufs kamen alle möglichen Sachen vor: Er hatte sich mit Musik und Busfahren nebenher Geld verdient. Ich aber habe mein Jurastudium auf direktem Weg durchgezogen, ohne nach rechts oder links zu schauen.

Ein mit Aktivitäten vollgepacktes Programm half Linda Shostak, ihre Trauer unter Kontrolle zu halten. Nach dem Tod ihrer Mutter schritt sie über ein Jahrzehnt lang von einem akademischen Erfolg zum anderen. Sie erfuhr dabei jedoch auch, daß die ständige Betriebsamkeit eine Tochter oft davon abhält, überhaupt zu trauern. Zwanzig Jahre nach dem Tod ihrer Mutter merkte sie, daß sie sich mit ihren Gefühlen auseinandersetzen und dem Bild ihrer Mutter in dem neuen Leben, das sie sich selbst aufgebaut hatte, einen Platz einräumen mußte.

Der Mut zum Aufbruch

Das Streben nach Erfolg macht es häufig unumgänglich, die Familie und das Zuhause zu verlassen, ein Risiko, das andere Frauen vielleicht nicht bereit sind einzugehen. Doch eine mutterlose Tochter hat in den meisten Fällen keinen Ort, an dem sie sich sicher und aufgehoben fühlt. Wenn der Tod der Mutter gleichzeitig die Auflösung ihrer Familie bedeutet, verliert die Tochter ihre sichere Basis. Ihre Suche nach Sicherheit und Geborgenheit macht es erforderlich, daß sie ihren Weg fortsetzt. Josefina Diaz, ein international bekanntes Mannequin, die mit zwanzig ihre Mutter verlor und danach hauptberuflich als Model arbeitete, um für den Lebensunterhalt ihrer beiden jüngeren Schwestern zu sorgen, erklärt es so: »Ich habe mir nie die Frage gestellt, ob ich eine Karriere als Mannequin verfolgen soll oder nicht. Nachdem ich erst einmal angefangen hatte, gab es kein Zurück mehr. Es gab keinen Ort, an den ich hätte zurückgehen können.«

Das Streben nach Unsterblichkeit

So wie Künstler ihren Werken ein ewiges Leben verleihen, hoffen mutterlose Töchter, das gleiche für ihre Mütter und sich selbst tun zu können. Kunstwerke, Schreiben und Musik stellen einer Tochter eine Unsterblichkeit in Aussicht, die wie sie glaubt, ihrer Mutter versagt war, und bieten ihr zugleich die Möglichkeit, das Bild der Mutter – so, wie sie war, beziehungsweise so, wie sie der Meinung der Tochter nach hätte sein können – wieder zum Leben zu erwecken.

Charlotte Brontës frühestes erhaltenes Werk läßt vermuten, daß sie im Alter von acht Jahren genau darum bemüht war. In einer Kurzgeschichte, die sie drei Jahre nach dem Tod ihrer Mutter schrieb, erzählt sie von dem Mädchen Ann, deren Mutter krank wird. »Einst stachen An [sic], ihr Papa und ihre Mama mit einem Schiff in See. Sie hatten immer gutes Wetter auf ihrer Reise«, schrieb sie, »aber Anns Mama wurde sehr krank, und Ann versorgte sie sehr liebevoll. Sie gab ihr Medizin.« Charlotte widmete diese Geschichte ihrer jüngeren Schwester Anne, deren Geburt der Anfang des quälenden Siechtums ihrer Mutter gewesen war.* Indem sie die Ann ihrer Geschichte das Leben ihrer kranken Mutter retten ließ, schrieb sie die Lebensgeschichte ihrer Schwester um und verlieh sich selbst als Verfasserin und als Schöpferin dieser Geschichte Macht, ihre Mutter zu heilen und deren Tod zu verhindern. Indem sie zur Retterin ihrer Mutter wurde, gab sie sich selbst auch wieder eine Mutter zurück.

Die Kabarettistin Diane Ford verfolgt mit den Sketchen, die sie schreibt, ein ähnliches Ziel. Ihre Eltern starben beide bei einem Autounfall, als sie dreizehn war. Heute bezieht sie häufig ihre Mutter und ihren Vater in ihre Sketche mit ein, als wären sie noch am Leben. »Ich lege meiner Mutter Worte in den Mund, die sie in bestimmten Augenblicken gesagt hätte«, erklärt sie. »In Wirklichkeit hat sie das nie gesagt, aber es ist das, was sie meiner Ansicht nach gesagt haben könnte, und deshalb baue ich es ein. Das macht mich auch etwas normaler. Nachdem ich meine Eltern verloren hatte, habe ich es gehaßt, so anders zu sein. Ich wollte Eltern haben, so wie alle anderen auch. Ich weiß, daß ich nicht darüber hinweggekommen bin. Indem ich meine Eltern in meine Sketche mit einbaue, kann ich den Kontakt zu einer Vergangenheit herstellen, die ich in Wirklichkeit nicht hatte. Manche Teile meiner erfundenen Vergangenheit sind viel schöner als alles, was ich möglicherweise je hätte erleben können.«

---

*Als Charlotte diese Geschichte schrieb, war Anne fünf – so alt wie Charlotte war, als ihre Mutter starb. Branwen Bailey Pratt, die Verfasserin des Essays »Charlotte Brontë's ›There was once a litte girl‹: The Creative Process« (*American Image* 39, Frühjahr 1982, S. 31–39), ist der Meinung, Charlottes Beobachtung der fünfjährigen Anne habe in ihr die gefühlsmäßige Reaktion auf den Tod ihrer Mutter wieder wachgerufen und sie habe deshalb dieses Thema für ihre Geschichte gewählt.

Der Wunsch, die Mutter zu ehren

Wenn eine Mutter ihrer Tochter noch zu Lebzeiten Anregung und Ansporn gegeben hat, was gäbe es dann für eine bessere Möglichkeit, sie über den Tod hinaus zu ehren, als ihre Wünsche zu erfüllen – und das zu erreichen, wozu sie nie die Gelegenheit hatte?
 Ruth Bader Ginsburg, Richterin am Obersten Gerichtshof, war siebzehn, als ihre Mutter starb, die sie als eine »sehr starke, ausgesprochen intelligente Persönlichkeit« in Erinnerung hat, und die ihre Tochter schon in jungen Jahren dazu aufforderte, hart zu arbeiten und nach wirtschaftlicher Unabhängigkeit zu streben.

> Sie wollte mir unbedingt klarmachen, wie wichtig es sei, unabhängig zu sein. Damals drückte sie das mit den Worten aus: »Sei eine Dame!« Sie meinte damit, ich solle mich nicht in Schwierigkeiten bringen und dadurch mein Leben zerstören lassen.
> Von meinem dreizehnten Lebensjahr an bis zu ihrem Tod mußte sie immer wieder ins Krankenhaus. Ich fuhr meist direkt nach der Schule mit der U-Bahn zum Krankenhaus, traf dort auf meinen Vater, aß mit ihm irgendwo in der Nähe des Krankenhauses zu Abend, fuhr dann nach Hause und stand am nächsten Morgen wieder auf und ging zur Schule. Dieser feste Ablauf ließ mich durchhalten. Und sie wollte unbedingt, daß ich etwas aus mir mache. Sie hielt Unabhängigkeit und die Fähigkeit, für sich selbst zu sorgen, für sehr wichtig. Ich glaube, mein Vater ist zu der Erkenntnis gelangt, daß er ihr keinen Gefallen getan hat, indem er für ihren Unterhalt sorgte, so daß sie nicht zu arbeiten brauchte. Zu jener Zeit galt es als unschicklich für einen Mann, eine Frau zu haben, die arbeiten ging. Eine Frau ging nur dann arbeiten, wenn es die finanziellen Umstände der Familie erforderten. Ich glaube, ihm ist klargeworden, daß sie ein erfüllteres, glücklicheres Leben gehabt hätte, wenn sie einer Arbeit außerhalb des Hauses nachgegangen wäre.
> Meine Mutter hat großen Wert darauf gelegt, mir beizubringen, alles so gut wie irgend möglich zu machen. Natürlich hatte sie selbst dazu nicht sehr viel Gelegenheit, aber diese

Botschaft hat sie mir deutlich vermittelt: Bei allem, was ich tat, ob es sich um meine Klavierstunden handelte oder andere Dinge, die ich lernen wollte, sollte ich die Zeit, die man dazu verwendete, ausnützen, so gut ich konnte.
Ich wollte Jura studieren, weil einer meiner Lehrer mich dazu ermutigte. Ich habe den Eignungstest vor meinem Mann gemacht, obwohl der in Cornell ein Jahr über mir war. Und dann haben die Schwester meiner Mutter und der Bruder meines Vaters, die ich immer in den Semesterferien besuchte, beschlossen, daß ich ruhig Jura studieren könne, weil ich später einmal ja nicht für meinen Unterhalt sorgen müßte und deshalb diese verrückte Idee ruhig weiterverfolgen könnte. Meine Tante ist vor kurzem gestorben, und meine Tochter hat einen Brief von mir gefunden, in dem ich erzählte, daß ich gerade den Eignungstest für Jura gemacht hätte und in Englisch ganz gut, in Mathe aber wohl nicht so gut abgeschnitten hätte, und daß ich die verrückte Idee, Jura zu studieren, wohl aufgeben würde, wenn ich eine schlechte Gesamtnote bekommen würde.
Manchmal überlege ich mir, welche Ratschläge mir meine Mutter wohl gegeben hätte, wenn sie länger gelebt und gesehen hätte, wie sich meine Interessen entwickelten, und ich glaube, sie wäre einverstanden gewesen mit meinem Weg.
Ich denke, ich habe das erreicht, was sie sich für mich gewünscht hat, und bin beruflich noch erfolgreicher, als sie es sich in ihren kühnsten Träumen vorgestellt hat, und das nicht aufgrund meiner eigenen Grenzen, sondern aufgrund der gesellschaftlichen Beschränkungen. Ihr Bild hängt an der Wand in meinem Büro, wo ich es jeden Tag sehe, wenn ich nach Hause gehe. Ich muß immer ein wenig lächeln, wenn ich es betrachte, und ich sage mir: Sie wäre stolz auf mich gewesen.

Gefühle der Einzigartigkeit

Mutterlose Töchter kennen die Einsamkeit des Künstlers. Auch empfinden sie eine Andersartigkeit ihren gleichaltrigen Freunden gegenüber. Um das Schamgefühl, das auf den Verlust einer Mutter meist folgt, zu vermeiden, kann eine Tochter versuchen, diese Andersartigkeit bis ins Extrem zu treiben. Statt anders zu sein, versteht sie sich dann vielleicht als etwas Besonderes – und definiert sich anders denn als eine »Waise«. Wenn sie aus sich selbst etwas anderes macht, ist sie unter ihren Klassenkameraden keine Ausgestoßene mehr und nicht länger die Zielscheibe des Mitleids. Und wenn sie damit Erfolg hat, schöpft sie daraus Kraft und erhält die Zuwendung, die sie als mutterloses Kind nicht hatte.

Madonna, die fünf Jahre alt war, als ihre Mutter starb, hat das Anderssein zu einer Kunstform erhoben. Seitdem 1984 ihr erstes Album erschien, hat sie nicht weniger als sieben verschiedene Identitäten für sich erfunden – Spielzeug der Männer, Anti-Jungfrau, blonde Sexbombe, Muskelfrau, Domina, Mode-Feministin, Sexgöttin –, und jede einzelne dieser Identitäten hat die Grenzen der Akzeptanz noch ein klein bißchen weiter hinausgeschoben. Als Performance-Künstlerin, die sich selbst vermarktet, ist sie originell und in gewisser Weise manipulativ. Doch hinter all dem Glamour ertönt der Schrei des mutterlosen Kindes: »Guckt alle auf *mich*!«

Widerstandskraft und Zielstrebigkeit

Die Tochter, die aus einer kaputten Familie heil hervorgeht, kann eine persönliche Stärke entwickeln, die sie vor beruflichen Mißerfolgen bewahrt. Victoria Rowell, die in der CBS-Serie »The Young and the Restless« die Drucilla Barber spielt, erklärt, daß die Jahre, die sie als Pflegekind in fünf verschiedenen Heimen verbracht hat, ihr geholfen hätten, die Rückschläge, die sie zuerst als angehende Ballettänzerin und später als Schauspielerin hinnehmen mußte, länger auszuhalten als andere, die wahrscheinlich schon früher aufgegeben hätten:

> Insgesamt gesehen war meine Erfahrung als Pflegekind sehr gewinnbringend. Doch weil die ganze Situation von Ablehnung bestimmt war, ist man später eindeutig besser auf Situationen vorbereitet, in denen man zu hören bekommt: »Nein, vielen Dank. Sie brauchen nicht anzurufen. Wir werden uns bei Ihnen melden.« Man ist daran gewöhnt. Man hat gelernt, ein Nein zu akzeptieren. Man lernt Zähigkeit und Härte, und dieser Panzer schützt einen in vielen beruflichen Situationen. Ich möchte damit nicht sagen, daß es ein schönes Gefühl ist, abgelehnt zu werden, aber ich habe gelernt, damit umzuge-

hen und es mir nicht allzu nahe gehen zu lassen. Es ist interessant, weil eine Ablehnung im Beruf etwas völlig anderes ist als eine Zurückweisung im Privatleben. Eine persönliche Ablehnung tut viel mehr weh. Daran gewöhnt man sich nie.

Da eine mutterlose Tochter eine persönliche Ablehnung meist als narzißtische Kränkung auffaßt, die sie an den Verlust der Mutter erinnert, hat sie als Erwachsene häufig Schwierigkeiten, mit Trennungen, Scheidung und Tod umzugehen. Weil sie jedoch bereits einen schweren Verlust überstanden hat, entwickelt sie eventuell auch ein »vermindertes Krisenbewußtsein«, wie Psychologen das nennen.[244] Kleinere Verluste wie das Warten auf einen Rückruf, der nicht kommt, oder die Absage auf eine Stellenbewerbung, erlebt sie dann im Vergleich zu dem Verlust der Mutter als weniger gravierend und kann damit umgehen, ohne ernstlichen Schaden zu nehmen.

Der Wunsch nach Sinn und Bedeutung

Indem die Tochter der eigenen Persönlichkeit Ausdruck verleiht, kann sie ihre Gefühle und Erfahrungen in positive Taten umwandeln und Mißerfolge als Stoff für eine kreative Verarbeitung betrachten. Anna Quindlen sagt, daß sowohl die Themen, über die sie gerne schreibt, als auch die Art und Weise, wie sie ihre Ideen umsetzt, sehr stark durch den Tod ihrer Mutter beeinflußt worden seien. Ihre Mutter starb an Eierstockkrebs, als Anna neunzehn Jahre alt war.

> Ich habe wirklich das Gefühl, daß der Tod meiner Mutter die Scheidelinie ist zwischen dem, was ich bin, und dem, was ich geworden bin. Seit diesem Zeitpunkt kenne ich diese Trennung, doch ich kann sie nur schlecht in Worte fassen oder erklären. Ich war vor diesem Ereignis ziemlich unreif, sehr selbstbezogen und in vielerlei Hinsicht recht oberflächlich, und es hat mich in einer Art und Weise verändert, die mir erst später bewußt geworden ist. Als ich *Life in the 30s* schrieb, sagten manche Leute zu mir: »Ich verstehe nicht, wie jemand in Ihrem Alter einen solchen Einblick in das Leben haben kann.« Im Laufe der Zeit ist mir klargeworden, daß einer der

Gründe dafür darin lag, daß ich nach diesem Jahr das Leben nicht länger rein oberflächlich hinnehmen konnte.
Einige der Themen, über die ich schreibe, stehen in einem direkten Zusammenhang mit meinen Erfahrungen. Ich habe einen Artikel über Eierstockkrebs geschrieben und eine Reihe von Artikeln über ärztlichen Notdienst. Über die pharmazeutische Industrie kann ich kaum schreiben, ohne meinen persönlichen Zorn ein wenig mit hineinzubringen. Eigentlich mehr als nur ein wenig. Bei allem, was man schreibt, bringt man auch sich selbst ein, und aufgrund meiner Erfahrung betrachte ich den Berufsstand der Ärzte mit einiger Skepsis. Ich habe ein gewisses Verständnis für deren Arbeit. Es gibt zwei Kategorien von Organisationen, für die ich kostenlos Reden halte. Das sind zum einen die Gruppen, deren Thema die Geburtenregelung ist, wie zum Beispiel NARAL und Planned Parenthood, und zum anderen die Krebsselbsthilfegruppen. Ich habe ganz stark das Gefühl, daß ich mit neunzehn auf all diese Sachen nie geachtet habe, und jetzt habe ich die einmalige Gelegenheit, darauf hinzuweisen. Auch wenn die Leute bereits wissen, was ich sagen werde, nämlich, daß man nicht einfach nur den Patienten behandeln kann. Man muß die ganze Familie mitbehandeln. Je mehr über all das geredet wird, desto besser wird es jedem einzelnen gehen. Ich nütze diese Gelegenheit auch weiterhin aus.
Der Tod meiner Mutter hat mich zu einem wesentlich glücklicheren und optimistischeren Menschen gemacht. Die Leute reagieren immer ein wenig skeptisch, wenn ich das sage. Ich habe das Gefühl, daß man aus dieser Erfahrung zweierlei lernen kann. Entweder man denkt: »Was soll's? Es geht sowieso alles so schnell vorbei.« Oder man schaut sich das Leben an und denkt: »Mein Gott, jeder einzelne Tag, den ich erlebe, ist so wertvoll und so wichtig.« Der Tod eines Menschen lehrt einen, daß Menschen sich nicht wünschen würden, den Pulitzer-Preis zu bekommen oder in die Bestsellerlisten aufzusteigen, wenn sie die Gelegenheit bekämen, noch einmal von vorne anzufangen. Wenn sie noch einmal leben könnten, würden sie sich einfach noch einen Tag am Strand wünschen, oder sie würden mit ihren Kindern irgendwo auf einer Decke

sitzen und noch einmal über alles mögliche reden wollen. Ich glaube, die Erfahrung des Todes meiner Mutter hat mich diese kleinen Dinge des Lebens schätzen gelehrt, und zwar auf eine Art und Weise, wie ich es zuvor nie getan habe. Und ich glaube, das ist es, was sich in meinem Schreiben ausdrückt. Ich bin nicht daran interessiert, über Amtseinführungen oder Geiselfreilassungen zu schreiben. Ich möchte die kleinen Momente im Leben der Menschen betrachten. Die finde ich am bedeutendsten, und sie sind mir die liebsten.

Die Bewältigung des Schuldgefühls

Schreiben, Schauspielern, Tanzen, akademische Erfolge: All das läßt sich innerhalb eines optimalen sozialen und finanziellen Umfeldes sehr leicht erreichen. Auch das großartigste Talent wird in einer von ernsten Sorgen geplagten Familie oder unter erdrückenden sozialen und wirtschaftlichen Bedingungen Mühe haben, sein ganzes Potential auszuschöpfen.

In manchen Familien wird der Tod der Mutter die Tochter von diesen Einschränkungen befreien. So kann die Tochter, deren alleinerziehende Mutter von der Sozialhilfe lebte, beispielsweise nach deren Tod zu ihrem Bruder und ihrer Schwägerin in eine mittelständische Gemeinde ziehen. Die Tochter, deren Mutter ihr untersagte, auf ein College außerhalb der Heimatstadt zu gehen, kann jetzt das Angebot einer renommierten Universität in einem anderen Bundesstaat annehmen. Oder die Tochter, die ihre Kindheit damit zugebracht hat, für eine alkoholkranke Mutter zu sorgen, hat jetzt plötzlich Zeit, sich ihren eigenen Interessen zuzuwenden.

Wenn die Tochter glaubt, die Gelegenheit würde sich ihr aufgrund – statt trotz – des Todes ihrer Mutter bieten, strebt sie eventuell noch stärker nach Erfolg. Indem sie selbst ein produktives und erfüllendes Leben lebt, kann sie dem Tod ihrer Mutter eine Bedeutung verleihen – die Mutter ist nicht umsonst gestorben. Doch diese Tochter trägt vielleicht auch schwer an ihren Schuldgefühlen, da sie einen Erfolg genießt, der in ihren Augen nur deshalb möglich war, weil ihre Mutter starb.

Die achtundzwanzigjährige Sheila kämpfte über ein Jahrzehnt

lang mit ihren widerstreitenden Gefühlen: dem Anspruch auf Leben und Schuldbewußtsein. Sie glaubte, die Welt schulde ihr nach einer von Verlust und Trennung gekennzeichneten Jugend ein erfülltes Leben als Erwachsene, doch gleichzeitig war sie sich sicher, daß sie, hätte sie nicht mit vierzehn ihre Mutter verloren, niemals aus der Arbeitergegend, in der sie aufgewachsen war, herausgekommen wäre. Sie verbrachte ihre Jugend bei ihrem Vater und ihrer Stiefmutter in einem wohlhabenden Stadtrandbezirk, in dem 80 Prozent ihrer Schulkameraden mit Sicherheit später einmal aufs College gehen würden. Sie schloß ihr Studium und ein Aufbaustudium erfolgreich ab, fühlte sich aber nie ganz wohl damit, weil sie der Ansicht war, sie hätte den Tod ihrer Mutter für ihren persönlichen Gewinn genutzt.

> Auf der Hochschule fand ich meine Nische. Ich dachte: Das ist es. Das ist das, was ich machen will, und ich mache es gut. Dann hatte ich so eine Gefühlsanwandlung, daß ich von angesehenen Mitgliedern meines Fachbereichs nicht so sehr gelobt würde und diese Laufbahn nicht einschlagen könnte, wenn meine Mutter noch lebte. An einem gewissen Punkt wurde mir klar, daß ich nicht bereit war, das aufzugeben, was ich seit ihrem Tod bekommen hatte, auch wenn ich mir gleichzeitig nichts sehnlicher wünschte, als sie wiederzuhaben. Vor ein paar Jahren gestand ich es schließlich meinem Vater: »Ich glaube, wenn Mami gelebt hätte, hätte ich nicht so viel erreicht.« Ich habe elf Jahre gebraucht, das auszusprechen, weil ich so schreckliche Schuldgefühle hatte, daß ich mein Leben genoß. Und er sagte zu mir: »Du würdest trotzdem das tun, was du jetzt tust, weil du du bist. Du bist schon immer ein Mensch gewesen, der das erreicht, was er sich vorgenommen hat.« Ich habe lange gebraucht, um zu begreifen, daß mein Vater wahrscheinlich recht hat. Mein Leben wäre anders verlaufen, wenn meine Mutter dagewesen wäre, aber ich glaube, ich wäre trotzdem da, wo ich sein wollte, und würde das tun, was ich mir vorgenommen habe.

Wie Sheila glauben auch andere mutterlose Töchter, daß sie ihre Mütter herabwürdigen, wenn sie nach deren Tod ein aktives, glückliches Leben führen. Doch Erfolg stellt eine Individuation dar, zu der sie vielleicht noch nicht fähig sind. Die zweiunddreißigjährige Roberta beschreibt es so: »Meine Mutter starb, als ich sechzehn war, und aus Liebe zu ihr hatte ich danach fast das Bedürfnis, im Leben zu scheitern. Es war, als würde ich sagen: Wenn ich meine Mutter liebe, muß ich das beweisen, indem ich versage. Indem ich nicht zur Schule gehe. Indem ich nicht glücklich bin.« Auch das ist eine Möglichkeit, die Mutter zu ehren, doch es ist nicht die *Bestimmung* einer Tochter. Es ist ihre *Entscheidung*. Und es ist ein Opfer, das nur wenige Mütter wirklich von ihren Töchtern erwarten würden.

Wenn der Tod der Mutter der Tochter die Chance gibt, ein erfüllteres, spannenderes oder schöpferischeres Leben zu leben, als sie andernfalls ihrer Meinung nach gehabt hätte, dann hat die Tochter ihr gutes Recht auf diese Zukunft. Es ist keine Schande, das Gegebene für sich zu nutzen. Es ist keine Schaden, Verlust in Leben zu verwandeln. Wie der Phönix, der mythologische Vogel, der aus der Asche seiner eigenen Zerstörung aufsteigt, kann auch die mutterlose Tochter sich aus ihrem Unglück erheben und sich emporschwingen.

Epilog

DIE REDWOODS, SAGTE MEINE MUTTER, seien größer als unser Haus, und ihre Stämme seien so dick, daß ein Auto hindurchfahren könne. »Genauso ist es«, sagte sie, »ein kleiner Tunnel, der durch den Sockel führt.« Wir lebten in einer ehemaligen Apfelbaumplantage, und alle Bäume im Garten trugen Früchte. Ich konnte mir nicht vorstellen, daß ein Baum je so groß und so breit werden könnte. Doch die Postkarten und Fotos, die sie von ihrer Reise in den Norden Kaliforniens mitgebracht hatte, zeigten mir, daß sie mit ihrer Beschreibung der Redwoods recht gehabt hatte. Auf einem Bild steht sie neben einem riesigen, rostroten Redwood, die eine Hand spielerisch zum Gruß gehoben. Die Äste setzten so weit oben an, daß sie gar nicht mehr auf das Bild paßten.

Ich wünschte, ich hätte diese Fotos bei mir, aber sie liegen unter vielen Schichten von Edelman-Krempel in einem Schlafzimmer im Haus meines Vaters. Statt dessen habe ich ein Foto aus einem anderen Urlaub, den wir 1979 alle zusammen in Puerto Rico verbrachten. Das war das letzte Mal, daß wir als fünfköpfige Familie eine Reise machten. Auf dem Foto, das ich an der Pinnwand über meinem Computer aufgehängt habe, sitzt meine Mutter, mit einem Strohhut und einem blaugeblümten Badeanzug bekleidet, im Liegestuhl und blinzelt in die Sonne. Ihr Ausdruck ist etwas verhalten, aber das Foto ist eines der wenigen, die ich von ihr habe, auf dem sie nicht gekünstelt wirkt. Sie lächelt, und der rechte Arm ist erhoben – ein Reflex, ein Winken? Die Hand ist zur Faust geformt. Das Bild wurde ein Jahr vor der Diagnose ihrer Krankheit gemacht, und in den Jahren nach ihrem Tod habe ich es häufig betrachtet, weil ich mir ihr Bild vor Augen rufen wollte, wie sie war, bevor ihr die Haare ausgingen, ihr Körper anschwoll und sich die permanente Anspannung durch ihr letztes Lebensjahr zog.

Die Reisen nach Kalifornien und Puerto Rico waren die größten Reisen, die meine Mutter je unternommen hat, es sei denn, man betrachtet den Tod als eine Reise, und ich bin mir nicht sicher, ob ich das tue. In ihrem Leben hat sie sich selten in die Ferne gewagt. Geld, Zeit und Verantwortung bedingten einen engen Bewegungsradius; sie wollte vieles in der Welt sehen, doch es kam nie dazu.

Oder ist das nur meine Interpretation, Teil meines Muttermythos? Viele Jahre lang habe ich meine Mutter als Frau gesehen, die von Konventionen eingegrenzt wurde und zu einer späten Blüte gekommen wäre, wenn sie nur die Zeit gehabt hätte. Es war einfacher, sie klein und überschaubar zu machen. Doch es ist Teil der Trauerarbeit, alle Nischen zu erkunden, und ich habe bei meiner Arbeit viele unerwartete Erinnerungen und Geschichten gefunden. Als ich mit diesem Buch anfing, dachte ich, am Schluß würde ich alles wissen, was über meine Mutter zu erfahren ist. Jetzt stelle ich fest, daß ich weniger über sie weiß als am Anfang, einfach weil ich entdeckt habe, wieviel mehr es zu erkunden gibt.

Statt der klaren Mutter-Tochter-Beziehung der Vergangenheit habe ich jetzt eine große Sammlung von Fotos, Anekdoten und geistigen Bildern zusammengetragen, die keine leichten Definitionen über sie – oder mich – zulassen. Ich mische diese Bilder wie Spielkarten und erhalte jedesmal eine neue Konstellation. Manchmal bin ich die hingebungsvolle, pflichtbewußte Tochter einer liebevollen und selbstlosen Mutter, dann wieder bin ich der egoistische, aufbegehrende Teenager, und sie ist eine angesichts ihrer sie selbst beschneidenden Lebensentscheidungen frustrierte Frau. Doch meistens bin ich eine Frau, die nach einer Antwort sucht oder wenigstens nach einem Hinweis, die zu verstehen versucht, wie es zu diesem tragischen Verlust kommen konnte, wie er mich geprägt hat und wie ich es verhindern kann, daß es noch einmal geschieht.

Ich hatte nicht vor, zu einem Menschen zu werden, dessen Bewußtsein immer von der Möglichkeit des Verlusts überschattet wird, aber so ist das nun. Ich habe den fernen Schmerz des Verlangens so lange mit mir getragen, daß ich weiß, er ist Teil meiner selbst. Ich werde immer eine mutterlose Tochter sein. Das ist Teil meiner Identität, die nicht veränderbar ist. Und – das mag jetzt befremdlich klingen – ich bin mir nicht sicher, daß ich sie verändern möchte.

Eine mutterlose Tochter zu sein bedeutet, mit Rätseln und Widersprüchen leben zu müssen, aber es gibt einem auch das Rüstzeug zum Überleben. Es ermöglicht Einblick und einen Grad der Reife, die anderen so früh nicht zuteil werden. Es befähigt einen, die Kräfte von Erneuerung und Wiedergeburt zu verstehen. Als ich der einunddreißigjährigen Diane diese Gefühle beschreibe, gesteht sie mir ähnliche Gedankengänge. Für sie als Jugendliche waren ihre Mutter und ihre Schwester die besten Freunde. Doch als Diane zweiundzwanzig war, starb ihre Schwester bei einem Unfall. Ein Jahr später verlor Diane ihre Mutter durch Krebs. »Manchmal fragen Leute mich: ›Welche Ereignisse in deinem Leben würdest du ändern, wenn du das könntest?‹«, sagt sie, »und dann erwidere ich: ›Ich würde nichts verändern. Ich bin traurig über verschiedene Dinge, die geschehen sind, aber ich würde alles so lassen. Die Verluste sind so mit meinem Leben verwoben und so sehr Teil meiner Persönlichkeit und meines Reifeprozesses, sie gehören zu dem Menschen, der ich heute bin. Und ich mag mich so, wie ich heute bin. Es ist schlimm genug, daß mir diese Dinge zustoßen mußten, aber ich kann sie für mich zum Guten oder zum Schlechten wenden.‹«

In ihrer Position als Krankenschwester und Schwesternausbilderin versucht sie heute, ihre Erkenntnisse an die Schülerinnen und Patienten heranzutragen und ihre Verlusterfahrungen als Auslöser für Veränderungen zu benutzen:

> Wenn ich die Möglichkeit habe, dann setze ich mich dafür ein, daß meine Patienten mit unangetasteter Würde aus dem Leben scheiden können. Ich hatte einen Krebspatienten, einen älteren Mann, der sehr liebenswert war. Wir haben uns häufig unterhalten, und eines Tages sagte er: »Wissen Sie, die Ärzte haben wunderbare Dinge mit mir angestellt und mich am Leben erhalten, aber ich bin so müde. Ich bin so unsäglich müde, Diane. Wann werden sie wohl damit aufhören?« Daraufhin sagte ich: »Ich bin ja Krankenschwester und kann mich für Sie einsetzen. Sie wollen also keine weiteren Tests machen und keine Behandlung mehr annehmen?« Und er verneinte. Wahrscheinlich war das die heftigste Diskussion, die ich je mit einem Arzt hatte, aber meine Oberschwester hat mich darin unterstützt. Seine Familie hat sich um den Mann gekümmert und ihn massiert, und wenn er anfing zu halluzinieren, haben sie so

lange mit ihm geredet, bis er wieder bei Sinnen war. Ich habe mit der Familie gesprochen und gesagt: »Er liegt im Sterben, das müssen Sie wissen. Wenn ich Nachtschicht habe, können Sie auch mitten in der Nacht kommen, wenn Sie ihn sehen möchten.« Er starb in der Nacht. Ich war nicht dabei, aber seine Familie ... Ich werde sie und ihn nicht vergessen. Wahrscheinlich wird es mir irgendwann zuviel, und dann kann ich das nicht mehr tun. Aber soweit ist es noch nicht, und für mich ist es sehr wichtig, daß ich sagen kann: »Nehmen Sie sie noch nicht fort. Die Kinder müssen sie noch einmal umarmen.«

Aus dem Verlust der Mutter haben wir alle etwas gelernt – Lektionen, die vielleicht kein Kind oder Heranwachsender lernen sollte, dennoch aber Lektionen. Als erstes haben wir gelernt, Verantwortung für uns selbst zu übernehmen. Der nächste und noch wichtigere Schritt zeigt uns, wie wir uns unserer emotionalen Bedürfnisse annehmen – nicht, indem wir andere aus unserem Leben ausschließen, sondern indem wir lernen, dem Kind, das wir waren, und der Frau, die wir geworden sind, zu vertrauen und Respekt zu zeigen. Die fünfundzwanzig Jahre alte Margie, die ihre Mutter mit sieben verlor, erklärt das so:

Ich glaube, ich bin ein sehr starker Mensch, und ich weiß, daß der Grund dafür der Tod meiner Mutter ist und das, was danach geschah. Irgendwie ist es mir gelungen, mich selbst lieben und respektieren zu lernen und stolz auf mich zu sein, auf das Kind, das für sich selbst sorgen mußte und überlebt hat. Hätte ich Selbstvertrauen und Selbstliebe entwickelt, wenn meine Mutter nicht gestorben wäre? Das kann ich nicht wissen. Ich glaube, diese Eigenschaften kommen daher, daß ich stark sein mußte und gemerkt habe, daß sich keiner um mich kümmert, wenn ich es nicht selbst tue. Klar, es gibt immer wieder Menschen, die mir helfen, aber ich kann mich sehr gut um mich selbst kümmern. Das ist mir als Frau sehr wichtig. Man bringt uns bei, daß wir uns nach anderen richten und unsere Bestätigung von außen empfangen, deswegen fühle ich mich sehr stark, denn ich weiß, daß ich fürsorgliche Behandlung und Liebe von mir selbst bekomme.

Und die vierundvierzig Jahre alte Carla, die mit zwölf ihre Mutter verlor und mit fünfzehn ihren Vater, fügt hinzu:

> Manchmal, wenn das Leben nicht so verläuft, wie ich mir das wünsche, oder wenn ich eine Enttäuschung erlebe, dann sage ich mir: »Wäre ein anderer, der das durchgemacht hat, was du durchmachen mußtest, in der Lage, das zu tun, was du als Erwachsene getan hast?« Damit will ich mich ermutigen und sagen: »Carla, du hast viel durchgemacht und hast dich tapfer geschlagen.« Das hat mich vor großer Niedergeschlagenheit bewahrt. Wenn also nicht alles nach Wunsch verläuft, sage ich mir: »Du hast dir ein gutes Leben aufgebaut trotz allem, was dir geschehen ist, und darauf kannst du stolz sein.«

Margie und Carla haben gelernt, sich selbst Lob und Trost auf eine Weise zu geben, die mit dem Tod der Mutter verlorengegangen ist. Im Laufe der Jahre haben sie eine innere Stabilität und eine emotionale Sicherheit gewonnen, die vielen mutterlosen Frauen fehlt. Sie können sich selbst Trost und Mut zusprechen und sich bestätigen. Und das ist die beste mütterliche Fürsorge, die sich eine mutterlose Tochter geben kann.

Im November 1992 reiste ich zum ersten Mal, und zwar im Rahmen der Vorarbeiten für dieses Buch, nach Nordkalifornien. An einem für die Jahreszeit ungewöhnlich milden Samstag nachmittag boten Phyllis und Marshall Klaus an, mit mir eine Rundfahrt zu machen. Da die Zeit nur für ein Ziel reichte, schlugen sie Sonoma Valley oder Muir Woods vor. Ich erinnerte mich an die Postkarten und Fotos aus dem Redwood-Gebiet, wo die Bäume höher als die Häuser sind und die Autos durch die Baumstämme fahren können. Ich entschied mich für das Waldgebiet.

Abgesehen von dem, was meine Mutter über die Größe der Bäume gesagt hatte – und das stimmte genau –, wußte ich nichts über Redwoods. Nie hatte ich so große Bäume gesehen.

Phyllis, Marshall und ich liefen durch Farn und Sauerklee und kamen schließlich zu einer Gruppe Redwoods, die um einen verkohlten Stumpf wuchsen. Der Stumpf war gute zwei Meter hoch, aber die Bäume um ihn herum waren jung und gesund. Die Förster nennen die Gruppe »Familienkreis«, von den botanisch unbedarften Besuchern werden sie gewöhnlich – und ich schwöre, daß das stimmt – der Mutterbaum und seine Töchter genannt.

Die Metaphern der Natur sind häufig passender und eleganter als die erdachten, und Muir Woods ist da keine Ausnahme. In der Entwicklung der Redwoods wird Vergänglichkeit zu einem neuen Anfang. In diesen Küstenwäldern bringt der Tod Leben hervor.

Ich meine das so: In dem Ökosystem der Redwoods sind alle Samen in einer Schote enthalten, die wie zähe, braune Knoten an der Stelle entstehen, wo der Stamm in die Wurzeln übergeht. Wenn der Mutterbaum gefällt wird, im Sturm bricht oder durch Feuer vernichtet wird – wenn er also stirbt –, werden die Wachstumshormone in den Knoten angeregt. Die Samen werden freigegeben, und neue Bäume wachsen und bilden einen Kreis von Tochterbäumen. Für ihr Wachstum absorbieren sie das Sonnenlicht, das die Mutter durch ihren Tod freigibt. Feuchtigkeit und Nahrung erhalten sie durch das Wurzelsystem des Mutterbaums, das auch nach Absterben des Stammes intakt bleibt. Obwohl die Tochterbäume über der Erde unabhängig von ihrer Mutter wachsen und gedeihen, empfangen sie unter der Erde weiterhin Nahrung von ihr.[245]

Ich mache mir etwas vor, wenn ich sage, daß meine Mutter nur in einem Foto an meiner Pinnwand, der Form meiner Hand oder einer Reihe von Erinnerungen existiert, von denen ich nicht lassen will. Sie lebt in allem fort, was ich tue. Ihre Gegenwart hat mein damaliges, ihr Fehlen mein jetziges Sein geformt. Unser Leben wird von denen, die uns verlassen, ebenso geprägt wie von denen, die bei uns bleiben. Verlust ist unser Erbe. Erkenntnis unsere Gabe. Erinnerung unser Wegweiser.

Anhang

Fragebogen

Zwischen September 1992 und Oktober 1993 nahmen 154 mutterlose Frauen an einer schriftlichen Umfrage teil. Hier sind die Ergebnisse:

1. Wie alt sind Sie heute?
   18 bis 29 Jahre: 19 %
   30 bis 39 Jahre: 30 %
   40 bis 49 Jahre: 29 %
   50 bis 59 Jahre: 12 %
   60 bis 69 Jahre: 3 %
   70 und älter: 7 %

2. Welchen Beruf haben Sie?
   78 % sind berufstätig
   10 % Hausfrauen
    7 % Rentnerinnen
    5 % Studentinnen

   Familienstand?
   49 % verheiratet
   32 % ledig (eingeschlossen sind Frauen, die mit einem Partner zusammenleben)
   16 % geschieden oder getrennt lebend
    3 % verwitwet

   Bildungsniveau?
    3 % ohne High-School-Abschluß
   29 % mit High-School-Abschluß
   68 % College-Abschluß oder darauf aufbauender Abschluß

Wohnsitz?
34 Staaten und der Bezirk von Columbia

Ethnische Zugehörigkeit (Beantwortung freigestellt)
89 % Weiße
 8 % Afroamerikanerinnen
 2 % Lateinamerikanerinnen
 1 % Indianerinnen und Amerikanerinnen asiatischer Herkunft

Religionszugehörigkeit? (Beantwortung freigestellt)
22 % protestantisch
16 % jüdisch
13 % katholisch
 6 % Atheistinnen und Agnostikerinnen
 4 % Unitarierinnen
 1 % Muslimin
16 % andere
22 % keine

3. Haben Sie Kinder?
   55 % ja
   45 % nein
   Enkelkinder?
   18 % ja
   82 % nein

4. Wie alt waren Sie, als Ihre Mutter starb oder wegging?
   32 % 12 Jahre oder jünger
   42 % 13 bis 19 Jahre
   26 % 20 Jahre oder älter

5. Wenn Sie Ihre Mutter durch Tod verloren haben, was war die Todesursache?
   44 % Krebs
   10 % Herzversagen
   10 % Unfall
    7 % Selbstmord
    3 % Lungenentzündung
    3 % Infektionskrankheiten
    3 % Geburt, Schwangerschaftsabbruch, Fehlgeburt
    3 % Nierenversagen
    3 % Gehirnblutung
    2 % Alkoholismus
    2 % Medikamentenmißbrauch

2 % Aneurysmen
1 % Schlaganfall
7 % andere Todesursachen oder unbekannt

6. Falls Ihre Mutter Sie verließ oder verschwand, was waren die Umstände?
   Keine der Befragten gab Verlassenwerden durch die Mutter als Ursache des Verlustes an.

7. Hatten Sie zu jener Zeit Geschwister?
   85 % ja
   15 % nein

   Wie alt waren Ihre Geschwister damals?
   28 % der Befragten waren älteste Kinder
   25 % mittlere Kinder
   31 % jüngste Kinder
   15 % Einzelkinder
    1 % Zwillinge

8. Waren Ihre Eltern damals verheiratet, geschieden oder getrennt?
   80 % verheiratetet
   11 % geschieden
    2 % getrennt
    1 % nie verheiratet
    6 % der Mütter waren verwitwet

9. Hat Ihr Vater wieder geheiratet?
   59 % ja
   41 % nein

   Wenn ja, wie lange nach dem Tod Ihrer Mutter?
   58 % 0 bis 2 Jahre später
   25 % 2 bis 5 Jahre später
   12 % 5 bis 10 Jahre später
    5 % 10 oder mehr Jahre später

Die folgenden Fragen sind Multiple-choice-Fragen. Kreuzen Sie den (die) Buchstaben an, der (die) Ihre Gefühle am besten wiedergibt (wiedergeben).

10. Der Verlust meiner Mutter war
    a) das einzig prägende Ereignis meines Lebens – 34 %
    b) eines der prägendsten Ereignisse meines Lebens – 56 %
    c) ein prägendes Ereignis meines Lebens – 9 %
    d) kein besonders prägendes Ereignis meines Lebens – 1 %

11. Wenn Sie Frage 10 mit a, b oder c beantwortet haben, wann haben Sie erkannt, daß der Verlust Ihrer Mutter Auswirkungen auf Ihre Entwicklung hatte?
    a) sofort – 47 %
    b) weniger als 5 Jahre nach dem Verlust – 14 %
    c) 5 bis 10 Jahre nach dem Verlust – 14 %
    d) 10 bis 20 Jahre nach dem Verlust – 12 %
    e) mehr als 20 Jahre nach dem Verlust – 12 %
    f) der Verlust hatte keine Auswirkungen auf meine Entwicklung – 1 %

12. Wie oft denken Sie über Ihre eigene Sterblichkeit nach?
    a) immer – 9 %
    b) häufig – 20 %
    c) manchmal – 69 %
    d) nie – 2 %

13. Geben Sie mit den Zahlen 1 = *sehr*, 2 = *etwas* und 3 = *überhaupt nicht* den Grad an, mit dem Sie sich vor folgenden Dingen fürchten oder gefürchtet haben:
    a) Routineuntersuchungen oder jährliche Untersuchungen
    17 % sehr
    40 % etwas
    43 % überhaupt nicht

    b) die gleiche Krankheit oder geistige Beeinträchtigung wie Ihre Mutter zu bekommen
    36 % sehr
    40 % etwas
    24 % überhaupt nicht

    c) den jährlichen Todestag Ihrer Mutter
    20 % sehr
    34 % etwas
    46 % überhaupt nicht

    d) das Alter zu erreichen, in dem Ihre Mutter starb
    29 % sehr

35 % etwas
36 % überhaupt nicht

e) den Tod des hinterbliebenen Elternteils, falls er noch lebt
29 % sehr
36 % etwas
35 % überhaupt nicht

f) Kinder zu bekommen
27 % sehr
24 % etwas
49 % überhaupt nicht

g) andere Dinge (bitte genau angeben)
1. den Tod geliebter Menschen
2. Kinder mutterlos zurückzulassen
3. jung zu sterben

14. Wie würden Sie Ihre heutige Beziehung zu Ihrem Vater beschreiben, falls er noch lebt?
    a) ausgezeichnet – 13 %
    b) gut – 33 %
    c) ziemlich gut – 23 %
    d) schlecht – 31 %

15. Haben Sie einen Mutterersatz gefunden, nachdem Ihre Mutter starb oder wegging?
    63 % ja
    37 % nein

    Wenn ja, wen? (Einige Frauen gaben mehrere Antworten)
    33 % eine Tante
    30 % eine Großmutter
    13 % eine Schwester
    13 % eine Lehrerin
    13 % eine Freundin
     9 % eine Nachbarin
     7 % eine Stiefmutter

16. Würden Sie sagen, die Trauerphase um Ihre Mutter sei
    a) abgeschlossen – 16 %
    b) teilweise abgeschlossen – 53 %

c) überhaupt nicht abgeschlossen – 27 %
d) hat nie angefangen – 4 %

17. Wieviel wissen Sie über das Leben Ihrer Mutter?
    a) sehr viel – 30 %
    b) etwas – 44 %
    c) sehr wenig – 26 %
    d) nichts – 0 %

Wer hat Ihnen darüber berichtet? (Die meisten Frauen gaben mehrere Antworten)
a) Mitglieder der Kernfamilie – 63 %
b) Mitglieder der Großfamilie – 40 %
c) Freunde und Bekannte – 21 %
d) die Mutter selbst – 30 %
e) andere (bitte aufführen)

18. Können Sie irgendwelche positiven Ergebnisse Ihres frühen Verlustes angeben?
    75 % ja
    25 % nein
    Wenn ja, bitte näher ausführen:

Die nächsten Fragen bitte nur kurz – in ein oder zwei Absätzen – beantworten:
19. Wie würden Sie Ihre heutige Einstellung gegenüber Trennung und/oder Verlust beschreiben?

20. Was, glauben Sie, hat Sie mehr betroffen: der Verlust Ihrer Mutter oder die anschließenden Veränderungen in Ihrer Familie? Bitte erläutern Sie es.

21. Wie hat sich, wenn überhaupt, der Verlust Ihrer Mutter auf Ihre Liebesbeziehungen ausgewirkt?

22. Wenn Sie selbst Mutter sind, hat sich Ihrer Meinung nach der Verlust Ihrer Mutter auf Ihre Rolle als Elternteil ausgewirkt? Und wie?

Wenn Sie nicht Mutter sind, was denken bzw. dachten Sie zum Thema Kinderkriegen?

23. Welche Bewältigungsstrategien haben Sie angewandt, um ohne Mutter zurechtzukommen?

24. Wann vermissen Sie Ihre Mutter am meisten?

25. Bitte berichten Sie uns von einer Erfahrung in Ihrem Leben, die deutlich macht, was es für Sie bedeutete, mutterlos zu sein. Wir werden versuchen, einige dieser Erlebnisse in das Buch aufzunehmen.

Fußnoten

Einleitung

1 Anna Quindlen: *Mothers*, in: *Living Out Loud*, S. 210

2 National Center for Health Statistics: *Vital Statistics of the United States, 1989*, Bd. 11, Abschnitt 6, life tables, Tafel 6 – 5, Washington, D. C., GPO, 1992, S. 19–20

3 ebd., Tafel 6–3, S. 12

4 ebd.

5 ebd., Tafel 6–1, S. 7; Tafel 6–2, S. 11

6 National Center for Health Statistics: *Monthly Vital Statistics Report* 40, Tafel 1 (7. Januar 1992), S. 14

7 Luanne Ann DeSpelder und Albert Lee Strickland: *The Last Dance: Encountering Death and Dying*, S. 16

8 National Center for Health Statistics: *Vital Statistics of the United States, 1989*, Bd. 2, *Mortality: Part B*. DHHS Publ. No. (PHS) 92–1102, Public Health Service, Washington, D. C., GPO, 1992, S. 170–195

9 Persönliches Gespräch mit Dr. med. Dr. pharm. David Michaels, Professor für Epidemiologie, Department of Community Health and Social Medicine, City University of New York, Medical School/Sophie Davis School of Biomedical Education, 3. Februar 1993

10 DeSpelder und Strickland, *Last Dance*, S. 19

11 Joan Didion: *Goodbye to All That,* in: *Slouching Towards Bethlehem,* New York, Touchstone/Simon & Schuster, 1979

Kapitel 1:
Die Zeit der Trauer

12 Erna Furman: *A Child's Parent Dies,* S. 12

13 National Public Radio, *Morning Edition,* 30. August 1988; Furman: *A Child's Parents Dies,* S. 16–17, 22–23, 112–113; persönliche Auskunft Nan Birnbaums vom 25. Oktober 1991

14 Martha Wolfenstein: *How Is Mourning Possible?,* in: *Psychoanalytic Study of the Child* 21, 1966, S. 93–123; Anna Freud: *Adolescence,* in: *Psychoanalytic Study of the Child* 13, 1958, S. 255–278; Moses Laufer: *Object Loss and Mourning during Adolescence,* in: *Psychoanalytic Study of the Child* 21, 1966, S. 269–293; Max Sugar: Normal Adolescent Mourning, in: *American Journal of Psychotherapy* 22, 1968, S. 258–269

15 Wolfenstein: *How is Mourning Possible?,* S. 111

16 ebd., S. 110–111

17 Therese Rando: *How to Go on Living When Someone You Love Dies,* S. 65–67

18 Judith Mishne: *Parental Abandonment: A Unique Form of Loss and Narcissistic Injury,* in: *Clinical Social Work Journal 7,* Herbst 1979, S. 17

19 Virginia Woolf: *A Sketch of the Past,* in: *Moments of Being,* New York, Harvest/Harcourt Brace Jovanovich, 1985, S. 89

20 Therese Rando: *Treatment of Complicated Mourning,* S. 476

21 ebd., S. 473–474

22 ebd., S. 476

23 ebd., S. 64–77; Rando: *How to Go on Living,* S. 77

24 Rando: *Treatment of Complicated Mourning,* S. 64

25 Camille B. Wortman und Roxane Cohen Silver: *The Myths of Coping with Loss*, in: *Journal of Consulting and Clinical Psychology* 57, 1989, S. 353

26 Sigmund Freud: *Trauer und Melancholie*, in: S. Freud: Gesammelte Werke, Bd. 10, Frankfurt/M., Fischer, 4. Aufl. 1966, S. 427–446

27 Phyllis Silverman: *The Impact of Parental Death on College-Age Women*, in: *Psychiatric Clinic of North America* 10, 1987, S. 387–403; Furman: *A Child's Parent Dies*, S. 52

28 Phyllis Silverman: *The Impact of Parental Death on College-Age Women*, S. 402

Kapitel 2:
Zeiten der Veränderung

29 Furman: *A Child's Parent Dies*, S. 41–42; John Bowlby: *Attachment and Loss*, Bd. 3, *Loss: Sadness and Depression*, S. 429

30 Bowlby: *Attachment and Loss*, S. 424

31 ebd., S. 435

32 Sandra E. Candy-Gibbs, Kay Colby Sharp und Craig J. Petrun: *The Effects of Age, Object, and Cultural/Religious Background on Children's Concepts of Death*, in: *Omega* 15, 1984–1985, S. 329–345; Richard A. Jenkins und John C. Cavanaugh: *Examining the Relationship between the Development of the Concept of Death and Overall Cognitive Development*, in: *Omega* 16, 1985–1986, S. 193–194

33 Nancy Chodorow: *The Reproducing of Mothering*, S. 86

34 Bowlby: *Loss*, S. 428

35 Michel Rutter: *Resilience in the Face of Adversity*, in: *British Journal of Psychiatry* 147, 1985, S. 603; Elliot M. Kranzler, David Shaffer, Gail Wasserman und Mark Davies: *Early Childhood Bereavement*, in: *Journal of the American Academy of Child and Adolescent Psychiatry* 29, Juli 1990, S. 513–520

36 Bowlby: *Loss*, S. 419

37 Furman: *A Child's Parent Dies*, S. 219–232

38 ebd., S. 223

39 Sol Altschul und Helen Beiser: *The Effect of Early Parent Loss on Future in Parenthood*, in: *Parenthood: A Psychodynamic Perspective*, hg.von Rebecca S. Cohen, New York, Guilford Press 1984, S. 175

40 Mishne: *Parental Abandonment*, S. 17

41 Sigmund Freud: *Die Ichspaltung im Abwehrvorgang*, in: S. Freud: Gesammelte Werke, Bd. 17, Frankfurt/M., Fischer, 4. Aufl. 1966, S. 59–62

42 David M. Moriarty (Hg.): *The Loss of Loved Ones: The Effects of Death in the Family on Personality Development*, Springfield, Ill., Thomas, 1976, S. 96

43 Mishne: *Parental Abandonment*, S. 22

44 ebd.

45 Anna Freud: *Infants without Families*, Madison, Conn., International Universities Press, 1973; zitiert bei Christina Sekaer: *Toward a Definition of Childhood Mourning*, in: *American Journal of Psychotherapy* 16, April 187, S. 209

46 Mishne: *Parental Abandonment*, S. 77; siehe auch: Joan Fleming, Sol Altschul, Victor Zielinski und Max Forman: *The Influence of Parent Loss in Childhood on Personality Development and Ego Structure* (vorgelegt bei der Jahreskonferenz der American Psychoanalytic Association, San Francisco, Calif., Mai 1958); und George Krupp: *Maladaptive Reactions to the Death of a Family Member*, in: *Social Casework*, Juli 1972, S. 430

47 Anna Freud: *Adolescence*, S. 255–278

48 Sumru Ekrut: *Daughters Talking about Their Mothers: A View from the Campus*, Arbeitspapier Nr. 127, Wellesley College Center for Research on Women, 1984, S. 1

49 ebd., S. 4

50 Anna Freud: *Adolescence*, S. 266

51 Furman: *A Child's Parent Dies,* S. 194

52 siehe Rose-Emily Rothenberg: *The Orphan Archetype,* in: *Psychological Perspectives* 14, Herbst 1983, S. 181–194

53 Benjamin Garber: *Mourning in Adolescents: Normal and Pathological,* in: *Adolescent Psychiatry* 12, 1985, S. 378

54 ebd.

55 Rutter: *Resilience,* S. 605; Mary D. Salter Ainsworth und Carolyn Eichberg: *Effects on Infant-Mother Attachment of Mother's Unresolved Loss of an Attachment Figure, or Other Traumatic Experience,* in: *Attachment across the Life Cycle,* hg. von Colin Murray Parkes, Joan Stevenson-Hinde und Peter Marris, London, Tavistock/Routledge, 1991, S. 165

56 Garber: *Mourning in Adolescents,* S. 379

57 Rosalind C. Barnett: *Adult Daughters and Their Mothers: Harmony or Hostility?* Arbeitspapier Nr. 209, Wellesley College Center for Research on Women, 1990, S. 1

58 ebd., S. 10

59 ebd.

60 Evelyn Bassoff: *Mothers and Daughters,* S. 224

61 Martha A. Robbins: *Midlife Women and Death of Mother,* New York, Lang, 1990, S. 246

Kapitel 3:
Ursache und Wirkung

62 Fragebogen, Frage 5 (siehe Anhang)

63 Jacqueline May Parris Lamb: *Adolescent Girl's Responses to Mother's Breast Cancer,* Diss., University of Pittsburgh, 1984, S. 61

64 Aus der Autobiographie von Mark Twain, zitiert bei: Moffat, *In the Midst of Winter,* S. 6

65 Rando, *Treatment of Complicated Mourning,* S. 542

66 ebd., S. 523

67 ebd., S. 524

68 Karen Dunne-Maxim, Edward J. Dunne und Marilyn J. Hauser: *When Children Are Suicide Survivors*, in: *Suicide and Its Aftermath*, hg. von Edward J. Dunne, John L. McIntosh und Karen Dunne-Maxim, New York, Norton, 1987, S. 243

69 ebd., S. 234–240

70 Albert C. Cain und Irene Fast: *Children's Disturbed Reactions to Parent Suicide: Distortions of Guilt, Communications, and Identifications*, in: *Survivors of Suicide*, hg. von Albert C. Cain, Springfield, Ill., Thomas, 1972, S. 93–111

71 ebd., S. 106–107

72 Rando: *Treatment of Complicated Mourning*, S. 512

73 Lenore Terr: *Too Scared to Cry*, New York, Basic Books, 1990, S. 44–45

74 Lula Redmond: *Surviving: When Someone You Love Was Murdered*, Clearwater, Fla., Psychological Consultation and Education Services, 1989, zit. bei: Rando: *Treatment of Complicated Mourning*, S. 536–537

75 Federal Bureau of Investigation: *Crime in the United States* 1991: Uniform Crime Reports, Washington, D. C., GPO, 1992, S. 18

76 James B. Payton und Maria Krocher-Tuskan: *Children's Reaction to Loss of Parent through Violence*, in: *Journal of the American Academy of Child and Adolescent Psychiatry* 27, 1988, S. 563–566

77 Rando: *Treatment of Complicated Mourning*, S. 541

78 Mishne: *Parental Abandonment*, S. 15

79 ebd., 15–32

80 Victoria Secunda: *When You and Your Mothers Can't Be Friends*, S. 145

81 Evelyn Bassoff: *Mothers and Daughters*, S. 240

82 ebd., S. 241–242

Kapitel 4:
Später Verlust

83 Rutter: *Resilience,* S. 600; persönliche Auskunft Therese Randos vom 29. Januar 1993

84 Sidney Moss und Miriam Moss: *Separation as a Death Experience,* in: *Child Psychiatry and Human Development* 3, 1972–1973; Furman: *A Child's Parent Dies,* S. 182; persönliche Auskunft Therese Randos vom 29. Januar 1993

85 Clarissa Pinkola Estes: *Warming the Stone Child*

86 John Bowlby: *A Secure Base,* S. 172–173

87 Rutter: *Resilience,* S. 606–608

88 ebd.

89 Furman: *A Child's Parent Dies,* S. 178–183

90 ebd.

91 Fragebogen, Frage 8 (siehe Anhang)

92 Estes: *Warming the Stone Child*

93 Phillipe Naughton: *Orphans »Most Tragic Victims« of AIDS, Says U. N. Agency,* Reuters, 29. November 1991

94 U. S. Bureau of the Census: *Statistical Abstracts of the United States: 1990,* Tabelle 613, Washington, D. C.: GPO, 1990, S. 370

95 Rothenberg: *The Orphan Archetype,* S. 182

96 Lila J. Kalinich: *The Normal Losses of Being Female,* in: *Women and Loss,* hg. von William F. Finn, New York, Praeger, 1985, S. 3–7

97 Dylan Thomas: *A Refusal to Mourn the Death, by Fire, of a Child in London,* in: *The Collected Poems of Dylan Thomas 1934–1952,* New York, New Directions, 1971, S. 112

Kapitel 5:
Papis kleines Mädchen

98 Victoria Secunda: *Women and Their Fathers,* S. 4

99 Letty Cottin Pogrebin: *Deborah, Golda, and Me,* S. 38

100 Bassoff: *Mothers and Daughters,* S. 148

101 Fragebogen, Frage 14 (siehe Anhang)

102 U. S. Bureau of the Census: *Current Population Reports,* Serie P-20, Nr. 450: *Marital Status and Living Arrangements:* März 1990, Tafel 5, Washington, D. C.: GPO, 1991, S. 41

103 Richard A. Warshak: *The Custody Revolution,* New York, Poseidon/Simon & Schuster, 1992, S. 142

104 ebd., S. 157–160, 168

105 Bette Diane Glickfield: *Adult Attachment and Utilization of Social Provisions as a Function of Perceived Mourning Behaviour and Perceived Parental Bonding after Early Parent Loss,* Diss., University of Detroit Mercy, 1993, S. 49

106 ebd., S. 50

107 Alfred B. Heilbrun, Jr.: *Identification with the Father and Sex-Role Development of the Daughter,* in: *Familiy Coordinator* 25, Oktober 1976, S. 411–416

108 Miriam Johnson: *Fathers and »Feminity« in Daughters: A Review of the Research,* in: *Sociology and Research* 67, Oktober 1982 – Juli 1983, S. 1–17

109 George Krupp: *Maladaptive Reactions to the Death of a Family Member,* in: *Social Casework,* Juli 1972, S. 431

110 Helen A. Mendes: *Single Fathers,* in: *Familiy Coordinator* 25, Oktober 1976, S. 443; persönliche Auskunft Nan Birnbaums vom 25. Oktober 1991

111 John M. Musser und J. Roland Fleck: *The Relationship of Paternal Acceptance and Control to College Females' Personality Adjustment,* in: *Adolescence* 18, Winter 1983, S. 907–916

112 Fragebogen, Fragen 9 und 14 (siehe Anhang)

113 Secunda: *Women and Their Fathers,* S. 16–17

114 ebd.

115 Signe Hammer: *Wir hätten dich doch so gebraucht,* S. 165

116 Jane Smiley: *Tausend Morgen*

117 Therese Rando: *How to Go on Living,* S. 65–69

Kapitel 6:
Schwester und Bruder, Schwester und Schwester

118 Fragebogen, Frage 7 (siehe Anhang)

119 Margaret M. Hoopes und James M. Harper: *Birth Order Roles and Sibling Patterns in Individual and Family Therapy,* Rockville, Md., Aspen, 1987, S. 144

120 Robert B. Stewart und Robert S. Marvin: *Sibling Relations: The Role of Conceptual Perspective-Taking in the Ontogeny of Sibling Caregiving,* in: *Child Development* 55, 1984, S. 1322–1332; Robert B. Stewart: *Sibling Attachment Relationships: Child-Infant Interactions in the Strange Situation,* in: *Development Psychology* 19, 1983, S. 192–199

121 Secunda: *When You and Your Mother Can't Be Friends,* S. 250

122 Froma Walsh und Monica McGoldrick (Hg.): *Living Beyond Loss,* S. 34

123 ebd.

124 ebd.

125 Rutter: *Resilience,* S. 605; James H. S. Bossard: *The Large Family System,* Philadelphia, University of Pennsylvania Press, 1956, S. 155

126 Ainsworth und Eichberg: *Effects on Infant-Mother Attachment of Mother's Unresolved Loss of an Attachment Figure, or Other Traumatic Experience,* S. 165

127 Fragebogen, Frage 15 (siehe Anhang)

128 Benjamin Garber: *Some Thoughts on Normal Adolescents Who Lost a Parent by Death,* in: *Journal of Youth and Adolescence* 12, 1983, S. 175–183

129 Betty Carter und Monica McGoldrick (Hg.): *The Changing Family Life Cycle,* S. 229

130 Hoopes and Harper: *Birth Order Roles,* S. 31

131 ebd. 129

132 Rose R. Olver, Elizabeth Aries und Joanna Batgos: *Self-Other Differentiation and the Mother-Child Relationship: The Effects of Sex and Birth Order,* in: *Journal of Genetic Psychology* 150, 1989, S. 311–321

133 Fragebogen, Fragen 7 und 14 (siehe Anhang)

134 Walter Toman: *Family Constellation,* New York, Springer, 3. Aufl. 1976, S. 22

135 Fragebogen, Fragen 7 und 15 (siehe Anhang)

136 ebd., Fragen 7 und 13e

137 ebd., Fragen 7 und 10

138 ebd., Fragen 7 und 18

139 Toman: *Family Constellation,* S. 27

140 Bossard: *The Large Family System,* S. 156

141 Toman: *Family Constellation,* S. 24

142 ebd., S. 20

143 Bossard: *The Large Family System,* S. 223–228

144 ebd., S. 230–231

Kapitel 7:
Auf der Suche nach Liebe

145 Clarissa Pinkola Estes: *Warming the Stone Child*

146 John Bowlby: *A Secure Base,* S. 177

147 Phillip R. Shaver und Cindy Hazan: *A Biased Overview of the Study of Love,* in: *Journal of Social and Personal Relationships* 5, 1988, S. 473–501

148 ebd., S. 487

149 ebd.

150 ebd.

151 Phillip R. Shaver und Cindy Hazan: *Adult Romantic Attachment: Theory and Evidence,* in: *Advances in Personal Relationships,* hg. von D. Perlman und W. Jones, zit. bei: Bette Diane Glickfield: *Adult Attachment and Utilization of Social Provisions as a Function of Perceived Mourning Behaviour and Perceived Parental Bonding after Early Parent Loss,* Diss., University of Detroit Mercy, 1993, S. 52

152 Glickfield: *Adult Attachment,* S. 53

153 ebd.

154 Nancy L. Collins und Stephen J. Reed: *Adult Attachment Working Models and Relationship Quality in Dating Couples,* in: *Journal of Personality and Social Psychology* 58, 1990, S. 651–655

155 Martha Wolfenstein: *Loss, Rage and Repetition,* in: *Psychoanalytic Study of the Child,* 1969, S. 434–435

156 Phil Mollon: *Narcissistic Vulnerability and the Fragile Self: A Failure of Mirroring,* in: *British Journal of Medical Psychology* 59, 1986, S. 317–324

157 siehe Gregory Rochlin: *The Dread of Abandonment: A Contribution to the Loss Complex and to Depression,* in: *Psychoanalytic Study of the Child* 16, 1961, S. 451–470

158 Glickfield: *Adult Attachment,* S. 53

159 ebd., S. 49–50

160 Michael Rutter: *Resilience in the Face of Adversity,* in: *British Journal of Psychiatry* 147, 1985, S. 604

161 Carolyn Pape Cowan und Philip A. Cowan: *When Partners Become Parents,* S. 140–144

162 Gary Jacobson und Robert G. Ryder: *Parental Loss and Some Characteristics of the Early Marriage Relationship,* in: *American Journal of Orthopsychiatry* 39, Oktober 1969, S. 780

163 Adrienne Rich: *Compulsory Heterosexuality and Lesbian Existence,* in: *Powers of Desire,* hg. von Ann Snitow, Christine Stansell und Sharon Thompson, New York, Monthly Review Press, 1983, S. 177–205

164 Estes: *Warming the Stone Child*

165 Joyce McDougall: *Parent Loss,* in: *The Reconstruction of Trauma,* hg. von Arnold Rothstein, Madison, Conn.: International Universities Press, 1986, S. 151

166 Geneen Roth: *When Food Is Love,* New York, Plume/Penguin, 1992, S. 15

167 Rose-Emily Rothenberg: *The Orphan Archetype,* in: *Psychological Perspectives* 14, Herbst 1983, S. 186

Kapitel 8:
Der Rat der Frauen

168 Simone de Beauvoir: *Das andere Geschlecht,* S. 9

169 persönliche Auskunft Naomi Lowinskys vom 21. November 1992

170 Adrienne Rich: *Of Woman Born,* S. 220

171 Miriam M. Johnson: *Fathers and »Femininity« in Daughters: A Review of the Research,* in: *Sociology and Social Research* 67, Oktober 1982 – Juli 1983, S. 2

172 ebd., S. 1–17

173 »GNotes«, in: *Glamour,* August 1993, S. 185

174 Fragebogen, Frage 18 (siehe Anhang)

175 persönliche Auskunft von Phyllis Klaus vom 25. November 1992; persönliche Auskunft Nan Birnbaums vom 9. Juli 1992; siehe auch Bryan E. Robinson und Neil H. Fields: *Casework with Invulnerable Children,* in: *Social Work,* Januar/Februar 1983, S. 65; Michael Rutter: *Resilience,* S. 605

176 Walter Toman: *Family Constellation,* S. 47–48

177 Fragebogen, Frage 9 (siehe Anhang)

178 Rose-Emily Rothenberg: *The Orphan Archetype,* in: *Psychological Perspectives* 14, Herbst 1983, S. 190

179 John Birtchnell: *Women Whose Mothers Died in Childhood: An Outcome Study,* in: *Psychological Medicine* 10, 1980, S. 699–713; siehe auch Rutter: *Resilience,* S. 603

180 Eileen Hepburn: *The Father's Role in Sexual Socialization of Adolescent Females in an Upper and Upper-Middle Class Population,* in: *Journal of Early Adolescence* 1, 1981, S. 53–59

181 ebd., S. 55–56

182 Adrienne Rich: *Of Woman Born,* S. 237-240; Naomi Ruth Lowinsky: *Stories from the Motherline,* S. 6–9

183 Fragebogen, Frage 17 (siehe Anhang)

Kapitel 9:
Wer sie war, wer ich bin

184 Fragebogen, Fragen 4 und 17

185 ebd.

186 ebd.

187 George S. Howard: *Culture Tales: A Narrative Approach to Thinking, Cross-Cultural Psychology, and Psychotherapy,* in: *American Psychologist* 46, März 1991, S. 187–197

188 Naomi Ruth Lowinsky: *Stories from the Motherline,* S. 13

189 Adrienne Rich: *Of Woman Born,* S. 235

190 Naomi Ruth Lowinsky: *Stories from the Motherline,* S. 53

191 Judith Kegan Gardiner: *On Female Identity and Writing by Women,* in: *Critical Inquiry* 8, 1981, S. 353

192 ebd., S. 352

193 Don P. McAdams: *Power, Intimacy, and the Life Story,* Homewood, Ill., Dorsey Press, 195, S. 57–58, zitiert bei: Howard: *Culture Tales,* S. 193

Kapitel 10:
Tödliche Lektionen

194 Fragebogen, Frage 13b (siehe Anhang)

195 ebd., Fragen 5 und 13b

196 ebd.

197 persönliche Auskunft Matthew B. Lubins vom 17. August 1993

198 Fragebogen, Frage 13d (siehe Anhang)

199 Veronica Denes-Raj und Howard Erlichman: *Effects of Premature Parental Death on Subjective Life Expectancy, Death Anxiety, and Health Behaviour,* in: *Omega* 23, 191, S. 309–321

200 Ernest Becker: *Die Überwindung der Todesfurcht,* S. 9–10

201 Veronica Denes-Raj und Howard Erlichman: *Effects of Premature Parental Death,* S. 317

202 ebd., S. 316–319

203 persönliche Auskunft von Veronica Denes-Raj vom 15. Oktober 1993

204 Fragebogen, Fragen 1 und 12 (siehe Anhang)

205 Susan Sontag: *Krankheit als Metapher,* München, Hanser, 1978, S. 5

Kapitel 11:
Die Tochter wird selbst Mutter

206 siehe Judith Schwartz: *The Mother Puzzle,* New York, Simon & Schuster, 1993, S. 20

207 Nancy Chodorow: *The Reproduction of Mothering,* S. 89–90

208 ebd., S. 90

209 Sol Altschul und Helen Beiser: *The Effect of Early Parental Loss on Future Parenthood,* in: *Parenthood: A Psychodynamic Perspective,* hg. von Rebecca S. Cohen, Bertram J. Cohler und Sidney H. Weissman, New York, Guilford Press, 1984, S. 181

210 Fragebogen, Fragen 1 und 22 (siehe Anhang)

211 ebd., Frage 13 f

212 persönliche Auskunft Naomi Lowinskys vom 21. November 1992; persönliche Auskunft Carolyn Cowans vom 24. November 1992

213 Selma Fraiberg: *Ghosts in the Nursery: A Psychoanalytic Approach to the Problems of Impaired Infant-Mother Relationships,* in: *Clinical Studies in Infant Mental Health,* New York, Basic Books, 1980, S. 166

214 Gordon Parker: *Parental Overprotection: A Risk Factor in Psychosocial Development,* New York, Grune & Stratton, 1983, S. 22

215 Deborah B. Jacobvitz: *The Transmission of Mother-Child Boundary Disturbances across Three Generations,* in: *Development and Psychopathology* 3, 1991, S. 515

216 Bowlby: *A Secure Base,* S. 37

217 Mary D. Salter Ainsworth und Carolyn Eichberg: *Effects on Infant-Mother Attachment of Mother's Unresolved Loss of an Attachment Figure, or Other Traumatic Experiences,* S. 160–183

218 C. G. Jung: *Die Archetypen und das kollektive Unbewußte,* in: C. G. Jung: *Gesammelte Werke,* Bd. 9/1, Olten und Freiburg i. Br., Walter Verlag, 1976, S. 205

219 Lowinsky: *Stories from the Motherline,* S. 42

220 ebd., S. 41

221 persönliche Auskunft von Phyllis Klaus vom 25. November 1992

222 Fragebogen, Frage 24 (siehe Anhang)

223 Marshall H. Klaus, John H. Kennell und Phyllis H. Klaus: *Mothering the Mother,* S. 34

224 ebd.

225 Bowlby: *A Secure Base,* S. 97

226 ebd., S. 97–99

227 Altschul und Beiser: *Early Parent Loss,* S. 176

228 Fragebogen, Frage 22 (siehe Anhang)

Kapitel 12:
Der weibliche Phönix

229 Virginia Woolf: *A Sketch of the Past,* in: *Moments of Being,* New York, Harvest/Harcourt Brace Jovanovich, 1985, S. 81

230 Sigmund Freud: *Der Dichter und das Phantasieren,* in: S. Freud: Gesammelte Werke, Bd. 7, Frankfurt/M., Fischer, 4. Aufl. 1966, S. 213–233

231 Marvin Eisenstadt, André Haynal, Pierre Rentchnick und Pierre de Senarclens: *Parental Loss and Achievement,* S. 201–225

232 Marvin Eisenstadt: *Parental Loss and Genius,* in: *American Psychologist* 33, März 1978, S. 217

233 ebd., S. 218

234 Veronika Denes-Raj und Howard Erlichman: *Effects of Premature Parental Death on Subjective Life Expectancy, Death Anxiety, and Health Behaviour,* in: *Omega* 23, 1991, S. 217

235 George Pollock: *On Siblings, Childhood Sibling Loss, and Creativity,* in: *Annual of Psychoanalysis* 6, 1978, S. 481

236 Barbara Kerr: *Smart Girls, Gifted Women,* Dayton, Ohio, Ohio Psychology Press, 1985, S. 23

237 ebd., S. 36

238 Marion Meade: *Dorothy Parker: What Fresh Hell Is This?,* New York, Penguin, 1987, S. 23–27

239 Barbara Kerr: *Smart Girls, Gifted Women,* S. 63

240 Martha Wolfenstein: *The Image of the Lost Parent,* in: *Psychoanalytic Study of the Child* 28, 1973, S. 455

241 George Pollock: *Process and Affect: Mourning and Grief,* in: *International Journal of Psychoanalysis* 59, 1978, S. 267

242 persönliche Auskunft von Dr. med. Christine Sekaer vom 8. Februar 1993

243 Pollock: *Process and Affect*, S. 267

244 Harris Finkelstein: *The Long-Term Effects of Early Parent Death: A Review,* in: *Journal of Clinical Psychology* 44, 1988, S. 3

Epilog

245 persönliche Auskunft der Botanikerin Mia Monroes, Muir Valley National Monument, 14. Oktober 1993

Bibliographie

Altschul, Sol (Hg.): *Childhood Bereavement and Its Aftermath*. Madison, Conn., International Universities Press, 1988

Bassoff, Evelyn: *Mothering Ourselves*. New York, NAL-Dutton, 1992
- *Mothers and Daughters: Loving and Letting Go*. New York, Plume 1988

Beauvoir, Simone de: *Ein sanfter Tod*. Reinbek, Rowohlt, 1965
- *Das andere Geschlecht*. Reinbek, Rowohlt, 1992

Becker, Ernest: *Die Überwindung der Todesfurcht. Dynamik des Todes*. Olten, Walter Verlag, 1976

Bowlby, John: *A Secure Base*. New York, Basic Books, 1988
- *Attachment and Loss*, Bd. 3, *Loss: Sadness and Depression*. New York, Basic Books, 1980 (deutsch: *Verlust, Trauer und Depression*. Frankfurt/M., Fischer 1983)

Cahill, Susan (Hg.): *Mothers*. New York, Mentor-Penguin, 1988

Carlson, Kathie: *Nicht wie meine Mutter. Frauen auf der Suche nach sich selbst*. München, Kösel, 1992

Carter, Betty, und Monica McGoldrick (Hg.): *The Changing Family Life Cycle*. Needham Heights, Mass., Allyn & Bacon, 1989

Chernin, Kim: *Rote Schatten*. Frankfurt/M., Alibaba, 1986

Chodorow, Nancy: *The Reproduction of the Mothering*. Berkeley, Calif., University of California Press, 1978 (deutsch: *Das Erbe der*

Mütter. Psychoanalyse und Soziologie der Geschlechter. München, Frauenoffensive, 1985)

Cowan, Carolyne Pape, und Philip A. Cowan: *When Partners Become Parents.* New York, Basic Books, 1992

DeSpelder, Lynne Anne, und Albert Lee Strickland: *The Last Dance.* Mountain View, Calif., Mayfield, 1992

Dunne, Edward J., John L. McIntosh und Karen Dunne-Maxim (Hg.): *Suicide and Its Aftermath.* New York, Norton, 1987

Eisenstadt, Marvin, Andre Haynal, Pierre Rentchnick und Pierre de Senarclens: *Parental Loss and Achievement.* Madison, Conn., International Universities Press, 1989

Ernaux, Annie: *Une femme.* Paris, Gallimard, 1987

Estes, Clarissa Pinkola: *Warming the Stone Child: Myths and Stories About Abandonment and the Unmothered Child,* Boulder, Colo., Sounds True Recordings, Tape no. A104, 1990

Friday, Nancy: *Wie meine Mutter.* Frankfurt/M., Fischer, 1982

Furman, Erna: *A Child's Parent Dies.* New Haven, Conn., Yale University Press, 1974

Griffin, Susan: *Frau und Natur.* Frankfurt/M., Suhrkamp, 1987

Grollman, Earl A.: *Explaining Death to Children.* Boston, Beacon, 1967

Gundlach, Julie Kettle: *My Mother Before Me.* Secaucus, N. J., Lyle Stuart, 1986

Hammer, Signe: *Wir hätten dich doch so gebraucht.* München, Goldmann, 1993

Kennedy, Alexandra: *Losing a Parent.* New York, HarperCollins, 1991

Klaus, Marshall H., John H. Kennell und Phyllis H. Klaus: *Mothering the Mother.* Reading, Mass., Addison-Wesley, 1993

Kübler-Ross, Elisabeth: *Interviews mit Sterbenden.* Stuttgart/Berlin, Kreuz Verlag, 1971

Lowinsky, Naomi Ruth: *Stories from the Motherline.* Los Angeles, Tarcher, 1993

Miller, Alice: *Der gemiedene Schlüssel.* Frankfurt/M., Suhrkamp, 1988

— *Das Drama des begabten Kindes und die Suche nach dem wahren Selbst.* Frankfurt/M., Suhrkamp 1983

Minot, Susan: *Kinder.* Roman. Reinbek, Rowohlt, 1988

Moffat, Mary Jane (Hg.): *In the Midst of Winter.* New York, Vintage, 1992

Morris, Mary: *A Mother's Love.* New York, Talese-Doubleday, 1993

Myers, Edward: *When Parents Die.* New York, Penguin, 1986

Pogrebin, Letty Cottin: *Deborah, Golda, and Me.* New York, Crown, 1991

Quindlen, Anna: *Living Out Loud.* New York, Ivy Books, 1988

Rando, Therese A.: *Treatment of Complicated Mourning.* Champaign, Ill., Research Press, 1993

— *How to Go on Living When Someone You Love Dies.* New York, Bantam, 1991

— *Grief, Dying, and Death.* Champaign, Ill., Research Press, 1984

Rich, Adrienne: *Of Woman Born.* New York, Norton, 1986 (deutsch, frühere Ausgabe: *Von Frauen geboren.* München, Frauenoffensive, 1979)

— *On Lies, Secrets and Silence.* New York, Norton, 1979

Secunda, Victoria: *Women and Their Fathers.* New York, Delacorte, 1992

— *When You and Your Mother Can't Be Friends.* New York, Delta, 1991

Sheehy, Gail: *In der Mitte des Lebens. Die Bewältigung vorhersehbarer Krisen.* München, Knaur, 1989

Smiley, Jane: *Tausend Morgen.* Roman. Frankfurt/M., Fischer, 1992

Viorst, Judith: *Mut zur Trennung. Menschliche Verluste, die das Leben sinnvoll machen.* München, Heyne, 1990

Vozenilek, Helen (Hg.): *Loss of the Ground-Note*. Los Angeles, Clothespin Fever Press, 1992

Walsh, Froma, und Monica McGoldrick (Hg): *Living Beyond Loss*. New York, Norton, 1991

Danksagung

Ein Buch wie dieses ist das Ergebnis vieler Mühen und Überlegungen, und allen, die ihren Beitrag dazu geleistet haben, bin ich unendlich dankbar. Meine tiefste Dankbarkeit und größte Bewunderung gelten meiner Herausgeberin Elizabeth Perle McKenna und meiner Agentin Elizabeth Kaplan, die mein Vertrauen stärkten, damit ich meiner Intuition folgen konnte, mir die Freiheit gaben, meinen eigenen Weg zu gehen, und mir Mut machten zu wachsen. Wir hatten eine gemeinsame Vision, und sie halfen mir klug und umsichtig bei der Umsetzung.

Adreme Shubrick, meine Forschungsassistentin, verbrachte zahllose Stunden in der Bibliothek und am Telefon, wo sie Informationen zusammentrug und winzigste Einzelheiten abklärte. Karen Bender, Evan Elliot, Kate Gleeson und Heidi Trilling haben das Manuskript in seiner Rohfassung gelesen und mit ihren Anmerkungen und ihrer Ausdauer an der Vollendung des Buches großen Anteil. Phil Scott stand mir mit unbegrenzter Freundlichkeit und Geduld – auch beim Nachschlagen strittiger Fragen rund um die Uhr – zur Verfügung, als es drauf ankam. Und Judith Hirsch hat viel mehr getan, als nur ihre Geschicklichkeit am Computer unter Beweis zu stellen.

Den Menschen, die mir im Laufe der letzten zwei Jahre mit ihrem Wissen, ihrer Unterstützung und ihrem Rat zur Seite standen, möchte ich hier für ihre Freundschaft und Großzügigkeit danken: Katherine und Will Alteneder, Annie und Howard Altman, Robin Bourjaily, Dr. Rebecca Brightman, Andrea und Kevin Conway, Bill Cox, Arlene und Glenn Englander, Amy Feldman, Jonathan Greenberg, Sharon Herbstman, Dr. Ira Jaffrey, Nancy Jordet, Karen Kaufman, Marshall und Phyllis Klaus, Naomi Lowinsky, Jim Massey, James Peltz, Van Pine, Therese Rando, Cynthia Roberts, Tammy Russo, die Familie Schainuck, Dr. Karen Simon, Carolyn Shapiro, Jeff Wallach, Jaime Wolf, Jeff Wynne, die Mitglieder des Tuesday Night Dinner Club und die Mitarbeiter im Prairie Lights Bookstore in Iowa City, Iowa. Im Writer's Room in New York City, der mir als Zufluchtsort vor den immerwährenden Bauarbeiten in der vierundsechzigsten Straße gedient hat, wurde ein großer Teil dieses Buches fertiggestellt.

Meinem Vater Julian, meiner Schwester Michele und meinem Bruder Glenn gebührt besondere Erwähnung. Trotz der schmerzlichen Thematik haben sie in ihrer Unterstützung nicht nachgelassen und mein Bedürfnis respektiert, meine Geschichte zu erzählen, auch da, wo ihre Version von meiner abweicht. Den zweiundneunzig Frauen, die ich für dieses Buch persönlich interviewt habe, und den Hunderten, die mir während dieser Zeit geschrieben haben, möchte ich an dieser Stelle von Herzen danken. Sie sind die wahren Heldinnen dieses Buches. Ihre Aufrichtigkeit und Kraft haben mich immer wieder ermutigt und inspiriert. Müßte die Anonymität nicht gewahrt bleiben, würde ich sie alle beim Namen nennen.

Schließlich möchte ich Carl Klaus von der University of Iowa und Mary Swander von der Iowa State University meinen Dank aussprechen. Ohne ihre Unterstützung und ihren Rat zu Beginn wäre dieses Buch nie zustande gekommen.